2019阳明学研究报告

宁波市王阳明文化研究促进会 主编
张宏敏 编著

华夏出版社
HUAXIA PUBLISHING HOUSE

图书在版编目（CIP）数据

2019 阳明学研究报告 / 宁波市王阳明文化研究促进会主编；张宏敏编著 . -- 北京 : 华夏出版社有限公司 ,2020.11

ISBN 978-7-5222-0002-6

Ⅰ . ① 2… Ⅱ . ①宁… ②张… Ⅲ . ①王守仁（1472-1528）—哲学思想—研究报告 Ⅳ . ① B248.25

中国版本图书馆 CIP 数据核字（2019）第 157087 号

2019 阳明学研究报告

主　　编	宁波市王阳明文化研究促进会
编　　著	张宏敏
责任编辑	赵　楠
美术设计	殷丽云

出版发行	华夏出版社有限公司
经　　销	新华书店
印　　装	三河市少明印务有限公司
版　　次	2020 年 11 月北京第 1 版　2020 年 11 月北京第 1 次印刷
开　　本	710×1000　1/16
印　　张	19.25
字　　数	334 千字
定　　价	158.00 元

华夏出版社有限公司　地址：北京市东直门外香河园北里 4 号　邮编：100028
网址：www.hxph.com.cn　电话：(010) 64663331（转）
若发现本版图书有印装质量问题，请与我社营销中心联系调换。

阳明先生画像

阳明故里

The Hometown Of Yangming

阳明故里标志

阳明故居广场牌坊

本书由宁波市聚商国学研究院资助出版

系浙江省哲学社会科学重点研究基地课题成果

本书顾问

吴　光　浙江省儒学学会会长

徐普南　宁波市聚商国学研究院创始院长

陈利权　宁波市王阳明文化研究促进会会长

目 录

导言　当代中国"阳明学热"的十大标志 …………………………… 001
上篇　王阳明与阳明心学研究 …………………………………………… 025
 一、王阳明生平事迹研究 …………………………………………… 026
  （一）王阳明生平事迹综合研究 ………………………………… 026
  （二）王阳明"龙场悟道"研究 ………………………………… 029
  （三）王阳明的人物交游研究 …………………………………… 030
 二、王阳明学术思想研究 …………………………………………… 030
  （一）阳明学研究的方法论问题 ………………………………… 031
  （二）阳明心学的学术定位与理论特质研究 …………………… 032
  （三）王阳明的哲学思想与哲学范畴研究 ……………………… 034
  （四）王阳明经学史学思想研究 ………………………………… 055
  （五）王阳明政治军事教育思想研究 …………………………… 057
  （六）王阳明文学书法艺术思想研究 …………………………… 069
  （七）王阳明美学伦理生态思想研究 …………………………… 071
  （八）王阳明佛教道教思想研究 ………………………………… 075
  （九）清代、近现代及当代新儒家的阳明学研究 ……………… 080
  （十）王阳明的历史定位与阳明学的思想史地位研究 ………… 083
  （十一）阳明学的现实意义与当代价值研究 …………………… 084
 三、王阳明的比较研究 ……………………………………………… 096
  （一）王阳明与先秦诸子的比较研究 …………………………… 096
  （二）王阳明与宋明理学家的比较研究 ………………………… 096
  （三）阳明心学与西方哲学的比较研究 ………………………… 101
 四、王阳明与地域文化研究 ………………………………………… 103
 五、王阳明著作文献的整理与研究 ………………………………… 106
  （一）《传习录》的译注出版与版本传播研究 ………………… 107

（二）王阳明文献的影印与《阳明先生文录》等文献的综合研究………… 107

中篇　阳明后学研究　119
　一、阳明后学综合研究 …………………………………………………… 119
　二、浙中王学研究 ………………………………………………………… 122
　　（一）浙中王学综合研究 ……………………………………………… 122
　　（二）浙中王门学者个案研究 ………………………………………… 125
　三、江右王学研究 ………………………………………………………… 138
　　（一）江右王学综合研究 ……………………………………………… 139
　　（二）江右王门学者个案研究 ………………………………………… 140
　四、止修学派研究 ………………………………………………………… 147
　五、南中王学研究 ………………………………………………………… 147
　　（一）南中王学综合研究 ……………………………………………… 148
　　（二）南中王门学者个案研究 ………………………………………… 148
　六、楚中王学研究 ………………………………………………………… 152
　　（一）楚中王学综合研究 ……………………………………………… 152
　　（二）楚中王门学者个案研究 ………………………………………… 152
　七、北方王学研究 ………………………………………………………… 154
　　（一）北方王学综合研究 ……………………………………………… 154
　　（二）北方王门学者个案研究 ………………………………………… 154
　八、粤闽王学研究 ………………………………………………………… 157
　　（一）粤闽王学综合研究 ……………………………………………… 157
　　（二）粤闽王门学者个案研究 ………………………………………… 158
　九、泰州学派研究 ………………………………………………………… 159
　　（一）泰州学派综合研究 ……………………………………………… 159
　　（二）泰州学派学者个案研究 ………………………………………… 161
　十、黔中王学研究 ………………………………………………………… 181
　　（一）黔中王学综合研究 ……………………………………………… 181
　　（二）黔中王门学者个案研究 ………………………………………… 182
　十一、蜀中王学研究 ……………………………………………………… 184

（一）蜀中王学综合研究 ··· 184
　　（二）蜀中王门学者个案研究 ·· 184

下篇　海外阳明学研究 ·· 187
　一、日本阳明学研究 ··· 187
　二、朝鲜、韩国阳明学研究 ·· 191
　三、欧美阳明学研究 ··· 196
　四、越南学者的阳明学研究 ·· 198

附　录 ··· 199
　一、2019 年阳明学主题会议综述 ··· 199
　二、2019 年阳明学研究主要论著索引 ··· 268

后　记 ··· 297

导言　当代中国"阳明学热"的十大标志

王阳明（1472—1529），名守仁，字伯安，既是中国明朝伟大的哲学家、思想家、军事家、政治家，也是杰出的教育家和书法家。他生于浙江余姚，卒于江西南安，葬于浙江山阴洪溪乡（今绍兴市柯桥区兰亭镇花街村鲜虾山）。生前获封新建伯，官至南京兵部尚书兼都察院左都御史，后遭人诬陷，被削夺伯爵。卒后三十八年即明朝隆庆元年（1567），被追赠为新建侯，谥"文成"。明朝万历十二年（1584）获准从祀孔庙。王阳明曾自号阳明子、阳明山人，故学者尊称他阳明先生。

由于王阳明是中国历史上公认的立德、立功、立言的"真三不朽"者，其思想不仅在明代中后期的学术界占据核心地位，在后世更是"风行天下，传遍中国，走向世界"（杜维明语），故而王阳明的生平事功与学术思想向来受到学术界的重视与研究。近年来，出于对"文化自信"的提倡以及视中华传统文化为"独特战略资源"，再加上中国国家领导人对阳明语录及阳明学核心命题的关注与阐述，王阳明与阳明心学已经受到广大干部、专家学者及社会各界的普遍重视，并成为中华传统文化研究中的一大"显学"[①]。

本书"导言"拟通过对以下十大标志性学术事件来对当代中国的阳明学研究现状进行全面回顾，进而对当下"阳明学热"中出现的若干问题进行反思：（1）中国国家领导人在不同场合对阳明语录的引述与阳明学核心命题的阐释；（2）存有王阳明遗迹的各省市县区加大了对阳明学遗迹的保护与修缮力度；（3）王阳明纪念馆、阳明文化广场、阳明文化公园的修建与王阳明铜像雕像的竖立；（4）《传习录》《王阳明全集》在数十家出版社的陆续出版与不断印刷；（5）上百家出版社推出了近千种的王阳明与阳明学研究专著；（6）阳明学研究论文的大量发表与阳明学研究辑刊的不断创办；（7）《百家讲坛》阳明学公开课与各种阳明学讲堂、阳明学专题讲座的开设；（8）全国各地各类阳明学会议、阳明学论坛、阳明文化节、阳明文化活动周的不断召开；（9）国家社科基金、省市哲学社科规划等各种级别的阳明学研究课题的立项与推出；（10）高校科研院所的阳明学研究机构与社会团体性质的王阳明研究会不断成立。

[①]　吴光等：《王阳明的人生智慧》，中国方正出版社，2016年，第1页。

一、中国国家领导人在不同场合对阳明语录的引述与阳明学核心命题的阐释

基于弘扬传统文化、提倡文化自信，习近平同志一贯重视对王阳明与阳明学核心命题"知行合一""立志"论的研究与阐释。

2006年2月5日，时任浙江省委书记的习近平同志在《与时俱进的浙江精神》一文中对"王阳明的批判、自觉"精神予以阐释，指出："……无论是王充、王阳明的批判、自觉，还是龚自珍、蔡元培的开明、开放；都给浙江精神奠定了深厚的文化底蕴。"[①]他还在《与时俱进的浙江精神》一文中引用了王阳明的"知行合一"语："按照学在深处、谋在新处、干在实处的要求，学以立德，学以致用，知行合一，大力推进'三个代表'重要思想和科学发展观在浙江的实践，做到'真学、真懂、真信、真用'，从而使理论转化为思路，转化为效果，转化为全省广大干部群众认识和改造世界的强大精神动力。"[②]

2006年2月9日，习近平同志在接受"人民网"记者专访时对"以创始人王守仁为名的阳明学派"在中国文化史上的地位予以阐述："浙江在历史上有许多著名的学派，如以吕祖谦为代表的金华学派，以陈亮为代表的永康学派，以叶适为代表的永嘉学派，以创始人王守仁为名的阳明学派……这些学派和人物在中国文化史上独树一帜，有较高的地位，他们的思想、观点已经成为浙江的文化基因，形成了浙江特有的人文优势。"[③]

2006年2月17日，习近平同志在《浙江日报》上发表的《多读书，修政德》一文中也引述了王阳明"知行合一"的命题："要修炼道德操守，提升从政道德境界，最好的途径就是加强学习，读书修德，并知行合一，付诸实践。"[④]

2007年3月25日，习近平同志在《"书呆子"现象要不得》一文中再次引用"知行合一"语："要充分考虑生动的实际生活和现实的确切真实，注重研究新情况，认真分析新问题，积极寻求新对策，努力做到知行合一，理论联系实际，实实在在地做事情，尽心尽力地干工作，而不是热衷于追求热闹，只摆花架不种花，只摆谱架不弹琴。"[⑤]

[①] 习近平：《与时俱进的浙江精神》，《浙江日报》2006年2月5日。
[②] 习近平：《与时俱进的浙江精神》，《浙江日报》2006年2月5日。
[③] 董少鹏：《"八八战略"从头越：专访中共浙江省委书记习近平》，《国际金融报》2006年2月9日。
[④] 习近平：《之江新语》，浙江人民出版社，2007年，第175页。
[⑤] 《之江新语》，第271页。

2011年5月9日，时任国家副主席的习近平同志到贵州调研，在贵州大学中国文化书院与师生座谈时的讲话中高度评价了王阳明，说"王阳明既是一个伟大的哲学家、思想家，又是一个伟大的军事家、政治家"，"王阳明一生真正做到了知行合一"，并结合王阳明《教条示龙场诸生》一文①，指出："王阳明在龙场讲学时向学生提了'立志、勤学、改过、责善'四点基本要求，首要的是立志。他说'志不立，天下无可成之事'。对今天的学生来说，要成才，必先立志。就是要善养浩然之气，要砥砺、磨炼自己的志向。……希望大家在学校的时候就树立远大、正确、崇高的理想信念，并在实践中去考验、去磨炼，做到'虽九死而不悔'，这样才能有真正的坚定方向，今后才能有大的作为。"②这些语重心长的话，表明党和国家领导人对青年一代寄予了殷切的期望，也对王阳明的教育思想作出了高度评价与现代诠释。

党的十八大以来，习近平总书记在多次讲话中提到王阳明，强调与阐释了阳明心学，特别论述了"知行合一""志不立，天下无可成之事"的内涵与当代启示。兹举其要者：

2014年1月20日，习近平总书记在党的群众路线教育实践活动第一批总结暨第二批部署会议上结合马克思主义的群众观阐释了"知行合一"的内涵以及"知""行"各自的作用："群众观点是马克思主义观点的重大观点，群众路线是党的生命线和根本工作路线，贯彻党的群众路线，知是基础、是前提，行是重点、是关键，必须以知促行、以行促知，做到知行合一。"③

2014年3月7日，习近平总书记在参加十二届全国人大二次会议贵州代表团审议时指出："我们要坚持道路自信、理论自信、制度自信，最根本的还有一个文化自信。只要把我们的优秀文化传承好，核心价值观建设好，就一定能把我们的国家建设成为社会主义强国。明朝时，王守仁（王阳明）曾在贵州参学悟道，贵州在弘扬传统文化方面有独特优势，希望继续深入探索、深入挖掘，创造出新的

---

① （明）王守仁撰，吴光等编：《王阳明全集》（简体版，下引版本同），上海古籍出版社，2012年，第804—805页。
② 上述引文见《习近平考察贵州：勉励学子立志做大事》，《贵州日报》2011年5月12日，第1版；《习近平论阳明文化》，《当代贵州》2015年第46期。《当代贵州》杂志编辑案语："中华优秀传统文化是习近平总书记十八大以来治国理念的重要来源。作为优秀传统文化的重要组成部分，阳明文化堪称精粹。近年来，习近平总书记多次在不同场合提到王阳明或引用王阳明学说，为阳明文化赋予了新的时代意义。"
③ 中央文献研究室、中央教育实践活动办公室编：《习近平关于党的群众路线教育实践活动论述摘编》，党建读物出版社、中央文献出版社，2014年，第39—40页。

经验。"①

2014年3月25日，习近平总书记在法国《费加罗报》发表署名文章，指出："中国人讲'知行合一'，法国人讲'打铁方能成铁匠'，都强调要把思想转化成为行动。"②

2014年5月4日，习近平总书记在考察北京大学时，就培育和践行社会主义核心价值观对广大青年提出要求："道不可坐论，德不能空谈。于实处用力，从知行合一上下功夫，核心价值观才能内化为人们的精神追求，外化为人们的自觉行动。"③

2014年9月24日，习近平总书记在纪念孔子诞辰2565周年国际学术研讨会暨国际儒学联合会第五届会员大会开幕会的讲话中，把"经世致用、知行合一、躬行实践的思想"④作为中国优秀传统文化对解决当代人类面临的难题的重要启示之一。

2014年10月8日，习近平总书记在党的群众路线教育实践活动总结大会上的讲话中指出："实践证明，集中教育活动只有坚持知行合一，不断让思想自觉引导行动自觉、让行动自觉深化思想自觉，才能抓得实、做得深、走得远。"⑤

2015年11月19日，习近平总书记在亚太经合组织第二十三次领导人非正式会议第一阶段会议上的讲话中援引了王阳明《教条示龙场诸生》中的一句名言"志不立，天下无可成之事"⑥："中国古代先贤说：'志不立，天下无可成之事。'人不能没有理想，合作不能缺少方向。亚太合作要面向未来、引领未来，谋划大手笔、塑造大格局。"⑦

2015年12月11日，习近平总书记在全国党校工作会议上的讲话中引用了王阳明《传习录》中的讲学语录"种树者必培其根，种德者必养其心"⑧："'种树者必培其根，种德者必养其心。'党性教育是共产党人修身养性的必修课，也是共产

---

① 转引自《阳明文化学术研讨会举行，彰显贵州独特优势弘扬优秀传统文化》，金黔在线，2014年4月13日；《习近平关注贵阳孔学堂》，金黔在线，2014年3月7日。
② 习近平：《特殊的朋友，共赢的伙伴》，《费加罗报》2014年3月25日；又见《习近平在法国〈费加罗报〉发表署名文章》，《人民日报》2014年3月26日。
③ 习近平：《习近平谈治国理政（第一卷）》，外文出版社（第2版），2018年，第173页。
④ 习近平：《在纪念孔子诞辰2565周年国际学术研讨会暨国际儒学联合会第五届会员大会开幕会的讲话》，《人民日报》2014年9月25日。
⑤ 习近平：《在党的群众路线教育实践活动总结大会上的讲话》，《人民日报》2014年10月9日。
⑥ 《王阳明全集》，第804页。
⑦ 习近平：《深化伙伴关系，共促亚太繁荣：在亚太经合组织第二十三次领导人非正式会议第一阶段会议上的讲话》，新华网，2015年11月19日。
⑧ 《王阳明全集》，第29页。

党人的'心学'。"①"共产党人的心学"的新命题就此被明确提出。

2016年1月12日，习近平总书记在第十八届中央纪律检查委员会第六次全体会议上的讲话中，引用了《传习录》中"身之主宰便是心"②的阳明语录："全面从严治党，既要注重规范惩戒、严明纪律底线，更要引导人向善向上，发挥理想信念和道德情操引领作用。'身之主宰便是心'；'不能胜寸心，安能胜苍穹'。'本'在人心，内心净化、志向高远便力量无穷。对共产党人来讲，动摇了信仰，背离了党性，丢掉了宗旨，就可能在'围猎'中被人捕获。只有在立根固本上下功夫，才能防止歪风邪气近身附体。"③

2016年6月24日，习近平总书记在上海合作组织成员国元首理事会第十六次会议上的讲话中指出："'知者行之始，行者知之成。'实践证明，'上海精神'催生了强大凝聚力，激发了积极的合作意愿，是上海合作组织成功发展的重要思想基础和指导原则。"④"知者行之始，行者知之成"即出自《传习录》中陆澄的记载："知者行之始，行者知之成。圣学只一个功夫，知、行不可分作两事。"⑤

2016年7月1日，习近平总书记在庆祝中国共产党成立95周年大会上的讲话中，再次援引王阳明"志不立，天下无可成之事"语，进而指出："理想信念动摇是最危险的动摇，理想信念滑坡是最危险的滑坡。一个政党的衰落，往往从理想信念的丧失或缺失开始。我们党是否坚强有力，既要看全党在理想信念上是否坚定不移，更要看每一位党员在理想信念上是否坚定不移。"⑥

2016年9月4日，习近平总书记出席二十国集团领导人杭州峰会并致开幕词，在开幕词中引用了"知行合一"语，认为承载着世界各国期待的二十国集团，要："知行合一，采取务实行动。我们应该让二十国集团成为行动队，而不是清谈馆。"⑦

2018年5月2日，习近平总书记在北京大学师生座谈会上的讲话中三次引用王阳明的语句。

---

① 习近平：《在全国党校工作会议上的讲话》，《求是》2015年第9期。
② 《王阳明全集》，第5页。
③ 习近平：《在第十八届中央纪律检查委员会第六次全体会议上的讲话》，《人民日报》2016年5月3日。
④ 习近平：《在上海合作组织成员国元首理事会第十六次会议上的讲话》，新华社，2016年6月24日。
⑤ 《王阳明全集》，第12页。
⑥ 习近平：《在庆祝中国共产党成立95周年大会上的讲话》，《人民日报》2016年7月2日。
⑦ 习近平：《构建创新、活力、联动、包容的世界经济：在二十国集团领导人杭州峰会上的开幕词》，新华社，2016年9月4日。

2019年3月1日，习近平总书记在2019年春季学期中央党校（国家行政学院）中青年干部培训班开班式上的重要讲话中，强调并要求广大干部特别是年轻干部"在常学常新中加强理论修养"，"在知行合一中主动担当作为"[①]。

2019年4月30日，习近平总书记在纪念"五四运动"100周年大会上的讲话中，引述了王阳明《教条示龙场诸生》中的"立志而圣则圣矣，立志而贤则贤矣"[②]，鼓励青年学子志存高远，激发奋进潜力。[③]

这一系列重要讲话中的"用典"即引用阳明语录、阳明学核心命题，既体现了习近平总书记对阳明心学的内涵及其当代意义的深刻理解，也是对中华优秀传统文化进行创造性转化与创新性发展，更揭示了阳明心学在当今实现中华民族伟大复兴实践中的理论价值与深远意义，值得我们认真学习并付诸实践。

二、存有王阳明遗迹的各省市县区加大了对阳明学遗迹的保护与修缮力度

近年来，存有王阳明遗迹的省份及相关的地市、县区、乡镇，诸如浙江省宁波市（余姚市）、绍兴市（越城区、柯桥区），贵州省修文县（龙场镇）、贵阳市，江西省赣州市（崇义县、大余县、龙南县）、吉安市青原区，广东省和平县，福建省平和县，安徽省滁州市，广西壮族自治区南宁市等地，纷纷加大人力、物力、财力、智力投入，修缮保护王阳明遗迹。

浙江省余姚市一直致力推动全国重点文物保护单位"王阳明故居"的修缮与功能拓展，龙泉山"中天阁王阳明先生讲学处""余姚四先贤故里碑"也得到保护。2019年4月9日，余姚申请的"阳明故里"和"阳明故居"商标，获得国家知识产权局审核通过。绍兴市柯桥区以"王阳明墓"为中心，建设"阳明文化园"；越城区西小河边王衙弄的王阳明伯府及观星台、饮酒亭已经修缮，伯府第、碧霞池、大埠头、船舫弄、假山弄、王衙弄的复建工程正在推进；位于会稽山景区宛委山的阳明洞天得到保护。杭州凤凰山万松书院在复建过程中添置了王阳明塑像，玉皇山南的天真书院（精舍）遗迹已经被发掘。

贵州省修文县维护修缮"三人坟""阳明洞""玩易窝""龙冈书院"等王阳明遗迹，贵阳市扶风山"阳明祠"的文物修缮和展陈提升工程也顺利完成。福建省

---

① 《习近平在中央党校（国家行政学院）中青年干部培训班开班式上发表重要讲话》，新华社，2019年3月1日。
② 《王阳明全集》，第804页。
③ 习近平：《在纪念五四运动100周年大会上的讲话》，《人民日报》2019年5月1日。

平和县尊称阳明先生为"平和县父",加大了九峰镇"王文成公祠"的保护力度。安徽省滁州市复建明朝的太仆寺,修缮了龙潭、来远亭、梧桐冈等王阳明当年讲学地。广西南宁市也加大了对敷文书院、青秀山"阳明先生遗爱处"等阳明遗迹的宣传力度。河南浚县大伾山的王阳明诗文碑刻、阳明洞、阳明书院遗址也得到妥善保护。

江西省赣州市崇义县在思顺乡齐云山村桶江(桶冈)王阳明书"平茶寮碑"处,修建了阳明文化主题公园,使得阳明文化在当地得到很好的展示。位于赣州城西北通天岩风景名胜区的阳明学遗迹,诸如通天岩、观心岩、忘归岩上的王阳明摩崖石刻与讲学场景已经得到妥善保护与复原,郁孤台历史文化街区内的赣州阳明书院也对外开放。大余县围绕青龙铺"阳明先生落星亭",打造阳明文化游学旅游基地。龙南县玉石岩的"阳明小洞天",已经完成了修缮工作。吉安市青原区为打造心学文化体验区,复建了青原山阳明书院。

三、王阳明纪念馆、阳明文化广场、阳明文化公园的修建与王阳明铜像雕像的竖立

为了让"真三不朽圣人"王阳明以直观、立体形象走进普罗大众的视野,同时方便社会各界人士礼敬王阳明、学习王阳明,余姚、绍兴、杭州、贵阳、修文、赣州、南昌、崇义、龙南、和平、平和等"阳明先生过化地",均辟有王阳明纪念馆、阳明文化广场、阳明文化公园,同时还立有阳明先生的铜像、塑像、雕像等。

浙江余姚的王阳明故居实则是阳明先生纪念馆,对王阳明的生平学行以视频、图文、蜡像的形式进行宣传、展示;同时,王阳明故居广场竖立有香港孔教学院院长汤恩佳博士捐赠的一尊阳明先生铜像。余姚阳明中学建有阳明亭,立有阳明先生石雕像,供求学少年瞻仰。基于王阳明生于余姚、葬在绍兴,宁波至绍兴的城际列车以"阳明号"命名。绍兴阳明小学竖阳明先生讲学铜像,鼓励少年学子立志求学。因王阳明撰《万松书院记》,杭州万松书院在复建之时,立有王阳明教书、童生听讲的塑像。

贵州省修文县龙场镇围绕"阳明洞天",以"心学圣地,王学之源"为定位,塑王阳明在龙冈书院同黔籍弟子门人讲学塑像;拓建"王阳明纪念馆",修建"中国阳明文化园",复建"龙冈书院",进而传承"知行合一"的阳明学真精神。阳明洞王文成公祠中有日本友人捐赠的阳明先生铜像,其纪念意义非同寻常。贵阳市扶风山的"阳明祠",其正殿中央立有汉白玉雕刻成的王阳明雕像。

江西省崇义县是王阳明生前奏设,而今全县上下致力打造阳明文化品牌,新建阳明山、阳明湖、阳明路、知行公园、阳明书院、良知楼、阳明展览馆,处处弥漫着阳明文化的气息。赣州市通天岩有阳明先生铜像,以及王阳明与邹守益、陈明水等弟子讲授良知学的塑像。南昌市建阳明公园,塑"旷世大儒:王阳明"像,并刻有王阳明生平事迹的黄岗岩浮雕,使得"阳明一生精神,俱在江右"[①]得以充分展示。

广东省和平县为宣传阳明文化,在阳明镇建"王阳明纪念馆",塑阳明先生铜像。福建平和县亦系王阳明生前奏设,在建县 500 周年之际,建阳明公园,塑阳明先生像,以纪念和缅怀阳明先生的丰功伟绩。广西南宁市博物馆中有王阳明在敷文书院讲学场景塑像,隆安县隆安中学既有王阳明塑像,又有王阳明石刻画像碑。甘肃兰州王氏后人为缅怀阳明先生,筹资修建王阳明纪念馆,塑王阳明汉白玉朝服像。台北阳明山辟有阳明公园、阳明书屋,也有王阳明先生造像,供游人瞻仰。

四、《传习录》《王阳明全集》在数十家出版社的陆续出版与不断印刷

由于"阳明学热"的持续升温以及普罗大众了解王阳明、专家学者研究阳明学的需要,据不完全统计,已经有一百余家出版社推出了各种版本的《传习录》,五十余家出版社出版了不同版本的《王阳明全集》(《王阳明集》《王文成公全书》)。兹择要介绍。

(一)各种版本的《传习录》

《传习录》是研习阳明心学的基本文献,王阳明生前已经刊刻。钱穆认为《传习录》是"中国人所必读的书"。梁启超《传统文化入门书要目及其读法》认为:"读此(《传习录》)可知'王学'梗概。"近 20 年来,各种版本的《传习录》也是不断走向市场,与读者见面。兹举其要者:

2000 年 12 月,上海古籍出版社推出杨国荣导读的《阳明传习录》。2001 年 6 月,凤凰出版社出版阎韬注评的《传习录》。2003 年 11 月,云南大学出版社出版胡兴文等译的《传习录》。2004 年 1 月,岳麓书社出版张怀承注译的《传习录》。

[①] 沈善洪主编、吴光执行主编:《黄宗羲全集》第 7 册《明儒学案》,浙江古籍出版社,2005 年,第 377 页。

2007年12月，蓝天出版社出版《传习录》。2008年1月，中州古籍出版社推出于自力、孔薇、杨骅骁译的《传习录》。2009年3月，贵州人民出版社出版于民雄注、顾久译的《传习录全译》；11月，华东师范大学出版社发行陈荣捷著的《王阳明传习录详注集评》[1]。

2010年9月，江苏广陵书社出版《传习录》；11月，复旦大学出版社出版吴震著的《传习录精读》。2012年4月，岳麓书社出版萧无陂著的《传习录校释》，中国画报出版社推出《传习录》；5月，复旦出版社出版吴震著的《传习录一百句》；12月，上海古籍出版社出版邓艾民注疏的《传习录注疏》[2]。

2013年5月，凤凰出版社推出插图版《传习录》；10月，中国华侨出版社出版陆东风编的《传习录》。2014年1月，中国华侨出版社出版彩图全解版《传习录》；6月，武汉大学出版社出版李问渠编译的《传习录》；7月，北京时代华文书局出版叶圣陶点校版《传习录》；8月，人民出版社出版李德峰著的《评说王阳明与〈传习录〉》。2015年5月，九州出版社出版梁启超点校的《传习录集评》；7月，江苏凤凰文艺出版社推出张靖杰译注的《传习录》，长江文艺出版社出版萧无陂注的《传习录》；11月，重庆出版社出版《王阳明〈传习录〉全鉴》。2016年1月，哈尔滨出版社出版钱明、孙佳立注的《传习录》，江西人民出版社推出"慢读系列"的《传习录》；2月，中信出版社出版吴震、孙钦香译注的《传习录》；5月，中华书局出版线装本《传习录》，作家出版社推出的《传习录》；7月，孔学堂书局出版何善蒙编著的《传习录十讲》。

2017年4月，台海出版社出版《传习录》；5月，辽海出版社出版肖卫译注的《传习录》；12月，上海古籍出版社出版佐藤一斋撰、黎业明整理的《传习录栏外书》，北京联合出版社出版叶圣陶校的《传习录》。2018年1月，金城出版社出版马祝恺编、罗海燕校的《传习录》；3月，中华书局出版王晓昕译注的《传习录译注》；4月，国家行政学院出版社出版高静译注的《王阳明先生传习录》；6月，文化发展出版社出版鲍希福点校的《传习录》；8月，三秦出版社出版费勇译的《传习录》，中国华侨出版社出版朱孟彩编译的《传习录全解》；9月，中国致公出版社、九州出版社均出版叶圣陶点校的《传习录》，江苏凤凰科学技术出版社出版王学典编译的《传习录》；11月，武汉出版社出版李文渠编译的《传习录》；12月，国家图书馆出版社推出吴震解读的《传习录》。

---

[1] 1983年12月，《王阳明传习录详注集评》先是在中国台湾学生书局出版。
[2] 2000年11月，《传习录注疏》先是在中国台湾法严出版社出版。

在这上百种的"注疏""译注"本《传习录》中，具备严肃性、学术性的不过数种，主要有陈荣捷的《王阳明传习录详注集评》、邓艾民的《传习录注疏》、佐藤一斋的《传习录栏外书》，还有吴震的《传习录精读》《传习录解读》。

（二）不同版本的《王阳明全集》

1992 年 12 月，上海古籍出版社最早推出了署名吴光、钱明、董平、姚延福编校的《王阳明全集》；2011 年 10 月，又推出修订版的《王阳明全集》；为方便普通大众阅读，2012 年 12 月，推出了简体横排版，并不断重印。2012 年 12 月，上海古籍出版社出版束景南编撰的《阳明佚文辑考编年》；2015 年 4 月，又增订再版；2016 年 7 月，又推出署名束景南、查明昊辑编的《王阳明全集补编》；2018 年 3 月，又合并吴光、钱明、董平、姚延福编校的《王阳明全集》与束景南、查明昊辑编的《王阳明全集补编》，汇编成繁体升级版的《王阳明全集》，称之为"王阳明存世作品'大全集'"。

1996 年 11 月，红旗出版社出版张立文整理的《王阳明全集》。1997 年 8 月，北京燕山出版社推出《王阳明全集全译本》。2008 年 10 月，中华书局出版署名王晓昕、赵平略点校的《阳明先生集要》。2010 年 12 月，浙江古籍出版社推出署名吴光、钱明、董平、姚延福编校的《王阳明全集（新编本）》，列入"浙江文丛"，此后也是数次印刷发行。2013 年 12 月，人民文学出版社出版《王阳明全集》。

2014 年 1 月，中国书店出版社出版《王阳明全集》；2 月，中国画报出版社推出《王阳明全集》；8 月，黄山书社、中国文史出版社分别推出《王阳明全集》《王文成公全集》；11 月，线装书局、团结出版社分别出版《王阳明集》，民主与建设出版社也出版《王阳明全集》。2015 年 1 月，辽海出版社出版《王阳明全集》；5 月，天津社会科学院出版社推出《王阳明全集》；6 月，中华书局出版署名王晓昕、赵平略点校的《王文成公全书》。

2016 年 3 月，中华书局将《王文成公全书》易名为《王阳明集》，作为"中华传统文化文库"之一种出版；5 月，天津古籍出版社出版《王阳明全集》；9 月，中州古籍出版社出版《王阳明全集》；10 月，华中科技大学出版社推出"简体注释版"《王阳明全集》。2017 年 1 月，中国文联出版社推出《王阳明全集》；3 月，天津古籍出版社推出《王阳明集》；4 月，北京燕山出版社出版《王阳明全集》；吉林文史出版社出版《王阳明全集》；10 月，中国华侨出版社出版《王阳明集》。2018 年 3 月，中央编译出版社推出《王阳明全集》；11 月，北京大学出版社出版《儒藏》本《王文成公全书》。

目前已经出版的50余种《王阳明全集》中，我们还是推荐上海古籍出版社出版的吴光、钱明、董平、姚延福编校，束景南、查明昊辑编的《王阳明全集》，再辅以浙江古籍出版社的《王阳明全集（新编本）》。

再有，继"四库全书系列"大型文献汇编出版后，阳明后学文献也陆续编校整理：2007年，浙江省社会科学院策划的《阳明后学文献丛书》（7种10册）在凤凰出版社出版；2013年至2017年，上海古籍出版社又推出《阳明后学文献丛书》（7种10册），2020年重印出版；2015年，四川大学出版社影印《阳明文献汇刊》（54册）；2018年，西泠印社出版社出版《阳明先生珍稀文献二种》；2018年，社会科学文献出版社出版《王阳明珍本文献丛刊》（15册）；2019年，北京燕山出版社影印出版《阳明文献汇刊二编》（60册），广陵书社影印出版《王阳明文献集成》（141册），巴蜀书社影印出版《阳明学文献大系》（208册）。

此外，不同版本的"王阳明书法集"也得以出版：1996年7月，西泠印社出版计文渊编的《王阳明法书集》；2008年1月，台大出版中心出版杨儒宾、马渊昌也编的《中日阳明学者墨迹：纪念王阳明龙场之悟五百年暨中江藤树诞生四百年》；2015年1月，中国美术学院出版社出版计文渊编著的《王阳明法书研究》；2015年8月，上海辞书出版社出版孙宝文编的《王阳明书何陋轩记》；2016年10月，贵州大学出版社出版杨德俊编的《王阳明龙场遗墨》；2017年10月，故宫出版社出版故宫博物院、绍兴博物馆、王阳明研究院编的《王阳明书法作品全集》。

五、上百家出版社推出了近千种的王阳明与阳明学研究专著

据不完全统计，近30年来，上百家出版社推出了近千种"王阳明传记""阳明心学研究""阳明后学研究"主题的书籍，其中既有严肃的学术专著，也有大量带有历史、文学传奇色彩的畅销书，诸如《明朝那些事儿》《知行合一王阳明》《明朝一哥王阳明》等。

其中，我们认为学术研究性质的王阳明传记、王阳明与阳明后学研究的专著（兹按在中国大陆的出版时间排序）主要有20余种：

（1）《阳明学通论：从王阳明到熊十力》，杨国荣著，上海三联书店1990年版，华东师范大学出版社2003年版、2009年版。（2）《有无之境：王阳明哲学的精神》，陈来著，人民出版社1991年版，北京大学出版社2006年版，生活·读

书·新知三联书店2009年版。(3)《陆王学述》,徐梵澄著,上海远东出版社1994年版,崇文书局2017年版。(4)《心学之思:王阳明哲学的阐释》,杨国荣著,生活·读书·新知三联书店1997年版、2015年版,中国人民大学出版社2009年版。(5)《王阳明与明末儒学》(中译本),[日]冈田武彦著,吴光、钱明、屠承先译,上海古籍出版社2000年版,重庆出版社2016年版。(6)《明代哲学史》,张学智著,北京大学出版社2000年版;中国人民大学出版社2012年修订版。(7)《阳明后学研究》,吴震著,上海人民出版社2003年版、2016年增订版。(8)《良知学的展开:王龙溪与中晚明的阳明学》,彭国翔著,生活·读书·新知三联书店2005年版、2015年增订版。(9)《阳明学研究丛书》(11册),吴光主编,董平、钱明、吴震、陈永革、朱晓鹏、何俊等著,中国人民大学出版社2009年版。(10)《传奇王阳明》,董平著,商务印书馆2010年版、2018年修订版。(11)《阳明学述要》,钱穆著,九州出版社2010年版。(12)《王阳明》,[加拿大]秦家懿著,生活·读书·新知三联书店2011年版。(13)《青年王阳明(1472—1509):行动中的儒家思想》,[美国]杜维明著,生活·读书·新知三联书店2013年版。(14)《阳明精粹·哲思探微》,张新民著,孔学堂书局2014年版。(15)《王阳明大传》(中译本),[日]冈田武彦著,重庆出版社2015年版,2018年修订版。(16)《人生第一等事:王阳明及其后学论"致良知"》,[瑞士]耿宁著,倪梁康译,商务印书馆出版2014年版。(17)《觉世之道:王阳明良知说的形成》,杨正显著,北京师范大学出版社2015年版。(18)《由凡至圣:阳明心学工夫散论》,张卫红著,生活·读书·新知三联书店2016年版。(19)《王阳明年谱长编》,束景南撰,上海古籍出版社2017年版。(20)《王阳明的人生智慧》,吴光等著,中国方正出版社2017年版。(21)《吾心自有光明月:王阳明思想原论》,汪学群著,中国社会科学出版社2017年版。(22)《王阳明"万物一体"论》(修订本),陈立胜著,北京燕山出版社2018年版。(23)《入圣之机:王阳明致良知工夫论研究》,陈立胜著,生活·读书·新知三联书店2019年版。(24)《日本阳明学研究名著译丛》(8种),邓红、欧阳祯人主编,[日本]高濑武次郎、井上哲次郎等著,焦堃、连凡、陈晓杰等译,山东人民出版社2019年版。(25)《阳明大传:"心"的救赎之路》,束景南著,复旦大学出版社2020年版。

六、阳明学研究论文的大量发表与阳明学研究辑刊的不断创办

（一）阳明学研究论文的大量发表

通过"中国知网""万方数据库"，以"王阳明"为主题，进行文献检索，我们可以发现：

1949年至1978年，中国大陆报刊中以"王阳明"为主题的论文数量颇少：1957年1篇，1959年2篇，1963年1篇，1964年1篇，1974年2篇，1975年4篇。这是因为在这30年间中国大陆处于社会主义革命与社会主义建设时期，还包括"文化大革命"的特殊历史阶段，"主观唯心主义集大成者"的王阳明及其心学具有"反动性"，王阳明不仅是镇压农民起义、少数民族起义的"刽子手"，还是"封建地主阶级的代言人"。所以，学术界对王阳明研究颇少，即便是关注王阳明，也是批判王阳明其人的"反人民性"及其学的"反动、落后、腐朽性"。

1979年至2008年，中国奉行"改革开放"的基本国策，随着政治、经济、文化领域的"拨乱反正"，学术研究开始正常化、逐渐理性化，以"王阳明"为主题的论文发表以及硕、博士学位论文的撰写数量逐渐增加，由个位数递增到十位、百位数：1979年4篇，1980年4篇，1981年12篇，1982年15篇，1983年5篇，1984年10篇，1985年11篇，1986年18篇，1987年25篇，1988年39篇，1989年62篇，1990年40篇，1991年38篇，1992年38篇，1993年39篇，1994年47篇，1995年46篇，1996年66篇，1997年73篇，1998年72篇，1999年69篇，2000年84篇，2001年53篇，2002年114篇，2003年112篇，2004年124篇，2005年153篇，2006年172篇，2007年194篇，2008年189篇。该数据主要与高校哲学学科（中国哲学专业）硕、博士学位点设置的数量以及硕、博士研究生的招生数量成正比。

2009年至2013年，这五年的"王阳明"研究论文数量基本保持稳定：2009年252篇，2010年315篇，2011年253篇，2012年324篇，2013年324篇。然而，从2014年开始，"王阳明"研究论文数呈现出井喷趋势：2014年369篇，2015年519篇，2016年548篇，2017年642篇，2018年681篇，2019年701篇。这足以说明近六年（2014年至2019年）来出现的"阳明学热"，就学术层面而言还在持续升温。

随着2014年兴起的这波"阳明学热"，不少报纸也加大了王阳明研究文章的发表力度，国家一级的报纸如《人民日报》"理论版"，《光明日报》"传统文化

版""史学版",《中国纪检监察报》"思想栏目",《中国社会科学报》"哲学版",省一级的报纸如《贵州日报》"理论周刊",《浙江日报》"思想者"栏目,刊文频率较高。而地市一级的报纸,围绕"王阳明"的新闻报道数量则是居高不下,主要以《贵阳日报》《贵阳晚报》《绍兴日报》《宁波日报》《余姚日报》为主,每报每年刊登的新闻稿多达数十篇。

(二)学术期刊"阳明学研究专栏"的开设

为了突出王阳明研究的重要性,加大阳明学的宣传力度,贵州、浙江、江西等省的高等院校主办的人文社科版学报、社科机构主办的学术期刊也纷纷设置"王阳明研究""阳明学与地域文化研究"等特色栏目。

比如,在浙江省,《浙江学刊》开设"阳明学研究"专栏;《浙江社会科学》固定设置"浙学研究"专栏,主要刊发阳明学研究论文;宁波日报报业集团主管的《宁波通讯》,几乎每期都刊发一篇宁波学者撰写的阳明学研究论文;《宁波大学学报》"浙东文化研究"专栏,也刊发一定数量的阳明学论文。在贵州省,《贵州大学学报》《贵州师范大学学报》《贵阳学院学报(社会科学版)》以及《贵州文史丛刊》《当代贵州》《孔学堂》《贵阳文史》等期刊,纷纷聘请省内外有一定知名度的阳明学专家作为学术顾问或栏目特约主持人开设"阳明学研究"专栏;特别是《贵阳学院学报》的"阳明学研究"专栏,自 2015 年设置"阳明学研究"专栏以来,截止到 2019 年年底已连续刊发了 197 篇阳明学研究论文[1]。在江西,《赣南师范大学学报》开设了"王阳明与地域文化研究"专栏,《江西师范大学学报》也开设了"王阳明研究"专栏。

(三)阳明学研究辑刊的不断创办

不少高校科研机构还创办了阳明学研究辑刊,如贵州大学中国文化书院主办的《阳明学刊》(贵州人民出版社、巴蜀书社、贵州大学出版社出版),贵州省王阳明研究会主办的《王学研究》(内刊),余姚国际阳明学研究中心主办的《国际阳明学研究》(上海古籍出版社出版),武汉大学阳明学研究中心与中国阳明文化研究园、孔学堂合办的《阳明学研究》(人民出版社、中华书局出版)。贵阳学院

---

[1] 此数据根据"中国知网"显示的以"王阳明"为主题的"文献来源"之《贵阳学院学报(社会科学版)》的统计而得。2019 年 11 月 25 日,全国高等学校文科学报研究会评定《贵阳学院学报》"阳明学研究"专栏为"全国高校社科期刊特色栏目"。

则主办两种"阳明学论集",一种是《贵阳学院学报》编辑部主办的《阳明学研究新论》(江西教育出版社、中国社会科学出版社出版),另一种是阳明学与黔学研究院主办的《王学研究》(西南交通大学出版社、社会科学文献出版社出版)。域外,日本二松学舍大学王阳明研究所主办的《王阳明》,每年一期;韩国阳明学会主办的《阳明学》,每年四期,实现了出版常态化。

经过数据对比分析,我们也可以发现:近六年(2014年至2019年)来"阳明学热"中阳明学研究论文数量的激增,也与这些阳明学研究学术辑刊的创办、人文社科类学报期刊中"阳明学研究栏目"的常年开设有直接关系。

七、《百家讲坛》阳明学公开课与各种阳明学讲堂、阳明学专题讲座的开设

为了满足广大民众对王阳明生平事迹与阳明心学基本常识的了解需要,在专家学者和百姓之间架起一座知识桥梁的中央电视台科教频道《百家讲坛》栏目,先后邀请来自哲学、文学、历史等不同学科领域的阳明学专家,开讲《传奇王阳明》《五百年来王阳明》《王阳明》。

2010年12月10日至23日的《百家讲坛》,邀请浙江大学哲学系董平教授主讲《传奇王阳明》,共14讲,演讲稿结集成《传奇王阳明》一书出版。[①]此后,董平教授还在浙江大学开设"王阳明心学"视频公开课,共9讲。2017年4月,南京师范大学文学院郦波教授受邀到《百家讲坛》栏目,主讲《五百年来王阳明》,共26讲,并结集出版同名著作《五百年来王阳明》[②]。为纪念王阳明去世490周年,2019年2月20日至3月3日,江西师范大学历史系方志远教授在《百家讲坛》主讲《王阳明》,视频整理稿以《王阳明:心学的力量》为题出版[③]。"王阳明"连续三次进入《百家讲坛》栏目,这足以说明"王阳明"在新闻媒体与当代社会民众心目中的地位。2014年1月7日,于丹、董平、方志远三位教授联袂开讲《百家讲坛特别节目·另类圣人王阳明》,围绕王阳明的成长经历、军事奇才的秘密、"知行合一"的观点进行阐述。

与央视《百家讲堂》的音频演讲相配合,高校科研单位、企业、社会团体以及与王阳明行迹有关的地方政府,所举办的阳明学演讲、报告会,更是数不胜数。

[①] 董平:《传奇王阳明》,商务印书馆,2010年,2018年修订版。
[②] 郦波:《五百年来王阳明》,上海人民出版社,2017年。
[③] 方志远:《王阳明:心学的力量》,商务印书馆,2019年。

比如，2017年山东省尼山书院承办了山东省委宣传部、山东省文化厅主办的《阳明学公开课》，《光明日报》"传统文化版"全程关注报道。① 贵阳孔学堂依托贵州的独特优势，深入挖掘"知行合一"的阳明精神，创办"王阳明大讲堂""阳明心学与当代社会心态研究院"，开展阳明文化系列讲座。修文县在阳明洞现场教学基地设置了"重德修文"大讲堂，并与孔学堂合作开展了一系列的"孔学堂·阳明洞会讲"。

在王阳明的故乡，余姚市委市政府大力实施阳明文化传播弘扬工程，创设"余姚阳明讲堂"和"余姚人文大讲堂"，邀请吴光、陈来、成中英、陈卫平、杜保瑞等阳明学研究专家，面向机关干部、普通市民、企业员工，开展"王阳明心学思想的当世价值""王阳明的思想精髓"等专题讲座。同时，余姚市委宣传部组建阳明文化宣讲团，开展阳明文化宣讲"五进"活动，截至2019年12月，已宣讲600余场次，让阳明文化在家乡大地上熠熠生辉。绍兴市委市政府从加强文化自信建设的高度出发，对绍兴阳明文化的传承保护进行整体设计，搭建"绍兴王阳明研究院""浙江省稽山王阳明研究院"等学术传播平台。

此外，浙江图书馆与浙江省儒学学会合作举办"王阳明公开课"，宁波"甬上传习社"举办《传习录》读书会，福建平和县创办"阳明传习堂"，赣州阳明书院与赣州师范大学、中国明史学会王阳明研究分会合作举办了一系列阳明学公益讲座。这里，我们特别介绍一下，2019年6月，华东师范大学哲学系与冯契学术成就陈列室联合举办的"阳明学与世界文明青年哲学研修营"，通过杨国荣、潘小慧、吴震、黄勇、陈立胜、董平等阳明学研究专家的专题讲座、问答研讨、团队探究等形式，为参加研修营的青年学者呈上了一场阳明学的学术盛宴，取得了不错的学术反响②。

八、全国各地各类阳明学会议、阳明学论坛、阳明文化节、阳明文化活动周的不断召开

为了宣传王阳明、弘扬阳明心学、促进阳明文化与旅游产业的结合，王阳明的出生地宁波余姚、归葬地绍兴柯桥，悟道地贵阳修文龙场，良知教揭示地赣州、南昌，王阳明生前奏设的平和、和平、崇义三县，不断举办"阳明学国际学术研讨会""阳明学高峰论坛""阳明文化节""阳明文化活动周"等系列活动。

---

① 《阳明学公开课课程预告》，《光明日报》2017年4月30日。
② 详见"华东师范大学哲学系"网站（http://www.philo.ecnu.edu.cn/）的相关报道。

改革开放40年来，浙江省社会科学院一直有整理阳明学文献、研究阳明学的优良学统，先后协助余姚、绍兴策划了一系列的阳明学国际学术研讨会：1989年4月在余姚举办了"首届国际阳明学研讨会"，1999年3月在绍兴召开了"纪念王阳明逝世470周年暨国际学术研讨会"，2007年4月在余姚举办了"王阳明故居开放暨中国（余姚）王阳明国际文化活动周"，2009年11月在杭州召开了"纪念王阳明逝世480周年暨阳明学派国际学术研讨会"，2012年11月在绍兴召开了"纪念王阳明诞辰540周年·阳明心学暨蕺山学派国际学术研讨会"，2014年1月在绍兴举办了"纪念王阳明逝世485周年学术研讨会"。

为进一步推动阳明学研究国际化，2011年8月，余姚市人民政府与中国社会科学院联合组建"余姚国际阳明学研究中心"，并在2011年10月31日举办了"2011中国·余姚国际阳明学研讨会"，此后在2012年、2014年的10月31日举办了第二届、第三届"国际阳明学研讨会"，并出版会议论文集《国际阳明学研究》。2017年，在宁波市委市政府的指导下，每年10月31日（王阳明诞辰日）定期举办的"余姚阳明文化活动日"升格为10月31日至11月6日举办的"宁波（余姚）阳明文化活动周"，先后举办了"走进新时代的阳明心学""阳明心学与变革中国国际学术峰会"等。绍兴则在2017年10月举办了"中国绍兴'阳明文化周'"系列活动之"纪念王阳明诞辰545周年学术研讨会""越文化·阳明学·东亚文明高峰论坛""全国首届阳明研究机构联席会议"等，又于2018年6月承办了"第二届中国阳明心学高峰论坛绍兴闭幕论坛"，2019年5月主办了"第三届中国阳明心学高峰论坛"。2016年以来，浙江工商大学也连续举办了四届"阳明学与浙江文化学术论坛"。

贵阳市修文县先后于1999年、2002年、2005年、2009年、2016年、2018年连续举办了六届"国际阳明文化节"，使得修文县成为当代阳明心学研究和传播中心之一。2014年以来，贵州省文史研究馆、浙江省文史研究馆以阳明学研究为交集点，合作搭建"黔浙文化合作论坛"，成立"阳明学研究中心"，还举办了以"文化中国：时代的使命与学者的承担""阳明学的当代价值与传承创新""知行合一：新农村文化建设探讨暨阳明学的理论与实践研讨"为主题的学术研讨会[①]。贵阳学院自2012年以来，先后与修文县、贵阳孔学堂、贵州省儒学研究会、韩国阳明学会合作，举办以阳明学研究为宗旨的"知行论坛"，会议论文结集成《王学研

---

① 贵州省文史研究馆、黔浙文化合作论坛阳明学研究中心编：《心学思想世界的新开展："黔浙文化合作论坛"阳明学研究论文集》，贵州人民出版社2018年。

究》公开出版。

此外，浙江大学、清华大学、复旦大学、中山大学、贵州师范大学以及江西的南昌、赣州、崇义、大余、青原、南安，福建的漳州市、平和县，广东的河源市、平和县，也举办有各种形式、规模不等的"王阳明与阳明学研讨会"。

九、国家社科基金、省市哲学社科规划等各种级别的阳明学研究课题的立项与推出

为了繁荣发展哲学社会科学，鼓励高校教科研人员积极投入基础领域的学术研究，全国哲学社会科学规划办公室、教育部社科司以及各省市的社科规划办立项、推出了一大批以"阳明心学"为选题的科研项目。

2014年，贵州师范大学韩卉承担了国家社科基金特别委托项目《阳明文化与现代国家治理研究》。2015年，浙江省社会科学院钱明中标国家社科基金重大项目"阳明后学文献整理与研究"。2016年，武汉大学欧阳祯人主持了教育部人文社科重点研究基地重大攻关项目"阳明心学的历史渊源及其近代转型研究"。2013年、2017年，浙江大学束景南的"阳明年谱长编""阳明大传：'心'的救赎之路"均获国家社科基金年度重点项目。2017年，贵阳学院陆永胜的"阳明学诠释史研究"获国家社科基金年度重点项目。2019年，宁波大学何静的"王阳明心学与浙东思想文化研究"获国家社科基金年度重点项目。①

2016年以来，为了推进贵州省的传统文化与阳明学研究，贵州省社科规划办与贵阳孔学堂合作推出了资助力度较大的"传统文化单列课题"，其中，阳明心学研究课题占了重头，如：2016年立项课题中的"东亚阳明学与阳明文化研究""阳明心学与马克思哲学在中国的早期传播""阳明学文献整理与研究""日本阳明学研究名著译丛""阳明心学与当代中国的社会发展研究""王阳明诗集编年校注"，2017年立项课题中的"阳明学与中国各地域文化系列研究""阳明心学与当代社会心理学研究""近代中国阳明学的学术史研究""关中王学研究"，2018年立项课题中的"王阳明心态思想研究""阳明学与中国现代性问题""二曲学派对阳明学的多维发展"，2019年立项课题中的"阳明心学对先秦儒家思想的传承与发展""良知学的工夫历程与工夫谱系研究""王阳明'良知易'哲学体系

---

① 上述国家社科基金重大、重点项目信息，均来自"全国哲学社会科学工作办公室网站"（http://www.npopss-cn.gov.cn/），而对一般、青年、西部项目中的"阳明学研究"课题信息则不一一罗列。

研究"。

为了推动阳明心学的综合研究，绍兴、宁波、余姚也推出了一系列的阳明心学研究招标课题。2017年，绍兴王阳明研究院发布的阳明心学公开招标研究课题中有"阳明学通史""越地文化与阳明学""王阳明的政治思想与社会治理"等项目。2018年，宁波市社科联推出"阳明心学研究系列重大招标课题"，其中有"王阳明大辞典""阳明心学的当代价值与世界意义研究""阳明心学与文化自信研究""王阳明行踪遗迹研究"等。2019年5月，"中国阳明心学高峰论坛"推出"阳明心学研究"招标课题，有"阳明心学与中国传统文化研究"等。

十、高校科研院所的阳明学研究机构与社会团体性质的王阳明研究会不断成立

（一）实体性质的阳明学（王阳明）研究所、研究中心、研究院

1992年，浙江省社会科学院成立了中国第一家学术研究实体性质的"浙江国际阳明学研究中心"，主要从事阳明学、阳明学派以及中国儒学的研究。

1996年，贵州师范大学阳明学研究中心成立；2015年1月16日，贵州师范大学牵头成立了"贵州阳明文化研究院"，该院是贵州省阳明文化研究的最高机构。

2002年12月，贵州大学中国文化书院成立，2003年增设贵州大学阳明学研究所，2013年增设阳明文化研究院，2019年又增设了阳明学研究中心。

2005年12月，贵阳学院王阳明研究所成立，2007年易名为贵阳学院阳明学与地方文化研究中心，2016年更名为贵阳学院阳明学与黔学研究院。

2010年10月，修文县阳明文化研究发展中心成立。

2011年8月26日，余姚市人民政府和中国社会科学院历史研究所合作共建"（余姚）国际阳明学研究中心"。

2012年11月，绍兴国际阳明学研究中心在蕺山书院成立。

2013年12月，浙江万里学院成立王阳明研究院。

2014年8月，武汉大学阳明学研究中心成立。

2015年3月25日，赣南师范大学王阳明与地域文化研究中心成立。

2015年10月，贵阳市成立阳明文化（贵阳）国际文献研究中心。

2015年12月23日，黔浙（浙黔）文化合作论坛阳明学研究中心成立。

2015年12月，北京知行合一阳明教育研究院（"致良知四合院"）与清华大学心理学系联合成立"清华大学心学与心理学研究中心"；同时，还与北京大学哲学系联合发起成立"北京大学阳明学研究中心"。

2016年4月10日，贵阳孔学堂挂牌成立"阳明心学与当代社会心态研究院"。

2016年11月18日，绍兴王阳明研究院（浙江省稽山王阳明研究院）在绍兴文理学院成立。

2017年10月17日，临沂大学阳明学研究中心成立。

2017年11月3日，贵州财经大学阳明廉政思想与制度研究中心成立。

2018年3月16日，宁波财经学院阳明文化研究所成立。

2018年11月3日，慈溪市阳明文化研究中心成立。

2018年11月6日，宁波市王阳明研究院成立。

2019年4月16日，江西理工大学与崇义县人民政府合作共建的"阳明文化研究与传播中心"成立。

2019年4月23日，江西吉安市青原区青原山阳明文化研究传播中心成立。

2019年7月，贵州大学阳明学研究中心成立。

2019年11月25日，福建江夏学院阳明学研究院成立。

2019年12月25日，中国传媒大学阳明书院成立。

2020年6月18日，漳州职业技术学院王阳明（文化）研究中心成立。

此外，宁波大学、贵州大学设有通识教育性质的"阳明学院"。浙大宁波理工学院办有"阳明学堂"，宁波大红鹰学院设有"阳明讲堂"。

（二）民间组织、社会团体性质的"王阳明研究会""王阳明研究专业委员会"

按照成立时间顺序，梳理如下：1994年成立的贵阳市王阳明研究会（后易名为贵州省王阳明研究会），1995年成立的修文县王阳明研究会，2000年成立的余姚市王阳明学术思想研究会，2012年成立的余姚阳明中学王阳明研究会，甘肃省兰州市王阳明文化研究会，2013年成立的江西王阳明文化遗产保护基金会、江西阳明研究中心，2014年成立的（广东省）和平县王阳明研究会、广东省岭南心学研究会，2016年成立的江西省王阳明研究会、福建省漳州市平和县王阳明研究会、中华孔子学会阳明学研究会，2017年成立的中国明史学会王阳明研究分会、宁波市王阳明文化研究促进会、绍兴市王阳明研究会、陕西省文化传播协会阳明心学研究会、广东省阳明心学研究会，2018年成立的河南省儒学文化促进会王阳明专业委员会，2019年成立的中国朱子学会阳明学专业委员会，2020年成立的杭州学习生活促进会阳明学院。

此外，还有2017年设立的"全国阳明研究机构联席会议""全国阳明史迹保护研究联盟""阳明教育联盟"。

域外的阳明学会、阳明学研究所，主要有：1995年成立的韩国阳明学会，主办会刊《阳明学》；2000年成立的日本阳明学会，创办会刊《姚江》。此外，日本二松学舍大学设有阳明学研究所，主办《阳明学》期刊。

（三）民间书院性质的阳明书院

据不完全统计，主要有：2001年建成的贵阳"阳明精舍"；2012年成立的"青原区阳明书院""致良知四合院"；2017年成立的"赣州阳明书院""甬上阳明传习社""山东省尼山书院阳明学实修研究中心"；2018年成立的台北"阳明书院"等。余姚市阳明街道阳明社区也成立有"阳明历史文化研究小组"，每年定期编印《阳明史脉》辑刊。据悉，日本京都也建有民间讲学性质的"阳明书院"。

总之，改革开放以来，尤其是近七年，在政界、学界、企业界、民间社会组织的积极推动之下，在中国浙江、贵州、江西、广东、广西、河南包括北京、上海等省市的有关政府机关、高校科研院所、企业家及社会民间人士的多方参与下，王阳明与阳明心学"热"了起来、"火"了起来。我们称王阳明与阳明心学为当下中华传统文化研究的一大"显学"，是名副其实。

最后，对当下"阳明学热"现象还有几点反思。包括"阳明学"在内的中华传统文化代表着中华民族独特的精神标识，当下的"阳明学热"有助于唤醒我们对中华传统文化的热爱和对中华民族精神家园的回归。但是，伴着这波"阳明学热"而来的问题也不少。比如，学者在对阳明良知心学的解读上至少有以下几方面的倾向，需要引起我们的警惕与反思。

第一种倾向是把王阳明神格化、神秘化、教主化，把他说成是一位高高在上、遥不可及的"三不朽圣人"，实则王阳明也是一个有血有肉、活在现实世界中的人。他既是一个真性情的人，一位儒者、一位教书先生，也是一位传统意义上的儒家士大夫。其实，王阳明也是一个悲剧性的历史人物，我们不妨读读他在广西写给京城友人的书信、写给皇帝的奏疏，就不难理解暮年王阳明有家不能回、有病不能医的凄凉处境。将心比心，把王阳明还原为一个普普通通的读书人、儒家君子、传统儒家士大夫，如此理解王阳明其人其事其学，也是可以、可行的吧？阳明学，本质上就是儒学，他是孔孟儒家道统一系的学术传人。就好像孙悟空始终跳不出如来佛的手掌心，实则阳明先生终其一生也没有逾越孔孟儒学的基本精神，他正是一位向先秦孔孟（经典）儒学回归的"真儒"。

第二种倾向是把阳明心学解读玄学化、形而上化，有对阳明学做过度诠释之嫌，把"心即理""知行合一""致良知""四句教"解读得天花乱坠，让人摸不着头脑。实则阳明先生的语录、文录、诗歌，都是围绕儒家"四书五经"而展开的经学诠释。阳明学是在与孔孟儒学、程朱理学的对话语境中形成并展开的，既不是一种知识论性质的学问，也不是宗教化、高深莫测的神秘体验，而是一种如何做人、做君子的道德仁学。

第三种倾向是在解读王阳明与阳明心学过程中，出现了小说化、庸俗化、媚俗化的倾向。一些王阳明的传记文学，大多根据《阳明先生年谱》以及冯梦龙的《阳明先生出身靖乱录》泛泛而谈；甚者还有猎奇化的倾向，探讨分析王阳明的个人生活隐私。还有，把阳明心学视作"心灵鸡汤"以贩卖知识的行为，也有必要进行反思。

第四种倾向是王阳明学术研究的主观情绪化、意识形态化。一个说法是"中国有三个人可以称为圣人：孔子、王阳明、曾国藩"；还有人说王阳明是"一个让毛泽东和蒋介石都崇拜的人"。有人在宣讲王阳明与阳明心学时，动辄说阳明学是推动日本明治维新的"原动力"。对于这些主观情绪化、激进式的提法，也应予以理性甄别与学术考量。对此，许全兴、吴震、邓红、李承贵教授都著有专文予以回应与澄清[①]，兹不赘言。

阳明先生有云"（士农工商）四民异业而同道，其尽心焉，一也"[②]，时至今日，我们可以把传统士农工商这传统的"四民"转化为政府官员、专家学者、商人企业家和普通民众的"新四民"。作为阳明学的爱好者、"阳明学热"的推动者，"新四民"虽然"异业"，但是基于一个共同的目标，在学习、研究、传播阳明良知心学之"道"的过程中，宜"尽心"坚守道德底线，心存敬畏意识、良知意识、

[①] 许全兴：《请别拉毛泽东为"王阳明热"抬轿》，《湖南科技大学学报》2018年第6期；吴震：《漫谈阳明学与阳明后学的研究》，《阳明学研究》（第二辑），中华书局，2016年，第1—12页；邓红：《日本的阳明学与中国研究》，广西师范大学出版社，2018年；李承贵：《迈向新时代的阳明学研究》，《贵阳学院学报》2018年第1期。

[②] 《王阳明全集》，第776页。

感恩意识，学习王阳明、尊敬王阳明，努力做到"每个人心有阳明"。

知识分子是社会良知的标杆，作为一个有良知的当代学者，应该"守初心、担使命"，学习阳明先生的"致良知"之教、弘扬阳明先生"知行合一"的真精神、践行阳明先生"天地万物一体之仁"的大情怀，对王阳明其人其事其学，做出符合历史真相而又通俗易懂的研究与阐释。"时代是思想之母，实践是理论之源"，进一步说，如果当代的阳明学研究者能够对在16世纪至17世纪"门徒遍天下，流传逾百年"（《明史·儒林传》）的阳明心学作出创造性的转化与创新性的发展，以开创出适应新时代的"新心学"，则真是"为天地立心，为生民立命，为往圣继绝学"了！

上篇　王阳明与阳明心学研究

王阳明的一生，文治武功著称于世。其卓著者，一是平定了明朝中期赣粤闽湘四省交界地区的连年匪乱，并奏请朝廷同意设立了福建平和、广东和平、江西崇义三县，促进了当地经济社会文教事业的发展；二是平定了宗室宁王朱宸濠的阴谋叛乱，稳定了中央政权；三是安抚了广西瑶族土司的反乱，奏设了隆安县，平定了八寨、断藤峡的匪乱，稳定了西南边疆地区。[1]因其功勋卓著，生前被朝廷封为新建伯，死后追封新建侯，谥文成。

王阳明的学说简称"阳明学"或曰"阳明心学"，其学远承孟子，近继象山，而自成一家，影响超越明代而及于后世，风靡海内而传播中外。所谓"阳明学"，就是由王阳明所奠定、其弟子后学传承与发展，以"良知"为德性本体，以"致良知"为修养方法，以"知行合一"为实践功夫，以"明德亲民"为政治应用，[2]以"天地万物一体之仁"为境界追求的良知心学，可谓儒家真正意义上的"内圣外王"之学。详而言之：

王阳明虽然在少年时期立下"读书学做圣贤"的大志，但在青年时期，因感"圣贤难做"，故长期浸淫于词章、佛老之学。弘治十二年（1499），28岁时中进士。次年六月，被授以刑部云南清吏司主事。直到弘治十八年（1505）34岁时，才真正归本"圣人之学"即儒学。正德元年（1506），阳明35岁时，因上疏请诛太监刘瑾等"八虎"，而被贬为贵州龙场驿驿丞。龙场的艰苦环境，磨炼了他的意志，使他悟得了"圣人之道，吾性自足"而"不假外求"的道理，又在与来学者的切磋与体悟中揭示出了"知行合一"之旨。这就是著名的"龙场悟道"。其后，他在庐陵县令任上实践其"亲民"学说与"为政不事威刑，惟以开导人心为本"[3]的基层治理理论；在平定赣粤闽湘四省交界地区的匪乱，继而平定宁王朱宸濠的宗室叛乱（"宸濠之乱"）并经历"忠泰之变"的煎熬与"事上磨炼"后，于正德十五年（1520）秋在赣州通天岩讲学之时正式提出"致良知"学说，并在南

---

[1] 吴光：《吾心自有光明月：王阳明的生平事功与思想学说介绍》，《王阳明全集》（简体版）卷前，第9—26页。
[2] 吴光：《王阳明的人生与学问》，《光明日报》2017年4月30日。
[3] 《王阳明全集》，第1008页。

昌讲学时阐发之；晚年在家乡绍兴讲学宣讲"致良知"之教时，又提出了"天地万物一体之仁"说与"四句教"理论，从而最终完成了其"良知心学"的理论建构。

兹围绕王阳明生平事迹研究、王阳明学术思想研究、王阳明的比较研究、王阳明与地域文化研究、王阳明著作文献的整理与研究等五个方面，对2019年学术界关于"王阳明与阳明心学研究"的最新进展予以综述。

一、王阳明生平事迹研究

我们认为，王阳明的传奇人生，可以析分为16段经历：瑞云降世、少年志向、亭前格竹、科场得失、弹劾权奸、龙场悟道、庐陵治理、北京讲学、滁州讲学、南都讲学、南赣平乱、南昌平叛、忠泰之变、天泉证道、思田平乱、南安尽瘁。关于王阳明波澜壮阔的人生经历研究，第一手的文献史料是其弟子、门人撰著的行状、年谱，即黄绾的《阳明先生行状》[①]、钱德洪的《阳明先生年谱》[②]、日本阳明学家冈田武彦先生的《王阳明大传》[③]，今人束景南教授新编的《王阳明年谱长编》[④]、《阳明大传》[⑤]，也值得参阅。

2019年的阳明学界，主要围绕生平事迹、"龙场悟道"、人物交游这三个方面，对王阳明的传奇人生予以关注。

（一）王阳明生平事迹综合研究

方志远《王阳明：心学的力量》（商务印书馆2019年10月版）一书，根据其百家讲坛《王阳明》讲稿修订而成。全书系统讲述了王阳明从"少年立志"到成为有明一代立德、立功、立言"三不朽"伟人的波澜起伏的生命历程，展示了王阳明在"百死千难"中探索"圣人之道"、体悟"心性之理"、践行"亲民""致良知""知行合一"的心路历程，向读者展示了一个将"心学"改造为既是"修心"之学又是"行动"之学、不以君主之是非为是非而以"良知"之是非为是非、无论穷达皆有兼济天下之心的王阳明。

刘义光《王阳明：知行合一·尽心知性》（中国法制出版社2019年10月版）

[①] （明）黄绾著，张宏敏编校：《黄绾集》，上海古籍出版社，2014年，第456—484页。
[②] 《王阳明全集》，第1000—1093页。
[③] ［日本］冈田武彦：《王阳明大传》（中译本），重庆出版社，2015年初版，2018年修订版。
[④] 束景南：《王阳明年谱长编》，上海古籍出版社，2017年。
[⑤] 束景南：《阳明大传："心"的救赎之路》，复旦大学出版社，2020年。

一书，选取了文治与武功均有不俗造诣的伟人王阳明作为切入点，详细介绍了他的生平和事迹，诸如心路历程、哲学思想和用兵方略等，为我们讲述他是如何从一介布衣成长为大明朝人人敬仰的圣人的。在揭示他成功背后的诸多因素之余，该书对王阳明一生苦心钻研的心学提出了自己的见解和解读，总结成为管理自己心情的心得体会。

王路《一代大儒王阳明》（西安出版社 2019 年 7 月版）一书用通俗幽默的语言将王阳明几起几落的人生历程娓娓道来，力图全景式地展现阳明先生荡气回肠的一生，深入浅出、生动形象地将阳明心学的三大命题"心即理""知行合一"以及"致良知"的形成、发展贯穿其中，并结合历史，使心学思想的脉络清晰可辨。

张兰亭《王阳明全传》（华文出版社 2019 年 6 月版）一书将王阳明生活时代的所有人物、事件、地点进行详略得当的还原，通过人物的对话，讲述那时的故事，把王阳明的心学、治学、知行合一、坚持自我、至善圆满、勇者无惧、不忘敬畏、自由创新、家国情怀等融进每一个历史故事中，读起来更加真实自然不说教。该书内容丰富，时间跨度合理，人物感情真挚，形象生动逼真。内文插图为每次王阳明经历最紧张时刻的呈现，让读者的感受更加真实。

崔田田《阳明早期为学理路探析》（《黑河学刊》2019 年第 2 期）一文指出，阳明早期为学的问题意识是其日后学说的重要组成部分。不同于常人的是，阳明早期为学虽有三变五溺，却正说明其不以门户为藩篱，而是以问题意识为导向，探求天地之真际。由此，阳明之重返儒家，并不是一种日常意义上的迷途知返、改过自新，而是基于对问题的深入体证而自然而然达到与儒家思想的契合。

王龙《王阳明为学思想研究》（上海师范大学硕士学位论文，2019 年 5 月）一文认为，王阳明心学系统的建构与其早年泛观博览的为学历程不无关系，而该文旨在贯穿王阳明整个为学历程始终，从而对王阳明的为学思想进行研究。该文分三章，第一章对王阳明的为学历程与内容进行梳理，明确了王阳明的为学历程之后，确认王阳明的为学内容即良知之学。同时王阳明的良知之学具有为己之学、人情物理之学、万物一体之学三重内涵，三者相互关联。第二章主要探讨了王阳明的为学功夫问题，重点论述了立志、静坐息虑、省察克己、知行合一等重要的为学功夫，最后落脚到"致良知"上。最后一章延伸到了对王阳明为学的指向的讨论，对为学与为政、为学与成圣、为学与挽复三代理想之治等的关系进行尝试性的解读，可以得知王阳明的为学有学以为政、学为圣人、学以挽复三代之治三种指向，也是为学的三重境界。总之，王阳明的为学思想是其思想的重要内容，值得我们去仔细探讨，对我们当代人自身的学习而言也能提供有益的参考。

陈芝、周建华《凯旋之后的王阳明》（《光明日报》2019年11月11日）一文认为，明代王阳明巡抚南赣、江西期间，平"山贼"，平宸濠之乱，凯旋之后，也伐石立碑，以纪其事。后人通常称这些碑碣和摩崖石刻为"纪功岩"或"纪功碑"，其实这不合王阳明本人的心意。

何大雪《王阳明广西之行展现的良知思想及实践探究》（广西大学硕士学位论文，2019年5月）一文认为，从龙场悟道到总督两广，王阳明的良知说经过不断的实践，逐渐走向成熟，已然成长为一套完整的体系。他认为良知不仅是先天存在人们心中，还具有普遍必然性，是人们思维方式和道德衡量之准则，是感性经验与理性思维之结合。而且良知开悟更侧重于使社会底层大众明其本然之良知，以致良知去恶从善，坚定为善之志，收拾人心，以恢复良好的社会秩序，实现社会的长治久安。王阳明的良知思想不仅是哲学思想，更是一种实践的学问，强调在实践中注重个体性以及心性的修养，他于讲学中所说之内容皆不离良知思想，而且还以自身践行之方式予以证实，并在实践中进一步确认和完善其学说宗旨。在其具体的致良知践履中，当以总督两广平乱之事例为典型。王阳明总督两广的原因，除了身为儒者之使命以及自身良知思想之外，还有复杂的社会环境。在此次实践中，其开悟人心的方式，除了以讲学、办书院等方式传播良知学外，还在军事、政治、经济等上层领域传播良知思想，希望通过良知教化，让民间大众自觉本心之良知，使百姓成为良善之民，以正社会之风气，形成仁厚之俗。王阳明于广西之实践不仅福泽广西，维护当地的稳定，促进广西的进步，实现长治久安，还为现代社会的发展提供了重要的启示。所以探讨王阳明良知思想在广西的传播，对广西民风的建设、后续的发展以及现代社会状况的改善具有重要的指导意义。

莫德惠《谤起功高：王阳明故后获罪原因考述》（《船山学刊》2019年第2期）一文认为，明嘉靖八年（1529）王阳明病故后获罪，史籍中记载原因主要有两种，一是官方认为王阳明事功与学术多有非议，二是黄绾提出的吏部尚书桂萼陷害之说。官方的观点实际代表明世宗的决定，这从明世宗给内阁首辅杨一清的密谕内容中可以得到印证；黄绾提出的桂萼陷害说法实际并不准确，吏部当时还是有所挽救的。王阳明故后获罪还与其复杂的人事因素有关，朝廷长期以来对于其事功皆存在争议，嘉靖八年的结果实际是对这些争议彻底地加以论定。

（二）王阳明"龙场悟道"研究

程海霞《王阳明龙场悟道的"来龙"与"去脉"略诠》[《扬州大学学报（人文社会科学版）》2019 年第 3 期]一文指出，以王阳明正德三年悟道为范域，由前后两悟所构成的阳明龙场悟道，在义理上有其"来龙"与"去脉"。"来龙"依次体现为"箪瓢"之乐、"无欲见真体""超然"之乐以及"寒根固生意"等，"去脉"大体呈现为"静坐""知行合一"以及"三教关系"等。对此"来龙"与"去脉"进行勾勒，有助于明确龙场悟道的主体内容，更有助于厘清龙场悟道的基本性质。

程海霞《"大知觉性"及其实现：徐梵澄论王阳明龙场彻悟之基本原理》（《世界宗教文化》2019 年第 5 期）一文指出，在《陆王学述》一书中，徐梵澄在证成王阳明龙场悟道的基础上，对其间的彻悟原理作了极为清晰的阐述：首先，"大知觉性"为龙场悟道得以实现提供了本体依据；其次，"大知觉性"的层次划分使得彻悟的位次得以明晰；再次，理智作为较高知觉性为彻悟提供了另一种可能；最后，彻悟的实现意味着知觉性层次的跃迁。由此亦反映出徐氏对神秘主义、心灵体悟所作的独特定位。其不仅仅是对"一悟便了"的钟情，更是对定然真实的推崇、对儒佛融合的精思。

赵文会《思想与制度：论龙场悟道与嘉靖开科对明代贵州教育发展的两次历史性影响》（《铜仁学院学报》2019 年第 5 期）一文指出，龙场悟道与嘉靖开科分别在思想和制度层面促成了明代贵州教育两次历史性的转折发展，促进了贵州与中原地区人才和教育资源的双向流动。王阳明龙场悟道后传播心学加强了贵州与中原的文化认同感，嘉靖开科加强了贵州与中原的历史认同感，而历史文化认同则从深层次上促进了中国统一的多民族国家的进一步形成。

杨军《阳明学功夫论》（《关东学刊》2019 年第 1 期）一文指出，龙场悟道之后至正德九年（1514），王阳明重点提倡通过静坐"自悟性体"的修身方式。此后，他转而提倡通过"事上磨炼"以"省察克治"的修身方式，并以此为修身的初级阶段，而将"自悟性体"的修身方式视为修身的高级阶段。晚年他提出"致良知"理念之后，始明确此为两种修身方式，适用对象不同。"自悟性体"的修身方式只适用于"利根之人"，不能推广，"事上磨炼"的修身方式才适用于大多数人。阳明学后来出现偏差与阳明后学没有坚守王阳明对两种修身方式的判定有关。

（三）王阳明的人物交游研究

张俊业《黄佐与王阳明相会考辨：兼论黄佐对阳明"心学"之态度》(《文教资料》2019年第1期）一文指出，王阳明作为明代"心学"的集大成者，在明代儒学界地位举足轻重；黄佐作为岭南儒学的后起之秀，在明代学界颇负盛名。历史上黄王两人曾有过两次重要的会面，但《先三乡贤年谱》上有关第一次相会缘由却有两种不同的说法：一说来源于黄佐门人黎民表《泰泉先生黄公行状》与《明史》，另一说源于黄佐本人《庸言》。通过两种说法与黄佐本人生平吻合程度的对比，考证行状与《庸言》两个原始出处文献的可信程度，判断《庸言》《先三乡贤年谱》所记载的历史事实更合理真实。借着对两人初会史实的考辨，以及《论学书》中的语录记载，至少证明黄佐存在对王阳明"心学"的质疑态度。在黄佐看来，"阳明之道"不是他心中所追求的儒道，他所追求的是宋代二程与朱熹理学，而不是佛释色彩颇浓的"阳明心学"。

张纹华《钟芳与明代理学家的交谊》(《岭南文史》2019年第1期）一文指出，明代海南崖州人钟芳（1476—1544），与广东纪纲正、梁储、黄佐、湛若水、方献夫等都有交谊，也与王廷相、吕柟、罗钦顺、王阳明等中原硕学名儒往返论学。钟芳以格致说、理气论参与正嘉学术的大讨论，成为明代海南学术在崛起的重要标志。

李强《道谊日相求：王阳明友朋观探析》(《文化学刊》2019年第1期）一文指出，王阳明所论友朋，主要是指包含同学在内的志同道合之友。王阳明认为友朋重在道德与识见，与年龄和地位无关。理想的友朋需要放下姿态去寻找，指正友朋错误时要讲究方式方法。友朋是修行圣学的重要助力，可以帮助确立志向并维持志向，友朋间的切磋砥砺是精进学问的重要方式。王阳明对于友朋的特殊强调与阳明心学的内在修行路径及其学说传播之需要密切相关。

二、王阳明学术思想研究[*]

阳明学界围绕王阳明学术思想的研究，主要涉及阳明学研究的方法论、阳明学的学术定位、阳明心学的理论特质、王阳明的哲学、政治、军事、教育、文学、美学、伦理、经学、史学、佛教、道教、书法思想，以及对王阳明的历史评价、阳明学的当代意义研究与阐释等。兹对2019年的相关研究成果进行概述、评论。

[*] 本专题"王阳明学术思想研究"综述，系绍兴文理学院越文化研究院（浙江省越文化传承与创新研究中心）招标课题"王阳明的政治思想与社会治理"的阶段性成果，特此说明。

（一）阳明学研究的方法论问题

倪培民《良药也需遵医嘱：阳明学普及所需注意的倾向》（《孔学堂》2019年第1期）一文指出，阳明心学是治疗当今社会癌症的一剂良药，但良药也需要慎用。首先它须是真药，不能为似是而非的假药。作为空口号乃至名利手段的所谓的"阳明学"，本身就是违背阳明精神的。其次良药也有恰当的运用方式，否则不仅治不好旧病，反而有引发新病的危险。如王阳明的"知行合一"旨在克服程朱学说割裂知行的危险，但它自身却容易走向销行为知。其"心即是理"直达道德的本源，防止了程朱理学将"理"抽象化和外在化的倾向，但它自身又容易导致主观主义，过度自信。程朱理学与阳明心学应该被认作儒学内部关于功夫修炼的两种不同的功法，它们一个是从外面去寻找道德的横向他律，通过格物致知、道问学等修身教养的功夫历程，明白普遍的理，并以此来间接地、渐进式地去发明道心，塑造自己；另一个是从个体的内心去进行道德的纵向自律，通过尊德性，直接发明自己的本心，达到顿悟。这两种功法，一种适合于普罗大众，一种更适合于利根之人。当年王阳明为程朱理学纠偏开出的药方，是有针对性的。把阳明的药说成包治百病，表面上看是在抬高阳明学，实则是对它的最大伤害。

许全兴《王阳明心学真能救世吗？》（《马克思主义文化研究》辑刊，2019年卷）一文指出，王阳明及其心学走红当代中国。有人认为阳明心学是"集中华优秀传统文化思想之大成""治疗当今社会癌症的一剂良药""21世纪一定是王阳明世纪"，其实将王阳明心学视为救世良方不过是对以往某些人观点的翻新而已。有人臆造材料，强拉毛泽东为"王阳明热"抬轿，更不可取。对王阳明及其心学应取具体的历史的科学分析态度。将王阳明心学视为救世良方，主观愿望虽好，但完全不符合当代实际。

罗高强《神秘主义视域下的阳明学研究》[《贵阳学院学报（社会科学版）》2019年第4期]一文指出，目前，神秘主义视角下的阳明学研究虽已有少许，但未受到学界应有的重视。无论以何种方式切入阳明学，都无法回避一个问题——阳明学如何描绘宇宙和世界的真实面貌。讨论宇宙和世界的真实面貌不是为了理论性地认识，而是为成圣实践展开理论说明。阳明学关于宇宙与世界真实面貌的论述表现出消除对立的整体性世界观，即对象世界与关乎对象世界的意识是合一的，不存在主客、内外、有无等分别。存在这类观念并不稀奇，相信这类观念并从此获得改造自身行为的动力才显得至关重要。对阳明学而言，"相信"世界作为整体性存在便将阳明学拽入神秘主义视域中。

陆永胜《阳明学诠释理论建构的问题与思考》[《贵阳学院学报（社会科学版）》2019年第4期]一文认为，阳明学诠释理论是以二度诠释研究为视角、以阳明学诠释史为基础而建构的话语体系。其建构具有明确的问题意识和"历史"与"理论"的双重必要性，在"史"与"论"融合视域下，呈现出显性与隐性双重建构结构。阳明学诠释理论是对阳明学五百余年的发展与诠释史的理论升华与回应，对当下的文化建设具有启示意义。

何善蒙《阳明心学的研究应多采用社会科学的视角和方法》[《贵阳学院学报（社会科学版）》2019年第4期]一文认为，阳明心学无疑是近年来最受到热捧的传统文化符号，甚至有明显被成功学化、心灵鸡汤化的趋势，在这个背景下，如何更好地弘扬优秀传统文化，值得我们每一个从事中国传统文化研究的人重视，对于阳明学的研究，可能更需要对此有清醒的认识。在传统人文学的概念诠释的同时，我们可能更加需要采用社会科学研究的视角和方法，避免纯粹概念化的抽象所导致的鸡汤化、成功学化的倾向。而社会科学的视角和方法，可能也是更加贴合阳明心学思想的一种研究方式。

朱承《阳明学研究的政治之维》[《贵阳学院学报（社会科学版）》2019年第4期]一文指出，阳明学研究的政治维度，呈现为三种形式：一是以王阳明之政治军事事功为中心的政治史考察，二是以阳明学所蕴含的理论品格、精神气质为中心的思想史考察，三是以阳明学之核心概念、命题以及社会教化活动为中心的政治哲学考察。对阳明学上述三种形式的政治维度考察，特别是对阳明学的政治哲学思考，可以拓展中国传统政治哲学的研究领域。

（二）阳明心学的学术定位与理论特质研究

黄玉顺《阳明心学与儒学现代化问题》（《中国文化论衡》辑刊，2019年卷）一文指出，要理解作为一种儒家哲学的阳明心学，必须对它的时代性质做出准确的历史定位。阳明心学的形下学，即其伦理学及政治哲学的内容，基本上还是帝国时代的那套社会规范及制度；而其形上学，即心本体论，却为儒家哲学的现代转型开辟了巨大的空间，所以后来才会出现王门后学当中具有现代启蒙意义的儒家哲学。总体看来，阳明心学本身还算不上现代性哲学，当然更不是现代哲学，却在学理上孕育了儒家的现代性哲学。

张学智《王阳明心学的精神与智慧》（《哲学动态》2019年第11期）一文从龙场悟道的意义、"致良知"的精义、"知行合一"的特点三个方面探讨了王阳明心学的精神与智慧，认为王阳明是以德性为统领、知识为辅翼，在"致良知"活动中增进理智、坚韧意志、中和情感、敏锐直觉，进而使精神活动的各个方面整合成一个总体，且各个方面互相依持、互相激发、互相辅助，共同应对所遇到的具体问题。王阳明思想是在新的时代条件下对朱熹思想的转进，它简易直接，但充满解释的张力。

董平《浅谈阳明心学的几个关键问题》（《绍兴日报》2019年5月18日）一文指出，应当警惕并杜绝阳明心学传播中的某些不良倾向：一是脱离历史、思想语境，故意夸大、拔高王阳明及其心学，甚至在某种程度上加以"神化"或"神秘化"，把王阳明讲得前无古人、后无来者，把心学讲得神乎其神、脱离生活；二是把阳明心学"庸俗化"，尤其是对阳明心学做片面的、不切实际的理解，以为学了阳明心学，便能"产出业绩"，甚至"心想事成"。不论是"神秘化"还是"庸俗化"，都是对阳明心学的误解误用，对现实社会的健康发展并无益处。阳明心学的核心要义，只是要让人主动地、自觉地建立起一个完整的自我心身秩序，并要求把这一心身秩序体现到、落实到自己现实生活的各个方面，用这一完整的心身秩序来支撑起我们的日常生活，实现人格的独立、健全、完整、统一。总体上说，阳明心学是关乎我们的实际生存的，是关乎生存意义与价值的自我实现的。

李承贵《王阳明学术精神与当今阳明学研究》（《学术界》2019年第4期）一文指出，阳明心学之所以成为儒学史上独具魅力且振聋发聩的学说，乃是其固有的学术精神使然。阳明学术精神集中表现为客观精神、怀疑精神、包容精神、关怀精神、创新精神五种，此五种精神内在地规定了阳明心学的品质。然而，此五种精神在当今阳明学研究中甚为欠缺。因此，无论是作为阳明心学的传承，还是作为阳明学的开新，当今阳明学研究都应责无旁贷地拥有并贯彻此五种精神。对正处于热火朝天中的当今中国人文社会科学研究而言，阳明学术精神似乎也显得颇为适宜。

刘大榕《王阳明"心性实学"及教育实践研究》（云南师范大学硕士学位论文，2019年5月）一文认为，王阳明被称为"立德、立功、立言"的真圣人，立德是他注重内在道德修养的心学思想的突出表现，立功是对王阳明追求外在功业的肯定，其事功精神具有浓厚的实学成分。王阳明明显地融合了心学和实学，提出的是一种"心性实学"思想。其别具一格的"心性实学"，将偏向事功的"实学"与偏向内在的"心学"两大思想学说进行综合，使二者相辅相成。

汪学群《本体与工夫之辩：兼论王阳明思想的内在逻辑》[《贵阳学院学报

（社会科学版）》2019年第1期]一文指出，宋明理学开始重视本体与工夫的关系，但对此问题的讨论大都缺乏系统。与此不同，王阳明把它们提升到前所未有的高度，用以统摄其他范畴。从本体与工夫一致、工夫内涵及特征、工夫达于本体的过程三个方面讨论王阳明关于本体与工夫的主张，理出作为工夫的本体、作为本体的工夫，以及本体与工夫合一，同时也展现其思想逻辑的演进过程。

单纯《论会通于"心"的知识与伦理：作为东亚精神文明重镇的阳明学》（《岭南师范学院学报》2019年第1期）一文指出，儒家特色的知识论发源于"心"，而"心"的功能则不限于"思"，还扩充于"性""情"和"命"，是中国文化传统中"格物致知"和"安身立命"的思想基础，其特色是具有伦理性的知识论。具有"思想"和"伦理"双重功能的"心"之发用流行为"天地良心"，其"知行合一"的目的则是"修、齐、治、平"；而人以"天地万物之心"，不仅能思考"天地万物"的物理，而且能体会"天地大德曰生"的伦理，是所谓"尽性命之学"。王阳明将儒家心性学的传统发扬光大，以"致良知"为其思想"大端"，揭示了儒家心性本位的知识论所独有的主体性、公平性、实践性和伦理性，映射出了中国人生气勃勃而又多姿多彩的精神世界。

缪书豪《阳明心学"境""行""果"之探析》（《大众文艺》2019年第3期）一文认为，王阳明从"心即理""心外无物"的心本理境论出发，以此为基础提出了他"知行合一"的工夫道行论，最终确立了阳明心学成"以天地万物为一体"圣人之道的儒学教果论的实践哲学体系。

通过上述研究结论可以发现，2019年学界同仁对阳明心学的学术定位与理论特质的研讨是卓有成效的。

（三）王阳明的哲学思想与哲学范畴研究

王阳明是"明代最伟大的哲学家"的判定，是无可置疑的。围绕王阳明哲学性质的判定以及阳明哲学思想所涉核心范畴的解读，诸如"心即理""良知即天理""知行合一""致良知""天地万物一体之仁""立志""诚意""本体与工夫""四句教"等，2019年，学界同仁开展了有意义的研究，并取得了丰硕的理论成果。

1. 王阳明哲学的综合研究

陈来《有无之境：王阳明哲学的精神》（*The Realms of Being and Non-Being: The Spirit of Wang Yangming's Philosophy*）的英文版，由陈国兴翻译，并由美国

出版公司 Bridge 21 Publications 于 2019 年正式出版。该书是汉语学界王阳明哲学研究的经典之作。全书把哲学史研究、比较哲学研究、文化问题研究和文献史料研究合为一体，对王阳明哲学的内容进行了全面和深入的分析，对其哲学的内容进行了全面和深入的分析，并对其哲学的不同发展阶段进行了细致的考察，力图呈现出王阳明哲学的基本性格和整体面貌。英译本在介绍本书时援引 Philip J. Ivanhoe 教授的话指出，陈来教授是当代中国最具造诣、最具学术意义的儒家传统哲学研究者，他的作品以渊博的知识、细致的工作、清晰的思路为特点，对儒家哲学的意义和含义有深刻的洞察力；他将哲学文本的论述、分析和传主传记考证的历史观点交织在一起的非凡能力，进一步增强了他的作品的巨大价值和吸引力。该书的出版，是西方理解中国儒家传统的一个里程碑事件，这将是王阳明哲学第一次向西方读者打开一个全新的、未被重视的维度，也将使西方读者获得一个罕见的、杰出的视角。

周月亮、程林《王阳明的心学功夫》（机械工业出版社 2019 年 1 月版）一书通过提炼《传习录》精华，围绕心学的意术、修行功夫、良知良能来进行深入解读，以期让今天的读者既能进入阳明心学的语境，悟入阳明先生的精神场域，又能真正长功夫，找到自我革新的力量。

2. "心、意、知、物"关系的研究

李占科《心、意、物：王阳明认识论的展开》（《中国社会科学报》2019 年 11 月 5 日）一文指出，"身之主宰便是心，心之所发便是意，意之本体便是知，意之所在便是物"，是王阳明认识论的总纲。在世界的存有与认知问题上，王阳明认为，一切都是心之发用的结果，心外无物，心外无事，心外无理，一切都在人心之中。而"意"是身心发用、良知观照以及事物显发的关键，心、物作为认识的两端，都要通过"意"，与"意"交涉才能得到界定。

郭梨华《论阳明思想中"德行之知"的开展》（《国学学刊》2019 年第 1 期）一文指出，王阳明的学术思想，众所皆知在于阐扬孟子学，开展"心即理""知行合一"与"致良知"。这些论述也与阳明阐述"体认之知"，并将"知识之知"含摄其中有关。王阳明不仅将"德行之知"标举至形而上本体层次，同时以"心之良知"为天理人道贯通所在，将"心"的本体义、活动义、实践义融贯，彰显人之最可贵且至高无上者在"心"。其强调事上磨炼以致良知，实即将"性"含摄于"心"中，"心"居主导位置，"性"只是虚说。这也将"性"之所以具有成长性的活动义予以彰显，及收摄于"心知"的变化，至此具有认识义与德行义之"心知"

可融贯为一，"意"因此成为可引诱"心知"方向的决定性因素，这也即其四句教中所言之"意"与"格物"。阳明之"心知"是就主体言，所谓无心外之理，无心外之事，并非绝对唯心之论，也非唯我论，而是强化主体性的存在，所谓"事"之存在，是在吾心之活动中呈现，不在吾心之意识呈现的，则非关吾心之意识活动，也无讨论空间。换言之，进入讨论空间之事、物，即已进入吾心之意识活动中。将"知"作为一切认知活动与实践的根源，这是阳明之创见。

何宗美、靳超《阳明心学一维演绎思维及其建构历程》[《吉林师范大学学报（人文社会科学版）》2019年第1期]一文指出，阳明心学自衍生至成形经历了一个逐渐累聚和打破重塑的漫长复杂历程。整个体系得以自然建构在于其独特而不断丰赡的内在思维模式，即一维演绎思维。物与行被王阳明创造性地置于心本位的一维范畴中，并以往复线性的活动印迹为演绎思维架起动态的圆环轨道。在此基础上，以诚意为内核、以扬善除恶为旨归的圆线思维体系初步构成。而诚意中心的思维链环具有不可忽视的逻辑漏洞，即善恶标准尚不明晰。随着以致良知为核心的一维演绎思维确立，强烈的嬗变发作于整个内部职能，"首当其冲"的当属诚意，即其地位由统帅、主意下降为良知的工夫。厘清此种独特的圆线演绎思维及其蜕化历程是走进阳明心学内层、摒除当前对阳明心学进行消极阐释的关键门径。

龙碧慧《"心外无物"理论对思政教育工作的启发》（《佳木斯职业学院学报》2019年第10期）一文认为，王阳明的"心即理"包含了两大核心，即"心外无物"和"心外无理"。"心即理"我们可以理解为"人心"主导人所有的感官。与教育结合起来，即告诉我们"心"是培育重点，教育应该注重于培养学生德、美，发展认知之心，才能培养出理想人格，从而实现个人价值。

3. "知行合一"的研究

吴光《知行合一重在行：王阳明"知行合一"论的重点与当代启示》（《王学研究》辑刊，2019年卷）一文指出，关于王阳明的"知行合一"论，讨论的文章已经很多，但很少做出"知行合一重在行"的论述。王阳明所谓的"知"即"吾心良知之天理"，其所谓"行"即"致吾心良知之天理于事事物物"的道德实践。可以说，王阳明的"知行合一"论在本质上是集道德、伦理、政治于一体的道德人文哲学。

董平《论"知行合一"的四重向度》（《社会科学战线》2019年第2期）一文认为，王阳明"知行合一"的完整内涵呈现为四重向度：知为"知觉"、为"感知"、为"知识"、为"良知"。"知觉"是心体的本原能力，也是心体对自身存在的自我证明。在不受其他因素遮蔽的情况下，心体的"知觉"确保了个体自我心身的完整性与统一性，心身原是一元。这是王阳明"知行合一"论的基础，被他称为"知行本体"。"感知"既是"知觉"的对外运用，又是作为交往对象的"外物"纳入自我心身结构的必要环节，正是"感知"的可能错误造成了心体的"遮蔽"或心身"隔断"，从而失却"本体"，所以，必以"诚意"为心身一元的保证。"知识"是就特定的认知交往关系情境中的事物实在状况的还原而论，实现事物存在的本然真实，即"知识"。"良知"即"心体"，"心体"的本然真实状态的如实体现即"致良知"，所以"致良知"在理论上是"知行合一"固有内涵的进一步深化。"知行合一"的理解不能脱离人的现实生存，实际上是一个生存论命题，而"知行合一"的根本义乃是"知行同一"，其终极意义则是还归心身一元，由此而建构起个体生存的意义世界。

方志远《"知行合一"的阳明解读》[《江西师范大学学报（哲学社会科学版）》2019年第2期]一文认为，"知行合一"是王阳明"心学"的重要组成部分，被称为王学"三大要"之一。对于王阳明的"知行合一"，历来有各种解读，精微细致的阐释固多，望文生义的误读也不少。王阳明自己，也有一个由"费却多少辞说"到"洞见全体"的过程。其要有四：一、"知行合一"重在"行"，真知即是行，不行不为知。二、"知"既是对事物的认知，更是"良知"，此乃"知行合一"的灵魂。三、所谓"知行合一"，实即"致良知"，为阳明一生之"精神"。四、王阳明学说的传播，绝非只是靠讲学、辩驳，王阳明是以自己的"践之以身"，向世人解读，什么才是真正的"知行合一"。

日本中根公雄《王阳明之"知行合一"论》（《贵州文史丛刊》2019年第1期）一文认为，王阳明心学之"知行合一"的思想，是中国古代哲学中认识论和实践论的命题，主要关涉个人修养、道德实践方面，有着十分重大的意义，对后世影响巨大。该文从知行的本体、心的概念、本体与功夫等方面探讨了王阳明"知行合一"的理论，揭示出王阳明承认的人的存在是经验的、认识的、观念的心和物在道德的、功夫的基础上完成统一，而该实践之思想即"知行合一"，强调在存在的形而上学上本体的良知难免会局限在精神活动中展开。

施敏发《论王阳明"知行合一"说的启示意义》（《开封教育学院学报》2019年第2期）一文认为，王阳明"知行合一"说贯通知与行，规避知而不行或行而不知两种弊病，对当今培育践行社会主义核心价值观具有启示意义。在"知行合一"这一话语体系下,根据时代需求,吸取王阳明的伦理智慧,扬弃其封建道德的阶级局限性,充实具有普遍意义的大德性——社会主义核心价值观,这是对王阳明"知行合一"说创造性转化和创新性发展的路径之一。这一路径是通过化规范为德性、化德性为德行而实现的。重视实践,倡导"知行合一",对培育践行社会主义核心价值观具有重要的理论和实践意义。

周海春、韩晓龙《论王阳明"知行合一"的立言宗旨》[《湖北大学学报(哲学社会科学版)》2019年第3期]一文认为,王阳明虽然用不同的概念来表达自己的思想,但他有一个基本的思维模式:本体—遮蔽—去蔽。"心即理""知行合一"和"致良知"都是用这一思维模式来表达的。在整合不同概念的基础上,这些不同的表达集中为"致良知"。"心即理""知行合一"和"致良知"具有同构性,其理论的聚焦点都在于解决良知良能由体达用的障碍问题。从"致良知"来把握"知行合一"既是理解王阳明"知行合一"学说本来面貌的需要,也是顺着王阳明的理论思路补充完善"知行合一"学说的需要。就王阳明"知行合一"的立言宗旨而言,"致良知"的"致"突出了克倒不善的念头的重要性,更明确了"知行合一"的宗旨。就王阳明"知行合一"的精神实质而言,只有一个知行合一,即良知的知行合一,舍弃良知就无法洞见"知行合一"的实质。王阳明的"知行合一"有一个发展过程,"致良知"使"知行合一"更为完备,"知行合一"的多种论述都是良知圆成、自身成为至善的逻辑环节。

郭美华《道德觉悟与道德行动的源初相融之在:王阳明知行合一论之道德——生存论意蕴》[《贵阳学院学报(社会科学版)》2019年第6期]一文认为,传统上从认识论角度对王阳明知行合一说的理解,湮没了其更深的意蕴。在道德—生存论上并涵摄认识论理解,阳明知行合一说呈现出三层基本意蕴:一是从源初绽放而言,知行合一是生命觉悟与生命活动的源初浑融一体;二是从觉悟之知(知)与切实之行(行)二者的展开过程而言,两者体现为动态的统一;三是强调觉悟之知体现为身心意知物的整体一物,切实之行表现为格致诚正修的整体一事,觉悟之知(知)与切实之行(行)最终统一于"实有其事"。

陈光《浅析王阳明"知行合一"思想》(《法制与社会》2019年第17期)一文认为,"知行合一"是王阳明核心思想之一,也是考察阳明道德哲学的关键所在。王阳明在"心即理"的理论前提下,提出了这一蕴含动机判断的知行学说。他继承了孟子,认为人之心体皆为纯善,恶念是心体被私欲所蒙蔽,因此他对道德行为动机的要求是极高的。他一方面谈为恶,认为一念发动便是为恶,另一方面强调善念要与善行相结合,仅有善念不能称为"知行合一",这看似矛盾的善恶评判,恰恰反映了王阳明对于道德的崇高追求。王阳明认为知行关系是一个有机统一整体,知行二者互为前提、互相包含,不应分别而论。他希望借此回应朱熹知先行后之说,解决时人知行观之弊。

胡才华《王阳明"知行合一"与"致良知"学说的关系探讨》(《文化创新比较研究》2019年第5期)一文认为,"知行合一"和"致良知"是王阳明心学的主要思想,两种观点都是在王阳明生前所处的特殊历史背景下所产生的知行合一的内容,主要是强调知和行两者在生活实践中不可分离,是相互作用、相互影响的关系,引申来讲就是人的道德认识和道德实践之间所存在的关系,而知行合一的延伸就是致良知。从本质上来看,两者并没有区别,后者为前者的延伸,以便于更好地理解"知行合一"和"致良知"的深刻道理,并用于生活实践。

龚建平《"知行合一"与"原心定罪"思想逻辑的现代反思》(《孔学堂》2019年第4期)一文认为,儒家哲学中"知"概念的含义模糊,导致对"知行合一"理解含混。王阳明的"知行合一"思想,其实是针对道德意识和道德行为而言的。然而,如果不区分道德意识和一般知识的内涵,必将导致对知行关系的曲解。"原心定罪"与"知行合一"本属不同领域的话语主题,但从思想逻辑上看,它们却有内在联系。从现实上看,二者在各自领域内的评价大不一样。以往人们从法律上对"原心定罪"基本上是否定的,而对"知行合一"作为道德实践则以肯定为主,其实这种厚此薄彼是没有必要的。"知行合一"的意思就是,道德不能没有主意,不能将行为与主意分开认识与评价。良知作为是非之心具有两层含义,伦理是判断是非善恶的重要原则,因此,"知行合一"在实践中就是在伦理原则指导下的道德意识和道德行为的一体不二。若承认认知对道德的积极意义,则知与行二者之间有一定张力。如何准确理解二者的关系对于合理认识二者各自的地位具有重要的意义。

丁为祥《宋明理学的三种知行观:对理学思想谱系的一种逆向把握》(《学术月刊》2019年第3期)一文认为,一般说来,知行观属于功夫修养的范围,因而人们往往将其作为本体思想的一种落实与表现来把握。这当然有一定的道理。但根据儒家传统体与用、本体与功夫之间的互渗互证关系,不仅理学家关于体与本体的思想就表现在其功夫论中,而且从知行功夫的角度也可以逆向甚至更为具体地把握其本体思想。从这一视角出发,宋明知行观的探讨主要表现为程朱的知先行后、王阳明的知行合一以及王夫之的行先知后三种结论;而这三种不同的知行观,既代表着理学发展的三个阶段,同时也体现着理学发展的三个理论制高点,是理学沿着三个不同方向发展所得出的结论。至于其相互的批评、转进与分歧、演变,不仅代表着理学探讨之深入,同时也体现着其边界与底限意识。今天,反思其不同的制高点及其底限之间的互动关系,也是对宋明理学进行研究、总结并推陈出新的应有之义。

郭美星《阳明心学中的"知行合一"》(《宁波日报》2019年12月12日)指出,"知行"是中国哲学史上的重要范畴,在先秦时期就被哲学家们所关注。到宋朝有程朱提出"知先行后"的观点,明末清初的王夫之则在批判理学"知先行后"学说时提出了"行先知后"的主张,而王阳明不同意把知行割裂、分个先后的观点,提出了"知行合一"论。"知行合一"是为"正人心息邪说"而发,"知行合一"是与生命打通的学问,"致良知"是"知行合一"的根与魂。

4. "心即理"与"良知即天理"的研究

王广杰《由"心即理"探入王阳明心学的客观性问题》(《新疆社会科学》2019年第1期)一文认为,客观性问题始终是儒学内部时隐时显的重大义理问题,它在阳明心学中表现得尤其显著。就阳明心学体系而言,"心即理"命题无疑是奠基性和终极性的义理之根据。文章以"心即理"为切入点,一方面紧扣阳明心学大要,一方面借鉴西方哲学的智慧,深入探讨阳明心学的客观性问题,并且做出创新性诠释。

张实龙《漫谈王阳明的"天理"》(《宁波通讯》2019年第17期)一文认为,"天理"是阳明心学的一个核心概念。王阳明说"心即理","天理"总是与"心"相关联。"心"不是人的心脏,也不是人的心理,而是人的生命,是人生命的觉知。因此,我们理解"天理",需要从人的生命出发,尤其是要从圣人的生命着手。

董平《论良知"八德"》(《社会科学辑刊》2019年第2期)一文认为,在确认良知为"本原性实在"的前提下,综括王阳明关于良知本体的论述,而论"本原性实在"的自在相状,将其概括为"虚灵明觉、常乐我净",称之为"良知八德"。作为良知自体之原在状态的"八德",终究归原于"中","中"是对于"八德"的共相统摄。良知即"中体",故"中"即实相,"致良知"即"致中和"。

吴震、刘昊《论阳明学的良知实体化》(《学术月刊》2019年第10期)一文指出,阳明学通过"良知自知""良知自觉""觉即蔽去"等命题,突出了良知的主体性原则。然而若过于强调人心的主观内在性,则有可能导致良知主体越过外在伦理规范的制约而一任本心的理论后果。晚明学者指责心学流弊有"情识而肆"

等表现，并非无的放矢。不过，阳明在世时对此问题已有所警觉，故其试图通过"良知即天理""天理即良知"等命题，将良知心体提升为普遍客观的超越性实体；而良知实体化也同时意味着天理心性化与心性天理化的双重转化。由此，良知主体性不至于下坠为一己之私的情感意识，而同时也拥有了客观实在的理性实体的品格。

李海超、陈继红《论阳明学的良知自然观》(《伦理学研究》2019年第4期)一文指出，基于自然概念"无为""必然""自发"三义，阳明学的"良知自然"观彰显了良知的本真性、准则性和自足性三个特征。此三个特征分别体现了良知三个方面的自然：良知功能的自然（觉知功能无须修饰）、良知价值的自然（天理规则本来具备）和良知之量的自然（功能充分可靠、价值圆满具足）。由于肯定了良知之量的自然，良知之价值自然与功能自然因各自具备了自足性而出现了关系的紧张。为了消解良知自然观的内在紧张并谋求儒家心学的现代开展，一个可取的方案是：以良知成长的自然替换良知之量的自然。

赵文宇《"生生"视域中的王阳明良知思想》(《中国社会科学报》2019年2月19日)一文认为，"生生"是儒家哲学的核心概念。在王阳明的思想中，"良知"具有生生不息的特性。他将"良知"比喻为"天植灵根"，"天植"旨在说明良知的先天性，"灵根"旨在说明良知生生不息。"生生"是良知的根本存在方式和价值所在。良知"本自生生"，欲其不生，等于"断灭种性"。"种性"是佛教唯识宗用语，耿宁将其解读为"在第八识（最深的心识，'种子识'）中原初存在的（'天生的'）向善之秉性（'种子'）"。若良知不生，人便会失去向善之秉性，"入于槁木死灰"。在宋明理学中，理是事物存在之根本依据，王阳明认为这个根本依据是由良知生出，所以他说"心外无理""心外无物"。由此可见，"生生"对于良知以及良知之于"生生"对于物（包括人）均具有极为重要之价值。

蔡光悦《指向心体的生命自觉：王阳明"良知"说的教育哲学阐释》(湖南师范大学硕士学位论文，2019年5月)一文通过研究王阳明的"良知"说，揭示出其基本意涵乃是指向心体的生命自觉，其实现进路乃是从人的心体为其发展的出发点，从心体指向物，再回向心体，呈现为"心体（本然良知）——物——心体（自觉之知）"的生命发展进路，以期为当代人解决所面临的生命发展问题提供可资借鉴的思路。王阳明的"良知"说，从其酝酿、诞生、发展、形成、推广贯穿于王阳明一生的事功与实践之中。"良知"说既是其自身实践得来，也是其教人重要主旨。

王明《王阳明良知说的"见在"观念研究》(武汉大学硕士学位论文，2019年5月)一文认为，在王阳明的良知说中，"见在"观念是一项重要内容，意指良知当下的发动与呈现，它为良知由本然状态的本体到现实状态的发用搭起一座桥梁，也为当下体认和落实的致良知工夫提供了入手的门径。现实中的个体不可避免地会受到私欲客气的障蔽与阻碍，这给良知的"见在"造成了一些问题：第一，私欲客气能否对良知的呈现造成始终的、完全的障蔽？第二，当下发用呈现的良知与良知本体有何相同与不同？第三，不同个体受到私欲客气的障蔽程度不同，这是否造成良知呈现状态的差异？该文区分良知的"自足""具足""完满"三个概念来分析上述问题。"良知的自足"即"吾性自足"，意指道德知识的先天内在于心，它回应的是朱熹的穷索外物之理以祛除私欲客气的主张。王阳明认为，私欲客气不会造成良知的完全泯灭，个体凭借先天内在的道德知识就可以进行道德生活。"良知的具足"意指良知本体在其自身，是就良知的先天基础而言；"良知的完满"意指良知的先天基础在后天所实现的充分发展、充分完成的状态。对于当下呈现的良知与良知本体的关系，就"良知的具足"而言两者没有不同；就"良知的完满"而言则两者存在一定差距。对于良知当下的呈现状态问题，常人当下克除私欲客气所呈现的良知只是一时的具足，这种具足状态的时断时续，随着致知工夫的积累日渐改善，而圣人则是完满的状态。此外，该文基于现实生活经验，对良知当下"见在"时所表现的好恶情感与是非判断的关系问题，在王阳明的基础上再做澄清，指出好恶情感的复杂性，道德情感与判断在道德困境中的冲突性问题。并且指出，王阳明的"知行合一"是指对是非判断而非好恶情感的自知和实行，良知的"见在"也更多是就是非判断而言。最后，良知的"见在"在致知工夫中也有重要作用，致良知贯彻动、静，王阳明始终强调就意念与良知的当下见在处做"正事、正念"的工夫。

提秀华《王阳明良知论研究》(河北大学硕士学位论文，2019年5月)一文认为，王阳明的良知论是他晚年提出的思想，也标志着阳明心学逐渐走向成熟。阳明从小便有成圣的志向，因此他的一生都是在寻找成圣之道。他先是亭前格竹、泛滥于辞章、出入佛老苦苦寻道而不得，直到在龙场悟道"吾性自足，不假外求"，悟得"心即理"的思想，随后又陆续提出了"心外无物""心外无理""知行合一"和"致良知"的思想。这一系列思想的提出可以看成阳明心学发展完善的过程，也可以说这一系列的探索都是为了最终找到"良知"二字，可见"良知"二字在阳明心学中有着非常重要的地位，而"致良知"三字又被称为圣门正法眼藏。"致良知"是本体和工夫的统一,"良知"是心学之本体,具有绝对性、经验性、明觉性、实践性的特点,"致"是心学之工夫,具有"至极"义和"实行"义两层含义,而"静坐收敛""事上磨炼""省察克治"等一系列具体工夫都是为了真正做到"致良知",从而达到圣人境界。阳明认为狂者的境界是最接近圣人的境界,但是毕竟狂者还不是圣人,必须"由狂入圣",无我的境界和与物同体的境界才算是真正达到了圣人境界。阳明认为良知是每个人生而就有的,因此只要不断地"致良知",每个人都有成圣的可能。阳明心学使圣人不再神圣化,而更加平民化和世俗化。

张凤琴《王阳明之"良知"在道德践履中何以可能》(《滇西科技师范学院学报》2019 年第 2 期)一文认为,王阳明认为心即本体,良知即天理,吾心本有,不假外求。因而学者多怀疑其良知说在道德实践过程中缺乏力量,不具有现实性。事实上,王阳明良知说内涵丰富,"良知"既是道德主体又是道德规范,更拥有稳定、强健的道德能力。道德主体、道德规范、道德能力三者的统一,成就了"良知"的现实性。王阳明良知说实现了外在天理与内在主体的合一,既尊重了主体的情感、意志,又发挥了其能动性,在道德践履具有强劲的现实性。

邱忠善《阳明良知概念的否定性特征及其理论后果》(《上饶师范学院学报》2019 年第 5 期)一文认为,阳明良知概念最根本的一层含义是不学而能的先天能力。良知是道德情感和法则的统一体,是道德之源、德性之知,当循从本心。阳明从许多方向对良知进行了论证。从根本上言,良知学是主张孤立的心灵和自我的一种理论形态,它试图离开社会、经验、传统、环境设想和理解良知。严格遵循良知理论,必然会产生实践困境和缺陷。良知所走的是独白路径,缺少与不同价值的互动,缺少他者、反思和商谈的维度,缺少理性的商谈,也因此缺少真正的自我审视、自我批判。良知学否定尊德性之外道问学的必要性,轻视尊德性内道问学的重要性,从而忽略了道德实践的物质条件、知识储备和道德技术学,没有它们,道德就会退化成毫无力量的良好愿望。良知学突出和强调道德主体的自觉能动地位和担当精神,对当时流行的思想有纠偏除弊之功,亦参与引发了后来的思想解放运动,对今日道德建设也有重要意义,但是,良知学的当代利用,对上列问题不可不察,良知概念需要进行时代的转化。

陈清春《王阳明"良能"概念的理论意义》(《中国哲学史》2019 年第 3 期)一文认为,王阳明晚年的良知学在"知行"问题上区分开了"良知"和"良能"两个概念,并通过"知行本体"的内涵变化赋予"良能"概念以"好恶"的新含义，这一含义在其心学思想的理论建构中起着关键性的作用。在本体论上，"良能"的"好恶"含义一是阐明良知的爱敬感受与是非善恶的道德认识之间意识关系的桥梁，二是蕴含着并昭示出天理的全体内涵，三是解决"无善无恶"问题的一个重要的理论依据。在工夫论上，"良能"的"好恶"含义不仅是道德认识的先天根据而且是道德行动的先天根据，因而成为道德实践的价值方向和内在动力的共同基础。可见"良能"概念具有重要的理论意义，其哲学阐释力甚至不亚于"良知"概念。

陈晓杰《王阳明良知说的道德动力问题》（《现代哲学》2019年第6期）一文认为，王阳明的良知说历来被认为具有道德动力义，但该文认为王阳明思想中该问题具有复杂性。王阳明本人并未对道德动力之重要性有明确认识，所以要进行探讨，在很大程度上只能做间接探讨与推论。通过对"知者意之体"的分析，可知良知可以作为本体而发用，由此推导出道德动力与情感也可作为"用"而源于良知。但仔细审视王阳明对于孟子四端之心的看法，就会看到他完全是从根源以及究极的意义理解四端之心。又由于王阳明倾向以"知是知非"来统摄理解四端，导致"恻隐之心"等道德感情更多地被理解为"知恻隐"。这两点理解其实与朱熹并没有本质差异。

5. "致良知"的研究

陈立胜《入圣之机：王阳明致良知工夫论研究》（生活·读书·新知三联书店2019年版）一书，旨在跳出唯"成功"是瞻的现代价值视域，以"龙场悟道""知行合一""心外无物""致良知"等阳明学著名论题为焦点，追本溯源，疑义相与析，从修身工夫的向度体会阳明学的义理内涵，领略"致良知"教的本地风光，管窥阳明学精神的本来面目，重返"为己之学"这一传统儒学的生命世界。

孙海燕《阳明心学的深度犁耕：〈入圣之机：王阳明致良知工夫论研究〉述评》（《哲学分析》2019年第5期）一文认为，《入圣之机：王阳明致良知工夫论研究》一书，是陈立胜近年来研读王阳明《传习录》等文本所撰论文的结集，全书除"导论"外，共十三章，每章各由一篇论文组成。书中的多数文章曾在不同会议、期刊或文集中发表过，结集成书时，作者又对其加以修订，因不再受论文的字数、注释等方面限制，该书内容也更加丰富翔实。该书虽非结体严整的专著，但由于紧紧围绕阳明致良知工夫论的形成、本质及其经受的种种非议展开，故并不显得松散。

段重阳《"诚意"与"正心"：致良知工夫的两种路径》（《中国哲学史》2019

年第6期）一文认为，工夫论从朱子到阳明再到龙溪的不断深化的过程在阳明那里可以得到确认，前者是"诚意"工夫的转变，后者则是"正心"工夫的提出。朱子的"诚意"工夫所体现的道德意识是一种"反思—规范"的道德意识，即人对自己意念的判断是根据已经具有的"应当之理"做出一个判断，而后"规范"自己的意念使其合于善。阳明将"反思—规范"的道德意识转化为随附性的道德意识，即对本己意向中的伦理价值的直接意识提出了自己的"诚意"工夫。阳明认为，倘若能够顺着源初的价值感而充分地行动，不产生实际意识与价值感之间的冲突，从而导致意识焦点的转移和由此而来的善恶意念的出现，"诚意"工夫也就不存在了。这种从源初的道德意识而来的行动，阳明称之为"正心"。"诚意"和"正心"构成了致良知工夫的两种路径，从而实现了理学工夫论从朱子到阳明后学的转变。

马寄《笃信、践履："致良知"内在支点刍析》[《贵阳学院学报（社会科学版）》2019年第1期]一文指出，"致良知"是王阳明晚年为学主旨。身陷宸濠、忠泰之变中，王阳明愈加笃信本然心体，并将其明晰化为"良知"。信而行之，行而愈信。在笃信、践履交互中，王阳明抉发而出晚年为学宗旨——"致良知"。笃信、践履内契于"致良知"，可谓是"致良知"的两大内在支点。归越后，随着"致良知"思想的成熟，笃信、践履的意涵亦愈加丰盈。在知、情、意层层建构下，笃信的意涵得以丰盈。通过践履主体的扩张、践履幅面的扩充、践履境界的升华及"致良知"植根于践履之中四个向度的彰显，践履的意涵得以丰盈。笃信、践履作为"致良知"的两大支点，证明阳明"心学"不是"高谈性命""轻践履"的心性之学。

黄明同《阳明"致良知"论与社会文明》[《贵阳学院学报（社会科学版）》2019年第4期]一文指出，"致良知"是阳明心学之宗旨与归宿。良知是人的本性，也是天理；"致良知"是对自身良知的认真体认，并把良知体现于事事物物。"致良知"是教人觉醒道德本性，做能以"理"驾驭"欲"的圣贤，即真正意义的人。"致良知"论揭示了道德与社会文明的密切关系，有道德才有文明社会，构筑人类命运共同体必须有道德基石。

耿静波《王阳明"致良知"之"致"及生命体验问题研究》[《青海师范大学学报（哲学社会科学版）》2019年第4期]一文以王阳明"致良知"为研究对象，通过对其泛滥辞章、佛教经历及跌宕起伏的生命历程的梳理，对"致"的独特价值内涵及其对儒家心性之学的突破意义等方面的论述，指出阳明基于自身特殊的生命体验提出了"致良知";佛教对"致良知"的提出有重要影响;"致良知"之"致"与禅宗义理有较强理论渊源;"致"包含主体道德自觉与道德践履内在统一的理念,自性俱足、心境合一的道德理念与思维境界。同时,"致"体现出的自省自足、不假外求等精神,对于当今文化建设、核心价值观构建等方面具有重要现实意义。

6. "立志"与"成圣"的研究

焦德明《王阳明〈示弟立志说〉及其立志思想》(《平顶山学院学报》2019年第1期)一文指出,《示弟立志说》是王阳明为其弟王守文解释立志思想的一篇文章。今日所见诸版本《传习录》对此文的收录情况各不相同。目前可以确知,嘉靖三十七年(1558)胡宗宪所刊《传习录》仍收此文,隆庆六年(1572)谢廷杰刻《王文成公全书》时移入文录。综合诸南大吉本《续刻传习录》翻刻本之信息,嘉靖三年(1524)最初南本已收录此文的可能性极大。在此文中,王阳明将立志比作种树根,强调求为圣人之志是为学的根本,而求为圣人之方只是"去人欲而存天理",如此便将两种教法打并为一。"去人欲而存天理"又要"正诸先觉,考诸古训",体现了王阳明尊重经典、稳健笃实的学风。王阳明还认为,"志"贯穿为学始终,立志并不是简单的"有志",而是指有所树立;有所树立,也即志立专一,"神气精明,义理昭著",私欲客气责志即消便是立志工夫之大用。

王笑格《王阳明"立志观"于青年的价值》(《汉字文化》2019年第14期)一文指出,"志不立,天下无可成之事"。任何人要做成一件事,一定要有志向,没有志向,人生就像无舵的船在大海里漂流,迷茫而恐惧,很难到达目的地。"立志而圣,则圣矣;立志而贤,则贤矣。"每个成功的人生,都一定有崇高的志向。在中华民族伟大复兴的今天,每个青年人必须承担起时代赋予其的责任,立志报效祖国,无论外部世界怎样变化,都不忘为国为民的情怀。

刘子聿《从〈君子亭记〉看王阳明的君子观》(《文教资料》2019年第20期)一文指出,"君子"是传统中国人的理想人格诉求,君子观对中国人的价值观、思维方式和行为模式都产生深远的影响,成为自古及今仁人志士道德践履的力量源泉。王阳明以"龙场悟道"为契机,站在心学立场提出自己的君子观,并在《君子亭记》中以艺术化手法表达出来。王阳明认为,圣贤君子"以无我为本",具有"德、操、时、容"四种美德,其中"中虚而静,通而有间"的无我性是最重要的。

贾庆军、陈振杰《王阳明"大人"思想及四个陷阱》[《宁波大学学报(人文科学版）》2019年第3期]一文指出，王阳明一生追求"大人"之学，"大人"就是以天地万物为一体之人，"大人"之学也是良知之学。"大人"无论在本体论、认识论还是道德论上都有其高明之处。有"大人"就有"小人"，孔孟的大小之辨是在道术分离的前提下提出的，相对宽容一些；阳明的大小之辨是在道一统前提下展开的，比较严格。阳明的大小之辨在严格的同时还有自我颠覆的倾向，这就使其保持着开放性。最后揭示"大人"之学隐含的四个陷阱：没有良好制度保证的良知"大人"，将是空中楼阁；良知心学不是现代自由主义，不能带来现代的自由平等；对良知"大人"的不当追求可能导致道德绑架；大小之对立会人为地制造分裂和敌对。

朱晓鹏《圣人如何可学而成？——以王阳明思想为中心的考察》[《杭州师范大学学报（社会科学版）》2019年第3期]一文指出，中国传统的知识分子都致力追求成为"圣人"，并认为圣人可学而成，然而对于解决"圣人如何可学而成"这一难题或语焉不详，或失之高远。王阳明结合自己的躬行实践对此难题实现了根本性的突破，他不仅找到了适合自己的成圣之路，使得自我本心与圣人之道能够吻合统一，而且揭示了"凡人"如何可学而成为"圣人"，从而很好地解决了这一"人虽有限而可无限"的重大难题，实现了"圣凡一体"的可能性，形成了阳明心学所独具的主体性、平民性和实践性特质。

李旭《道中庸而极高明：论王阳明良知学圣人观的双重维度》（《浙江学刊》2019年第1期）一文指出，"心之良知之谓圣"是明儒王阳明基于其良知学的新圣人观。王阳明的良知概念经历了一个从伦理层面到生存论、宇宙论层面深化扩展的过程，与之相应，他的圣人观也有一个发展丰富的过程，在"人伦之至"这一基本含义中融摄了聪明睿智的智性维度，最终迈入了"赞天地之化育"的至诚至圣境地。因此，王阳明基于其"良知"思想的圣人观具有道中庸和极高明的双重维度。学界通常根据阳明及其后学"见满大街都是圣人"的话头认为阳明心学将儒家圣人观念通俗化、平民化了，这种观点有一定的合理性，但不够全面。

徐小跃《王阳明传习的都是圣人之道》（《新世纪图书馆》2019年第2期）一文指出，王阳明的"心即理""知行合一""致良知"的"立言宗旨"全是为了建立起重道德本体、道德自觉、道德实践的思想体系，并以此净化心性、变化气质、淳化世风、成就道德、成长生命、成全人格。这是一条人文的路线，是一条心性的路线，是一条伦理的路线，是一条"为己"的路线，是一条内圣外王的路线，是一条"求放心"的路线。总之，这是一条圣人的路线，而王阳明所全力传习的正是这条"圣人之道"。

张墨书《王阳明的至圣之道》(《中国社会科学报》2019年12月31日)一文指出,王阳明的希圣之方是以圣人与常人的本质区别为诊断依据,从而对症下药,提出学以至圣的有效方法。镜子如何照物、所照之物为何统统不重要,重要的是镜子是否明净光亮,如同除去私欲的良心一般。这才是真正的至圣之道。

7. "天地万物一体之仁"的研究

陈来《王阳明的万物一体思想》(《中共宁波市委党校学报》2019年第2期)一文指出,阳明先生继承了中国哲学史上"万物一体"的思想观念,并表现出为追求内心生活的高远的精神境界和宇宙体验的特质。他的万物一体思想,在价值观上体现为对人民苦难的一种迫切的悲悯情怀,将拯救苦难的人民作为他内心的一种终极关怀,也明确地引导了致良知实践方向的变化。

李明书《王阳明"一体之仁"思想研究》(东北师范大学硕士学位论文,2019年5月)一文认为,《大学问》是王阳明在他起征思、田之前,即去世前一年,由学生钱德洪记录,并作为师门宝典而流传下来的。《大学问》的核心主题是"万物一体之仁"思想。整体来看,王阳明仁学思想的表述,主要集中于《拔本塞源论》和《大学问》,这两篇文章都是王阳明晚年时期的作品,其中,《大学问》更是王阳明晚年讲学的主要内容,"一体之仁"思想是其晚年提出的新的观点,而学界对于王阳明晚年思想的研究,多数集中在"万物一体",却未能给予"万物一体之仁"思想以足够的重视,所以该文尝试对王阳明"万物一体之仁"思想进行深入分析。《大学问》一文开宗明义,开篇便阐发"一体之仁"思想,认为"一体之仁"便是"明德","明明德"的本质是人的"一体之仁"本质的显现。而后的内容也是基于"一体之仁"思想而展开,并将"一体之仁"思想与其"良知"思想关联,进而使得其思想的完整性得以彰显。所以,该文的研究重点也是以《大学问》以及《传习录》为主要内容,来研究王阳明的"一体之仁"思想的内涵,以及其思想的发展脉络,以求能够完整地展现王阳明的思想特质。该文主要分为三个部分,其中第一部分是对儒家仁学的发展,尤其是对宋代儒学的仁学思想进行梳理,找到儒家仁学思想的内在发展逻辑,进而找出王阳明"一体之仁"思想的必然性和必要性。第二部分是对王阳明自身思想发展进行梳理,主要通过对王阳明自身经历的叙述,找到王阳明提出"一体之仁"思想的契机。第三部分是王阳明"一体之仁"思想的内涵,主要有三个方面:一是明确王阳明"一体之仁"思想的实质是其"良知"背景下的儒家仁学;二是明确"拔本塞源"是王阳明"一体之仁"思想能够被大家普遍接受的必要过程；三是明确"格物"是王阳明"一体之仁"思想能够完成的关键。通过对王阳明"一体之仁"思想内涵的分析，证明"一体之仁"是阳明心学思想的核心，是其思想体系不可或缺的重要组成部分，进而有助于我们更好地理解王阳明的思想。

曾燚《"万物一体"视域下王阳明"意"论研究》（山东大学硕士学位论文，2019 年 5 月）一文认为，王阳明圆融严密的思想可以用"一体二法三种人"来总结。一体者，万物一体也。这是阳明立根的本来，《大学》宗旨即在教人明明德，因此是大人之学。于大人而言，天地万物本来一体，如他所言："大人者，以天地万物为一体者也"，然却因"私欲之蔽"，大人之心也"分隔隘陋犹小人矣"，所以大人之学并不艰难复杂，只在一事一物之间"去其私欲之蔽"而已，私欲的蔽障使得自己有了贪着，所以难以回归明莹无滞、应物不执的状态，因此世间之人要做的即"以自明其明德，复其天地万物一体之本然而已耳"。复归一体的本然有两种方法，即"致良知"与"诚意"，"良知"者，心之本体，知善知恶。若推至此良知于事事物物则"意"无不诚，故言"知致则意诚"，如此即得回归。"诚意"者，工夫之本，为善去恶。若实实在在如"好好色，恶恶臭"一般为善去恶，则体自正。如此即得回归。法有二种，人分三等。三等之人以"气质清浊粹驳"为别，"生知安行"者乃上根之人，"学知利行"者乃中根之人，"困知勉行"者乃下根之人。上根之人"一悟本体，即是功夫"，然而也"不免有习心在，本体受蔽"，所以也需要做为善去恶的"诚意"工夫来去除渣滓。中下学人气质驳杂，更需"诚意"来去其浊留其清。总而言之，"诚意"乃立命之工夫、进身之阶梯。所以"意"就显得越发重要，而在"万物一体"视域下的"意"则更应是考察的重点。因此，该文旨在于"万物一体"视域下对阳明之"意"进行考察，探究阳明站在"一体"立场上如何建构"意"与"气""心""知""物"的关系，并以此为基础思考它们之间的关系所解决的"性"之善恶与"行"之善恶的问题，兼论"心外无物"另一个角度的理解，最后再回归到现实的工夫之中阐明阳明于"一体"视域下所建构的"意"论的超越之处以及如何"诚意"。

龚开喻《"一体"与"主从"：王阳明对体用关系的理解与运用》（《赣南师范大学学报》2019 年第 4 期）一文指出，从王阳明对《大学》的理解开始，逐步拓展到阳明对儒家经典、三教异同、万物一体的理解，来考察王阳明对体用关系的理解与运用，指出王阳明有两种不同的体用结构：一个是体用一源、圆融一体的同质同层的体用结构，另一个则为异质异层、既分又合、有主有从的"主—从"

式的体用关系。这两种体用结构既互相相关，又存在着张力。

黄明同《阳明"一体"论的理论意义及其社会价值》[《江南大学学报（人文社会科学版）》2019年第4期]一文指出，阳明的"一体"论是其学说的一大亮点，主要体现在"心即理"与"仁者以天地万物一体"两个命题中。"一体"论揭示了宇宙为一体，天下犹一家，蕴含了世界具有统一性的理论取向，是马克思主义传进中国之前最具高度、最为深刻的宇宙整体观。其社会意义在于，对阳明所处时代的救赎，以及对当今家、国建设的启迪，并可以为构筑人类命运共同体提供理论支撑。

华建新《"万物一体"学说是阳明心学体系的重要组成部分》(《教育文化论坛》2019年第4期)一文指出，王阳明"万物一体"学说的逻辑起点是"良知"本体论，即从"良知"的角度进行思想创设，是阳明"致良知"学说的进一步深化和提升。此说，使其心学理论的构建和阐释更为严密，在内容上更为丰富，在说理上更加透彻。"万物一体"学说是阳明心学体系的重要组成部分，是心学思想在人生观、社会观和宇宙观上的拓展和圆通。此说，既传达出王阳明的人生理想、社会理想和普世情怀，也表达了王阳明对现实社会的忧患意识和批判精神。因而，只有深刻把握"万物一体"学说才能全面、正确、深刻地理解阳明心学体系的全部内涵。

8. "拔本塞源论"的研究

鲁海军《王阳明的圣学观与理想社会的建构：以〈拔本塞源论〉为中心》(《浙江万里学院学报》2019年第2期)一文指出，王阳明的圣学观是在汲取北宋以来理学传统的基础上形成的，其从良知的自觉自悟出发，进而推向"拔本塞源"理想社会的建构。"拔本塞源"之论实是阳明晚年重要思想之一，它在把握心学原貌的同时，为个体道德之修养及社会理想之熔炼与进步提供一种可能的理论话语，尤其是对当下核心价值观的培育与践行有较强的启发意义。

袁用武《学以成圣：论王阳明〈拔本塞源论〉的主旨及目的》(《兰州教育学院学报》2019年第9期)一文指出，《拔本塞源论》是王阳明晚年对自己学术思想精华的总结，其内容主要是围绕"如何成圣"这一核心问题做出的回答。王阳明认为，要学为圣人，必先知晓何为圣学及从入之门。同时，王阳明将圣学等同于心学，而"致良知"则成为祛蔽成圣的关键。

9. "四句教"的研究

汪学群《阳明学"四句教"解读与评论之思想史考察》(《船山学刊》2019年

第 5 期)一文指出,"四句教"是王阳明晚年对自己思想的高度概括。以往学术界关于"四句教"的研究,大都侧重于文献的考证与辨析或哲学的诠释与反思。这里仅从钱德洪"四有论"与王畿"四无论"、王阳明对"四句教"的完整解读,以及阳明后学的评判与论争三个方面,做一次思想史意义上的考察,追述他们之间在这一问题上的分歧与对立。同时通过对有与无、渐修与顿悟、后天之学与先天之学,以及本体与工夫范畴的分析,附带揭示"四句教"之要义。

王晓昕《"无善无恶"即是"至善":王阳明"心之本体"的诠释连贯性与核心意蕴》(《中共宁波市委党校学报》2019 年第 2 期)一文指出,王畿的"四无论"与钱德洪的"四有论"(实为"一无三有论")至少有一个共同前提,即"无善无恶心之体"。王阳明无论在其早期,还是在其中晚期,其"至善是心之本体"的提法未曾间断且具有诠释的连贯性。他揭示出其心之本体的核心意蕴,吾心是至善所止之地,吾心即吾性,至善既是心本体的本质性规定,也是心本体的根源性存在。至善的特殊品质在于"诚"。

方旭东《蕺山"前四句"的文本问题:基于耿宁工作的进一步讨论》[《清华大学学报(哲学社会科学版)》2019 年第 1 期]一文指出,蕺山对阳明的不满,"四句教"是一个重点。他前后两次对"四句教"提出修正。崇祯九年(1636)所提出的"前四句",从形式上看,与阳明的"四句教"有较多重合,尤其是第三句"知善知恶者是良知",几乎完全相同。晚近瑞士学者耿宁注意到蕺山"前四句"的文本差异问题:第四句"为善去恶者是物则",《明儒学案》本作"有善无恶者是物则"。耿宁倾向《明儒学案》本,然细考其说,理据并不充分。耿宁关于蕺山"前四句"与《大学》之言心"条可以相互发明的看法是一个洞见。运用这个文本互证原则,可以推定,蕺山"前四句"的第三句"知善知恶是良知"当作"知好知恶是良知",不过,在义理上这两个表述可以互换。该文还推定,《大学》之言心"条可能存在一个传写错误。

马俊《"无善无恶心之体"义解:王阳明"四句教"首句宗旨新探》(《中国哲学史》2019 年第 4 期)一文指出,"四句教"首句"无善无恶心之体"之宗旨历来聚讼纷纭,其中有代表性的说法略有八家。该文通过分析八家说法之得失,并结合阳明思想之整体倾向,探讨了心体作为"无心之心"的本体意涵,指出良知与心体存在显隐之别,二者是一种"潜在蕴含"的关系。"无善无恶心之体"兼指本体与境界,其真实意涵在于描述心体明莹无滞、不染尘累的本然状态,而"至善者心之本体"中的"至善"二字乃是叹美之辞,与伦理意义的善恶无关。"四句教"是阳明晚年试图化解其学说内部紧张的学术总结,亦折射了中国思想史的深层张力。

傅锡洪《王阳明"四句教"解义及辩证》(《哲学研究》2019年第7期)一文指出,与后世质疑和批评形成鲜明对照的是,阳明自身坚信"四句教"是既具普遍性且无弊的工夫指点语。在他看来,"无善无恶"和"有善有恶"不过是对"已发"之意识状态的描述,是不同条件下达致"好善恶恶"的不同进路。无善无恶指意念完全出于良知的动力,因而没有且不必刻意和执着;有善有恶指受私欲牵累而必须有所刻意、执着。分别以两者为核心的"四无论"和"四有论"的为学进路并无高下之分,差异主要在入手处不同。"四句教"包含四无论和四有论两条为学进路;无善无恶的含义包含好善恶恶,并以其为根本。这两点分别保证了"四句教"的普遍性和无弊性。后世往往忽视这两点,质疑和批评也就由此而起。

龚晓康《"恶"之缘起、明觉与去除:以王阳明"四句教"为中心的考察》(《哲学研究》2019年第7期)一文指出,王阳明"四句教"围绕善恶问题而展开,其理论前提为"仁者与天地万物为一体"。心体作为无限感通的一体之仁,超越善恶的相待性,此即"无善无恶心之体";心之应物起念处即意,一体之仁遂有感通与阻隔之别,此即"有善有恶意之动";而一体之仁的感通或阻隔,皆能为良知所自然明觉,此即"知善知恶是良知";行事上磨炼之工夫,涤除私欲执着之障蔽,以恢复心体之感通,此即"为善去恶是格物"。可见,"四句教"对于"恶"之问题有着完整而清晰的阐明:心体无恶,表明"恶"为非本体性的存在;意动有恶,表明"恶"具有因缘和合的性质;良知知恶,表明"恶"能为主体所明觉;格物去恶,表明"恶"能为工夫所破除。其间涉及道德本体之确立、伦理责任之承担、自由意志之可能、道德行为之价值等问题。由此,王阳明不但构建起了融本体与工夫为一贯的修证体系,亦构建起了心学之道德形上学。

邓国元、秦佳慧《"廓然大公"与"无所偏倚":王阳明"四句教"之"无善无恶"原义探微》[《贵州大学学报(社会科学版)》2019年第4期]一文指出,基于"四句教"先于嘉靖六年(1527)"天泉证道"的事实性前提,《稽山承语》第25条是考察阳明"四句教"最基本的文献,并以之推定阳明提出"四句教"的时间当在嘉靖四年(1525)十月至嘉靖五年(1526)春末之间。阳明对"正心""未发之中"的诠释,揭示心体"廓然大公""无所偏倚"的本质。以"廓然大公""无所偏倚"为本质,心体在"发用"上呈现出"物来而顺应"的特点。心体"廓然大公"与"无所偏倚"的本质,是阳明"四句教""无善无恶"的基本义理,"四句教""无善无恶"的提出,是对心体"廓然大公""无所偏倚"本质的概括。

10. 阳明心学中其他哲学范畴的研究

王磊《王阳明"立诚"说的内在逻辑蕴涵》(《中国哲学史》2019 年第 1 期)一文指出,在"致良知"话头之前,王阳明一度试图推"立诚"为学问头脑。基于"诚"字的诚切、真切、笃实等义,"立诚"说被赋予了成逻辑体系的思想蕴涵:其一,诚其必为圣贤之志向,以此确立人生方向和为学动力;其二,立其纯乎实理之诚体,此是圣人之为圣人的核心因素;其三,诚其好善恶恶之情感,此是为善去恶而恢复纯乎实理之诚体的直接动力;其四,实其为善去恶之行为,此是恢复纯乎实理之诚体而成就圣人人格的落实下手处。"立诚"说几乎将王阳明当时的学术理论和修养功夫尽数收摄在内。不过,"立诚"说不能直接表述知善知恶之明这个维度,因此,王阳明后来放弃了"立诚"话头,而转向了推"致良知"为学问头脑。

杨亮军、王艳《明代"举业"与"圣学"之间的紧张关系及其弥合:以王阳明"立诚"思想为中心》(《天府新论》2019 年第 2 期)一文指出,在明代,科举与程朱理学的紧密结合及其制度化程度的不断加强,使当时的学风世情、价值观念等方面发生了一系列变化,人们对"举业"与"圣学"之间的关系进行了大量的论说,形成了各种观点。科举之路的日益艰辛与成功之后的种种诱惑,让那些研读"圣学"的士子面临着两难选择,一些士子甚至开始质疑"举业"和"圣学"的正当性,并力求改革之。作为明代中后期的博学鸿儒,王阳明也加入当时的讨论当中,并从自己的亲身经历出发,以自己的心学思想作为阐述基础,指出"举业"与"圣学"并不存在无法调和的矛盾、冲突,只要士子们做好"立诚"的功夫,就能平衡两者之间的关系,获取"举业"的成功,并且能够更好地实现他们修齐治平的政治理想。

向辉《敬道心筌:王阳明教化哲学的"学—教"洞见》(《教育史研究》2019 年第 3 期)一文认为,在王阳明教化哲学体系之中,"敬"是一种成人之教。

何彦彤《王阳明"忠恕一贯"思想探赜》[《武汉理工大学学报(社会科学版)》2019 年第 1 期]一文认为,程朱理学主张"忠体恕用",王阳明则从体用一源的角度将"忠恕"视为混一之整体。心即理,在主体性道德高度挺立的前提下,忠恕被绾摄入心体中,俨然成了良知的另一注脚,这体现了其"致良知"教的一贯之旨。换言之,"致良知"乃是一贯的心学注脚。心学立场下的"忠恕"被视为修养工夫的关键。这背后所体现出来的，乃是王阳明本人对"内圣与外王"高度一贯的追求。知行合一，动静一贯，本体工夫一贯，所指向的是"反求诸心"的内圣实践。而在军事和政治实践中以仁恕为待人接物之宗旨，所指向的乃是"事上磨炼"的外王实践。一贯之道最终必以万物一体精神为依归。由其"忠恕一贯"思想可知，阳明心学是注重"行"的哲学，后人对其虚玄蹈空的指摘是难以体现其哲学价值的。

王志刚《王阳明"念"的哲学研究》（山西大学硕士学位论文，2019年5月）一文认为，阳明学的研究已经日益成为学界的一大热点，这给思想界注入了新鲜活力。学界对阳明学展开了全方位的研究，其中，对一些重要概念诸如"良知""诚意"等的深入阐发便是研究的重要环节。"念"也是王阳明哲学中的一个比较重要的概念，他经常使用"念"来谈及自己的一些哲学思想，因而，从"念"的维度便可以对其思想进行某种解读。然而，由于"念"与"意"之间的复杂关系，加之"诚意"在《大学》中的突出地位，学界更关注"意"的研究，从而忽略了"念"。意、念之间既有一致性，也有一定的区别，只有兼顾一致性和区别的研究，才能更好地把握王阳明哲学的精神。就根本意义而言，王阳明认为"念"是不可息的，这既是其生命体认的结果，又与其本体论思考密切相关。"念"的本体意义主要表现为生命之念和本体之念，生命之念和本体之念的清晰区分，可以避免王阳明哲学的泛道德主义诠释。"念"的现象意义则可以从良知之念、萌动之念、动机之念、纷杂之念、善念与恶念等方面予以理解。道德工夫是不断克除恶念的过程，王阳明强调在"念"上下工夫，这确保了工夫层面的动静一贯；从静坐、省察克治、诚意到致良知，王阳明对成圣工夫作出了具体而又深入的探索，最终以"致良知"为学问宗旨、工夫头脑，并将程朱的格物理论有机涵摄，建立起成熟的心学工夫论体系。王阳明所理解的圣人是"良知之念无碍流行"，念念以致良知为事；圣人是仁、智、勇的完美结合：圣人之仁是以万物一体为念，圣人之智是时时求诸其良知之念，圣人之勇表现在克除恶念的坚决中。从"念"的维度，也可以对"以有为体，以无为用，有无合一"的王阳明哲学精神有更为深入的领悟。

周阳平《王阳明"乐"之哲学研究》（贵州大学硕士学位论文，2019年5月）一文认为，"乐"在儒家哲学传统中扮演一个非常重要的角色，"孔颜之乐"历来是理学家所津津乐道的话题，而阳明所言之"乐是心之本体"便是对这一传统的继承与超越。同时，从道德情感维度来诠释阳明学，乃是为了诠释出阳明学的丰富性。该文分四章对阳明的乐思想进行全面而系统的诠释：第一章将先从思想史的角度阐发阳明提出"乐是心之本体"的一个学术背景，即对儒家"孔颜之乐"的问题进行一个简要的梳理；再从阳明自身学说的理论基础出发，诠释出其理论之特色在"孔颜之乐"的问题上会有"乐是心之本体"这一命题的必然性。第二章着重从"一体之乐""真我之乐""良知之乐"三个角度来诠释阳明"乐是心之本体"这一命题。第三章则着重讨论吾人之所以不乐的原因，即"乐"的遮蔽问题，主要涉及"私欲""习心""气质"等问题。第四章便是对"乐"之遮蔽的一个回应，亦即讨论"复乐"工夫的有效路径，如诚意、致知、中和等道德实践工夫。

通读上述研究成果，我们认为，2019年，学界同人尤其是中国哲学史界对阳明心学研究的方法论有深刻的反思，对王阳明哲学体系中的诸多范畴，尤其围绕"良知""致良知""知行合一""天地万物一体之仁"以及"四句教"问题的研究，撰写了一批高质量的学术论文，并发表在《哲学研究》《学术月刊》《社会科学战线》《中国哲学史》等专业期刊上。这些研究成果，值得我们认真学习、借鉴。

（四）王阳明经学史学思想研究

我们知道，《古本大学》是阳明心学诸多命题得以生成的一部重要经典，对儒家传统经典即"四书五经"的诠释是历史上任何一位儒学家都绕不过去的学理思考，王阳明也不例外，在研读儒家经典过程中，也形成了自己独特的经学观。

1. 王阳明经学思想综合研究

2019年，未见有王阳明经学思想综合研究的论著出版。

2. 王阳明的《大学》诠释研究

景云《从知行至境界：王阳明〈大学〉观演进探析》（《王学研究》辑刊，2019年卷）一文指出，王阳明心学的构建历程实则是其对《大学》不断诠释的历程。基于王阳明心学的发展过程将其对《大学》的诠释亦划分为四个阶段。在其心学发端阶段，王阳明走出程朱理学"格物"视域下物人二分的格局，以"知行本体"揭示本体心体；在其心学深化阶段，王阳明告别知行之论，进入"意"的层面，主张于"意"中用功，倡导"诚意"功夫法门；在其心学成熟阶段，王阳明由"意"进入"良知"，力倡"致良知"功夫法门；因"良知"直契本然心体，故归越后王阳明由功夫转入境界，主张"以天地万物为一体"而进入"心学"化境阶段。通观王阳明心学演进历程，其心学的建构与其突破朱熹《大学》观实则是一体两面之关系。

3. 王阳明的《论语》学研究

牛冠恒《圣学·心学·实学的统一：王阳明〈论语〉学研究》（中国社会科学出版社 2019 年版）一书认为，王阳明一生遵循孔子"述而不作"的思想，虽没有专门解注《论语》的著作，但在他的文集中却散见着大量对《论语》的解注，通过解读这些解注，可以得知，王阳明的心学思想是他从《论语》等典籍中体悟出来的，王阳明的《论语》学在阳明心学中占有重要地位。另外，王阳明的《论语》学研究在《论语》学发展史上也占有重要地位。王阳明一反前人注重文本阐释的做法，承继孔子"述而不作"的传统，用他独特的方式心解《论语》，改变了当时朱熹《论语》学独尊的现状，并且很快和其心学一起影响着明中后期的《论语》学。

黄一洲《王阳明"诚意""致知"的思想内涵：以解释〈大学〉为例》（《学理论》2019 年第 5 期）一文指出，王阳明特别重视对《大学》中"诚意"和"致知"的阐释。"诚意"与"致知"都与心体以及精神境界相关，这正是王阳明经典解释圆融通达的特点，也是阳明心学与朱子理学重要区别所在。通过分析王阳明对《大学》中"诚意"和"致知"的解释，并与朱子相关思想进行比较，以呈现阳明心学的特色。

4. 王阳明的易学思想研究

宁怡琳《"良知即是易"：试论王阳明的易学思想》（《中国哲学史》2019 年第 2 期）一文指出，王阳明没有专门的易学著作，在语录和著述中提到《易》的地方也不多见，但是从阳明的人生经历中，却可以发现《易》对阳明良知思想的建构有着深刻的影响。他在居夷处困中体悟易理，在人生抉择上实践易理，并提出了"良知即是易"的重要命题。该文通过对阳明论易的梳理，阐明了《易》与阳明致良知之学的内在关联，为深入理解阳明学提供了一个易学的角度。

5. 王阳明的史学思想研究

王胜军《论王阳明的良知史观》（《王学研究》辑刊，2019 年卷）一文指出，良知史观是阳明心学的重要构成部分。具体表现为三个方面：良知作为意所构建的形器世界的法则，是实有而非虚无，万事万物及人类历史均在其发用流行之中呈现；王道理想的根本精神在于良知而非外在制度和言行，良知依托于圣贤君子这一人文力量，最终决定着人类历史的治乱兴衰；良知是历史意识构建的标准，应该以良知为准衡，删隐恶迹，减少习染对人类心灵的遮蔽。总体来看，王阳明的良知史观对虚无主义、功利主义做了批判，深刻和充分地表现了人作为历史发展主体的意义。

相比于王阳明哲学思想的研究尤其是哲学范畴的解析，2019年学界同人对王阳明经史之学的关注相对较少。

（五）王阳明政治军事教育思想研究

1. 王阳明的政治思想、社会治理思想研究

赵玲漫《王阳明政治哲学研究》（云南大学硕士学位论文，2019年5月）一文认为，王阳明哲学在宋明儒学的发展历程中占有重要的地位，它是对朱子学的回应。王阳明哲学一直被看作关于心性的学问。该文认为它不仅仅具有心性哲学的内涵，还含有关于政治哲学的讨论。该文分为四个部分，第一个部分讨论的是促使王阳明政治哲学形成的因素。一方面是时代的影响：在宋明时期，君臣地位的变化。另一方面就是朱子学对王阳明的影响：王阳明依据朱子心物两分的缺陷提出将天理纳入内心。第二个部分讨论的是王阳明政治哲学的内容。王阳明的思想是一以贯之的，我们不能够一刀将心性哲学部分切出，也不能够一刀将政治哲学部分切出。在王阳明思想中"理"在每个人内心都呈现出一种客观的状态，这意味着"理"具有公理性，这也是人人平等的可能；对社会全员都提倡"致良知"，这给民众提供了社会目的；在"知行合一"的思想中，王阳明通过"知"建立了道德和政治实施之间的联系。然后该文从社会阶层的划分、社会平等性、法的依据、理想政治的展望这几个方面来逐一讨论。第三个部分，讨论王阳明的政治实践如何体现出他的政治哲学。在王阳明对民众进行治理的过程中，他对每个人的道德要求是将社会目的与个人目的相统一的政治哲学观念。第四个部分，通过以上对王阳明政治哲学的分析，我们可以看出他对后世思想家的影响，并且分析他政治哲学中内含的困境。最后我们可以看出王阳明的政治哲学思想并没有随着时代的流逝而消亡，反而在不断地为不同时代的思想家们提供灵感。

彭国翔《阳明学的政治取向、困境和分析》（《深圳社会科学》2019年第3期）一文指出，中晚明的阳明心学具有很多不同的面向。该文从政治取向这一角度，将中晚明的阳明心学作为一个整体加以观察，深入分析"得君行道"与"觉民行道"这两种不同政治取向各自的含义及其关系，进而对于阳明学所蕴含的"民众政治主体"观念以及儒家传统的政治理想，从一个现代的角度予以分析和评价。具体讨论以下几个问题。首先，如何理解阳明学者在"得君行道"之外所另

行开辟的"觉民行道"这一路线？其次，如何理解"觉民行道"和"得君行道"在阳明心学中作为两种不同政治取向之间的关系？再次，如何理解阳明心学中所隐含的"民众政治主体"这一观念及其所面临的困难？最后，如何才能建立儒家的政治主体并实现儒家的政治社会理想？

王雪华《王阳明吏政思想论》（《人文论丛》辑刊，2019 年卷）一文指出，王阳明是以立德、立功、立言"三不朽"而著称的典范人物，他提出了许多较为进步的政治学理上的愿景和为政准则。在尊君权的前提下，他倡导亲民、爱民、民为邦本的理念，主张统治者要"为政以德"，官员要"以道而仕"。该文认为王阳明的治国理念、行政思想和道德追求是那个时代的光亮所在，并揭示王阳明在尊君权与爱民之间艰难协调的处境及其局限。

诸焕灿主编《知行合一说阳明》（吉林文史出版社 2019 年版）第二章《阳明心学的精髓》，对王阳明"明德亲民的治政理念"予以研究。

邹春生《王阳明在南赣巡抚任上对"致良知"学说的践行：以南赣安民举措为中心》（《赣南师范大学学报》2019 年第 1 期）一文指出，王阳明执政南赣时，南赣地区正处于动荡之秋，社会动乱此起彼伏，接连不断。为了平定贼乱，建立长治久安的社会秩序，王阳明在赣闽粤边区实施了"息盗""导德""训学"等一系列安民措施。这些措施与其"致良知"的学术思想密切相关："良知自在内心"是实施南赣安民措施的前提，"致良知"成为南赣安民措施最重要的教育内容，"省察克治"成为南赣安民措施中最重要的劝善方法。

崔树芝《从书院到乡约：王阳明乡治思想研究》（《黑龙江社会科学》2019 年第 5 期）一文指出，王阳明的乡治思想主要体现在乡约实践中。在乡约由民间走向官方，由地方走向全国的发展过程中，王阳明是过渡性的人物，他既焕发了乡约的新生命，在某种程度上也牺牲了乡约的民间自治精神。王阳明的乡约实践借助于他的行政权力，但不能简单理解为官方性质。与宋儒得君行道不同，王阳明选择觉民行道，并以书院讲学为主要载体。书院与乡约呈现体用或本末关系，乡约是书院讲学的延伸，是良知发用的治民事业，目的在于移风易俗。王阳明的乡治思想对当前的乡村振兴有启发意义。

刘志松《从王阳明乡治实践看基层治理中的国家与社会》（《政治思想史》2019 年第 2 期）一文指出，中国传统基层社会治理有其自身相对固定且成熟的模式，这一模式是在王阳明等许多思想家、政治家以及难以数计的地方官关于社会治理的思考和长期乡治实践的经验中形成的。在国家管理与社会自治之间的长期交互中形成的这种国家公权力通过中坚力量对基层社会进行治理的模式，虽然与现代国家社会二元理论存在某种相似性，但从传统中国以乡土社会为基本社会结构的背景来看，"第三领域"主体自身的特殊形成机制及其功能为中国传统乡治刻画了独特面貌。

杨亮军、冯澍滢《论阳明心学的实践品格及其对乡约文化的影响》(《政治思想史》2019年第2期)一文指出，作为中国历史上最具影响力的思想家之一，王阳明的心学体系不仅是思想和理论上的创造性反思，也是对身心修养与道德实践体验的直接描述。他继承和发扬了儒家"内圣外王"的传统，主张在伦理教化与道德实践的内在统一中实现救治社会弊病和重建社会秩序之目的。王阳明通过对"心即理""格物致知""知行合一"等进行创造性的诠释来展现自己心学的实践品格。在阳明心学实践品格的影响下，孔孟之道不再是那些掌握话语权的读书人的专利，而是成为每个社会成员都能够拥有的思维模式和生活常识。阳明心学的实践品格在肯定普通民众道德实践价值和意义的同时，为中国古代的乡治实践和乡约文化的发展提供了学理性支持。

余治平《"彰善""纠过"与儒家的"以礼化俗"：王阳明〈南赣乡约〉的美政美俗旨归与乡村治理设计》(《伦理学术》辑刊，2019年卷)一文指出，"乡约"是古代中国邻里乡人互相劝勉共同遵守，以相互协助救济为目的的一种规则约定。乡民受约、自约和互约可保障乡土社会成员的共同生活和共同进步。儒家的理想不仅要让人成其为人，而且还要让社会成其为社会。在中国古代，政权马不停蹄地换，甚至还会一时真空，但社会却还能够维持得很友好，人伦秩序一天都不乱，靠的就是教化的力量。王阳明《南赣乡约》发挥底层精英作用，对"同约之人"进行"彰善""纠过"，构成《南赣乡约》两个基本功能和要求，目的在于使人做"良善之民"，营造出"仁厚之俗"。从约长、约副、约正，到约史、知约、约赞的十七人班底，负责召集、组织、主持每次约会活动，借助一系列仪式化而落实各个环节。

赵岩、陈华森《〈南赣乡约〉与传统中国基层治理体系的重建》(《王学研究》辑刊，2019年卷)一文指出，传统中国曾经形成了严格的"编户齐民"基层治理体系。在唐宋变革之际，以封建土地国有制结束和编户齐民制度的瓦解为标志，传统中国基层治理体系进入转型期。宋朝以乡役制度代替乡官制度，但是难以应对严格的"编户齐民"基层治理体系崩溃之后带来的基层治理危机。《南赣乡约》的出现标志着传统中国基层治理体系转型期的结束，以此为开端，传统中国基层治理体系逐步实现了从"编户齐民"基层治理体系向"吏民共治"基层治理体系的转型。

葛跃辉《南赣乡约与抚谕绥柔：王阳明乡村基层治理与统战思想论》[《湖北经济学院学报（人文社会科学版）》2019年第12期]一文指出，王阳明戎马一生，然其最喜爱的是"教书传道"和"乡村治理"。前者可以把"圣人之学，心学也"发扬光大，后者则是亲身实践，把心学贯穿于基层治理中。"心学"强调实践，并根据实际情况实事求是。无论是治理南、赣，还是治理边疆流寇，阳明始终以"天地万物为一体"，仁爱万物，因势利导，顺情而为，不给当地民众生产和生活系统带来任何破坏。在基层治理和平叛中坚持"求同存异"原则。其一是强调"人同此心，心同此理"；其二是尊重当地的风俗习惯，因地制宜，用当地的人来管理当地；其三是移风易俗，强调道德教化。

严志伟《德法兼施，教化为本：王阳明社会治理思想及南赣实践》(《赣南师范大学学报》2019年第4期)一文指出，王阳明在巡抚南赣时期，创造性地将"致良知""知行合一"等思想运用到社会治理实践中，形成了一整套独具特色的社会治理思想，有效维护了南赣地区的社会稳定，对于今天我国的社会治理工作仍然具有积极的启示意义。

张文靖《论王阳明对赣南畲民地区的治理》(烟台大学硕士学位论文，2019年5月)一文认为，赣南地区是王阳明治理的重点地区，王阳明凭借其过人才智，用时两年便大体上使赣南地区恢复安定，并为赣南地区制定了系统的政治治理和教化模式，影响深远。该文主要从军事、政治、文化三个方面探讨王阳明对赣南畲族地区的治理，并从教化和民族交往、交融方面论述了王阳明的治理措施给赣南畲民带来的深远影响。在军事治理方面，王阳明通过疏通盐法筹备军饷、整编部队的方式组建了一支坚强的地方武装，以这支武装为后盾，通过剿抚并用的方式平定了赣南畲民起义，后期王阳明通过建立军事哨所的方式加强军事戒备，维护战果。通过上述措施，王阳明快速平定了畲、汉人民起义。在政治治理方面，王阳明通过加强对畲民的户籍管理、设立新县安置畲民、整顿基层秩序消弭基层矛盾、整顿吏治安抚畲民等措施初步促进了畲民落籍定居赣南，并为畲民融入赣南社会提供了政治保障。在文化治理方面，王阳明通过学校教育传播儒家思想和移风易俗的方式，提升了畲民的文化水平和文化认同，影响深远。王阳明的举措推动了畲民的去"蛮"化"新"，推动了畲族的文明化进程，促进了畲民融入客家，提升了汉、畲人民的交往和交融深度，这对于中华民族多元一体格局的形成具有一定影响。此外，王阳明的治理措施让赣南畲族地区变成了礼乐教化之地，由动乱地区变为祥和之地，这就维护了明朝的统治。总体而言，王阳明对赣南畲民地区的治理效果卓著、影响深远。

黄新螯、陈路芳《王阳明心学在西南边疆的治理实践及影响》(《玉林师范学院学报》2019 年第 4 期)一文指出，王阳明心学理论是时代的产物，它的产生也适应了明王朝西南边疆治理形势的需要，并在西南边疆的治理实践中发挥了重要作用。在他的"致良知"这一心学理论指导下，其在贵州社会上层的"攻心"策略和在广西社会下层的"治心"策略都获得了比较大的成功。他的成功对我国的边疆治理具有重要的启示价值：一是充分发挥少数民族精英的作用；二是发挥基层乡规民约的作用；三是发挥教育机构在开启民智方面的作用；四是提高少数民族对国家的认同；五是注重边疆地方治理机构和制度的完善，特别是法制的完善。

王中原《王阳明"用夏变夷"的族群管理思想与策略研究》(《赣南师范大学学报》2019 年第 4 期)一文指出，多民族国家如何对不同的族群进行有效管理是一个重大课题。一代大儒王阳明曾对此进行了有益探索。他的基本思路是"用夏变夷"，认为"天下无不可化之人"，应采取"顺其情不违其俗，循其故不异其宜""剿抚结合，以抚为主"的措施实行因时制宜的整治。他的族群管理思想启示后人，在坚持平等、互爱和信任的基础上，以教育和感化为主要手段，充分调动不同族群自我管理积极性的同时，应多管齐下方能够达成长治久安的社会治理目标。

常明阳《王阳明国家治理思想研究》(黑龙江大学硕士学位论文，2019 年 5 月)一文认为，王阳明作为儒家"心学"的集大成者，其"心学"思想承袭了儒家关怀政治的价值取向，将治世问题引向治心，蕴含着内在的政治维度，形成了基于本心的政治哲学观，具有重要的研究价值。该文以政治哲学为视角，基于阳明心学与国家治理的内在关联，对阳明心学予以逻辑重构，以王阳明的政治关怀为出发点，从治理的目标、主线和路径三个维度构建王阳明国家治理思想的模型，主要有"万物一体"的社会秩序观、"三代之治"的理想政治观和"心上用功"的治平观，并深入分析了其国家治理思想的精神内涵、历史影响与局限，在此基础上，从构建和谐社会、塑造文化自信与道德自觉、涵养德治与法治、树立科学为政理念四方面对王阳明国家治理思想进行现代转化与发展，为推进国家治理现代化提供有益借鉴。

邹建锋《王阳明治国理政思想》(《宁波通讯》2019 年第 23 期)一文指出，

王阳明在与徐爱讨论《大学》一书时，看出当时明朝正德初期政治环境的僵化腐败，由此上溯总结以前朝代治国理政的得失，尧舜禹三人时期的天下大同政局最为他称道。在王阳明早年治国理政的世界观里，他对未来盛世的构想略显模糊，但内心充满对大同世界的认同。

2. 王阳明的税收法律思想研究

王明云《浅析王阳明的工商税收思想》（《王学研究》辑刊，2019年卷）一文指出，在平定宁王之乱、管理赣南地区等实践中，王阳明提出了一套较为系统的工商税收思想：四民平等、公平征税是王阳明工商税收思想的基础；发展生产是税收的保证、服务社会是税收的目的，是王阳明对税收本身的认识；不加赋而财足、统一税收、防止漏税、合法收税是王阳明的税收政策。

李铭《王阳明〈传习录〉的自然法思想寻隐》（《教育文化论坛》2019年第1期）一文指出，《传习录》以语录及信函的形式，较为全面地反映了王阳明的哲学主张与治学理念。体察《传习录》中"致良知""心即理""知行合一"等重要论述，可以发现其具有自然法上的普遍意义，并且接通了正义、理性、自由、公平等重要价值观念。王阳明"以儒为主，兼通释道"的哲学体验，突破了传统儒家法思想的一般认知，阐发了人本主义与思想解放的先声，并以"本心"得失作为社会观念和法律制度的正义性基础，在中西自然法思想辨析中具有重要的法哲学意义。

3. 王阳明的廉政思想研究

王伟《王阳明心学廉政思想阐释及其当代价值》[《四川理工学院学报（社会科学版）》2019年第5期]一文指出，在王阳明心学文献中，不乏有关为官为学为人等方面的廉洁规约、劝诫、论说，并深度嵌入王阳明心学的三大核心范畴中。以"心即理"为理论基础的"破心中贼"，无疑是阐释王阳明廉政思想的"关键词"。王阳明所指的"心中贼"，涵盖人皆有之的名利权色等各种过度和非分的贪欲、执念。其"破"的方法是去除私心物欲遮蔽，使其良知显现光大。在作为王阳明心学主旨的"致良知"中，"廉"是良知的应有之义。虽与生俱来，但也需要发之于情、诉之于理、验之于事事物物。在这个过程中，良知发用于己为廉洁，发用于众为廉明，发用于政为廉政。着眼于当时表里不一、知行脱节的政风学风世风的补偏救弊，王阳明强调"知行合一"里知和行的"良知"性质即其德性和德行意义，主张真知真行，注重知行的"合一并进"。王阳明终其一生立志做圣贤，身体力行并推己及人"致良知"，可谓其廉政思想"知行合一"的表率。就此而言，王阳明心学中蕴含的廉政思想，不仅是中国传统廉政文化中的精华，也是增强中国人廉政文化自信的切入点之一——王阳明心学中的"破心中贼"与当前正在构筑的"不想腐"堤坝，无论在反腐倡廉的对象、范围、内容还是理念、路径、措施上都有很大程度的同质性，而以为善去恶为主要内容的"致良知"，可提供"党性"与"心性"之间的跨时空对话基础，"知行合一"则对研判和治理"两面人""两面派"现象具有重要的借鉴意义。深入挖掘、阐释、传承、转化王阳明心学廉政思想的当代价值在于，有助于作为共产党人"心学"重要组成部分的廉政建设，扎根于更深厚的中华优秀传统文化的心性沃土，实现党风廉政教育的外在引导与内在认同的统一，以启发共产党人、青年学生及广大人民群众内心道德的自觉、自信和自主，从而为在根本上构筑"不想腐"的堤坝指出王阳明心学的方向和路径，为新时期不忘和增强廉政初心提供可资借鉴的传统廉政思想文化资源与重要精神支撑，对上好共产党人的"心学""必修课"和公民廉洁自律"公共课"无疑具有重要的现实意义。

王翠莹《廉洁自律视域下谈阳明心学》（《文化创新比较研究》2019年第9期）一文指出，王阳明的廉洁自律思想和其心学思想都是在实践中产生的，二者彼此融合，在阳明心学的指引下，王阳明的廉洁自律既有坚实的理论支撑，又有以内省为主导的道德实践路径。他在为政实践中，遵循儒家的"修己以安百姓"，"亲民"是他为政的基本遵循，也是其廉洁自律的根本出发点；"致良知"是其廉洁自律的核心，自我净化、自我革命，除去不合理的私欲，达致良知本体；"知行合一"是其廉洁自律得以落地实施的保障，以实现良知之知和行廉政之行的统一。

4. 王阳明的军事思想研究

杨志武《儒兵合一王阳明》（广东教育出版社2019年版）一书旨在从源头探究王阳明成功军事实践背后的强大支撑，结合自己的军旅实践，感知王阳明当年文人领兵的所思所想、所苦所乐，以情景回放当年的打仗过往，总结归纳其"儒兵合一"的种种体现，以大历史观的视角分析总结其"儒兵合一"形成的动因，力求给读者呈现一个可信可学的"儒兵合一"王阳明。

钱明《王阳明的兵学术及武备策》（《浙江学刊》2019年第1期）一文论述的是兵学与心学、用兵与用心的关系问题。阳明认为"挥霍意""抗厉气"所带来的只能是"勇有余而智不足者"的匹夫之勇，若要真正做到智勇兼备，就非得仰赖本心良知不可。从根本上说，阳明是把人、人心、圣心放在了最为重要的位置，所以他虽强调体用不二、内外合一，但在实际战事中却始终把本心、良知作为最终目的。亦因此，与破山中贼、兵学、武备之策、机数、成功等形而下的"用"和"术"相比，阳明更重视破心中贼、心学、致良知、万物一体之仁、成圣等形而上的"体"和"道"，这也是他不同于一般军事家乃至军事战略家的根本之处。

钱明《王阳明兵学著作考述》[《江西师范大学学报（哲学社会科学版）》2019年第2期]一文指出，王阳明之所以能在兵学思想上有大建树、在军事实践上有大成就，与其从小喜好兵学、爱读兵书，青年时即编纂《武经七书评》等多种兵学著述，中晚年又有机会在南赣、两广等地演练各种兵法以完善和充实自己的兵学思想有密切关系。阳明真正的兵学著作有《兵志》《阳明兵筴》《武经七书评》《历朝武机捷录》四种，但对这些兵学著作，除了日本学者，国内从未有人做过系统的研究。胡宗宪及参加过抗倭的阳明后学，都曾熟读过阳明的《武经七书评》等兵学著作。从军事学及用兵实践的角度看，阳明的兵学著作及其相关的军事文选，可以弥补《传习录》等著述之不足。

诸焕灿主编《知行合一说阳明》（吉林文史出版社2019年版）第二章《阳明心学的精髓》一文，从"战争观""建军观""战术观""治安观"的角度对"王阳明的军事思想"予以研究。

薛正昌《王阳明的军事智慧与"心学"背景》（《宁夏师范学院学报》2019年第8期）一文指出，王阳明青少年时即喜谈兵法，实地考察。其进入仕途后，曾向皇帝上折陈述西北的军事防御问题。其出任兵部主事时，参与平定了南方流民暴动、南昌宁王宸濠之乱、广西之乱，展现了他的军事智慧。王阳明"心学"，以"心即理""知行合一""致良知"三个命题为核心。贵州龙场驿之难，是他体悟"心学"的特殊之地；平定宸濠之乱，是他体悟"心学"的重要经历。

5. 王阳明教育、教化思想研究

余文武《王阳明教育思想评述》（山西人民出版社2019年版）一书基于阳明学专家、学者的研究成果，悉心梳理阳明教育思想的精髓。第一章呈现阳明一生的学问、事功与讲学的基本概况，第二章提炼出阳明的教育目的论，第三章叙述阳明的教育主张，第四章概括阳明的德育思想，第五章梳理阳明所采取的教育方法与其教育内容，第六章介绍阳明的社会教育与蒙学教育思想。

邵友伟《略论王阳明书院办学的实践与理念》[《贵阳学院学报（社会科学版）》2019年第1期]一文指出，作为中国历史上重要的教育家和思想家的王阳明，在其一生中始终将书院教育作为生命中不可或缺的一部分。他从事教学和指导的书院有十四所。在书院实践中，王阳明将道德理性作为其书院教育的重点和办学理念，批评支离破碎、华而不实的学风。在道德理性的前提下，他将驱功利、明人伦、正经典作为其教育哲学的基本理念。其教育理念与"知行合一""心即理""致良知"的哲学思想又是一致的。

王雪纯、宫盛花《王守仁儿童自然教育思想及其对幼儿家庭教养方式的启示》（《陕西学前师范学院学报》2019年第4期）一文指出，王守仁的儿童自然教育思想是以"明人伦"的教育目的、"心即理"的心学理论作为其思想的基础，结合自身的教学经验总结形成的思想理论体系。他以树为喻，认为儿童的教育要遵循自然规律，这在当时具有先进性和科学性。该文主要通过解读王守仁的自然教育思想，即教育要顺应性情，因材施教，注重独立探索等。其思想对当今幼儿家庭教养方式的启示为：清晰认识儿童，把握自然生长规律；随人分限所及，对儿童有适度期望；尊重而非压制，创造和谐家庭氛围；注重德行习惯，促进儿童全面发展；重视潜移默化，言传身教树立榜样；着重实践探索，锻炼儿童独立思考。

王程程《王阳明"致良知"论：教育学视域下王阳明"致良知"思想的研究》（《文化创新比较研究》2019年第8期）一文指出，"心学"是中国古代哲学思想的代表之一，王阳明构建的心学体系在中国哲学史上是独具特色的。其中，"致良知"思想的论述最能表现其特殊性，是其心学体系的中心内容。阳明心学作为古代先人思想的结晶，既具有哲学意义，也具有教育意义。其教育价值深化在个人品德、社会公德、家庭美德、职业道德等方面。这正与近年来突出强调的美学教育相呼应。

诸焕灿主编《知行合一说阳明》（吉林文史出版社2019年版）第二章"阳明心学的精髓"，从"教育目的""教育原则""教育方法""社会教育""蒙学教育"的角度对"王阳明的教育思想"予以阐释。

谢文庆《复归本然之善：王阳明教育思想论析》[《宁波大学学报（教育科学版）》2019年第5期]一文指出，由于社会现实、文化命脉与人生境遇等因素的影响，王阳明的学问之道从"道问学"转向"尊德性"，强调"为己之学"，通过教育达成自我的人生救赎与个体完善。他提出心即理、致良知、知行合一、随人分限所及等教育思想，通过教育使人复归本然之善，达到圣人的境界。心学教育思想拥有自觉意识和自主精神，为儒家学说的创新性发展开拓了路径，为后世教育提供了卓越的思想资源。当然，心学教育思想有着先天的不足，引起了后学较大的争议。

王学斌《王阳明教育思想及当代价值》[《河北师范大学学报（教育科学版）》

2019年第5期〕一文指出，在中国学术思想史乃至中国历史上，王阳明都是一位极为关键的人物，其教育思想体系，内涵丰富，极具当代价值。王阳明教育思想以启发引导为前提，以立志成圣为目标，以随人分限为原则，以事上磨炼为津筏，次序得当，体大思精。我们应秉持"以古人之规矩，开自己之生面"的宗旨，用反本开新的思路，以知行合一的方式，持事缓则圆的心态，于学思践悟中深化对其教育思想体系的认知和运用。

石霞《王阳明儿童教育思想管窥：以〈训蒙大意〉〈教约〉为中心》（《国际儒学论丛》辑刊，2019年卷）一文指出，王阳明所撰《训蒙大意示教读刘伯颂等》及《教约》，集中体现了他的儿童教育思想。他针对当世儿童教育之弊病，着眼于童蒙教育的特点、儿童的性情特征及其身心发展的实际，重申了儒家传统的"明伦成德"的教育宗旨，提出顺情导性、循序渐进、因材施教的教育原则，并以"歌诗""习礼""读书"为具体的教育内容，凸显了一代大儒强烈的社会责任感与人文关怀。研究王阳明的儿童教育思想，有助于我们体悟阳明心学的精神，认领儒家人文教育的价值，并进一步对我们继承儒家传统文化、发展现代儿童教育起到积极的推动作用。

王显海《读王阳明〈训蒙大意示教读刘伯颂等〉有感》（《考试周刊》2019年第86期）一文指出，王阳明《训蒙大意示教读刘伯颂等》被称为"儿童教育圣经"，对现代教育仍有重要的借鉴意义。他强调应以"人生八德"为教育核心，顺导其志向，调理其性情；带领学生在吟诗唱歌、学习礼仪和深入读书中激发兴趣、活动经脉、端正仪容、开启智慧，从而提升学生的综合素养。

林孝斌《主敬与尚诚：比较视域下朱熹与王阳明的童蒙教育观》〔《贵阳学院学报（社会科学版）》2019年第6期〕一文指出，作为古代重要的教育思想家，朱熹和王阳明分别着眼于"主敬"和"尚诚"的作用展开分析，从而彰显出不同的童蒙教育观。简略而言，前者主张通过"整齐严肃"的外在形塑方式培养儿童的"敬"意识，但容易忽略儿童的内心真情；后者在"诚"中指向自身内心，力求尊重儿童自身的自然性情，提倡一种自然主义的立场，顺性予以教化，使得理情一致，但易轻视外在规范的形塑作用。实际上真正的童蒙教育需要并重这两种情感的交互培养，敬的培养当在诚之先，而诚的情感需要以敬作为基础。

吴光《王阳明倾力培养的优良家风》（《北京日报》2019年10月21日）一文指出，王阳明谆谆教育弟子立志勤学，以圣贤自期，以修身养心、致良知为人生根本，而不以读书做官谋取功名利禄为人生目标，从而形成了丰富的家教思想，培育了优秀的家风传统。

陈椰、林锋编译《王阳明家训译注》（上海古籍出版社2019年版）一书，编译王阳明重要的家训十四篇。由于阳明一生并未写作专著性质的家训，因此本书所选家训，多来自他写给家中子弟的书信。本书附录阳明弟子家训十篇，其中王畿家训三篇，邹守益家训两篇，黄绾家训三篇，薛侃家训两篇。之所以在阳明弟子中选取这几位人物，一方面，是因为他们与阳明关系亲近，曾亲身参与到王家子弟的教育活动中；另一方面，他们都是阳明重要的弟子，且家教理念与阳明一脉相承。阅读他们的家训，可加深对阳明家教思想的了解。每篇均分为"原文""注释""译文""实践要点"四部分。其中"实践要点"或是对正文内容进行材料补充，或是对正文中某些重要的观点、现象进行阐释，但最为重要的则是结合近人案例和当前现实，探讨阳明学派家训对我们当今教育实践的启示。

王金柱《王阳明心学的教育启示》（《中学政治教学参考》2019年第5期）一文指出，阳明心学作为中国哲学史、伦理学史上一个重要学派，其心学观念、良知与致良知、知行合一理论是其心学的核心和精华部分，同时也对现代的道德教育有着重要的指导作用。

王蕾《论王守仁"致良知"的教化思想及其现代价值》（《职大学报》2019年第1期）一文指出，在儒家思想中，教化一直是一个十分重要的概念，思想家通过"道"来教化万民，提高个人素质，形成社会大治的和谐局面。王守仁的"致良知"教化思想提出了"良知"就是"善"，"致良知"就是做到知行合一，使人们在内心中具备"善端"，在外在行为中处处行善。这一教化思想不仅对明后期社会风气的改善起到了巨大影响，而且对我们当前社会的道德建设也有深刻的启迪。

王磊、车辙《王阳明的道德教化思想及其当代启示》（《当代中国价值观研究》2019年第1期）一文指出，王阳明认为教育应以道德教化为先务。德性是在情感、行为、理智维度表现出来的整体品质，道德教化则是在道德情感、道德行为、道德理性维度开展的系统工程。道德情感以艺术熏陶来兴发更有效果，道德行为以习惯训练来培养更易成就，而道德理性则以理性思辨、克己实践来彰显更为合适。在道德教化过程中，道德情感的兴发应该在先，之后道德行为的养成和道德理性的开发双管齐下、互相促进，如此才更易收获实效。王阳明的道德教化思想对当今的德育工作具有重要的启示作用。

王格《王学中的三种庶民教化形式》（《中国研究》辑刊，2019年卷）一文指出，"教化"是儒家政治理念和实践的核心，其中包括面向庶民的教化。王学有不同形式的庶民教化实践探索，其中，以王阳明的《南赣乡约》为代表的庶民教化是通过乡村社区组织化的形式向底层民众布教，贯彻的是自上而下的言教方式；以泰州王学为代表的庶民讲学，则是基于"圣愚无间"的平等观，通过扩大原本仅限于士人精英的讲学活动，让庶民自觉其道德；以黄宗羲的《明夷待访录》为代表的则是以国家的行政手段，通过"学校"制度对庶民教化内容进行严格的管控。它们代表了王学解决政治哲学中庶民教化的问题所寻求的三种不同方式，但都无可避免地陷入困境之中。

王雅克、陈华森《王阳明〈告谕〉中的社会教化思想研究》（《保定学院学报》2019年第5期）一文指出，告谕，是古代下行公文中的一种，主要用于上级对下级传达的指令或者官吏对所属民众发布的公告。王阳明在其政治生涯中，颁布的《告谕》类公文计有三十余篇，根据对象的不同，大致可以分为三类。这些公文较为集中地体现了王阳明的社会教化思想，即通过教化民众，实现民风的改善，从而达到稳定社会秩序、巩固政治统治的目的。《告谕》的颁布起到了引导社会舆情的政治宣传作用，为其后相关政策的推行奠定了思想基础，取得了"敦教化厚风俗"的显著效用。这不仅对于后世有着积极影响，而且对于我们当前移风易俗、构建和谐社会亦有着相当的借鉴意义。

向辉《王阳明的教化哲学研究：以"敬"为中心》（花木兰文化事业有限公司2019年版）一书认为，王阳明教化哲学是"敬"的成人之教。"敬"是学的起点，具体而言，则可谓之立志，凡是立志求学的人都希望有一切己的为学起点，即入手处；"敬"基于事，无事则无敬，阳明学所揭橥的"事上磨炼"即本于"必有事焉"；"敬"首先是一种对于先圣先贤的亲近，儒者注重经典的传承和诠释，正是在尊经重道的传统中，尊德性和道问学成为理学家的共同话语；教育的目的则是"修己以敬"，即以德行和文化作为教育的鹄的，提升教者和学者的生活能力，改良其人格品性，改善其生活的品质，并以此促进社会的和谐与发展。

孙敏明《论王阳明美育思想和现代教育》（《学理论》2019年第1期）一文指出，王阳明的心学理论虽然不是直接谈美，但蕴含着丰富的美育思想。王阳明一生从事教育，其目标就是教人"致良知"，体认自有本心，成就完满人格。明确人人具有成圣的潜质，树立成圣的理想为当代大学生树立了崇高的人生目标。王阳明"心外无物"的审美本质论，极大地提升了主体的地位，万物的本质向人开放，万物的意义向人生成。启示青年学子投身世界，拥抱世界，并具有为世界揭示意义的广阔胸怀和宏大气魄。王阳明以身心的体悟和实践为"致良知"的工夫，重视通过情感的力量来化育人心。寓教于乐启示我们把德育和美育结合起来，通过"乐"的工夫来潜移默化地激发本心"良知"，应高度重视学生的实践活动，让他们乐在其中也学在其中。王阳明"至善至美"的最高境界引领学生超越有限的生命存在和有限的意义，获得精神的自由，去追求"万物一体"的最高审美境界亦是"天人合一"的最高人生境界。

尹小燕《王阳明教育思想应用于语文课堂教学的实践探索》（《文化创新比较研究》2019年第20期）一文指出，王阳明的教育思想对于今天的语文课堂教学实践具有重要的借鉴意义。言歌诗学习之方法，帮助学生培养语感，发展思维，提升语文学习的能力；重人伦之培育，引导学生继承和弘扬中华优秀传统文化；循因材施教之规律，尊重学生个性，激发学生学习语文的兴趣；倡自省自悟之要旨，培养学生主动探究、独立思考的语文学习习惯；主知行合一之原则，增强学生在生活中应用、实践语文的意识。

（六）王阳明文学书法艺术思想研究

1. 王阳明的文学理论研究

马晓虹《阳明心学与明中后期文学批评》（中国社会科学出版社2019年版）一书综合考察阳明心学与明中后期文学批评的关系，研究哲学思潮如何作用和反作用于文学批评，以及在这种作用下明代文学批评的内质和表现特征的变化。详言之，明代前期理学思想渗透于文学创作和文学理论之中，成为一种普遍的意识观念、思维模式。正德、嘉靖年间是明代社会转变的一大枢纽，心学思想体系创立。心学以"心外无理""知行合一""致良知"为核心命题，肯定并弘扬了人的主体精神。心学的出现，是明代文学思想由"师古"向"师心"转变的标志。从明代中期以后，文学批评呈现出重个体、重个性的特征，一批文论家从童心、性灵、情真等视角展开文学批评，体现出迥异于前代的风格；随着小说、戏曲等俗文学创作的繁荣，传统诗文和小说、戏曲批评呈现异常活跃态势；心学的大面积传播也深刻地影响了文学审美的内涵和文学批评的话语样式。

曹诣珍《明代越中心学与文学》（中国社会科学出版社2019年版）一书旨在系统探究明代越中地区心学流播与文学发展的内在关联，试图以心学与文学的衔接为切入点，通过哲学史和文学史演变的双重梳理，在"明代越中"这一特定的时空背景下，对心学与文学的互动共进、交相辉映作整体性、全面性的思索，系统观照阳明心学影响下明代越中文学的具体发展情状，全面审视阳明心学在明代越中文学发展过程中所起的历史作用，进而把握越文化的精神特质与风格特征，丰富地域文学、区域文化的研究。

李益、王军涛《阳明心学与明代性灵说研究》(《牡丹江大学学报》2019 年第 6 期)一文指出，阳明心学在与宋明理学对抗中逐渐形成，又继承了先秦两汉儒学心性论，并融合佛道心性论思想，促使中华文化不断延续和发展，使明代文学风气也为之大改。该文通过对阳明心学的产生、发展和流传及明代性灵说的提出、发端和影响的探究，从先秦儒学心性论到阳明心学，从阳明心学再到性灵说，探讨其间继承和发展关系，借以阐述明代文人精神状态及理想信念，从而揭示出明中后期文学的本质特征。

文雯《王阳明散文中的自我形象书写》(《大众文艺》2019 年第 16 期)一文指出，王阳明的散文是认知阳明形象的重要资料，阳明骁勇豪迈的狂者形象、旷达济世的反思者形象、自由洒脱的隐者形象都在他的散文中得到呈现。通过探析狂者、反思者、隐者形象既是阳明个性特质的映射，也表现出阳明作为封建士大夫对儒道文化的融合与传承。

曹诣珍《王阳明〈纪梦〉诗考论》(《文艺研究》2019 年第 1 期)一文指出，王阳明的《纪梦》诗蕴含丰富的思想和情感内涵，历来备受学者关注，争议亦多。通过梳理王阳明与王导的关系，辨析《泰和王氏族谱原序》的真伪，足以证成此诗并非伪作。此诗与宸濠之逆及忠、泰之变有密切关联，非徒翻历史旧案，正借以指当日之事。诗中的郭璞形象是冀元亨与王阳明双重影像的叠合，而诗中的忠奸之辨、生死之问则是王阳明"致良知"思想即将成型的体现。诗中显露的"原心定罪"思想以及"异端"色彩，是王阳明的心学理论影响其历史观的重要表现。

汪沛《以月印心，良知可鉴：从王阳明咏月诗看其良知之学》(《保定学院学报》2019 年第 4 期)一文指出，王阳明创立的"心学"理论以"良知"说为核心，强调"致良知"之功与"知行合一"之道，对中国哲学思想史影响至深。其"良知"说直追先儒却又左右逢源，融通释道而内蕴浑然自成一体。其文集中虽有众多的说理性诗文，但其中咏月诗将理趣与诗艺巧妙地融为一体，更能相对直观地揭示其"心学"精髓。从"心学"大义出发，探索王阳明咏月诗的发展演变与心学特征，以更深入地感知圣贤心学重构"良知"的盛心，以期对今人的主体自觉与人格构建有所启发。

2. 王阳明的诗词歌赋与戏曲研究

张雪《略述王阳明的古琴理念：从王阳明的古琴诗赋谈起》(《名作欣赏》

2019 年第 23 期）一文指出，王阳明作为一代心学大师，其思想涉及军事、政治、文学等多个方面，自然也有对于古琴的见解，只是历来学者对于王阳明这方面的研究少之又少。该文从王阳明的诗赋著作入手，通过诗赋来了解其对于古琴的认知和定位，并从良知学的角度进一步分析其古琴思想，在与朱熹古琴思想的比较中，进一步把握王阳明思想及其与古琴理念之间的关系。

田甜《闲云孤鹤不得成，寄情山水成圣贤：解读王阳明的〈泰山高次王内翰司献韵〉》（《名作欣赏》2019 年第 32 期）一文指出，王阳明登临泰山创作的诗歌《泰山高次王内翰司献韵》，将泰山之高尽收笔下，从雄险壮伟的山势和奇美景色等方面集中烘托泰山之高；继之又借泰山之高象征圣人孔子之高大，抒发了自己渴望成为圣贤而艰苦探索的心路历程。该文通过对诗篇的赏析，发现泰山之行之于阳明心学和山水之于阳明的重要意义。

3. 王阳明的书法艺术思想研究

计文渊《王阳明法书伪迹考论》（《贵州文史丛刊》2019 年第 2 期）一文指出，王阳明法书传世作品真伪混杂。该文通过认真辨析与仔细甄别，以不同历史文献为依据，对临仿和伪造的王阳明伪迹作品一一加以考证，指出诸多伪迹的出处和来源，以此保证王阳明真实文献的可靠性。

孟莉《王阳明书法艺术探赜》（《中国书法》2019 年第 10 期）一文指出，王阳明奉重道尚意理念为书学圭臬，取法魏晋书法之率真韵致，师法"二王"，直追宋人尚意尚势书风，由道统艺，以艺臻道，兼擅行、草书。其翰墨承晋唐风骨，参以古人雅致之气，英辞妙墨，气韵高古，德、艺兼备，颇具格高韵胜的审美意趣，寄寓着对主体情感与个性解放的自觉追求，对于明代中后期浪漫主义书风发展，可谓厥功至伟。

（七）王阳明美学伦理生态思想研究

2019 年，学界同人也对王阳明的美学思想、伦理学思想、生态思想进行了研究，尤其是对王阳明道德伦理、道德哲学的研究阐释发表了不少研究论文，值得关注。

1. 王阳明的美学思想研究

冒婉莹《王阳明良知说的心性美学》（《理论月刊》2019 年第 1 期）一文指出，王阳明良知说的心性致美延续了中国传统以理致美的审美理路，但是其所凭借之理不是异质于心的天理，而是作为心之本体的良知。良知既是个体之美本身所在，又是个体之美完成的目标。从审美对象来看，致良知的工夫就是识本心、本法、本性，即通达自我的过程。从审美目标来看，致良知着眼于个体社会生活，以道德本心为个体实践美的活的源泉，以敦促人趋向圣人境，从而推动社会实现和谐有序的生活图景。

侯丹《从直觉境、圆融境看王阳明诗歌的禅宗美学境界》（《闽江学院学报》2019年第4期）一文指出，王阳明在建立心学思想时，吸收和利用了佛禅思想，其诗歌创作也体现出这个特点。从禅宗美学境界上看，物我两忘的直觉境、消解对立的圆融境在阳明诗歌中有为数不少的体现。直觉境体现出万象冥然、思与境偕的特点，圆融境体现出彰显无尽、万物和谐的特点。究其原因，前者与阳明心学思想之参悟有关，后者是阳明援禅入儒精神的体现。

徐晟《阳明心学的美育精神》（南京师范大学硕士学位论文，2019年5月）一文指出，儒家美育思想源远流长，儒家学者对美育的关注贯穿了整个儒学史。王阳明作为一代心学思想家，从自身的心学理论体系出发，构建了一个宏大而复杂的美育思想体系。通过本体——功夫——境界，王阳明完成了其美育思想体系。王阳明的美育思想是对儒家美育传统的继承与发展。阳明继承了自先秦儒家以来对"天人合一"的人生审美境界的追求，并延续宋明理学从本体功夫出发讨论美育的传统，认为美育最终是洒落人生审美境界的实现。出于儒者的自觉，阳明还积极援释、道美育或美学思想入儒，促使其美育体系的最终形成。王阳明以"乐是心之本体"为起点，为美育找到了"乐"这一本体。他从心的超验性与多维性出发，认为"乐是心之本体"表现为"本体之乐"与"本然之乐"。从"孔颜乐处"出发，王阳明着重讨论了良知与七情、真乐的关系，认为本体之乐就是真乐，是七情不著，是良知的无滞澄明；从心、情、性关系出发，则认为"乐是心之本体"是心之状态的本然之乐，表现为"心安便是乐"。基于本体功夫论，王阳明将"乐是心之本体"的功夫分为了心上功夫与事上功夫。阳明美育心上功夫强调乐之本体的自觉呈现，表现为诚意格心和直觉体验的功夫；而其事上功夫则从实践出发，强调乐之本体在美育实践中活泼泼地效验与落实，具体表现为知行合一与诗教化育的功夫。王阳明认为美育境界要先做到真洒落，处理好敬畏（有心）与洒落（无心）的关系。他十分欣赏"狂者"，认为"狂者胸次"是一种良知无滞而真乐自现的审美境界。阳明美育境界最终是"有我之乐"与"无我之乐"的统一，即"有无之境"。阳明美育的"有无之境"是天人合一的人生审美境界，其中"有我之乐"表现为"以天地万物一体"，而"无我之乐"则表现为"情顺万事而无情"。阳明美育展现出了独特的特质，一方面，使其发轫于传统心性之学与乐感文化之中，与中国人血脉中的审美基因相契合；另一方面，阳明美育对主体精神与个性的高扬，恰恰与当代美育精神相融通。阳明美育启示我们，美育的本质是对人精神世界的塑造，是人生修养的过程，是身心合一的审美体验。此外，阳明美育启示当代美育要以以美育人与立德树人的统一为根本任务，面向生活实现日常生活审美化。在构建具有中国特色的现代化美育体系的今天，阳明美育也启发我们要在深入体验和理解的基础上实现对传统美育思想的扬弃，特别是在体用一源思想之下强调当代美育应回归对"美育本体"的关注与研究。

2. 王阳明的伦理思想研究

王佳、蔡方鹿《从气之动静看王阳明的善恶观》[《集美大学学报（哲学社会科学版）》2019年第2期]一文指出，王阳明在论述善恶问题时，采用了传统理学以气解恶的思路，将气作为恶之来源，认为气之动产生恶。而在面对"气即是性"与"有善有恶者，气之动"产生的冲突时，应当从体用关系和区分气之善恶两方面理解：性之本为静，为善，性又须通过气显现出来；气之动有善有恶，应循性之本原为善，去后天气质习染之恶。

赵志浩《"仁"与"孝"的矛盾与超越：王阳明"仁孝"观辨析》（《河北青年管理干部学院学报》2019年第1期）一文指出，"仁"与"孝"皆是儒家强调的重要德目，对二者关系有不同解读。王阳明继承了宋儒以"体""用"解释"仁孝"关系的做法，认为"孝"是"仁"体之用，而体认万物一体之"仁"需从对父母尽孝开始，然后扩而充之，延伸到国家天下乃至宇宙万物。因此，王阳明又强调要超越家庭伦理之爱，在行孝尽孝基础上逐步扩大自己爱的对象，直至达到体恤万物的"仁"之境，体现了对待"仁""孝"关系的既入世又超越的辩证思路。

廖茹莹《浅析王阳明"致良知"中的孝道观》（《文学教育》2019年第9期）一文指出，"致良知"是王阳明心学体系中的核心观点，是其学说的出发点和归宿。良知就是"心之本体"，良知能使我们见父知孝，知孝自然也就会尽孝，尽孝要格物，而格物也是在良知的指导之下进行的；尽孝还要做到知行合一，只有当知与行相符合的时候，行孝才能算是真正意义上的孝。该文讨论的是王阳明"致良知"中的孝道观对现代社会"孝道"理论的建立。

王凯立《王阳明心学中的"过""恶"之别与改过工夫》（《武陵学刊》2019年第6期）一文指出，在王阳明心学中，"过""恶"之别与改过工夫是致良知落实到市民社会的重要环节，而学界在这方面的研究相对较少。在王阳明看来，

"过"可以与圣贤人格相容,因而"过"与"恶"在根本上就是性质不同的两回事。虽然如此,改过工夫要求调动良知心体来照见、改正过误,因而改过实际上就是致良知。就内容而言,改过工夫可以概括为自思内省、痛自悔咎、洗涤旧染、相责以善四个方面,它不仅是个人的修身之事,还是集体的儒学实践。总体而言,"过""恶"之别及改过工夫撬动了王阳明心学融通于哲学与世俗之间的多维面向,王阳明心学并非只是抽象的哲学观念;哲学观念向世俗教化的适应性转变,即建构起一个创生意义的功夫世界才是王阳明心学乃至整个儒学的核心关切。

吴媛媛《王阳明理欲思想研究》(山东大学硕士学位论文,2019 年 5 月)一文认为,天理与人欲的关系问题一直是宋明理学中探讨的重要问题之一,也是阳明心学体系中的重要问题之一,而王阳明的"理欲"观即"存天理去人欲"。该文通过梳理王阳明天理、人欲、心、意、良知等诸概念的关系,立足文献资料,同时不断反观自省,以自己已有之体会与经验做内在式研究,旨在阐明"存天理去人欲"的必要性,批判将儒学作为理论知识弥补现代的工具理性独尊格局,修正儒学的作用,以期有益于当下社会中人格的修复与主体的真正觉悟。该文从四个方面分析王阳明的理欲思想:首先,是阳明理欲思想形成的背景,而此背景有两个:一个是思想渊源,即从孔孟时期开始的义利之辩到宋明的理欲之辩;另一个是阳明自身为成圣而寻求入圣法门的实践过程。宋儒大都以成圣成贤为己任,他们自主自觉地选择了孔子"义以为上"之君子作风,严辨理欲之别。而王阳明自幼立志为圣贤,他的成圣实践之路亦展开为理欲之别。其次,龙场大悟后,王阳明坚信"吾性自足",而阳明悟得的"吾性自足"便是"心即理"。那么,在这一章主要阐释的便是心、理、欲之间的关系。"心即理"便是指心之定而无动、中而不偏、如明镜然之本体,亦指心可主宰全身,显其生生之德,心之体与用便是天命之性,是以心之本体与以此心之本体做主宰而显生生之德而言性。而"人欲"便是指"私意障碍",因此若要天理显发,必要去除"私意障碍",此即"存天理去人欲"。但"人欲"并不都是恶,为何非去不可?心之所发谓之意,意必关联着事物,并且是一个事物,不可能同时关联着多个事物,所以,心之所起之意必是一个"意",而不是多个"意",这一个"意"便是非善即恶、非理即欲的。再次,论证良知之能,因为阳明认为良知可知意念之善恶,并且可为善去恶。但是,此中陷入一个循环,即"人欲"既然已遮蔽天理良知,而良知如何能翻过"人欲"自作主宰?这其中便要有"志",有求为圣人之志,以图自立自强。而也正是因为"存天理去人欲"之工夫,才使阳明得见良知。钟彩钧先生总结阳明致良知以前工夫进展时提出，他指点学生做工夫的方法经历了三个阶段：第一是从学术上解释，第二是静坐自悟，第三是"存天理去人欲"。但以"存天理去人欲"为工夫又生许多流弊，如"天理"之意究竟为何？前人已有许多论证，而阳明从未指明天理的具体含义，每问只叫学者自行体悟，这便有碍作圣之功。所以，依钟彩钧先生分析，良知是从"体认天理"而转出。最后，分析阳明理欲思想对于后学以及整个儒学、宋明理学的影响，而"存天理去人欲"作为成圣功夫，明确揭示孔孟以来修身之要，既是宋明儒学思想的继承者，又是创新者。继承在继承修身成圣之志；创新在开创"致良知"之修身之法，以补救当时已僵化之程朱理学，唤起儒学之生机。但阳明只以"心"释理，对外在事理不加注意，实有轻视知识之势，后导致阳明后学虚浮放荡，不重视实学以担社会之责，此是一大弊也。而对于当今时代的价值便是助人自觉其"真我"，实现生命的贯通。

3. 王阳明的生态思想研究

黄昊《阳明文化中蕴含的生态思想研究》（《贵州社会科学》2019年第2期）一文研究发现阳明文化中"天地万物一体""万物一体之仁""良知上自然的条理""存天理去人欲""知行合一"等理念蕴含生态思想、生态智慧和践履特性。这种生态思想、生态智慧和践履特性可以为生态文明建设提供一种不同于以往、不同于国外的思想文化基础，可丰富生态文明建设的思想文化理论基础，对生态文明建设有着重要的意义与作用。

（八）王阳明佛教道教思想研究

我们知道，王阳明早年有出入佛老的经历，关注作为一个儒家圣人的"王守仁"，也应该关注王阳明的佛教、道教的思想，毕竟王阳明的别号"阳明山人"即来自道教的"阳明洞天"。

1. 王阳明的儒学与佛道关系综合研究

刘晓民《王阳明"良知说"对儒佛道三教思想的会通》（《南京晓庄学院学报》2019年第2期）一文指出，王阳明在提出"良知"概念后，开始关注"万物一体之仁"，他基于儒家一贯的存有论传统建构"天人合一"的良知说。王阳明认为天地以仁心生物，人与万物一体。良知即天理，是得之于天而在于人的生生之仁德。须存天理而灭"人欲"，致吾心之良知，顺应良知之自然面目而不自私用智，挺立良知的绝对性。王阳明以儒家为本位，以良知为载体，借鉴佛道的心性论和自然工夫论为理论框架，构建了儒佛道三教合一的心学体系。儒家生生不息的仁爱精神成为良知理念的核心价值，禅宗心性理合一的心性论、禅宗和道家顺应自然天性的工夫论，帮助王阳明凸显了良知的绝对性。

寇征《儒佛道视域下王阳明心学的思维特点及当代伦理价值》(《王学研究》辑刊，2019年卷)一文指出，王阳明以传承和发展宋代朱熹理学并以陆九渊心学为基础，汲取统摄道家和禅佛学思想立于儒家道统开出了影响后世的心学体系。心学体系的成就与王阳明个人幼时立大学之志和体悟禅道以及唐宋以来儒道佛三教融合的趋向有着不可分割的联系。王阳明早年出入道佛以唐宋儒道佛三教为学术背景，经过对朱熹理学、陆九渊心学及道佛学说的继承、吸收和改造创立心学体系。传承先秦孔孟心性学和宋代的理学心性学开创出了"心即理""心外无物""天理即良知"的本体论；融摄道佛的心性修养方法论；延传儒家道统，统摄道佛精髓，以确立"良知"为伦理信念，树立以内圣外王为一体的"知行合一"的伦理实践精神和以此心性修养功夫达"致良知"的圣玄境界说。体现出其融合儒道佛的独特的创新思维路向，即心性本体合二为一的思维，返本归宗的"万物归一"，即以祛除杂乱繁复的思维归于心体良知。思维的融合性和超越性，即冲破传统儒学的思维局限，融合佛教禅宗和道家道教对传统儒家予以创造性新解，充分体现中道不二的超越性思维特点以及重直觉悟性的非理性思维特点。探索王阳明的心学思想历程、思维方法特点和伦理精神，对探寻儒学发展的现代契机以及对当代中国伦理精神构建具有启发性意义和价值。

米文科、刘学智《儒佛之辨与王阳明三教思想的变化》(《哲学研究》2019年第7期)一文指出，三教异同是宋明理学的一个重要议题。但是与朱子学主张的三教三道、"本天"与"本心"之分不同，王阳明认为儒佛道三教同出一源，三教一道，圣人既"本天"又"本心"，"本心"即"本天"。儒家与佛老的差异不在以心为学，也不是认心为性，而是在于见道有偏全，以及由此产生的经世与出世之分。"虚无"也并非佛老专属，圣人也讲"虚无"，"虚无"既是良知的本然状态，也是境界上的无执无着。王阳明对儒佛道三教思想异同的认识，在很大程度上改变了北宋以来理学儒佛之辨的致思方向，加深了儒佛道三教在心性论上的互动与融合。

2. 王阳明与佛教关系研究

大西晴隆《王阳明与禅》[《西南民族大学学报(人文社科版)》2019年第1期]一文指出，王阳明一生重视"只手之声"的公案。以此为引，可见王阳明与诸禅师于公案之解的关系，说明阳明与禅甚深的关系。这种关系贯穿了禅佛教(禅宗)对王阳明的影响以及他从佛所得用于教学开示后学的过程。另外，从阳明频游佛寺、参禅问道、寻仙访道、惑溺老庄后又脱离佛老回归儒学的心路历程，揭示了阳明悟出的"究意宗旨"之"致良知"与禅的关系。

蔡晓阳《浅析王阳明援佛入儒的影响》（《人文天下》2019年第6期）一文指出，王阳明援佛入儒在中国思想史发展历程中具有重要意义，不但在儒学角度上促进了王门的佛学化，还在佛教角度上推动了佛学的儒学化，共同推进了儒佛两家的合流，进而结束了长期存在的儒佛之辨。

董群《论作为禅式儒学的阳明心学》（《新世纪图书馆》2019年第2期）一文指出，"禅式儒学"这一提法，意在说明宋明理学中的陆王心学对于佛教，特别是禅宗思想的吸收。论文从儒佛比较的角度探讨禅学对于阳明心学的影响，说明阳明学似禅实非禅、是儒亦似禅的特点。通过分析禅家对于阳明的拈提评论，揭示出禅界视阳明为"近禅"的观点，又通过对阳明之心即理、致良知、知行合一与禅家心即佛、明心见性、定慧等学比较，具体说明阳明对于佛教思想的吸收。

陈利权《王阳明在精神层面上对禅学超越境界的融会》（《宁波通讯》2019年第19期）一文指出，王阳明通过自己实存的精神探索，在精神层面上融会禅学无滞无碍的精神境界。这发轫于王阳明的早期思想阶段，大成于"龙场悟道"之后的后期思想阶段。

赵文宇《王阳明对佛学的批判》（《光明日报》2019年7月8日）一文认为，王阳明批评佛家违背天理、戕害人性，"将迎意必"，自私自利，看似不"著相"，实则"著相"，不可以治理天下。虽然王阳明与禅宗有很深的渊源，但他以儒学作为评判佛学的尺度，对佛学有较大的偏见。佛学并非真的违背天理和人性，只是违背儒家的天理和人性。佛家自渡渡人，并非自私自利，只是途径与儒家不同。可以说王阳明是站在儒家的立场上评判佛学，故不忘在批评佛学时肯定儒学。

向阳《略论阳明心学的禅宗色彩》（《牡丹江大学学报》2019年第11期）一文指出，王阳明是有明一代最为重要的儒学思想家，他一生历经出入佛老、龙场悟道、天泉证道，开创了一条与程朱理学截然不同的道路。研究者多认为阳明心学渊承自孟子并受到陆九渊的直接影响，而阳明心学与禅宗之间的联系，却似乎被有意地贬抑或视而不见，然而难以回避的是，无论禅学给予阳明何种程度、何种性质的影响，阳明心学中的"心即理""致良知""四句教"等主张都带有鲜明的禅宗色彩。

侯丹、范蝶《王阳明诗歌中"桃花""空""闲"的禅宗内涵与美学境界》（《宜春学院学报》2019年第11期）一文指出，阳明诗歌多次出现"桃花""空""闲"三词。具体言之,"桃花"一词既描写自然色相之活泼及禅居环境之清幽,又喻示禅理、开悟学人。"空"不仅营造出超越现象、空灵静默的艺术境界,还开解作者身心,求得精神解脱和自由。"闲"是诗人与自然和谐共生,自在的山居生活的写照,更是诗人对回归故里,过随缘自适生活的最大向往。这些独特的诗歌语言现象,是阳明禅学素养在文学创作中的体现。

姚文永《浅析宗喀巴发菩提心与王阳明致良知的相似性》(《王学研究》辑刊,2019年卷)一文指出,菩提心与良知都具有扩展性的特点,一个普度众生,一个万物一体;发菩提心与致良知是佛家大乘与儒家成圣的关键;菩提心与良知均有可操作性的生成途径,且人人具有成功的可能;在具体修行上,宗喀巴与王阳明均反对一蹴而就。在以上诸多相似性的基础上,我们可以得出以下结论:藏传佛教(宗喀巴)与儒家(王阳明)虽然体系不同,但他们的出发点与归旨却有相同的指向,即寻找永恒的价值存在。

张贤明《浅论王阳明与禅宗的关系:以〈传习录〉为中心》(《牡丹江大学学报》2019年第4期)一文指出,阳明学因时代关系与佛教有千丝万缕的联系,王阳明本人与佛教禅宗有过密切的接触。从《传习录》记载看,其与禅师间交往,对佛教的评判,引导弟子的方式,对禅宗术语、意象的使用,都可证明禅宗对其有过重要影响。

李学伟《论自性与良知:以〈坛经〉与〈传习录〉为核心》(湖南师范大学硕士学位论文,2019年5月)一文认为,慧能禅学与阳明心学是中国佛教与儒家思想的典型代表,而从华夏民族精神生活的多样性与互补性来看,两者又以不同的理论方式同时构成了我们的文化心理。基于中国文化重视"人学"的环境以及阳明心学受到禅宗乃至整个佛教影响的背景下,慧能禅学与阳明心学呈现出极其复杂的交融与差异的理论形态,这一点,突出地表现在其核心范畴"自性"与"良知"之上。因此,深入研究"自性"与"良知"在慧能禅学与阳明心学背景下的含义,并在此基础上对两者进行合理的比较,无疑对理论思想对话和现实精神安顿都具有重要的意义。慧能所言之"自性"兼指"真如本性"与"阿赖耶识"。作为"真如本性","自性"并非宇宙生成论意义上的"本源"抑或形而上学意义上的"本质",而是体现为"不起妄念的当下现实之心","不起妄念的现实心"也即"真心",与"真如"构成不一不异的关系。此"现实之心"本具"般若之智",如果能任其自然运行而无内外执着,则当下解脱、顿悟佛道。作为"阿赖耶识","自性"是指性本如空的如来藏受无始虚伪恶习熏染而成的"识藏",此"识藏"

即缘起一切法的功能所在。不同于传统佛性——如来藏思想的是,"自性"一词于"当下现实之心"的意义中同时容纳了"真如本性"与"阿赖耶识",在缘起的意义上来说,它既是"真如缘起"又是"赖耶缘起","真如缘起"是指以"真如"为"依因"的缘起,而"赖耶缘起"是指以"阿赖耶识"为"生因"的缘起,这也正是慧能"直指人心"的真正含义。建立于"真如本性"与"阿赖耶识"的意义上,"自性"的特征主要有"清净性""无为性""智慧性""禅定性"以及"含藏性"等。王阳明理论下的"良知"更加强调了"良知"作为"是非之心"的一面,"是非之心"是不同于经验性的意念或思虑的一种"道德自证分",这是一种当下具足的直接道德意识。此"自知"性的道德意识在现实中是以具体的"道德情感"作为其实现方式的,在此意义上,"良知"即为"当下纯粹道德意识的现实呈现",以此"现实呈现"的道德情感流行于世,世界便因此而呈现为一种人的意义上的"善"的世界。从人赋予这个世界以"善"的角度来看,"自在之物"并非阳明所关心处,他在默认"自在之物"的客观性存在的前提下,更加强调的是"意义之物"因"人心一点灵明"而显示出自己的"存在",在此主客交融互摄的"生成"境域中,"良知"作为宇宙之本便体现为一种"心外无物"。阳明所言之"良知",完成了"有"与"无"的合一,作为"有","良知"是指"是非判断"之道德准则、"真诚恻坦"之仁者情怀;作为"无","良知"是指"原无一物"之清明湛一、"随物而化"之了无挂碍。在此基础上,"良知"的特征便表现为"寂然不动"之"定""未发之中"之"正"以及"廓然大公"之"公"。慧能所言之"自性"与阳明所言之"良知"在思维方式层面具有相似性,但其具体内容与境界追求又具有很大的差异性。从"现实之心"与"道德情感""般若之智"与"是非之知""缘生世界"与"意义世界"等方面的比较来看,"自性"与"良知"的相似处主要体现在"当下性""非实体性""本具性""明觉性"等;而其差异之处主要体现在"伦理价值"方面、"智慧内容"方面以及看待世界的"净妄、善恶"等方面。作为共同建立在中国传统文化土壤之上的慧能禅学与阳明心学,在交融与差异的理论形态下,以"出世不离入世"和"入世不离出世"的互补性方式共同组成了我们的内在精神世界与生命价值追求。

3. 王阳明的道教思想研究

朱晓鹏《儒道融合视域中的阳明心学建构》(商务印书馆 2019 年版)一书以王阳明与道家道教关系为视角深入研究中国思想文化中儒道释关系特别是儒道的基本关系及其重要意义,同时也争取借此可以对阳明心学及整个中国哲学史做出一些新的认识。该书侧重于从哲学层面上对阳明学与道家道教的思想关系及融合状况做横向的空间展开上的比较分析和义理、意蕴的阐发总结。从思想层面上看，不难发现道家道教的思想影响构成了王阳明的良知和致良知学说的一个重要维度。在认识论上，王阳明和道家一样，在对良知本体的否定性理解的基础上，明确提出应该进一步用否定性方法去认识这一本体。

（九）清代、近现代及当代新儒家的阳明学研究

2019年，学界同人对阳明学在清代乃至近现代的影响，尤其对当代新儒家视域下阳明学研究进行了深入的研究与学术史梳理，这就为我们下一步撰写清代阳明学史、近现代阳明学研究史奠定了一定的理论基础。

1. 清代阳明学研究

王利民《宁都三魏视野中的王阳明》（《光明日报》2019年1月28日）一文认为，清初学术界有一种把明朝灭亡归咎于阳明心学及其后学的主流倾向。僻处宁都的魏际瑞、魏禧、魏礼三兄弟则离立于这股潮流之外。宁都三魏的经术文章重在经世之务，归于实用。在《宁都三魏全集》中，魏禧有关王阳明的文字最多。魏禧所欣赏的王阳明的文章其实就是《阳明别录》中的奏疏、文告和公移。

冯静武《刍议李光地视域中的阳明心学》（《中州学刊》2019年第11期）一文指出，李光地一方面"俱言王学"，在为学初期质疑程朱理学，对王阳明心学抱有"同情"；另一方面又认为"伯安之失大"，对王阳明心学展开批判，指出"王学病源"在于"心之即理"，"王学病根"在于"无善无恶为心之体"。李光地指出王阳明错解了朱熹的"格物穷理"论，并在此基础上批判了王阳明的"良知说"。李光地在批判阳明心学的过程中有两个转向：一是由批判王阳明心学转向批判王阳明的其他学说；二是由批判阳明心学转向批判阳明学派。李光地对阳明心学的态度转变原因主要有：明清之际社会环境的巨变、其宦海沉浮的人生历程以及个人的儒学立场尤其是朱子学的立场。

2. 近现代阳明学研究

魏义霞《阳明学的近代视界》（《光明日报》2019年8月17日）一文认为，近代无疑是阳明心学大放异彩的时代。一个明显的证据是，明清两代，程朱理学与阳明心学平分天下。到了近代，程朱理学失去了与阳明心学分庭抗礼的资格。这使阳明心学在近代一枝独秀，受到近代思想家的高度关注，成为"显学"。近代阳明心学研究也被打上了近代特有的时代印记和学术特质。从这个意义上说，中

国近代的阳明心学研究除了近代社会造成的历史局限之外，还包括学术上的误区。正是由于这个原因，对近代的阳明心学研究要秉持公正的态度和客观的心态，从不同角度对之进行辩证分析和学术探究。

魏义霞《论中国近代的阳明学研究》(《中共宁波市委党校学报》2019年第1期)一文指出，王阳明生前，弟子遍布大半个中国。从明代中后期到现在，阳明心学研究已经走过了五百年的历程，近代阳明心学在其中占有重要一席。近代哲学家基于各自的哲学理念、政治诉求和价值旨趣审视王阳明的思想，以不同范式解读、诠释阳明心学，形成了六种不同的阳明心学研究范式和形态，为阳明心学研究提供了多种样式和选择。与此同时，近代阳明心学研究带有与生俱来的时代烙印和鲜明特征，反思近代哲学家的阳明心学研究，既有助于直观感受阳明心学在近代的传播，又可以得到诸多启示和启迪。

曲曼鑫《陶行知对王阳明"知行合一"的接纳与改造》(《南京晓庄学院学报》2019年第4期)一文指出，陶行知生活在新旧时代交替阶段，既接受了旧时代的儒学育化，也受到了新时代的知识涵养。作为王阳明"知行合一"思想的继承者和发展者，陶行知对王阳明"知行合一"思想的接纳和改造主要体现在思想、实验和精神方面，基于当时的时代背景提炼出"生活教育"学说，彰显出实践性、创造性和平民性三个特点，推进了教育平民化的进程，丰富了教育改革的实践经历。同时，该思想为当前教育改革提供了智慧启迪与变革经验，继而构建更具包容性的知行观。

3. 新儒家视域下的阳明学研究

彭华《贺麟"新心学"认识论述略：以"自然的知行合一观"为中心》[《西华师范大学学报(哲学社会科学版)》2019年第1期]一文指出，贺麟"新心学"认识论的"自然的知行合一观"，是从知行的概念、"合一"的意义、知行的关系、知行的难易等几个方面进行论述和展开的，包括四个基本命题(或结论)——"知行同是活动""知行永远合一""知主行从""知难行易"。"自然的知行合一观"与任何一种价值合一观都不冲突、不矛盾，为中国传统哲学的知行关系理论奠定了认识论的学理基础。

刘振维《良知与道德心》(《王学研究》辑刊，2019年卷)一文指出，当代新儒家认定儒学传统当以孔孟陆王的心性论为宗，最具论理者以牟宗三为代表。故该文论述王阳明的"良知"说与牟宗三的"道德心"，并尝试比较二者的异同。从王阳明对"良知"的理解，比较强调由功夫而本体的路径，通过克治省察、事上磨炼以回复良知，因此特别强调"知是知非"义；无涉及外在的客观知识。王阳明的"致良知"之教，明显是结合了《孟子》"良知"与《大学》"致知"，融会后重新做出的诠释。牟宗三以辩证法方式标举出"形而上的绝对真实"，也就是"道德心"，以之解释"良知"，称此为"道德的形上学"。绝对真实的"道德心"通过"良知自我坎陷""逆觉体证"得以融摄道德主体与外在知识于一体，故能开出知识。牟宗三"道德心"的立论，融会了康德"道德底形上学"、黑格尔辩证法以及传统儒家心性论一脉，融会后重新做出创发。由之对比二者异同。二者揭示了主体性意义颇具"现代性"的特色，但此价值理性又与现代性的工具理性有别。但王阳明活泼泼的"良知"并不等同于牟宗三所诠释的"道德心"，因为"良知"与具体客观知识无涉，"道德心"则能开出外在知识。

李玮皓《论牟宗三与唐君毅对王阳明良知学诠释视域之异同》[《南昌大学学报（人文社会科学版）》2019年第5期]一文指出，在牟宗三诠释视域下，王阳明良知学于现当代有两个诠释向度：一是成就了知识逻辑等之"执的存有论"向度；二是从形上学方面以道德实体之呈现落实而贞定天地万物之在其自己之"无执的存有论"向度。唐君毅则立基于"良知"为吾人生命之意义、之根本、之诠释视域下，提供吾人论述王阳明良知学如何建立现代人文世界一条可供参照之道。两者立说皆建立于王阳明文本之充分把握上，而正面肯定王阳明良知学之意义价值。然两人对于王阳明良知学之诠释理解仍有其差异之处。总结两人诠释视域差异之处可就三点说明："思辨分解"与"辩证体验""逆觉体证"与"性情感通""宋明三系说"与"朱陆之通邮"。

李玮皓《论唐君毅诠释视域下王阳明思想的治疗学向度》(《宜宾学院学报》2019年第11期)一文指出，王阳明"万物一体"论为其晚年重要之论体，而在唐君毅诠释视域下，王阳明"万物一体"论有其治疗之意蕴。此治疗意义有助于当代之吾人立于生存需求之上，进而追寻"意义价值之需求"，自觉自我之生命意义并实践之。在唐君毅之诠释下，阳明良知教之意蕴可体贴于吾人所处之生活世界中，治疗受疏离与异化之苦痛之吾人，使吾人之生命获得"治疗"，恢复与天地万物本具之一体感，体现儒者之终极关怀。

张塬铃《"良知坎陷"的起点与归宿》[《美与时代（下）》2019年第4期]一文指出，"良知"概念是中国儒家哲学的重要概念。从孟子"良知、良能"到王守仁"致良知"的心学兴盛，及王门后学对其的发展，再到牟宗三继往开来的"良知坎陷"理论的开展，无不表现其在中国哲学史上的地位和魅力。作为"新儒学"

的代表，牟先生"良知坎陷"之说，以其独特魅力抑或"挑事者"的身份掀起了一次次理论回应。

李雅萍《"致良知"与"格物"关系的体用论新解：论熊十力〈大学〉释义对阳明心学的补阙》[《云南大学学报（社会科学版）》2019年第3期]一文指出，熊十力继承阳明良知观的要义并扬弃阳明后学"耽虚溺寂"的弊端。他建立了本体是大用流行的学说。在此前提下，他区分作为"本体"的良知与作为"自体"的良知，全面阐述"致良知"与"格物致知"的关系，从而批判了只面向外在事物的工具理性，也批判空谈道德而忽视经世致用的倾向。经由吸纳阳明及朱子的学说和赋予《大学》经文的新诠解，熊十力建立了其独特的宇宙本体论的理论体系，这有助于把道德修养工夫与实学研究相结合，为解决困扰我们时代的重大问题做出贡献。

（十）王阳明的历史定位与阳明学的思想史地位研究

常灏宇《王阳明与儒家的"三立"》（《新西部》2019年第3期）一文叙述了中国儒家"立德""立功""立言"的内涵，阐述了明代大儒王阳明的"立德""立功""立言"伟绩，认为在中国儒学发展史上能够达到"三立"境界的人非常罕见，而王阳明则是被公认的达到这一人生境界的人物。

舒炜、邓苗苗《"神化"王阳明》[《廉政瞭望（上半月）》2019年第3期]一文指出，我们读王阳明，无须崇拜和神化，应该回顾他一生经历，回归到知行合一的本源。毕竟，王阳明不是神，他也曾迷茫和彷徨过，也曾经历大小失败。正是因为他不同于传统认知中的"圣人"，才使得"阳明热"突破了政治、思想领域。

黄明同《明代心学：白沙—甘泉—阳明：略论明代心学的发展进程》（《中国哲学史》2019年第1期）一文指出，心学是儒学的重要流派，明代心学由陈白沙拉开序幕，湛甘泉完善与发展，王阳明集陆九渊心学与陈湛心学之大成。其发展的基本进程是白沙心学——甘泉心学——阳明心学三阶段，形成陈湛心学与阳明心学两流派，二者有着密切关联。

李晓方《明清南赣方志王阳明历史书写的时空形态及其变迁》[《江西师范大学学报（哲学社会科学版）》2019年第2期]一文指出，作为成就王阳明学术与事功最重要的地域，当年南赣巡抚所管辖的赣闽粤湘交界地区的八府一州，其府志、州志对王阳明的历史书写，呈现出不同的时空形态。自明而清，对王阳明记载最多、篇幅最大的是江西所属《赣州府志》和《南安府志》。对王阳明的称谓，明代方志主要是"守仁",清代方志则大量称"阳明""文成"。但是,在南赣巡抚所辖之湖南、广东、福建的相关府、州方志中,则始终以"守仁"称谓为主。明清南赣方志对王阳明历史书写所呈现的不同时空形态,既反映了王阳明的活动及影响存在着客观的地域差别,也反映了不同地域或同一地域不同时期的士民对王阳明的情感、认识、评价存在着差别,这又折射出相应时代国家意志、社会思潮对同一人物认识上的变化。

李德锋《固守与超越:阳明心学道统构建与学案史籍编纂中的"门户"》[《廊坊师范学院学报(社会科学版)》2019年第2期]一文指出,中国历史上的道统构建起源较早,内容发展比较丰富,并形成了明显的排他性特征。明代王阳明一方面为了论证心学的合法性,继承了道统构建排他性的特点;另一方面又在"万物一体""满街皆是圣人"等自身思想的指导下,一定程度上肯定了杨、墨、佛、老等儒学"异端"学问的价值,并有条件地肯定了其儒学内部直接竞争对手程朱理学的价值,从而弱化了其道统构建过程中的"门户之见"。王阳明有关道统构建的这两个路向都被其后学不同程度地继承并有所发展,不仅出现了大量唯心学是取、旨在论证阳明心学儒学正统的专门史籍,而且出现了一些具有"合会朱陆"特点的著作,从而丰富了明中后期语录体、学案体史籍的编纂,甚至可能直接影响了旨在去除"门户之见"的《明儒学案》。

(十一)阳明学的现实意义与当代价值研究

如何实现阳明心学的"创造性转化与创新性发展"是当下研究、宣传、弘扬阳明学的一个重大课题,而这必然涉及对阳明学的现实意义的挖掘与当代价值的研究。2019年,学界同人对此有深入研究。

1. 阳明学现代价值综合研究

刘立伟、王川《王阳明"人民思想"及其现代价值研究》(《文化创新比较研究》2019年第4期)一文指出,王阳明是中国古代著名的思想家、政治家,其人民思想包括良知、善治和知行合一等多方面。王阳明开创了人民思想的新境界,对推动中国历史与社会的进步起到了积极作用。当代社会,其人民思想仍有很多值得我们借鉴和学习的地方,对于进一步提高国家治理体系和治理能力的现代化具有重要的指导作用。

杨国荣《心学视域中的人类命运共同体》(《光明日报》2019年5月12日)一文认为,随着历史的发展,人类的命运已经越来越紧密地联系在一起。从经济的发展、普遍的安全到生态的维护等,人类在各方面都成为休戚与共的共同体。这种共同体既不同于个体性的存在,也不限于特定的地域、民族、国家;既非源于血缘的自然共同体,也非仅仅以利益关切为中心的利益共同体。它表现为基于经济、政治、生态等纽带而形成的一种相互依存的存在形态。这种存在形态既涉及现实的社会关联,包括人类存在的共同条件以及人类文明发展的共同前提,也关乎观念的领域,包括形成一定意义上的价值共识、在观念层面上达到某种共同的取向,等等。这一意义上的人类命运共同体本身也可以从不同的方面加以考察,王阳明心学则为我们理解这种人类命运共同体提供了重要的理论视域。

李海超《阳明心学与儒家现代性观念的开展》(中国社会科学出版社 2019 年版)一书认为,阳明心学敞开了儒家现代性观念建构的可能性。但由于时代和理论范式的局限,这种可能性无法在阳明心学中得到落实。从阳明心学开展出现代性观念的思想实验表明,现代性观念的开展必须以颠覆阳明心学或者说整个宋明道学的基本理论架构为代价。所以,我们应该放弃以"接着宋明道学讲"的方式展开儒学现代转型的研究,当代儒学需要一种超越"超绝心灵学"的新型儒家心灵哲学。

天一阁论坛组委会编《阳明思想与世界文明建设:天一阁论坛演讲集》(中国社会科学出版社 2019 年版)一书,由 2016 年 12 月在宁波举办的"2016 天一阁论坛"的演讲稿和论文结集而成。与会专家学者以"阳明思想与世界文明建设"为主题,分别围绕"现代人与公共文明建设:以阳明思想为启示""阳明心学·知行合一的时代价值""王阳明思想与浙东文化""王阳明思想与治国理政"等专题进行交流探讨。

修文县委党校课题组主持编写的《阳明文化的当代价值》(人民出版社 2019 年版)一书,根据干部学习阳明文化需要,分为"阳明文化与修身智慧""传统家训与齐家智慧""知行合一与治国实践""不忘初心与使命担当"四个部分,由 20 篇文章组成,旨在引导干部自觉崇德修身、廉洁齐家,恪守良知、俯仰无愧,坚守正道、不忘初心,做新时代忠诚干净担当的好干部。

潘立勇《阳明心学的当代意义:我们向阳明学什么》(《社会科学辑刊》2019 年第 2 期)一文指出,阳明以心为本的哲学立场、"致良知"的道德信念和"知行合一"的践行工夫在历史上产生了重要而深刻的影响,对于我们当代生存也仍然具有直接的启示意义。阳明心学的最基本要义可归结为"本心""致良知"和"知行合一",即以心为本的哲学立场、"致良知"的道德信念和"知行合一"的践行工夫；以阳明心学的要义为核心，逐层分析"本心明觉"的本体意义、"良知主宰"的立人意义、"知行合一"的实践意义、"实诚""独知"的人格意义、"缘机体认"的认知意义及"洒落""自得"的境界意义，可见阳明心学给我们的当代生存启示。

钱明《阳明心学对社会转型期的重要启示意义》（《绍兴日报》2019年7月21日）一文从阳明心学对于转型期社会的意义和价值入手，阐述了阳明学何以在当代得以兴盛，以及对当下所产生的影响。

张俊英、张伟军、范兆飞、韩玄哲《阳明学的当代价值研究》（《安顺学院学报》2019年第4期）一文指出，王阳明先生是我国历史上立德、立功、立言三不朽的伟大人物，是一位有世界影响的思想巨人。其学术思想经先秦儒学、汉唐经学、宋代理学的发展之后，成为明代主流的学术思想体系，在中国思想界的地位可谓举足轻重，影响和推动了五百年来中国、邻邦及整个东亚等地区和国家的社会发展和近代化转型，不仅在儒学史上占有重要的地位，而且在当今世界也深具重要现实意义。

2. 阳明心学与"共产党人的心学"的比较研究

张明春《中国共产党人"心学"对传统文化修养学说的继承与发展》（中共四川省委党校硕士学位论文，2019年5月）一文认为，中国共产党人的"心学"是习近平总书记在新形势下为加强党员的党性修养提出的治党方略，是共产党人修身养性的必修课，也是共产党人的"心学"。共产党人心学的"心"，是理想信念和道德情操的结合，是以"心性"滋养党性，厚植共产主义信仰的心性基础。将道德觉悟和政治觉悟相结合，既汲取中国传统优秀文化中自强不息、厚德载物品格；也要借鉴党在革命时期形成的优良传统，要心系天下、忧乐家国，具备崇德向善的道义担当意识，永葆党的本色。中国人历来强调修身的重要性，强调修其心然后治其身，必须是"正身以为本，修身以为基"。修心养德更是每一名共产党员终身不可松懈的一大任务。理想信念是主心骨，是做人之脊梁，规矩纪律是顶梁柱，是维系党不退步的撒手锏。只有练就钢筋铁骨，才能劈波斩浪、勇往直前。信仰提供力量，坚定的理想信念会产生巨大的动力和爆发力。中国共产党人的"心学"是"初心"，即"天下为公"的道德之心。将个人的良心与中国共产党的公心统一起来，既实现了自己的"修齐治平"的愿望，遵循自己内心的良知，又实现了中国共产党人的党性要求；体现了立党为公、执政为民、全心全意为人民服务的党的宗旨，和为群众谋幸福、为民族谋发展、为国家谋复兴的公心。

中国传统"心学"追求为善去恶、求"天理",而中国共产党人的"心学"则是以"党性"教育和党性修养为主要内容,追求的是"德性"和党性。习总书记强调"深入开展理想信念教育、党的宗旨教育,深入开展党史国史教育、革命传统教育,深入开展道德品行教育、法治思维教育、反腐倡廉教育",一是,中国共产党"心学"建设将"德性"与"党性"相结合,将个人身心修养和行为准则即传统意义上的道德律和党纪党规、廉洁清正相结合,用人性涵盖党性。二是,中国共产党人的"德性"之"德"更多地强调共产主义的"德",是党性修养之德,是马克思主义的信仰,是社会主义的信念,是共产主义的理想,是爱党、忠于党、维护党,全心全意为人民服务之"德"。"求木之长者,必固其根本;欲流之远者,必浚其源泉;思国之安者,必积其德义。"植树先植根,育人先育心。新形势下,许多新的历史特点摆在党的面前,共产党人要修好自己的"心学",扎实自己的功底;在高层次上实现党的建设与中华传统文化相互融合,为开创党性教育提供新途径,为了全面实现小康社会,实现"两个一百年"的奋斗目标,为民族复兴的"中国梦"的实现提供强大的内在动力。

李朝伟《"心学"的党性修养价值》(《人民论坛》2019年第9期)一文指出,"心学"思想在提升个体道德修养、培养理想道德人格等方面具有重要作用,在党性修养教育中发挥着端正心性、修身养性等重要功能。应将"心学"思想用于党性修养教育中,通过反求诸己、日用常行、践履躬性等"心学"修养方式,消解党员干部中的知行脱节、言行不一等问题,以更好地推进全面从严治党。

王廷国《阳明治心思想对共产党人精神建构启示》(《创造》2019年第4期)一文指出,王阳明哲学是在明代中叶土地兼并、贪污腐败、朱学失衡、士风不端的背景下形成和发展起来的,其去欲存理、知行合一、致良知的治心实践,意在追问人生存在的价值和意义。王阳明在不断学习、讲学、实践过程中形成的心即理、亲民、立圣人之志、知行合一、致良知等一系列治心思想,对于新时代共产党人精神建构有着深刻的启示。

韦忠将、衣春迪、李舫《阳明文化融入贵阳市干部教育的调查与思考》(《贵阳市委党校学报》2019年第6期)一文指出,阳明文化是中国传统文化中的精华,也是培育贵州人文精神和贵阳城市精神的重要支撑。将阳明文化融入干部教育培训,对传承和弘扬阳明文化,引导干部自觉崇德修身、廉洁齐家、恪守良知、俯仰无愧,坚守正道、不忘初心,做新时代忠诚干净担当的好干部有重要的现实意义。文章通过梳理和分析修文县将阳明文化融入干部教育的实践,从师资整合和提升、培训的方式和手段、资源挖掘和转化运用、机构和配套制度机制建设四个方面提出将阳明文化进一步融入贵阳市干部教育的对策建议。

史余强、蒋福军《论王阳明心学视域下高职院校党员干部党性修养的建构》（《和田师范专科学校学报》2019年第2期）一文指出，在王阳明心学视域下，高职校党员干部如何学好修身养性这门必修课，进而建构自身的党性修养，是一项非常值得思考与探究的时代课题。

3. 阳明心学对医学、心理学、社会心态学的启示意义研究

王悦婷、刘玮玮《王阳明哲学思想及其对现代医学的启示》（《医学与哲学》2019年第15期）一文指出，王阳明哲学中包含了许多丰富的伦理学思想。在人我身体问题上，他主张"万物一体"论，认为人心与自心在本体上具有一致性，因而人与人之间的感觉也具有相同性；在自我身体问题上，他主张"身心合一"论，将个人的身与心进一步契合；在修身养生问题上，他主张"身心同修"论，由此达到身心和谐。王阳明的哲学思想对现代医学具有重要启示，那就是基于万物一体的换位思考、实施身心一体的医学关怀以及强调"知行合一"的医德履践。

徐春林《论阳明学的心灵治疗学意义》[《贵阳学院学报（社会科学版）》2019年第3期]一文指出，作为心学的成熟形态，阳明心学具有显著的心灵治疗学意义。可以说，阳明心学就是由心灵问题催生的。心灵问题不仅是阳明心学产生的"问题意识"，并贯穿着阳明学的形成与发展，也是阳明学的基本内容。阳明心学的心灵治疗是通过"意义赋予"的途径实现的，是典型的意义治疗法。这种意义治疗法是通过心即理、致良知、知行合一等思想来实现的。阳明心学的心灵治疗学意义，不仅在历史上得以发挥，在今天依然可以成为解决当下心灵问题的良方，具有重要的现实意义。

陈复《智慧咨询的理念与实作：阳明心学对心理咨询的启发》[《贵阳学院学报（社会科学版）》2019年第3期]一文指出，阳明心学如果要落实于当前社会，就需要在理论层面完成其"微观世界"（micro world）的架构，接着在应用层面要完成其"生命世界"（life world）的落实。该文提出"心学心理学"（nousological psychology）概念，并将心学心理学纳入华人本土社会科学（Chinese Indigenous Social Science）这一新领域范畴来推展，就是希望完成微观世界的架构，并从中发展出"智慧咨询"（wisdom consultation）的理念与实作。阳明心学讲的良知，既有"自我"的意义，也有"自性"的意义，由自性义来观察中华思想（尤其儒释道三家思想），其共同特征就在"心体论"（nousism）。由心学心理学的角度发展智慧

咨询工作，基本特征有三：第一，"士人"混同"庶人"的咨询伦理；第二，"先觉"启发"后觉"的咨询关系；第三，"实相"对峙"表象"的咨询方法。

徐晓虹《龙场悟道与格式塔顿悟学习论：阳明心学与心理学之辨析》[《贵阳学院学报（社会科学版）》2019年第3期]一文从介绍苛勒的"黑猩猩学习实验"入手，阐述格式塔心理学派主要观点与产生背景，重点比较顿悟学习论的三个构成部分：顿悟学习、学习迁移和创造性思维，跟王阳明的"龙场悟道"过程相比，结果发现高度相似，王阳明的龙场悟道就是格式塔顿悟学习论的最好范例。

王国良《王阳明心学豪杰人格与现代价值》（《王学研究》辑刊，2019年卷）一文指出，王阳明根据自己的亲身经历体验，提炼出良知学说，同时也标志新型儒学人格精神——豪杰人格精神的诞生与发展。良知心学与豪杰精神对晚明思想解放起到极大推动作用。

晏双平《王阳明心学中的心理健康调节思想初探》（《心理月刊》2019年第2期）一文指出，王阳明心学中蕴含着很多心理健康调节思想。该文尝试从主要代表王阳明思想的《传习录》及相关文章中提取心理健康调节思想，经过初步探索提炼出立志说，悟性自足向内求，致良知，静坐与事上磨等心理健康调节思想，以期为我们现代人如何保持心灵的平静，健康生活提供参考借鉴作用。

蔡亮主编《用声音叙事：我是阳明青年》（浙江大学出版社2019年版）一书，以阳明文化的践行者与传播者为切入点，探索阳明文化的当代意义和阳明文化的海外传播意义；记录阳明文化与科学精神、学人精神、工匠精神、公益精神和企业家精神的结合，呈现阳明文化代表人物的故事。

黄诚、钟海连《论阳明心学与当代社会心态建设的互动关系》[《贵州大学学报（社会科学版）》2019年第1期]一文指出，在儒、释、道三教关系格局下，探讨阳明"龙场悟道"与心学思想的形成，具有重要的理论与现实意义。阳明心学思想具有全新的理论特征，在中国思想史上具有重要影响与理论价值。心态是一种具有精神性影响力的内在生命心性状态；社会心态的形成是大众总体心理状态长时间积累与合力的产物，是生命个体与社会群体互相交织的心理思想行为和认知活动的集中表现。心态的产生与心学有内在的关联性，心学对调适人们的身心健康、情绪状态以及救治不良的社会心态有积极作用。开掘心学思想资源，加强社会心态建设，有利于心学与社会心态形成良好的互动影响，有利于提升个体生命的德性修养和心灵境界，有助于推动社会和谐局面的出现与人的自由全面发展，有益于良好、健康和绿色社会心态的形成与建构。阳明心学与社会心态的深度融合，拓展了阳明心学研究的新方向、新领域和新篇章，为建设新时代、新阶段的人类精神家园提供了思想智慧。

4."知行合一"观的启示意义研究

吕本修、赵红梅《王阳明知行合一观及其在干部人格塑造中的作用》(《理论学刊》2019年第5期)一文指出，王阳明知行合一观，从理论上是为纠朱熹知先行后观念之偏，实践上是为解社会知而不行之弊；其内容主要体现为以下三个命题：首先，知而不行只是未知；其次，知是行之始，行是知之成；最后，知之真切笃实处便是行，行之明觉精察处便是知。王阳明的心理合一论与心物合一论构成了知行合一观的主要哲学依据。王阳明知行合一观带有主观唯心主义的倾向，但是其中蕴含的思想精华对于领导干部提高道德修养、完善道德人格有着重要作用。

赵潜、叶进、李艳娇《知行合一：新时代阳明心学对践行社会主义核心价值观的深层启示》[《南京航空航天大学学报（社会科学版）》2019年第2期]一文指出，阳明心学作为优秀传统文化的重要组成部分，与社会主义核心价值观具有同质性，二者都强调人的主体性、社会的责任意识以及对"德"的追求，是涵养社会主义核心价值观的重要源泉。"知行合一"是阳明心学的核心思想，具有丰富的内涵，是对传统知行问题的创新性发展，对新时代培育和践行社会主义核心价值观有着深层启示意义，即心上学、事上磨、致良知、合为一，使之内化于心、外化于行。同时也有利于弘扬优秀传统文化，固本培元，增强文化自信。

马艳萍、崔市国《新时代高校思政课"知行合一"教学模式研究》(《湖北农机化》2019年第20期)一文指出，"知行合一"是明代著名的哲学家和思想家王阳明提出来的一个观点，当时提出这个观点是为了解决世界观以及方法论的问题。"知行合一"提倡知和行之间是辩证统一的关系，是理论和实践相结合的产物。在当代高校的思想政治教育中践行"知行合一"的教育理念，能够更好地提升思想政治教育的效果，开创高校思想政治教育的新途径。

李春丽《"知行合一"视角下大学生理想信念教育研究》(郑州大学硕士学位论文，2019年5月)一文认为，"知行合一"是我国古代哲学中一个重要的概念，不同时期对其有不同的解释，从孔夫子起到今天，哲学家们从未停止过对这一学说的讨论，它对个人的道德思想、道德行为以及实践活动提出了符合不同时代发展的要求。其在当代仍具有一定的现代价值：思想意识层面，有利于道德修养的提高、理想信念的坚定；社会实践层面，有利于增强自信，从而为实现"中国梦"努力奋斗。理想和信念都属于对未来的期待，以及坚定地相信二者相互依存、不可分割，通常合称为"理想信念"。它是人的精神世界的核心，是一个人的精神支柱和动力源泉，代表着一个国家、一个民族和一个政党团结奋斗的精神品质。所以，理想信念教育显得尤为重要。

惠宏岗《"知行合一"思想对当代大学生摆脱知行困境的启示》（西华师范大学硕士学位论文，2019年5月）一文指出，王阳明的"知行合一"思想是其思想体系中的核心内容，这一思想既有对前人知行观的理论扬弃又有自身现实境遇的体悟，以期通过"知行合一"的道德实践实现儒家士人的价值追求和道德自觉，正是在这种理论与实践的沟通中，体现了其"知行并进""知行合一"的教育价值。在大学生所面临的知行困境问题中，王阳明的"知行合一"思想与高校思想政治教育具有目标、价值、实现的相通性，这种可通约的特质即赋予了"知行合一"思想对大学生思想政治教育的可借鉴、可吸收意义。同时，中国优秀思想文化和价值追求的传承，也促进了"知行合一"思想和高校思想政治教育在文化背景和文化气质上的契合。从优秀传统文化中汲取精髓和养分也是解决思想政治教育面临的现实问题，是实现思想政治教育创新的应有之义。

应丽卿《王阳明"知行合一"学说的德育价值及当代启示》（《教育评论》2019年第4期）一文认为，王阳明提出的"知行合一"主要是一个道德命题，指出"一念发动处"便是行了，"致良知"既是知也是行。立论旨在为致良知的功夫（道德修养）建立理论基础。"知行合一"命题，对当代道德教育有着深刻的启示。良知之教是道德教育的本源和基础，一念发动处的审查调整是道德修养的关键环节，致良知于事事物物是道德修养的落脚点和归宿。

赵惠华《基于"知行合一"思想的高校网络德育建设》（《济南职业学院学报》2019年第4期）一文认为，新媒体时代高校网络德育环境发生了新变化。学生交往方式发生变化、学校主流文化受到冲击、学生面临的潜在风险扩大、教师德育权威受到挑战、德育教育方式便捷多样。针对新媒体引发的新变化，基于王阳明"知行合一"思想强调的以人为本、知行并重，人与社会和谐的观点，提出从网络德育的教育者、受教育者、教育内容、教育方法和教育环境等方面推进德育工作新举措的实施。

宋传祥《"知行合一"视域下职业教育培养模式研究》（《国际公关》2019年第3期）一文认为，为了促进当代职业教育能够培养出更多符合社会发展需求的人才，将"知行合一"教育理念运用到职业教育培养模式中，首先，阐述了知行合一教学思想的发展历程；其次，从以"知行合一"为核心理念的职业教育应构建校企深度合作共同育人体制、创建人才培养模式、注重理实一体化模式的建立、构建校企双导师共同育人培养模式、为"知行合一"教学模式搭建网络学习平台以及创建理论实践一体化教学长效保持制度六个方面阐述了"知行合一"视域下的职业教育培养模式。

5. 致良知思想的现代价值研究

王磊、车辙《王阳明的良知思想及其教化价值》(《才智》2019年第3期)一文指出，王阳明的良知思想对于当今社会主义核心价值观的教育具有启示作用。良知将封建时代的纲常伦理植根于人的心理需求之中，使其没有完全成为一种外在规范，使封建纲常再度焕发了活力。今日则可以将封建纲常置换为社会主义核心价值观，使其植根于人的内在良知之中而成为一种内心需求，从而使社会主义核心价值观的践行更具积极性、主动性。

古丽《王阳明"致良知"思想对武德教育的启示》(《体育科技文献通报》2019年第3期)一文指出，"致良知"思想是王阳明最为注重的思想之一，它以一种先验的"良知"作为道德教育的本源，从而来评价是非善恶。武德作为民族体育精神中的一种，是武术发展的必要基础，是建立尚武崇德、修身养性的先决条件。为此，该文将具体阐述王阳明"致良知"思想对武德教育的启示：纯化道德动机，内求于心；转变教学模式；建立善恶观念，完善武德评价体系。

高伟《论良知的现代教育价值》(《教育研究》2019年第5期)一文认为，在复杂现代性背景下重思中国发展道路、创生中国式现代性，是中国现代性的内在本质。对中国传统文化进行创造性转化以满足现代生活方式的需要，是中国教育现代性的内在必有之义，也是超越教育现代性的致思方向。中国文化有着悠久的良知论传统，在教育现代性中重建良知论既可期予重构中国文教传统，也是中国参与教育现代性修葺的文化自觉。良知的现代教育价值主要体现在回归教育本真、重塑教育德性和寻获教育信仰三个方面。良知论只是一个可能的思想方案，不能寄予这一思想方案解决教育现代性的全部价值问题，但这一传统对于现代教育的救赎仍然不可或缺。

刘妮妮《从王阳明"致良知"论当代人格塑造》(《教育文化论坛》2019年第2期)一文指出，"致良知"作为阳明心学体系的核心，自有其理论意义和价值，并且与我们当今对于人格的塑造也息息相关。王阳明的"致良知"说所倡导的意识独立和个性解放，对于当今社会培养优秀的人格具有很大的借鉴意义。该文选取了王阳明心学中的"致良知"说对人格塑造的启示作为主要研究思路，分别从王阳明生平简介及心学概述、"致良知"思想的发展历程和"致良知"对当代人格塑造的启发三个方面进行了阐述。

邵安华《推进中华优秀传统文化创造性转化与创新性发展：以王阳明"致良知"道德修养论为例》[《河北北方学院学报（社会科学版）》2019 年第 1 期］一文指出，要促进中华优秀传统文化创造性转化与创新性发展，就需要将其所包罗的思想精髓和道德规范融入时代背景改革创新，以充分展示中华文化的卓越风采。在中华优秀传统文化体系中，王阳明的"致良知"道德修养论为人们提供了源自内心的道德感和判断力，具有独特的理论价值和实践价值。在社会主义建设的新时代，中华优秀传统文化的创造性转化和创新性发展的步伐不断加快，对中华优秀传统文化的继承和发展问题不可忽视。

6. 王阳明教育、德育、体育思想的实践启示研究

赵文会《论阳明心学对当代贵州教育发展的启示》(《中国地名》2019 年第 7 期) 一文指出，贵州是阳明心学发生的原点，其"心即理"思想提升了贵州教育发展的文化自信，"致良知"思想指出了贵州教育发展的远大理想，"知行合一"思想提供了贵州教育发展的道路选择。阳明心学对贵州教育的历史与现实发展都意义深远。

林远洲《王阳明教化思想对新时代大学生德育实践启示》(《教育教学论坛》2019 年第 41 期) 一文指出，王阳明是明代著名教育家，其"心学"教育思想，对后世产生了极其深远的影响，其留下的诸如"知行合一"思想、《南赣乡约》训导等丰富的教化思想对新时代大学生德育实践亦有重要的启发意义。

邹群霞、张传燧《王阳明幼儿教育课程思想的内涵及其启示》(《幼儿教育》2019 年第 18 期) 一文对王阳明幼儿教育课程思想的内涵，如课程目标的生长性、课程内容的全面性和课程实施的有效性等作了相关阐释。上述分析可为当下幼儿园课程改革提供如下启示：设置适切的课程目标，安排基于幼儿生活经验的全面的课程内容，坚持以幼儿为主体的课程实施导向。

吴灿灿、孟文文《王阳明"致良知"工夫的精神对高职学生德育工作的启示》(《改革与开放》2019 年第 13 期) 一文指出，王阳明生活的朝代世风浮躁，所以王阳明提出"致良知"来唤起人们心中的良知。现代高职学生信仰迷茫，需要寻求德育新方法。王阳明"致良知"的工夫主要有事上磨炼、格物致知、知行合一，这些思想有助于我们从中探求高职学生德育工作的新途径。学校要着力培养学生亲力亲为、勇于担当的"事上磨炼"精神，独立思考、大胆质疑的"格物致知"

精神，务实事功、身体力行的"知行合一"精神。

徐红日《阳明思想融入高校德育工作的平台建设研究》(《浙江万里学院学报》2019年第5期)一文指出，深入开掘阳明思想的当代价值，用阳明思想理念来重塑高校德育工作平台，对创新当下的思政教育模式具有十分重要的意义。文章从王阳明心学的"心即理""致良知""知行合一"等方面阐述阳明思想在德育教育过程中的地位和作用，从完善道德制度建设、加强道德教育实践基地建设、构建阳明课程体系、搭建阳明思想的传播平台等提出加强其平台建设的重要性，引导大学生主动接受道德实践，倡导良知，培养本心，改善校园整体风气。

栾成斌《思政教育视域下阳明心学思想的借鉴意义》(《王学研究》辑刊，2019年卷)一文指出，王阳明在我国历史上具有极高的评价，既是著名的思想家、哲学家、教育家，构建阳明心学思想体系，立台讲学，桃李满天下，也是有名的政治家、军事家，敢于直言上疏，与朝廷的恶势力做斗争；以万余乌合破宁王强寇十万众。他的一生在立德立言立功中度过。王阳明的心学思想不仅在空间上影响国内外，也在时间上绵延至今。其思想体系中的"心即理""知行合一""致良知"等对我国当下的思想政治教育有着极高的借鉴意义。

姚琴《阳明心学在高校感恩教育中的实践研究》(《高教学刊》2019年第10期)一文指出，阳明心学作为先秦之后集儒学之大成，对近现代国人教育产生了极为深远的影响，是当代大学生思想道德教育文化资源宝库。感恩教育是高校德育工作的重要组成部分，探索并继承阳明心学的感恩教育优秀文化成分，改变当前我国大学生感恩价值观念缺失的现状有着重要的当代价值。基于此，文章首先论述了阳明心学和高校感恩教育的概念内涵，其次就阳明心学对高校感恩教育的当代价值和具体体现进行了论述，在此基础上，通过对当前高校感恩教育存在问题的分析指明了阳明心学在高校感恩教育中的实践策略。

陈伟《王阳明心学与现代体育》(机械工业出版社2019年版)一书对王阳明体育思想形成的背景、主要体育思想、体育经历与实践，以及意义进行论述，旨在更加详细完整地探究王阳明体育的内容，为其思想的研究和体育思想史的研究提供借鉴，从中探寻对我国现代体育发展的指导意义。

7. 阳明心学对现代生活、企业管理的启示研究

郭佩然《浅谈〈王阳明家书〉对现世生活的启示》(《现代交际》2019年第18期)一文指出，家风，在一个家族中代代传承，往往被用来教育与培养家族成员。是否拥有良好的家风、家训，往往是一个家庭是否能够管理好的决定性因素。回

顾《王阳明家书》，深入思考，领悟书中精华。王阳明先生对其家族中所有成员的谆谆教诲，对现世生活有很大的启示。

杨成亮、刘芳《"阳明心学"对现代企业经营的启示》（《经营与管理》2019年第2期）一文指出，如何协调企业价值和员工追求，使其同心同体、同道相益，是企业经营者无法回避的问题。阳明学与其他哲学理论最大的不同点，在于它的入世实行、事上磨炼，具有极强的可操作性；它主张挺立自我的同时成就他人，即"双赢智慧"，这对协调企业与员工的关系、调动员工的主动性、塑造共同的企业追求，有许多有益的启示。

陈静《王阳明心学思想在国有企业文化管理中的作用研究》（《商讯》2019年第36期）一文指出，国有企业的企业文化，是对经营理念、价值观、企业精神等要素的综合，是国有企业的内核所在，对企业员工的心理具有潜移默化的影响意义。王阳明是我国历史上非常著名的思想家，他的"心学"经常被各行各业拿去学习、效仿，因此，他也一直都被称作"心学"大师。而国有企业归根到底，经营的就是效益和人心。该文正是在这种认识的基础上，对王阳明心学思想与国有企业文化进行探讨，以此将中国传统文化的瑰宝思想与国有企业文化相结合，提升国有企业的生机与活力。

钟海连、黄诚《王阳明心学智慧与企业家心态建设》（《中国文化与管理》辑刊，2019年卷）一文指出，阳明心学对"心"这一人类精神现象从伦理本体、宇宙本体、认识本体、情感本体等角度作了独特的阐述，提出了"心即理""心之本体是良知""心之本体常觉常照""心之本体是乐"等命题和观点，极大地丰富了中国传统心性学的思想理论体系，深化了人类对"心"的体认。改革开放以来，中国企业家群体的贡献得到认同，被赋予"经济脊梁"的美誉。然而调查表明，中国企业家群体已成为心理疾病的高危人群，已发生的诸多企业家违法犯罪、企业家自杀、企业家过劳死、企业家焦虑症等负面事例显示，企业家心态的健康问题日趋严峻。王阳明心学等中华优秀传统文化中丰富的思想资源，可以为培育企业家健康向上的良好心态提供理论支持和方法启迪，有助于企业家更好地为中国特色社会主义市场经济的改革创新做出更大的贡献。

耿川、沈锦发、陈为年《当王阳明遇见德鲁克：现代企业博雅管理的本土化》（《社会科学家》2019年第8期）一文指出，"一带一路"倡议与"文化自信"的提出，显示着中国日益崛起并逐步引领世界的责任与担当，与此同时，中国的本土企业正在世界舞台上扮演着越来越重要的角色。西方管理模式不能完全解决带有浓厚本土文化气息的中国企业在管理实践中所遇到的问题，这就意味着进行中国企业本土化管理的研究与实践势在必行。文章选取了中国传统智慧哲学的精华王阳明"心学"以及西方管理哲学的典范德鲁克"博雅管理"作为研究对象，文章深入剖析了两者的内涵与特征，并沿着"德鲁克之路"尝试寻找出适合中国企业实际的管理模式，最后通过对比分析寻找出两者之间的共通点与差异点，提出通过实现"德与艺平衡""义与利的平衡""刚与柔的平衡"的"三个平衡"，构建互益共生、中西融贯的博雅管理本土化新范式。

三、王阳明的比较研究

本报告所涉王阳明比较研究，主要涉及王阳明与先秦诸子（孔孟荀儒学、老庄道家、墨学）的比较研究；王阳明与宋明理学家（二程、张载、陆九渊、朱熹、陈白沙、湛若水、王夫之、刘宗周、黄宗羲）的比较研究；阳明心学与西方哲学的比较研究。兹把2019年的相关研究成果胪列如下。

（一）王阳明与先秦诸子的比较研究

2018年，学界同人围绕阳明思想的理论源头之先秦诸子进行了追本溯源式的研究，探讨了孔子、孟子、荀子、老子、庄子、墨子对阳明学形成的启发意义，这也是近年来阳明学研究的一个亮点。[1] 然而，2019年的阳明学界研究则不见有关这方面的论著。

（二）王阳明与宋明理学家的比较研究

1. 王阳明与朱熹的比较研究

张品端主编《会通朱王：朱熹与王阳明比较研究》（厦门大学出版社2019年版）一书，收录2017年11月在武夷山市举行"会通朱王"会讲与会学者的论文。着重梳理朱王对儒家经典的不同诠释，朱子的天理概念、阳明的良知概念，朱学和心学色彩的思想样本及其会通途径，研讨朱王之间、理学心学之间能否会通、如何会通，旨在助推两位大儒越来越多地会通起来，从而为实现儒家优秀文化的整体复兴服务。

吴震《宋明理学视域中的朱子学与阳明学》（《哲学研究》2019年第5期）一文认为，朱子学与阳明学可以有广狭两义的理解，狭义指朱子或阳明个人的哲学

---

[1] 张宏敏编著：《阳明学研究综合报告》，浙江人民出版社，2020年，第76—78页。

思想，广义则包含朱子或阳明之后学以及后世的朱子学者或阳明学者有关朱子学和阳明学的思想诠释、理论发展。由此以观，朱子学和阳明学不是封闭的静止的理论系统，而是可以不断发展和开拓的动态的思想体系。这就需要我们转换审视的角度，既要将朱子学和阳明学置于广义宋明理学视域中，也须将宋明理学视作一场整体的思想运动，才能对朱子学和阳明学获得整体性的思想了解和历史把握，以重现作为广义宋明理学视域中的朱子学和阳明学的理论意义及其思想价值。

吴瑶《王阳明"格物致知"思想析论：兼论朱、王之别》（《西部学刊》2019年第16期）一文指出，王阳明所理解的"格物"不同于朱子的格至事物之理，而是正其意念以归于正，因此，"穷理"在王阳明的理解中是指通过正自己的意念而存天理，"致知在格物"是在事物中落实自己的良知。基于此，其认为朱子所说的"格物致知"是无关身心的外在经验知识积累，其无法贯通自然知识和道德良心，即使朱子补充"敬"概念、作《格致补传》等举措在其看来也没有办法从根本上解决其支离工夫带来的弊端。其批评朱子析"心""理"为二，提出"心即理"的论断，并由此重新对"格物致知"等概念进行诠释，力图在"心即理"的基础上构建一套根本的、易简的入道工夫。

向世陵《闻见与德性：朱子、阳明"知"论辨析》[《复旦学报（社会科学版）》2019年第1期]一文指出，闻见之知与德性之知的两分是宋明时期流行的做法，德性之知不萌于闻见则是自张载、二程开始的代表性观点，目的在于维护德性的先天必然性。朱子希望沟通闻见与德性、人心与物理的"主宾之辨"，形成既有内外又合内外的格物穷理的认识路径。朱学与阳明学的主要争议，集中在是否可经由闻见知识进入内在德性的自我觉醒和彰显，从而打破自然生理与至善伦理之间的障壁。朱子认为"做圣贤"与"格天下之物"为一事，阳明以亲身经历予以否证，强调吾心良知自足，良知之外无知。阳明虽也不否认知识，但毕竟吾心即物理，初无假于外，闻见表现为良知本体的彰显流行。这既有克服朱学致知路向的理论需要，也有"拔本塞源"、矫正不良社会风气的现实理由，而最终目标则在成就完善的圣贤人格。

陈佩辉《朱子与王阳明"诚意"思想之异同：以二者对〈大学〉"诚意"章的解释为中心》（《平顶山学院学报》2019年第1期）一文认为，由于朱子与王阳明对《大学》核心纲领"明明德"的理解不同，对知识与道德之间关系的认识不同，对心所具有的能动性重视不同，所以他们选择的文本结构及对"诚意"的解释有所不同。但应该注意到，朱子与王阳明所解决的问题与目的是一致的，即落实好善恶恶的道德意识，使意皆善而无恶。

张小琴《论王阳明对朱熹的三重解构：以海德格尔现象学为视角》(《唐都学刊》2019年第4期)一文以海德格尔现象学为视角，剖析王阳明对朱熹的批判与继承，进而探索王阳明心学的后现代价值和意义。王阳明心学蕴含着对朱熹理学的三重解构：首先，在本体论上，王阳明以"万物一体"在世结构方式解构朱熹"理一分殊"，重新诠释本体与万物关联方式。其次，以"心理为一"解构朱熹"心理二分"，建构"心即性即理"心学体系。最后，以自我伦理实现的途径解构朱熹"格物"和"进学"方法。通过实践日常伦理生活的忠孝礼仪之事，磨砺本性，回归平静心，自下而上体悟道体，通达"天人合一"。

聂威《三种格物思想的再考察》[《九江学院学报（社会科学版）》2019年第1期]一文认为，朱熹把《大学》的"格物近道"改进到"格物合道"，格物由"近道"理论转为"得道"方法；王阳明把格物作为道德修养的"得道"工夫；王门后学把格物作为切己的身心工夫，更加突出个人的主体作用。

郑晨寅《黄道周论朱王异同：以〈王文成公碑〉等三文为中心》[《贵阳学院学报（社会科学版）》2019年第6期]一文认为，黄道周生于朱子施政讲学之邦，又与平和、阳明颇有渊源。其《王文成公碑》认为朱王一脉相承；《书王文成公碑后》揭示阳明之学源自践履；《〈王文成公集〉序》则盛赞阳明事功，寄托士人理想。黄道周身处明清易代之大变局与理学、心学交会碰撞之际，他引"致知"释"良知"，强调践履，主张经世致用。其论"朱王异同"既具有学术思想史的意义，也颇具时代与地域特色，可视为明末"会通朱王"的一个典型。

段重阳《作为人格存在的良知：王阳明论未发已发——兼论与朱子中和说之区别》[《贵阳学院学报（社会科学版）》2019年第6期]一文认为，在阳明那里，"未发"是伴随着"已发"而给出的。"未发"作为一种根本性的"能"，意味着人格存在的整体和意识行为的自身同一，这种"未发"只能够在"已发"的进行中伴随着给出自身，并且意味着一系列已发活动的统一。这种统一意味着"未发"必须经由"已发"而实现自身的变更，即致良知工夫只有在每个"已发"处实行才能实现"未发"的整体转变。

2. 王阳明与陆九渊的比较研究

毕游《20世纪以来关于朱、陆、王之异同的比较研究综论》(《中国史研究动态》2019年第4期)一文认为，朱学、陆学和王学是宋明理学研究最主要的三个对象。概括地认识三者的关系，最直观的方法就是分系，也就是将理学分成不同的系统，看朱、陆、王三学在历史进程中所处的位置。近现代理学研究的重要特色，就是运用哲学的思维和方法分析有关问题。范畴是哲学分析的基础，理、气、心、性等都是宋明理学的重要范畴。

李卓《精神哲学与陆王心学：以徐梵澄〈陆王学述〉为中心》(《世界宗教研究》2019年第5期）一文以徐梵澄《陆王学述：一系精神哲学》为中心，考察徐梵澄对陆王心学的诠解。在徐梵澄看来，重温陆王是为了商量旧学，培养新知，并在此基础上重建中国的精神哲学。徐梵澄从精神哲学的立场出发，借助"知觉性"的概念，对象山、阳明之学的心性与功夫做了独特的诠释。徐梵澄又以科学的方式来研究"精神知识""玄秘科学"的领域，对宋明儒者精神修为中的"前知""顿悟"做了理性层面的说明。

3. 王阳明与陈献章的比较研究

刘宗镐《心学补遗：江门心学的理论特色及学术价值》[《东南大学学报（哲学社会科学版）》2019年第4期]一文认为，学界长期以来对心学的研究，主要是对以陆象山为代表的金溪心学和以王阳明为代表的姚江心学（合称"陆王心学"）的研究，而忽视了以陈白沙为代表的江门心学，突出表现是江门心学有何理论特色，学界至今没有明确的回答。其实，江门心学以"学贵知疑""学贵自得""内外合一""学宗自然"和"因诗写道"为基本的理论特色，其中，"内外合一"特色表现在工夫论域，就是以"心事合一"或"即心即物"为主要内涵的"学无内外"工夫论。这种工夫论是对程朱理学和陆王心学两派工夫论的扬弃，具有十分重要的理论价值。江门心学的理论特色表明：江门心学是一个独立的心学流派；江门心学具有重要的理论价值和学术地位。

4. 王阳明与湛甘泉的比较研究

何静《王阳明与湛甘泉的学术论辩》(《东岳论丛》2019年第2期）一文认为，阳明与甘泉的学术争执主要是：甘泉坚称儒与佛道不同根枝，阳明则认为佛道是儒之大道之发用；甘泉提出格物即把握天理，阳明的格物是正念头。其实阳明的格物还包括在具体事物上为善去恶。阳明认为甘泉的格物是求之于外，甘泉申辩这是因为阳明的心为腔子里心。实际上两个人皆有本体心认识心义，但在论辩时，都忽略了对方的本体心而只着眼于对方的认识心；甘泉不赞成阳明的致良知宗旨，认为良知的获得和拓展均仰仗学问思辨行，否则难免冥行妄作；阳明认为甘泉的随处体认天理的旨归是溺事外求、缺乏主宰；"勿忘勿助"是甘泉体认天理的根本方法。阳明批其悬空，主张"必有事焉"也即致良知的工夫，勿忘勿助为良知的固有属性。

王传龙《王阳明"到底是空"之说辨析：兼论王阳明与湛若水、方献夫的学术分歧》(《甘肃理论学刊》2019年第4期)一文认为，王阳明晚年在将"致良知"作为最终话头之前，曾提出过"到底是空"之说，并认为这是学问之极致。由于此说具有明显的佞佛特性，湛若水、方献夫两个人均不能接受此说，与王阳明寄信反复争论。但阳明本人拒绝收回此说，并因此与湛若水产生了重大的学术分歧，直到阳明去世也并未弥合。究其原因，"吾性自足"是阳明学的基石，但这种具足性却只能通过"到底是空"来实现，因为只有空性才能具足万法。阳明坚持此论，因为这才是阳明学的最终归宿，但阳明学派之动荡分裂也因此种下了前因。

刘红卫《湛若水儒学体系构架及其思想影响》[《南昌大学学报（人文社会科学版）》2019年第4期]一文认为，本体论和工夫论构成了湛若水儒学的基本框架。湛若水在人与自然"一本"的基础上贯通了心体与道体，以道体的中正、自然特征诠释心体的中正、自然理念，形成了儒学本体论体系。湛若水以"随处体认天理"为体认路径，以"勿忘勿助"为体证工夫，形成了儒学工夫论体系。道体作为客观的存在，有其自身的发展规律。以道体印证心体，在此基础上实现心无内外，是湛若水儒学区别于王阳明及阳明后学的重要特征。湛若水及其后学的思想对明朝中后期儒学的发展具有重要的影响，以道体印证心体、兼顾心体与道体的儒学架构，在一定程度上纠正了阳明后学中的易简派对心体阐释的偏颇；"随处体认天理"的体认路径与"勿忘勿助"的体证工夫在一定程度上纠正了阳明后学中的易简派对儒学易简性的过度诠释。

5. 王阳明与王夫之的比较研究

冯琳《王船山与王阳明知行观的比较研究》(《王学研究》辑刊，2019年卷)一文指出，知行之辨在宋明时期是重要的哲学话题。文章从知与行的内涵、诚意与致知、良知与良能三个方面比较了王船山与王阳明知行观的不同。阳明和船山知行观的不同所反映出来的是"心本体"与"气本体"哲学思想的差异。阳明的良知在践履的过程中有扩充，但这种扩充虽范围扩大、内容充实，但良知在本质上于孩提之时与成年之时并无区别。秉持着"性日生日成"说，船山认为作为起点的心、性，抑或良知，在人生的各种社会实践中不断充实变化。这种变化，在船山看来应该不仅仅是用强弱大小等词汇描述的外在形态改变，而应该是二气氤氲神化后的性质改变。

6. 王阳明与刘蕺山、黄宗羲的比较研究

吴龙灿《从良知到良能：阳明和蕺山"四端"异解及其意义》(《王学研究》辑刊，2019年卷)一文指出，孟子提出的"四端"和良知、良能以明性善，成为宋明理学心性论的经典文献重要依据，对这些概念的不同理解和诠释，不仅是理学、心学、气学等学派之分野，而且还是各学派内部思想深化发展的重要机缘。王阳明作为心学的重要代表人物，以"良知"解"四端"，并以良知学说确立其心学思想的主干。刘宗周以"良能"解"四端"，打通了心学和气学。从王阳明到刘宗周，从以良知到以良能以诠释"四端"，不仅在哲学上逐步精密地阐明了道德情感、实践理想和道德法则之间的内在关系，而且对中晚明士人坐而论道风气和心学狂禅末流具有纠偏补弊和实践指导作用。

武文超《刘蕺山对王阳明"无善无恶"思想的发展》(《中国哲学史》2019年第3期)一文认为，心学发展到明代晚期已产生诸多流弊，致良知的实践工夫不能落到实处。刘蕺山批评王阳明"四句教"与王畿"四无说"，并提出自己的"四句教"，强调心体只是"有善而无恶"。然而在其晚年重要著作《人谱》中却明确地提出并详细地阐发了心体"无善无恶"的思想。作为其心性理论的基础，此与阳明"四句教"之首句"无善无恶心之体"之提法无异。故该文从"无善无恶"之本体、工夫与境界的层面来解析蕺山对于阳明"无善无恶"思想的发展。蕺山学说在思想史上做出了承先启后的重大贡献，对明清实学的产生有重要的影响。

冯前林《"致知"与"诚意"之间：刘蕺山论〈大学〉主旨及对王阳明的批判》(《哲学动态》2019年第6期)一文认为，王阳明对《大学》主旨的理解，经历了由"诚意"到"致良知"的变化。刘蕺山则认为《大学》主旨乃"诚意"，并对阳明的良知学说进行了批判，不过他在批判的过程中亦有所维护。王阳明的"良知""致良知"与刘蕺山的"意根""诚意"，并不如黄宗羲所讲两者无甚分别，亦不如牟宗三所言两者"地位及层次皆相等"："良知"相较于"意根"来说，更为浑融宽阔；"诚意"则是针对"致良知"所未加以突出强调的葆任源头处的洁净精微而发。

(三) 阳明心学与西方哲学的比较研究

姚新中、张燕《两种情感主义的"心学"理论：斯洛特与王阳明比较研究》(《中国人民大学学报》2019年第6期)一文从比较的视角来考察斯洛特和王阳明两种不同的"心学"理论。斯洛特用中国哲学的"心"(heart-mind)来重新界

定西方传统的"心灵"（the mind）概念，反对理性主义把心灵作为纯理智活动的观点，认为所有心灵活动都包含情感因素，所有理智活动都可还原为情感或情感属性，而王阳明认为心即先天的良知。斯洛特认为他的心灵概念与中国传统思想中的"心"概念相一致，并能够为中国思想中理智与情感相融的心学预设提供哲学论证，而阳明心学也可以从情感主义角度进行分析和论证，但前者的"情感"和"心学"更多呈现出当代情感主义的基本特质，通过经验性的移情和同情发挥作用，而后者更注重情理交融、以情为主的先验性与直觉性。从比较的视角来分析，可以在情感主义伦理学框架下为理解两种"心学"理论开拓出更大的空间和可能性。

贾庆军、张雪《王阳明与柏拉图善恶观之比较》[《宁波大学学报（教育科学版）》2019年第2期]一文认为，王阳明和柏拉图的善恶观都是建立在其宇宙观上的。在宇宙观方面，阳明是理一元论，而柏拉图是创造者与被造物二元论。由此产生了其善恶观的不同。在柏拉图那里，善恶是与精神和物质、灵魂和肉体的二元对立相对应的；在阳明这里，则善恶本为一物，善之过与不及就是恶。善恶不是简单地对应着超验与经验、精神和物质、人和动植物之对立。将阳明道德学说与柏拉图的古典道德学说相比较，就能看到良知学说之独特性和优越性。

顾辰宇《康德与王阳明道德哲学实践内涵》（《内蒙古电大学刊》2019年第6期）一文认为，康德以"自由即自律"为道德原则的主题，认为道德自律根源于作为道德主体的行为的自由性，因此道德原则是自由的法则，并且具有实践性。王阳明的心性之学将儒家的道德修养论与现实生活联系，从实践的角度来谈道德修养，确立了致良知、知行合一、体证工夫的道德践行途径。他们的道德哲学思想都体现了将道德原则落实于现实生活的实践意义。

梁宵、谢鸿昆《在实践中以杜威哲学应对阳明心学困境的可行性》（《北京印刷学院学报》2019年第1期）一文认为，原本面向生活实践的阳明心学因自身的主张和唯物唯心之争的扩大化而被置于困境。在新时代我国社会主义建设实践中这一困境越发突出，而同样面向生活实践的杜威哲学不但与马克思主义并非不可沟通，而且有助于我们的建设实践。立足于新时代我国社会主义建设实践，杜威哲学一方面弱化了唯物主义与唯心主义之争，另一方面澄清了阳明心学的本初目的，因此能够应对阳明心学困境，有助于传统文化的创造性转化和创新性变革。

许光伟《王阳明政治经济学批判范畴研究：中西学术对话的方法论议题》[《南京理工大学学报（社会科学版）》2019年第3期]一文认为，从马克思主义出发思考"文化自信",理解场域首先是社会历史,据此可把握中外会通意蕴的马克思与王阳明"思维科学对话",寻求世界科学和中国文化的机理相通。

张小琴《王阳明"心体"的现象学解读》[《贵阳学院学报(社会科学版)》2019 年第 3 期]一文认为,王阳明人性论建基于"心体",在海德格尔现象学视域下对此予以解读,以期探索认识王阳明"心体"思想新路径的可能性。借鉴海德格尔"存在"与"此在"的关联,探索王阳明心与物关联的方式,特别是心何以呈现物的方式和条件;借鉴海德格尔"此在"存在论建制以及"此在"生存状态,探索王阳明"心体"的特质;借鉴海德格尔 Ereignis,即天地人神四重整体的原发构成境域,剖析王阳明心体即仁体即道体的天地境界。以上三方面论证,或许可以从现象学视角为王阳明研究拓展出新的路径。

应该指出,2019 年学界同人关于王阳明比较研究,王阳明与朱熹的比较研究及"朱王会通"的学术论著最为丰富,再有阳明心学与西方哲学的比较研究也是一大看点。

四、王阳明与地域文化研究

王阳明的一生是传奇的,其活动范围遍布大半个中国,举凡其活动的省域(称之为"阳明先生过化之地""阳明先生遗爱处"),在相当长的历史时期内对当地的政治、社会、教育、文化皆产生了深远的影响。近年来,随着阳明文化的普及推广,王阳明与地域文化的研究也逐渐成为阳明学研究的学术增长点。兹对 2019 年的研究成果进行综述。

毛静《寻找王阳明》(江西高校出版社 2019 年版)一书,是一部围绕王阳明人生轨迹而写的寻访札记,以王阳明的出生地余姚为起点,寻访王阳明行迹,并著文怀古思今。该书结合"知"与"行"的方式,既讲求实地踏勘,又结合相关史料,夹叙夹议,文字凝练,语句活泼耐读,发人深省。全书由 25 篇札记构成,体例严密,内容饱满,史料翔实,是一部了解、研究王阳明文化的可读之作,具有较高的文学价值、史学价值。

李永鑫编著的《王阳明在浙江》(浙江古籍出版社 2019 年版)一书,从余姚到山阴、筑室阳明洞天、烽火故园情、守制岁月、良知大讲堂、心学圣果圆、浙籍亲传弟子考、亲属及其交往考、此心光明照后学九个章节,主要论述了王阳明在浙江期间的生活状况、讲学状况和对心学理论的交流答问、研究提升状况。该书梳理了阳明心学的五个系列:圣学即心学说,知行合一说,心外无理心外无物说,良知致良知说,明德亲民说;该书还揭示了浙江对于心学产生发展的"孵化意义",进而得出结论:浙江不仅是王阳明的出生地、归葬地,而且是阳明心学的最终形成地、传播地。浙江出了钱德洪、王畿等许多王阳明的亲传弟子,还出了刘宗周、黄宗羲这样的王门后学,他们都是心学巨匠,对后世影响深远。

蔡亮、陈雪军《宁波阳明文化》(宁波出版社 2019 年版)一书分为"阳明文化,浙东滋养""圣学故里,姚江之光""浙东硕儒,守望三江""心传不绝,余波壮阔"等多个篇章,探析了王阳明思想产生的地域渊源、学术来源(尤其是浙东实学、浙东心学、浙东宗教以及王氏家族对王阳明思想的影响),阐述了阳明心学萌生和发展的演进过程,与宁波学人等的交往,后阳明文化的发展变化,以及阳明心学对现当代政治人物的影响,梳理清晰,佐证扎实,体现了学术性和通俗性的统一。

汪柏江编著的《王阳明绍兴事迹考·名胜编》(浙江古籍出版社 2019 年版)一书,对瑞云楼、龙泉山、中天阁、兰亭、秦望山、云门寺、阳明洞天、鉴湖、南镇、若耶溪、四明山、禹穴、观象台、碧霞池、洪溪等与王阳明有关的古绍兴府所涉名胜予以考论,真实地还原了王阳明与绍兴名胜之间的关联。

汪永祥、张炎兴、叶良《以王阳明墓为例谈古代墓葬建筑的变迁》(《山西建筑》2019 年第 1 期)一文指出,古代墓葬作为一种特殊的古代建筑,其变迁是重要的建筑信息。通过对王阳明墓"始建""扩建""重修""赐'名世真才'额""补立墓碑""民国立碑"等几个重要历史节点变迁的梳理与考证,勾勒了王阳明墓变迁与保护的曲折过程,并对王阳明墓这种特殊的古代建筑变迁进行了详细考证。

曹晔《明代的理学讲会与地方礼教:以绍兴府为中心的考察》(《中国文化研究》2019 年第 4 期)一文指出,理学在明代有了很大的突破,这与王阳明有着极为密切的联系。就学说本身而言,阳明学是对朱子学的再生产,为理学开拓了新的发展空间。该文以绍兴府为例,探讨当地理学讲会的发展形态及其在长时间的礼教下渗过程中扮演的角色,追踪观察理学讲会的成果,并探讨地方士人社群对此的接受与回应。

张宏敏《王阳明与浙江台州》(《教育文化论坛》2019 年第 6 期)一文指出,浙江台州与绍兴、宁波毗邻,或许是这一地缘优势,明代中后期的台州有一大批阳明学者,既有黄绾、林元叙、林元伦、应良、金克厚、赵渊、叶慎、林应麒、石简、潘珹、李一瀚等亲炙王阳明的弟子,也有王宗沐、叶良佩、黄承文、黄承德、林文相、吴国鼎、王士性等王阳明的再传门人。来自浙中、粤闽、江右的阳明学者，包括王阳明本人，与以"佛宗道源，山水灵秀"著称的天台山之间关系密切。该文主要以天台山为中心，对王阳明本人及其弟子与台州之间的关联进行梳理。

任健《王阳明对贵州的多维度影响》(《贵州广播电视大学学报》2019年第2期) 一文指出，王阳明谪居贵阳虽仅三年，但对贵州影响深远。他讲学授徒、传道授业、兴学化民，培养了大批人才，推动了贵州思想、文化和教育的发展；给地方官吏出谋划策，对促进地方社会治理产生了很大作用；阳明遍游贵州秀美山水，所到之地皆作诗留念，留下诸多阳明文化印迹，随着阳明文化的复兴和贵州旅游认知度的提升，形成了以阳明在黔旅游线路为主轴的"心学之旅"，对推动贵州旅游文化和旅游经济的发展影响颇甚。此外，阳明的实践精神对新时代贵州精神影响深远。

张明、管华香《王阳明与贵州贵阳》(《教育文化论坛》2019年第6期) 一文指出，贵阳是王阳明始论"知行合一"之地。该文梳理了王阳明的在黔诗文史料和贵州地方文献，并通过诗文证史的方法，对王阳明的贵阳事迹进行了考论，恢复了王阳明在贵阳的具体行踪，补充和纠正了《王阳明年谱》对王阳明漏载和误载之处。

钱明《王阳明与江西赣县》(《教育文化论坛》2019年第6期) 一文认为，王阳明在巡抚南赣时，逐渐认识到"破山中贼易，破心中贼难"，为了破除人们心中的"贼"，以维护明王朝的政治统治和社会稳定，他努力设学兴教、授徒讲学，在南赣地区尤其是府治所在地赣县培养了一大批来自全国各地的门生尤其是江右学人。他的一些代表性著述，如《传习录》《大学古本》《中庸古本》《朱子晚年定论》等，最早都是在赣州刊行的，所以他在赣州的影响力相当广泛而深远。

董华、李平《王阳明与通天岩》(《赣南师范大学学报》2019年第5期) 一文认为，王阳明在南赣任巡抚期间坐镇赣州，与江南第一石窟——赣州通天岩在历史上有着十分重要的交集。从北宋玉岩翁阳孝本、大文豪苏东坡到一代圣人王阳明乃至近代，通天岩成就了宋、明以来大批名人的历史性交集。王阳明及其弟子在通天岩开展的一系列学术交流活动，为我们全面深刻地审视王阳明心学思想的形成和发展提供了新的视角。该文紧扣《王阳明全集》《赣石录》等文献资料，结合实地考察，突出反映了王阳明玉岩题诗及讲学活动中蕴藏着的"致良知"的丰厚思想意蕴。

钟阳春《王阳明心学在吉安》(《文物天地》2019年第3期)一文对阳明心学在吉安的传播情况及吉安的阳明学遗迹予以梳理。

林晓峰、张山梁《传承阳明心学，弘扬漳州文化》(《闽台文化研究》2019年第3期)一文认为，漳州是王阳明的过化之地，王阳明曾在这里推行牌法、添设县治、力举乡约、大兴社学，成为其立功的第一站。阳明心学始终根植闽南地区，并在传承中得到持续发展，影响一代代漳籍学子。

陈支平《王阳明与平和县城隍庙》(《第十八届明史国际学术研讨会暨首届阳明文化国际论坛论文集》，江西高校出版社2019年版)一文对王阳明平寇乱与添设平和县、平和设县的具体过程与特点进行梳理，同时对平和县两座城隍庙之建置经过予以考述。

王黎芳、刘聪《阳明学的地域化传播实践：以明代泾县水西讲学为中心》[《贵州大学学报（社会科学版）》2019年第1期]一文指出，明代嘉靖万历年间的泾县水西讲学是阳明心学讲学活动的重要组成部分。在嘉靖年间，水西讲学先后经历"水西会""水西精舍讲会""水西书院"等发展阶段，主讲者是王畿、钱德洪、邹守益、罗汝芳等当时著名的阳明学者。万历年间，水西讲学一度因张居正"禁讲学"而停止，万历十三年（1585）以后得以恢复。经过嘉靖万历年间的发展，水西讲学不但传播了阳明心学，形成了具有地方特色的阳明学流派，而且受益于讲学宣传，泾县及周边地区都出现了提倡道德教化的风尚，实现了学术思想与社会治理的有效结合。

通过对2019年王阳明与地域文化方面研究成果的梳理，基本可以盘点出王阳明与余姚、绍兴、台州、贵州、江西、福建、安徽等地之关联。

五、王阳明著作文献的整理与研究

当今学界关于王阳明著作文献的整理与研究，主要涉及王阳明的基本文献《传习录》《大学古本》《大学问》《朱子晚年定论》《居夷集》《王文成公全书》等，和明清以来历代学者刊刻的王阳明文集（《阳明先生则言》《阳明先生集要》等），以及研究王阳明与阳明学的其他重要资料诸如《阳明先生年谱》而展开。而阳明佚文的收集整理与研究，也是阳明文献研究的一个学术特色。兹将2019年的阳明学文献整理及相关研究成果梳理如下。

（一）《传习录》的译注出版与版本传播研究

1.《传习录》的译注出版

2019年有多种版本的《传习录》整理出版，然学术参考价值不大，故而不再一一罗列。

2.《传习录》版本与传播研究

2019年，未见有对《传习录》版本与传播进行研究的论著。

（二）王阳明文献的影印与《阳明先生文录》等文献的综合研究

1.《阳明文献汇刊二编》《王阳明文献集成》《阳明学文献大系》的影印出版

翟奎凤、向辉主编《阳明文献汇刊二编》（全60册，北京燕山出版社2019年版），影印收录阳明学文献书目、卷数、刊刻版本如下：

第1册：《传习录》上下卷，明嘉靖二十九年王畿刻本；《传习录》三卷《续录》二卷，明嘉靖三十三年钱德洪续录本。

第2—3册：《王阳明先生传习录论》，清顺治三年本。

第4册：《传习录标注》三卷，（日）三轮希贤标注，日本正德二年本。

第5册：《传习录栏外书》三卷，（日）佐藤一斋著，日本明治三十六年启新书院本。

第6册：《传习录》三卷，（日）安井小太郎注，汉文大系本。

第7册：《王阳明先生传习录集评》上下卷，孙锵辑校，上海新学会社本。

第8册：《求是编》四卷，（明）冯柯著，日本庆安三年崇正书院翻刻本；《居夷集》三卷，明嘉靖三年丘养浩刻本。

第9—12册：《阳明先生文录》五卷《外集》九卷《别录》十卷，明嘉靖十五年闻人诠刻本。

第13—16册：《河东重刻阳明先生文录》五卷《外集》九卷《别录》十卷，明嘉靖三十二年宋仪望刻本。

第17—20册：《阳明先生文录》五卷《外集》九卷《别录》十卷，明刊本。

第21—25册：《阳明先生文录》五卷《外集》九卷《别录》十卷，明嘉靖十二年刊本。

第26—28册：《阳明先生别录》十三卷，明刊本。

第29—31册：《阳明先生文录》十七卷《语录》三卷，明嘉靖二十六年范庆刻本;《阳明先生诗录》残卷,明刊本。

第32—40册:《王文成公全书》三十八卷,明隆庆六年谢廷杰刻本。

第41—49册:《王文成公全书》三十八卷,明谢廷杰翻刻本。

第50册:《阳明先生文粹》十一卷,(明)宋仪望选,明隆庆六年本。

第51册:《阳明先生文选》四卷,(明)赵友琴辑。

第52—53册:《王文成公文选》八卷,(明)王畿选、(明)钟惺评。

第54—55册:《王阳明遗书》七卷,明刊本。

第56册:《阳明文粹》四卷,(日)村濑海辅季德选编,日本明治十五年文海堂本;《王阳明诗集》四卷,(日)近藤元粹选评,田中宋荣堂藏日本大正七年本。

第57册:《阳明先生手批武经七书》,明刊本。

第58册:《阳明先生年谱》三卷,(明)钱德洪编,明嘉靖四十二年本;《阳明先生祠志》三卷,(明)周汝登撰,明万历四十二年本。

第59—60册:《皇明三儒言行要录》十四卷,明隆庆二年本。

黄振萍编"王阳明文献集成"(全141册,广陵书社2019年版),收录明代中后期直到民国四百多年中的阳明学文献,汇为一编。全书收录有关文本六十余种,包括《传习录》《阳明先生文录》的早期传本,《王文成公全书》的初刻本、翻刻本,以及各种阳明文献的选本,包括日本学者的评选本,等等。其他传记、祠志、评述类作品统一置于编末。全编资料皆为影印,未对底本做任何加工。相关书目、编撰者、版本情况如下:

第1册:《传习录》上下卷,明嘉靖二十九年王畿刻本;《传习录》三卷《续录》二卷,明嘉靖三十三年钱德洪水西精舍刻本。

第2、3册:《传习录论》八卷,(清)王应昌论、(清)唐九经评,清顺治三年刻本。

第4册:《传习录标注》三卷,(日本)三轮希贤标注,日本正德二年刊本。

第5册:《传习录栏外书》三卷,(日本)佐藤一斋评注,日本明治三十六年启新书院刊本。

第6册:《传习录》三卷,(日本)三轮希贤标注,(日本)安井小太郎校订,汉文大系本。

第7册:《传习录集评》四卷,孙锵辑校,民国十四年上海新学会社刊本;《求是编》四卷,(明)冯柯著,日本庆安三年村上平乐寺刻本。

第8册:《居夷集》三卷,明嘉靖三年丘养浩刻本;《阳明先生文录》残本三卷，明刻本。

第 9—12 册：《阳明先生文录》五卷《外集》九卷《别录》十卷，明嘉靖十五年闻人诠刻本。

第 13—16 册：《河东重刻阳明先生文录》五卷《外集》九卷《别录》十卷，明嘉靖三十二年宋仪望刻本。

第 17—20 册：《阳明先生文录》五卷《外集》九卷《别录》十卷，明刊本。

第 21—24 册：《阳明先生文录》五卷《外集》九卷《别录》十卷，明隆庆六年邵廉刻本。

第 25—29 册：《阳明先生文录》五卷《外集》九卷《别录》十四卷，明嘉靖间刻本。

第 30—32 册：《阳明先生别录》十三卷，明刊本。

第 33—34 册：《阳明先生文录》十七卷《语录》三卷，明嘉靖二十六年范庆刻本。

第 35 册：《阳明先生文录》十七卷《语录》三卷，明嘉靖二十六年范庆刻本；《阳明先生诗录》（残本）三卷，明刊本。

第 36—44 册：《王文成公全书》三十八卷，明隆庆六年谢廷杰刻本。

第 45—53 册：《王文成公全书》三十八卷，明补修谢廷杰本。

第 54—61 册：《王文成公全书》三十八卷，《四部丛刊》本。

第 62—69 册：《王文成公全书》三十八卷，摛藻堂钦定《四库全书》荟要本。

第 70—77 册：《王文成公全书》三十八卷，《四库全书》本。

第 78—83 册：《王阳明先生全集》二十二卷，（清）俞嶙编，清康熙十二年刊本。

第 84—87 册：《王阳明先生全集》十六卷，（清）陶浔霍编，清同治九年刊本。

第 88—90 册：《王阳明全书》三十八卷，民国十三年中华图书馆新式标点本。

第 91—93 册：《王文成公全书》三十八卷，民国二十二年商务印书馆《万有文库》本。

第 94—97 册：《阳明全书》，倪贻德标点，支伟成校订，民国二十三年大中书局刊本。

第 98—99 册：《王阳明全集》，储菊人校订，民国二十四年上海中央书店本。

第 100—101 册：《王阳明全集》三十八卷，吕何均重编，民国二十五年大东书局刊本。

第 102 册:《阳明先生则言》二卷,(明)薛侃编,明嘉靖十六年刊本;《阳明先生文粹》十一卷,(明)宋仪望选编,明隆庆六年刊本。

第 103 册:《阳明先生文选》四卷,(明)赵友琴选,明万历刊本。

第 104—105 册:《王文成公文选》八卷,(明)王畿编,钟惺评,明崇祯六年刊本。

第 106—107 册:《阳明先生道学钞》八卷,佚名辑,明万历十三年刊本。

第 108—109 册:《王门宗旨》十四卷,(明)周汝登选,明万历刊本。

第 110—112 册:《阳明先生要书》八卷《附录》五卷,(明)陈龙正纂,明崇祯八年刊本。

第 113—116 册:《阳明先生集要三编》十五卷,(明)施邦曜辑,明崇祯刊本。

第 117—120 册:《王阳明先生文钞》二十卷,(清)张问达辑,清康熙二十八年刊本。

第 121—122 册:《类辑姚江学脉》九卷,(清)王曾永辑,稿本。

第 123 册:《王阳明文选》七卷,(清)李祖陶评点,清道光二十五年刊本。

第 124 册:《阳明文粹》四卷,(日本)村濑诲辅季德选编,日本明治十五年文海堂刊本;《王阳明诗集》四卷,(日本)近藤元粹选评,日本大正七年田中宋荣堂刊本。

第 125 册:《阳明先生手批武经七书》明刊本。

第 126 册:《大学古本旁释》一卷,百陵学山本;《大学古本旁注》一卷,函海本;《王阳明先生经说弟子记》四卷,(清)胡泉撰,清咸丰八年刊本;《平濠记》一卷,(明)钱德洪辑,清钞本。

第 127 册:《阳明先生年谱》三卷,(明)钱德洪编,明嘉靖四十二年刊本;《王阳明出身靖乱录》三卷,(明)冯梦龙编,清初和刻本。

第 128 册:《姚江传》二卷,(明)施邦曜辑,抄本。

第 129 册:《王阳明先生图谱》一卷,清钞本;《阳明先生祠志》三卷,(明)周汝登撰,明万历刊本。

第 130 册:《新刊阳明王先生要录》五卷,(明)邰永春等辑,明隆庆二年《皇明三儒言行要录》本。

第 131 册:《王文成传本》二卷,(清)毛奇龄撰,《西河合集》本;《阳明先生年谱》,(清)刘原道辑,清光绪三十二年刊本;《王文成公年纪》,(清)陈澹然撰,清光绪刊本;《阳明先生传纂》五卷(附《阳明弟子传纂》七卷),余重耀辑,民国十二年中华书局刊本。

第132—140册:《明儒学案》三十六卷,(清)黄宗羲著,清光绪十四年刊本。

第141册:《王学质疑》五卷,(清)张烈著,清正谊堂全书本;《姚江学辨》二卷,(清)罗泽南著,清光绪二年传经堂刻本。

翟奎凤主编"阳明学文献大系"(巴蜀书社2019年版),共三辑208册,所收录文献,包括阳明的弟子、再传弟子的著作,主要为文集,也包括部分专门著述。全编中的阳明学材料,包括阳明学者群体之间的往来书信、讲义,以及有关著述中对阳明学的发挥与异议。这些文献有很大一部分还没有进入当代阳明学研究的视野,有重要的文献价值。

刘宗碧点校《阳明先生集要三编》(西南交通大学出版社2019年版),对黔南本《阳明先生集要》予以校勘整理,主体内容包括崇祯本、乾隆本、黔南本序,《年谱》,《理学编》四卷,《经济编》七卷,《文章编》四卷。该书不仅对黔南本《阳明先生集要》进行特征分析,进行真伪、谬误、源流和形成时间的考订、校勘和编纂,且为阳明文化在贵州的传播与发展提供了真实有效的资料,具有重要的理论价值。

李贽编,李超、郭道平整理《阳明先生道学钞》(首都师范大学出版社2019年版)一书,通过重新点校李贽倾其心血编著的《阳明先生道学钞》(附《阳明先生年谱》),比较完整地还原了古籍原貌,不但对阳明学而且对李贽之学,都具有重要的学术研究价值。

郝永《王阳明谪龙场文编年评注与研究》(厦门大学出版社2019年6月版)一书,以王阳明贬谪龙场政治事件、政治生涯为底色,辑录(主要来自《王阳明全集》和《王阳明佚文辑考编年》)自贬谪缘起到去谪抵庐陵令新任期间所创作的文辞210题256篇(另附谪后文3篇,门人后学撰祠记2篇),编年到月成集,并作解、注释,为本书上部之内容,共分五章。

刘奇、赵伟、刘振宇编《王阳明文选读本》(世界知识出版社2019年版)一书,精选王阳明文章《乞宥言官去权奸以章圣德疏》《教条示龙场诸生》《送宗伯乔白岩序》等20篇,并给每篇文章加注拼音、解释疑难字词,同时介绍每篇文章的写作背景。另外,为让读者全面了解王阳明的思想及脉络,编者还梳理出《阳明先生年谱》。

修文县委宣传部主持编辑、修文县文联主席李小龙主编《知行合一：王阳明经典诗文集萃》（贵州人民出版社2019年版）一书，选自《王阳明全集》中的经典篇目和《传习录》中的经典问答，其中选录了王阳明的序12篇，赋7篇，记18篇，书6篇，说12篇，杂著10篇，诗99首，选录《传习录》15则，可以说是《王阳明全集》的高度浓缩版。著名学者成中英、吴光、张新民、顾久、王晓昕、钱明担任顾问并撰文推介，肖伦文任编委会主任，成中英、顾久作序。

由修文县委宣传部主持编辑、李小龙编著的《王阳明经典名句》（贵州人民出版社2019年版）一书，则从《王阳明全集》中摘录了经典名句210条，分为"徐爱录""陆澄录""薛侃录""南大吉录""陈九川录""黄直录""黄修易录""黄省曾录""黄以方录""杂著"等篇，以口袋书的方式呈现，并为每个句子附上译文。

诸焕灿主编《知行合一说阳明》（吉林文史出版社2019年版）第一章，分"论哲学与宗教""论伦理道德""论治国理民""论军事及战争""论教育与学习"等，对阳明先生"语录"予以辑编与译文。

连玉明、陈红彦主编《王阳明文献普查目录》（学苑出版社2019年5月版）一书，是国家图书馆在全面普查国内（包括港台地区）15家古籍公藏机构有关王阳明的古籍、碑帖等历史文献收藏情况的基础上形成的全面性目录，集中反映了王阳明学术思想的整体面貌。

连玉明、陈红彦主编《王阳明著述篇目索引》（学苑出版社2019年版）一书，以国家图书馆所藏王阳明著述为文献基础，通过篇目分析、对比列目的方式，展示王阳明著述的单篇文章在各书中的收录情况。主体内容是"《王文成公全书》篇目""国家图书馆藏王阳明著述目录""王阳明著述篇名对照""《王文成公全书》未见篇目""王阳明著述篇名音序索引"。

连玉明、陈红彦主编《王阳明著述提要》（学苑出版社2019年版）一书，择取国家图书馆所藏各版本之王阳明著述，以版本提要的方式展示王阳明著述的基本情况和整体面貌。该书分为古籍、碑帖两大类。古籍部分按别集、总集、选本、丛编等纂辑方式分类，各类再约略按成书、版刻年代排列条目，古籍部分末附两部明刻本《王阳明年谱》；古籍提要以完整书名为标题，并标明本馆索书号及文献类型。提要详细著录文献基本信息，以反映原书面貌及特征。著录信息包括书名、卷数、著者、版本、批校题跋者、存卷、册数、行款，以及卷端、扉叶、刻工、序跋、钤印等。

连玉明、陈红彦主编《王阳明著述序跋辑录》（学苑出版社 2019 年版）一书，辑录中国国家图书馆所藏王阳明著述中的刊刻序跋，以期直观反映王阳明著述的编撰缘起、刊刻始末，并进一步明了王阳明著述在当时及后世的影响和流传。主要辑录古籍、碑帖两类文献中的刊刻序跋，以阳明著述的纂辑方式分类，按刊刻年代先后排序。序跋以图文对照的方式，示以序跋书影，迻录相应文字，以便于比勘和查考。

连玉明主编《王阳明研究文献索引全编》（科学出版社 2019 年版）一书，聚焦阳明学文献研究，严格按照文献索引编纂标准进行加工、整理、分类，完成了五万余条文献的整理，形成了 10 卷本的《王阳明研究文献索引全编》。其中，第一二卷收录中、日、韩三国及欧美地区研究阳明学的重要文献，并按照语言类型，分为中文文献、日文文献、韩文文献和英文文献四个部分；第三卷至第十卷收录中国研究阳明学的相关文献，并按年度和学科分类成卷。其中所收与阳明学相关的文献分为哲学、经济学、法学、教育学、文学、历史学、理学、工学、医学、军事学、管理学、艺术学 12 个学科门类，共有著作、期刊文章、学位论文、报刊文章、析出文献 5 种类型，具有文献全、分类细、立意新、实用性强、极具收藏价值等特点，是一部阳明学研究的工具书。

陈来、张昭炜主编《阳明学文献与思想》（中国社会科学出版社 2019 年版）一书，系 2017 年 8 月在清华大学举办的"阳明学文献与思想研讨会"与会学者的论文汇编，总体反映了当前阳明学文献整理与研究的动态，相关内容包括阳明学文献资料的整理研究、阳明学文献与思想的关联阐释。

2.《阳明先生文录》的版本研究

任文利《〈阳明文录〉闻人诠姑苏刻本辨正》（《中国哲学史》2019 年第 4 期）一文指出，国家图书馆藏有《阳明先生文录》，卷首唯载有黄绾嘉靖癸巳（1533）一序，收有《文录》五卷，《外集》九卷，《别录》十四卷，共二十八卷。笔者经与传世的《阳明文录》嘉靖各本比对，发现其为嘉靖二十六年（1547）范庆重刊姑苏本《文录》所据母本。该本版心所留刻工之名，亦可佐证其刊刻于姑苏。结合相关文献，可判定国图此本即闻人诠姑苏刻本，经钱德洪手自编订。该本乃钱德洪所编《阳明文录》的初刻本，弥足珍贵。一般被著录者、收藏者、研究者普遍称为"闻人诠刻本"，当非文献所指向的嘉靖乙未闻人诠刻本，乃亦经钱德洪编订的稍晚出之别本。

邹建锋《〈阳明先生文录〉版本源流考》（《浙江社会科学》2019 年第 1 期）

一文指出,《阳明先生文录》版本源流主要划分为黄绾、钱德洪、佚名、董聪四种体系,黄绾、佚名、董聪本均为二十八卷本,钱德洪本为精心选编黄绾序本基础之上的重编二十四卷本,均发源于黄绾序刻《阳明先生存稿》本。①

3.《朱子晚年定论》研究

刘艳《会通朱熹与王阳明如何可能?——以王阳明〈朱子晚年定论〉为中心》[《南昌大学学报(人文社会科学版)》2019 年第 1 期]一文指出,《朱子晚年定论》是王阳明为了宣扬其学说,以朱子之言论为自己的思想体系作论证的一部编著,同时也是研究会通朱熹与王阳明的重要著作。在《朱子晚年定论》中,王阳明从朱子对往日之学的悔悟、强调"立本"、重视体认本心、提倡"静坐"、倡导"省察"等多个方面,来证明其学说并不谬于朱子,以此来消弭学者对其学术思想的非议,从而达到宣扬自己学术思想的目的。可以说,《朱子晚年定论》首开会通朱熹与王阳明之先河。

4. 王阳明《居夷集》研究

钟翌晨《王阳明〈居夷集〉研究》(贵州大学硕士学位论文,2019 年 5 月)一文认为,嘉靖三年(1524)刊刻的《居夷集》是王阳明最早的一本诗文集,是王阳明文人身份的第一次确认,也是王阳明思想定型后总结自我的欲求使然。该文以《居夷集》中 179 首诗歌和 22 篇散文为研究对象,通过对阳明生平、性格及思想变化的考察,以互证、论述、分析等方法,挖掘阳明文学的思想深度,力图展现阳明诗文创作之风貌,以期对王阳明文学的独立价值有一个较为明晰的认识。绪论部分是开展研究的基础工作,梳理前人研究的现状,简略介绍王阳明的家学渊源和生平。正文分四章。第一章从文献学的角度,主要依据文献考察《居夷集》的成书过程与版本流衍,从最初《居夷集》的纂集刊刻,到后世流传不同版本之间的差异和现存版本情况,及以校勘为中心考察《居夷集》的文献价值。第二章以《居夷集》的二卷诗歌内容为考察对象,用诗史互证及文本细读的方法,旨在说明阳明诗歌之中所蕴含的思想内容,以期探求王阳明的精神世界。正德元年(1506)抗章而下狱,继而被贬为龙场驿驿丞,是阳明政治生涯中的第一次重大打击,同时也成为阳明思想最重要的转折时期。阳明的心境也随着人生的大起大落而一再转变,其思想的复杂性也源于此。甫罹横祸入狱时的惆怅低沉、担心祸及家人时的忡忡之忧、赴谪避难时的乐观豁达、克服绝域殊方艰苦环境的坚韧不拔以及居夷化夷乃至悟道后的睿智从容,这些心境一一入诗,凝练成优美的诗

---

① 此文错字颇多,引文句读、录字疏误较多,读者研读引述此文,需要谨慎。

句，构成了王阳明的深刻的精神世界。第三章以《居夷集》中的散文为考察对象。这种考察主要从阳明对儒家价值体系的认同及践行出发，阐明阳明在"以文载道"的儒家文论观的影响下如何在散文中建构自我形象，既包括敦厚持重的真君子形象，也包括官微亦不卑不亢的以礼自守之道的废逐小臣形象。另外，阳明散文（如《瘗旅文》）还饱含深情，充满对生命的尊重，蕴含阳明厚生的生命意识及对生命价值的思考。阳明散文的特色是为文琢削稳密，叙事抒情，夹叙夹议，风格超然空灵，充满理趣。第四章是以《居夷集》对经学文本的融摄为考察对象。通过细读文本，分析阳明诗文引《四书》、引《诗经》、引《周易》的方式，探索阳明文学创作对儒家经典的汲取与继承，以及这种模式对他的思想、心态和文学创作的影响。最后是结语，通过考察王阳明贬谪期间的"吏隐"生活，揭示其对王阳明悟道并践行"知行合一"的先导意义，探讨阳明悟道前后诗风之转变，与其思想转变在多大程度上存在关联，挖掘阳明诗文的思想深度，力图展现阳明诗文的整体风貌，并对王阳明其人及其《居夷集》的文学成就做客观公正评价，凸显出王阳明在明代文人群体中的独特魅力。

5.《大学古本旁释》研究

许家星《王阳明〈大学古本旁释〉之重思》（《学术界》2019 年第 1 期）一文指出，通过对阳明《大学古本旁释》原序与改序比较，可知改序通过贯穿全序首、中、尾的五处调整，将原序"诚意—至善"之学转向"致知—至善"之学，反映了阳明晚年视致知为工夫主脑的思想。仔细分析罗钦顺《与王阳明书》中的"亦尝就以此训推之"说，可知罗氏针对《旁释》阳明说的可能性要远大于"整合《传习录》"说，据此推出"意用于事亲"句为《旁释》改本所加失之牵强。函海本《旁释》较之学山本，主要删除"诚意为主而用格致之工"条和补"致知者，致吾心之良知也"句，然未如改序般突出"致知"为"格物"主脑之意，未充分体现阳明致良知思想。《旁释》之思想及修改远不能与改序相比，绝非与之同步的凝聚阳明心血智慧的"三易其稿"之作，二者在阳明的《大学》谱系中具有不同的使命：《旁释》旨在恢复《大学》古本经典地位，序文意在表达阳明的《大学》新解。再考虑以下事实：阳明与罗钦顺等友朋文字论改《序》而不涉及《旁释》修改；王龙溪采用学山本《旁释》；《旁释》"三易其稿"与阳明学尚简易、忌讳著述、主动焚稿的气质风格严重冲突；此足以让我们倾向于认为阳明《大学古本旁释》不大可能存在多种版本，而倾向于两种抑或单一版本。

6. 王阳明佚文研究

秦蓁《王阳明上疏劾内阁首辅费宏？——论辑佚未当对人物研究的影响》（《文汇报》2019年7月19日）一文否认束景南教授《阳明佚文辑考编年》中的《京师地震上皇帝疏》为阳明文，还有《王阳明年谱长编》"嘉靖四年十月，以京师地震上疏荐杨一清，罢去首辅费宏，不报"云云失实。检《世宗实录》嘉靖四年八月二日条"四川副使上言"，则知此疏作者为余珊，其出处也非张萱《西园闻见录》。故而，今日但凡做文史研究，特别是人物研究者，无不重视该人本集以外佚文遗诗的辑录，期待有新发现，能够"纠正和解决误案、错案和悬案"。但这一切的前提是，必须具备基本的文献阅读和判断能力，在具体操作上又要审慎明辨，去伪存真。上述这一误将余珊奏疏阑入阳明名下的例子在《长编》中并非个案，而且这类问题也不仅限于阳明学研究，别的领域也时有发生。文献整理，常常面对原始文本混淆差互的情况，若不加以细考析分使其怡然理顺，其间种种抵牾难通之处又不加疏解，便囫囵屯却，引申侈论，只能欺古人不能起而自辩，徒滋读者之困惑而已，其欲"迥出同时学人"，岂可得哉。

杨晓维、秦蓁《了庵桂悟使明与阳明学之初传日本：基于〈送日东正使了庵和尚归国序〉真迹实物与文本的研究》（《史林》2019年第5期）一文指出，正德八年（1513）五月，王阳明与日本遣明正使了庵桂悟在宁波会晤，王阳明撰《送日东正使了庵和尚归国序》，并亲笔手书赠之。阳明序真迹在日本珍藏至今五百余年，是中日文化交流史上的重要见证。该文对阳明序的写成、著录与递藏进行详细梳理，并依据墨迹原件对文本加以校录和辩证，以期学界对阳明序有更清晰准确的认识，以利进一步之研究。

王亦白《王阳明〈复罗整庵太宰书〉考》（《收藏》2019年第8期）一文指出，《复罗整庵太宰书》是王阳明与罗整庵进行学术探讨的重要文献，收入王阳明重要著作《传习录》中。目前所见与此札相关的，有两墨迹本和一上石拓本。墨迹本皆为拍卖私藏，上石拓本《答罗整庵书》藏于贵州省博物馆。该文分析了《复罗整庵太宰书》的书写时间，及其中一本墨迹本的真伪。

段卜华《王阳明诗记异文校释：以贵州石刻为中心》（《贵州工程应用技术学院学报》2019年第6期）一文指出，清道光二十六年（1846），在王阳明被贬贵州龙场340周年之际，清人刻了一批石刻立于贵州修文县阳明祠和阳明洞内。相较于传世文献，因通假、异体、同义和同源通用以及讹、脱、衍、倒等原因造成石刻文字存在很多异文现象。文章通过与传世文献相比较，对石刻中出现的异文现象进行梳理、考证与校释。

7.《王阳明年谱》的整理

龚晓康、赵永刚主编《王阳明年谱辑存》（贵州大学出版社2018年版），包含了明清时期学者所撰十余种阳明年谱，其多数为重新点校的史料，既可为阳明研究提供更为详尽真实的史料，又可为研究者通过对比勘误，订正纪事错误，对进一步研究阳明心学、破解阳明学的诸多未解之谜具有十分重要的学术价值。

8.《皇明大儒王阳明先生出身靖乱录》研究

张丹丹《论冯梦龙〈靖乱录〉的底本依据与艺术创作》（《福建江夏学院学报》2019年第1期）一文指出，《皇明大儒王阳明先生出身靖乱录》是冯梦龙根据王阳明年谱创作的一部传记小说。通过考证，可以确定《靖乱录》底本即为胡松本《阳明先生年谱》或其后刻本。冯氏在王阳明年谱基础上创作《靖乱录》时做了加工改写，或削减熔铸，或增溢辞章。《靖乱录》艺术上具有比较明显的拟话本色彩，采用了多种叙述手法，塑造出一系列丰满的人物形象，体现了冯梦龙对"智"的崇尚，亦表现其父子观及女性观，具有丰富的思想内涵。

夏小婷《冯梦龙〈王阳明出身靖乱录〉研究》（云南大学硕士学位论文，2019年5月）一文认为，《皇明大儒王阳明先生出身靖乱录》是冯梦龙据钱德洪《王文成公年谱》编创的王阳明传记小说，与《济颠罗汉净慈寺显圣记》《许真君旌阳宫斩蛟传》合成《三教偶拈》。对冯梦龙的小说创作多集中在其"三言"作品的研究，却较少关注他在晚年编创的《三教偶拈》，尤其是他精心编撰的《靖乱录》一书。关于冯梦龙与《王阳明出身靖乱录》的研究，首先探讨冯梦龙与《靖乱录》之间的内在联系，主要探讨《靖乱录》叙事对冯梦龙的"情教"思想、政治思想、小说观等内容的呈现。次及小说编创系列问题的研究，主要涉及小说成书的时代背景，包括晚明社会现实、实学思潮、"三教合一"思想等多方面的影响。结合冯梦龙晚年文学活动和政治经历，探讨作者的创作动机。比较《王文成公年谱》《智囊》与《靖乱录》中对阳明叙事的差异，进一步讨论小说编创过程。再及《靖乱录》的文本分析，从人物塑造、叙事特点等方面探讨小说艺术特色。最后将《靖乱录》与《显圣记》《斩蛟记》进行比较，分析《靖乱录》的文体特征，并探察冯梦龙后期小说创作的某些特征。《靖乱录》是冯梦龙对晚明社会现实的关注，对个人政治理想的映像，以及他"著书立言，导愚适俗"小说观的集中呈现。对于冯梦龙后期通俗文学活动来说，《靖乱录》有着超过自身艺术价值的重要意义。

尽管《皇明大儒王阳明先生出身靖乱录》系小说体的王阳明传记，但是《皇明大儒王阳明先生出身靖乱录》文本本身属于阳明学的学术研究范畴，而文学家冯梦龙，也是广义上的阳明学者（学术风格接近于"泰州学派"）。故而可以说，2019年学界同人对冯梦龙及其《皇明大儒王阳明先生出身靖乱录》的研究，属于阳明学研究的一个学术增长点，值得关注。

应该指出，2019年出版界关于王阳明文献（以《阳明文献汇刊二编》《王阳明文献集成》《阳明学文献大系》为代表）的大规模影印，是2019年整理阳明学研究中的一大亮点；再有就是《王阳明研究文献索引全编》《王阳明文献普查目录》《王阳明著述篇目索引》《王阳明著述提要》《王阳明著述序跋辑录》等阳明学文献研究工具书的整理出版，可以说已经把阳明学文献整理推向了一个新的高度，故而我们有理由期待"阳明学文献传播史"的撰著。

中篇　阳明后学研究

王阳明一生活动足迹遍及大半个中国，与之相随的是其讲学活动也遍布大江南北，进而形成了王门诸派（阳明后学），依照黄宗羲《明儒学案》的地域划分法，主要有浙中、江右、南中、楚中、北方、粤闽、泰州七大派，还有江右李材的止修学，以及近年来学界同人陆续发掘并得以确认的黔中王学、蜀中王学、徽州王学等。

一、阳明后学综合研究

单虹泽《王阳明的"后三变"之终变：兼论王门后学分化的根本原因》(《赣南师范大学学报》2019年第4期）一文认为，阳明殁后，王门后学的分化实际上来自弟子们对其教法理解的偏差。阳明的教法应为"知行合一——静坐——诚意——正心"之四变，而以先天正心之学为其终教。但这种教法过于高妙玄远，因而阳明补充了后天诚意之说，形成定法之下的权法。定法与权法统一于阳明晚年的致良知教中。阳明生前未及详细阐发致良知，以致后来王门弟子各站一边，形成了自本体而言工夫和自工夫而言本体的二重趋向。

朱义禄《论王阳明及其后学的"狂者胸次"》[《贵阳学院学报（社会科学版）》2019年第2期]一文指出，晚明文人、学者中出现了一批"狂士"，而以王阳明及其后学最为突出。王阳明提出的"狂者胸次"，对阳明后学的影响至为深远。王阳明及其后学对"狂"灌注了积极的含义，但内涵却各具特色。在王阳明与王畿那里，"狂"为光明磊落、富于进取与独立人格之意；王艮、颜钧的"狂"，为出位之思及由此而来的行动；何心隐之"狂"，体现在对理想社会的践履上，不惜以身殉道；李贽自居"疏狂"，向世人挑明了对"直行己志"的独立人格的追求。除王畿外，其他四人在不同程度上发展与丰富了王阳明的"狂者胸次"的思想。他们不变更自我的志向以攀附权贵，高尚人格得到后世的好评，他们是晚明时代学者中追求理想与个性解放的真实反映，是研究王阳明及其后学的重要方面。

王孟图《从"阳明心学"到"王学左派"："浪漫"的召唤、转向和终结》[《福建论坛（人文社会科学版）》2019年第1期]一文指出，晚明是一个潜伏着文化转型和精神裂变的过渡时代，在"程朱理学"日益僵化的情境下，"阳明心学"成为晚明思想界另辟蹊径的一个产物，它在发现人、肯定人、尊重人、理解人的价值理念上达到中国近代历史的新高度。在"阳明心学"及其"王门后学"的熏陶浸染下，晚明孕育了中国近代的"浪漫洪流"，而从"阳明心学"发展到"王学左派"，左翼激进的思想启蒙促进了浪漫精神大放异彩，然而现实困境及自身局限使之在"向左转"后无路可走，最终导致浪漫的瓦解和终结。

侯钧才《冯梦龙"情教观"对左派王学的修正：以"三言"为中心进行考察》（《泉州师范学院学报》2019年第1期）一文指出，冯梦龙作为"情教观"的倡议者，他的很多思想都体现在"三言"的编纂中。从思想史的角度来看，在王阳明"心学"走向末流，经世致用之学再次抬头的晚明时代，冯梦龙曾借助通俗文学来推广自己的情教思想，对趋向"狂禅"的左派王学有纠弊之功，进而指出冯梦龙情教思想具有调和"情理之辨"的作用，通情达理，体贴人心。

朱义禄《阳明后学之"悟道"》[《阳明学研究（第四辑）》，人民出版社2019年版]一书对王艮与颜钧、王畿与罗洪先、罗汝芳与周海门，这六人三种类型的"悟道"做了考察，认为"悟"是阳明心学及其后学的重要特点之一。"悟"固然是人类所特有的神秘心理体验的一种，但也与人类认识过程中产生的飞跃性突变相关。

魏志远《阳明后学对理欲关系的新阐释》（《天府新论》2019年第2期）一文指出，明中后期以来，为了消除心学末流耽空蹈寂、任情恣肆的思想流弊，部分阳明后学通过论证本心"生生不容已"的自然发用，强调人之本性是道德理性与自然欲求的统一，主张立根于本心，通过即体即用的诚意工夫达致寂感合一的良知本体并依心体发用。在现实层面，部分阳明后学为了维护民众的普遍性利益，限制统治者的私欲膨胀，将絜矩之道阐释为协调统治者个人欲望与民众社会性欲望的道德规范，赋予公私关系以新的内涵，进而发展了王阳明的亲民思想。

刘增光《"可欲之谓善"：阳明后学对欲之合理性的论证及其思想意义》（《孔学堂》2019年第4期）一文认为，阳明后学中出现了肯定欲的思想现象，强调性与欲的相即一体关系，认为欲不可能消除，乃至从道统论的层面上揭示出"圣学以欲始，以欲终"的命题，以此批评自周敦颐以来的"无欲""灭欲"说。这一思想现象一方面意味着阳明学士人从生命整体的视域来看待人性，基本上颠覆了程朱理学的人性论；另一方面则是从道德价值的基础与动力这一层面上，揭示出了作为价值感受的好恶正是人人所同，这才是通"人我为一体"的理想社会形成之基础。从儒学史的发展脉络来看，清代乾嘉儒者的新义理学以好恶言说性情和诚意，乃至《大学》八条目，正与阳明学重诚意和以好恶言良知有一致之处。

阮春晖《阳明后学中的神妙境界》[《邵阳学院学报（社会科学版）》2019年第3期]一文指出，传统儒学存在着神秘体验的成分，阳明后学中亦有此种思想倾向。阳明后学中的神秘体验都指向神妙道体，在悟得神妙道体后又能汲汲于谋道用道，将神妙道体与圣贤之道、人伦日用之道相连，表现出道之神妙性与神圣性的合一，可称之为"神妙境界"。阳明后学的神妙境界，是其精神境界展开的一种方式。它从不同侧面丰富和发展了阳明创立的良知学说，并以其自身独有的学术特色在阳明心学中独树一帜，在中国儒学的整体构成中也带有别样思想风貌。

朱承《阳明后学的道德信念与伦理实践》(《伦理学术》辑刊，2019年卷)一文指出，阳明后学如同许多儒家思想派别一样，秉持一定的道德信念来从事社会伦理实践，以期落实儒家学者的伦理和家国关怀。在王阳明心学的主导下，阳明后学的道德信念主要体现在对于王阳明个人的信念、对于良知的信念以及对于"万物一体""三代之治"的信念等方面；而他们的伦理实践，主要表现在讲学和乡村社会教化活动中。阳明后学的道德信念与伦理实践，依旧是传统儒家式的信念与教化活动。在新的时代里，既需要对这一传统予以重视，也需要重新反思其缺憾。

阮春晖《良知学意域中阳明后学的君子视界》(《文化软实力》2019年第1期)一文指出，王阳明的良知学，涉及本体、工夫、境界等多重理论维度，有其意域范围。由于致良知之说发自晚年，王阳明未及与学者深究其旨，故引发后学者多方探寻。阳明后学对良知作为"千古学脉"自无疑义，但基于不同的学术宗旨、思想倾向或社会身份，又立位于君子视角，阳明后学对于良知的本质内涵、工夫主张以及由之而来的境界层次，都存在诸多不同看法，形成了阳明后学中特有的君子视界。它在德学主体、实践指向、义理生发等方面，推动了良知学的进一步建构。

周丰堇《事几、心几与阳明学的"体用之几"》[《安徽大学学报（哲学社会科学版）》2019年第1期]一文认为，从历史上看，"几"从《系辞》的事几、理学的心几，发展到了阳明学的体用之几。阳明学者极为重视以"几"来表达体用一源的关系，他们继承了《系辞》和玄学的事几、理学的心几的思想，并将"几"进一步理解为体用关系的真正承载者。无论是阳明的"见在之几"，王龙溪的"见在良知"，罗洪先的"诚神之几"，还是王时槐的"生几"，都现实地体现为"体用一源"的状态,"几"沟通并具足着体用。只不过在阳明和龙溪那里,良知就是"见在之几"。而在王时槐看来,良知和意都是"几"的样式,是体用之间和不分体用的状态。

二、浙中王学研究

关于浙中王学,系指明代中后期浙江行省区域内的王门后学。黄宗羲《明儒学案》卷十一《浙中王门学案》"小序"云:"姚江(阳明)之教,自近而远。其最初学者,不过郡邑之士耳。龙场而后,四方弟子始益进焉。"[1]说明浙中是阳明学的发祥地和最早的传播地。黄宗羲在《浙中王门学案》中列徐爱、蔡宗兖、朱节、钱德洪、王畿、季本、黄绾、董沄、董榖、陆澄、顾应祥、黄宗明、张元冲、程文德、徐用检、万表、王宗沐、张元忭[2]、胡瀚[3]19人为浙中王门学者;黄宗羲《浙中王门学案》"小序"中又有范瓘、管州、范引年、夏淳、柴凤、孙应奎、闻人诠、黄骥、黄文焕、黄嘉爱、黄元釜、黄夔12人为浙中王门弟子[4];又在《泰州学案》《甘泉学案》中为周汝登、陶望龄、刘塙[5]、唐枢、蔡汝楠、许孚远[6]6名浙籍王门学者立传。还有,《明儒学案》"附案"中亦有永康阳明学者应典、周莹、卢可久、杜惟熙4人,以及慈溪阳明学者颜鲸1人。[7]统计《明儒学案》,其中提及的浙江籍阳明学者达42人之多。此外,袁黄(袁了凡)、季本弟子徐渭,也属于浙籍阳明学者。

(一)浙中王学综合研究

2019年学界同仁关于浙中王学综合研究的论文有3篇。

张辉《中晚明学界中本体与工夫关系之辨》(《特区实践与理论》2019年第4期)一文认为,在"天泉证道"和"严滩问答"中,阳明提出了"即本体证工夫"

---

[1]《黄宗羲全集》第7册,第245页。
[2]《黄宗羲全集》第7册,第246—247页。
[3]《黄宗羲全集》本《明儒学案·浙中王门学案》不载"胡瀚"此人,而中华书局标点本《明儒学案》(1985年版,2008年修订版)在张元忭之后有"教谕胡今山先生瀚"的"胡瀚学案"。
[4]《黄宗羲全集》第7册,第245—246页。
[5]《黄宗羲全集》第8册,第112—137页。
[6]《黄宗羲全集》第8册,第226—264页。
[7]《黄宗羲全集》第8册,第993—998页。

和"用工夫合本体"两种为学路径,并强调二者相资为用。其弟子王龙溪在阳明论述基础上进一步深化,指出工夫不离本体,本体即工夫,二者相即不离,互证互成。时人由于不能准确全面把握阳明、龙溪所言工夫与本体的关系,流于一偏,或只言工夫不知本体,导致工夫支离,泛然用功;或只谈本体不用工夫,导致本体悬空,无法落实。针对割裂工夫本体关系所造成的流弊,晚明不断有学者批评辨正,尤以刘蕺山为集大成者。他一方面讲本体要通过工夫来证显,重视实做工夫的作用;另一方面又讲认定本体做工夫,重视本体的统领作用,认为二者相互依存,互相涵摄,互证互显,在究极上是合一的,由此蕺山完成了中晚明学界对本体与工夫关系之辨这一问题的总结。

牛磊《试论阳明学士人对杨慈湖"不起意"之说的评析：以王畿与黄绾、季本的争论为中心》(《中共宁波市委党校学报》2019 年第 2 期)一文指出,"不起意"是宋儒杨简思想体系中一个重要命题。这一命题在明代经历了一个由沉寂到热闹的转变过程。这一转变与阳明学士人的大力推动有着密不可分的关系。不过阳明学士人所宣扬、评析的"不起意"之说并非全然符合慈湖意旨的"旧时味道",他们往往会根据自己的学术宗旨对"不起意"之说进行理论改造,并重新赋予其思想价值。如王畿、季本与黄绾分别借助对"不起意"的认同或批判,凸显其先天正心之学、龙惕之学及艮止之学。这种旧瓶装新酒的过程一方面呼应着思想发展的内部逻辑,另一方面也反映着明代中晚期思想界特殊的时代关怀。

邹建锋、王迪《湖州地区阳明后学弟子考》(《湖州师范学院学报》2019 年第 5 期)一文指出,湖州地区,目前考探到的阳明亲传弟子总计有 3 位,除陆澄、顾应祥 2 人外,尚有高冕 1 位被梨洲遗漏的阳明弟子。湖州地区,目前考探到的阳明再传弟子有 11 人,有唐枢、钱镇、沈应登、姚翼、许孚远、陆时中、钱士完、韦商臣、丁元荐、唐在明、陆稳等,他们创新学术,泽被乡里,传学后世,对传承与发展阳明学的功绩巨大。尤其是湖学东传的绍兴人刘宗周,更是光大了湖州之学;而湖学西传的陕西人冯少墟,更是著名的学者、教育家。

周纪焕、周心逸《王阳明在"南宗圣地"衢州的弟子群及其特征》(《孔学堂》2019 年第 2 期)一文指出,南宋建炎三年(1129),孔子第四十八世嫡长孙、衍圣公孔端友扈跸南渡,赐家衢州,衢州遂成为"南宗圣地"。王阳明"几度西安道",衢州因"四省通衢"的地理便利和交通优势,成为其人生的重要驿站。这无疑扩大了王阳明在衢州的文化影响力,王玑、栾惠、周积、徐霈等纷纷投入其门,学成后自觉开展良知学说的讲传和践履,蔚为衢州阳明弟子群之大观,是浙中王门的重要力量,极大地丰富了江南地区的王学图谱。该文广泛搜罗方志、宗谱等史料,对衢州阳明弟子进行了深入的考察和辨析,廓清了他们的生卒年、墓葬、著述、师承等诸多疑云。在此基础上,剖析了该弟子群在地域分布、思想来源、学术交往、笃行良知、乡村建设等方面所具有的鲜明特征。

2019年关于浙中王学与江右王学、黔中王学互动的研究成果有以下两种。

李伏明《"学"与"术"之间:论浙中王门与江右王门的异同及其影响》(《赣南师范大学学报》2019年第1期)一文指出,浙中王门和江右王门被公认为是阳明后学中的两大最重要的学派,两者有着显著的差异,这一方面是基于阳明学的内在矛盾,另一方面也是基于浙中和江右特定的地方历史文化背景。浙中王门更多地关注"学",阳明学的内在矛盾使他们逐渐偏离王阳明的宗旨。江右王门更多地关注"术",即以阳明精神为指导,挽救世道人心,建设地方社会。虽然其在理论上对阳明学有所偏离和修正,却更好地贯彻了王阳明的宗旨,故"阳明一生精神,俱在江右"。

靖晓莉主编《心学思想世界的新开展:"黔浙文化合作论坛"阳明学研究论文集》(贵州人民出版社2019年版)一书,为贵州省文史研究馆、浙江省文史研究馆、贵州省儒学研究会、浙江省儒学学会、贵阳孔学堂共同创建的"黔浙文化合作论坛"2014年、2015年、2016年三届论坛活动的成果选编。"学术论文"板块共编入论坛论文27篇,有:吴光《浙江省阳明学研究的回顾与未来展望》、陈来《王阳明"拔本塞源"的思想》、张新民《经典世界的心学化解读——以王阳明龙场悟道与"五经臆说"的撰写为中心》、王晓昕《"天人合一"的三个向度——兼论王阳明的最高理想》、刘宗贤《从良知说的情、理、欲机制看阳明道学革新的价值》、徐儒宗《阳明心学的学术旨趣》、龚妮丽《王阳明〈南赣乡约〉的乡村治理思想》、石永之《心外无理新解》、董平《王阳明哲学的实践本质》、陈卫平《王学对明清之际西学的接应及其意义》、张明《〈明儒学案〉缺载"黔中王门"考论:兼论"黔中王门"源流演变及其心学成就》、王路平《王阳明"龙场悟道"及其对贵州的历史影响》、王晓昕《黔中王门经世致用的理论与实践》、梁茂林《陶行知"亲民"的生活教育思想及其后学在贵州的教育实践》、张宏敏《浙中王学与黔中王学互动的一个案例——以黄绾、王阳明、席书为中心》、张韶宇《阳明后学唐鹤征易学特色述要》等。

（二）浙中王门学者个案研究

本报告关注的"浙中王门学者",主要是《明儒学案》中《浙中王门学案》《甘泉学案》中的浙江籍阳明学者:徐爱、蔡宗兖、朱节、钱德洪、王畿、季本、黄绾、董澐、董穀、陆澄、顾应祥、黄宗明、张元冲、程文德、徐用检、万表、王宗沐、张元忭、胡瀚、唐枢、蔡汝楠、许孚远等,还有阳明学界关注较多的闻人铨、孙应奎、徐渭、袁黄等人。2019年学界同人对浙籍阳明学者的研究现状综述如下。

1. 徐爱、蔡宗兖、朱节研究

2019年,学界同人未有与徐爱相关的研究成果;由于文献不足征,学界尚无展开对蔡宗兖、朱节生平学行的深入研究。

2. 钱德洪研究

朱炯点校整理的《钱德洪集》(宁波出版社2019年版),是迄今为止收录王阳明弟子钱德洪著述最为齐全的文献,全书共计34万余字,按照语录、序、跋、记、疏、议、书、杂著、传、赞、古体诗、近体诗、附录等分卷汇编。该书的出版,为推动阳明后学研究提供了新的史料。

张实龙《阳明心学传播者钱德洪研究》(上海交通大学出版社2019年版)一书,从阳明心学传播者角度来研究钱德洪。主要回答了四个问题:钱德洪能不能传播阳明心学?钱德洪传播阳明心学的指导思想是什么?钱德洪传播阳明心学做了哪些工作?如何评价钱德洪传播阳明心学的工作?

3. 王畿研究

2019年,阳明学界对王畿的"先天正心之学""四有说"及其在阳明学中的定位问题等进行了深入研究,相关学术成果如下。

郭明《王畿"先天正心之学"新探》(南开大学硕士学位论文,2019年5月)一文指出,学术界多从王畿本人对"先天正心之学"与"后天诚意之学"的分别中理解和把握王畿哲学。这虽然是一个正确的思路,却缺乏相应的历史性的考察维度。首先,王畿本人对"先天正心之学"与"后天诚意之学"的看法,是有前后思想差异的。造成此差异的原因,在于王畿对先天后天的体用义、形上形下义、自然义以及对于邵雍先天易学的宇宙生成论的理解运用的逐步深入。王畿晚年将"先天之学"的工夫论区分为"良知觉悟"与"良知翕聚"两个部分,二者"如环无端",共同构成了"先天之学"的自然宇宙本体论图式和人的理想生存模式。与此对应，后天工夫系人为的、需对治经验因素的工夫系统，用以回归先天之学的自然理想闭环。先天之学强调激发和保任本体的力量来自然地达到即体即用的理想状态，而后天之学则侧重于对经验因素的省察克制来清理本体自然流行的通路。而王畿对先天之学思想的不断调整深化，内在地代表了王畿对四无说思路所面临的挑战和限制的应对与克服。此挑战和限制即王阳明亲手加之其上的"不可轻易望人"这层根器的限制和"养成个虚寂的本体"的工夫隐患。同时，王畿对先天之学思想的不断调整深化，可以帮助理解王畿对王阳明哲学的调试改造，尤其是在心意知物关系重新的界定上。"意"的概念在王畿的"四无说"体系中，可以与"发用之明觉"意义上的"知"进行互训。这也可以帮助理解王畿的"一念"概念。最后，对王畿的先天之学的重新把握，可以帮助重新理解和分判王畿的"一念自反""信""悟""悬崖撒手""生死二念""静坐调息"思路。其中，一念工夫和信、志等工夫属于先天之学的范围，悟属于王畿综合来说的权法，而悬崖撒手和生死问题则是后天之学的取向。因此，传统看法中王畿一意于"先天之学"而"提撕本体过重脱略工夫"的评价，其实并不客观。但王畿论学处处追求"简易直截"，将先天工夫与后天工夫的落实想得过于简单，这又是其"荡越"的一面。

邓国元《论王龙溪语境中的"四有说"：兼论钱绪山在王门"天泉证道"中的观点立场》(《浙江社会科学》2019年第10期)一文认为，嘉靖六年（1527）"天泉证道"并无"四有说""四无说"的提法，二者是王龙溪后来才提出的事实，形成龙溪语境中"四有说"的特定论题。传统学术和现代学界的相关论述，不仅表明龙溪语境中"四有说"的复杂性和重要性，还说明了有待考察的空间与必要。立足嘉靖六年"天泉证道"存在阳明"四句教"、绪山"定本"下对"四句教"的具体理解、龙溪"四无说"三种观点的前提，龙溪语境中的"四有说"不是指绪山的观点，而是指阳明"四句教"。判定"四有说"的依据不在于是"至善无恶"，还是"无善无恶"，而在于"有善有恶意之动"。相对以"先天正心"为理论基础的"四无说"，"后天诚意"是龙溪语境中"四有说"的基本内涵。"四有说"体现了龙溪对阳明"四句教"的特定理解和定位。

黄琳《"心体"的揭蔽：王龙溪的哲学形态与道德悖论》(《学术研究》2019年第5期)一文认为，情感生命是人的正常本性，过度的情感，乃私意欲念之源，"欲乃情之过者"。心之本体乃"心体"，是为"至善"的道德理性本体；而"心"本身并非"至善"，心统性情、思志，广义的心范畴还涵摄意志、意念。心有综合、结合"情"与"理"、良知心体、性体并情感生命后做出现实价值判断的功能、职能。王龙溪通过"彻悟""顿悟""相信",以智力直观、觅得绝对者,并以此道德理性、良知、心体、性体,强制、决定、统摄、保证现实经验世界中情、意、物、事的实现,道德理性与道德践履间唯是"触机而应,迎刃而解"。以道德理性之心体、性体、良知,僭越"心"做出价值判断,在"观念形而上学"的逻辑推绎中等同情、意、知、物,将道德理性等同于现实经验世界中的道德实践、践履。由此而至的种种歧出、诞谬,正是基于此种哲学形态之下的道德理性与践履的悖论。

陈晓杰《王龙溪在阳明学中的定位问题:以"凝"字为线索》[《湖北大学学报(哲学社会科学版)》2019年第3期]一文指出,王龙溪历来被认为是阳明后学"良知现成派"的代表人物,但在他的著作中却有很多阳明后学"良知修证派"的代表性论述,如"凝"等。对于王龙溪思想的研究,有必要跳出常规性的对比图式,深入其文本内部。在王龙溪思想中,"凝"主要属于工夫论范畴,是以体悟本体为前提下所做的先天工夫。与此同时,他关于"凝""收摄"工夫论的表述也隐含了道教色彩。在成圣的阶段论上,王龙溪吸收了禅宗的顿悟渐修等理论思想,而从有关他对"外缘"以及"家事"的负面评价来看,他在思想上则偏离了阳明学的万物一体精神。

王传龙《王阳明、王畿书札三通考释》(《阳明学文献与思想》,中国社会科学出版社2019年版)一书对北京大学图书馆藏珂罗版《明儒王文成公及王龙溪先生手简》予以详尽考释。

4. 季本研究

2019年,学界关于季本研究的论文有两篇。

崔冶《正经溯源,远会圣心:论季本的〈诗经〉观》[《绍兴文理学院学报(人文社会科学)》2019年第1期]一文认为,季本是明代《诗经》学家,著有研《诗》专著《诗说解颐》。季本认为秦火之后,汉儒对《诗经》做过增补,致使《诗经》失去原貌。他的研究主要以恢复古本为目的。该文考察季本"正经"的指导思想、诗旨的阐释及诗歌编次的讨论,探究其在"正经"过程中建构的解《诗》体系,从而系统地梳理季本的《诗经》观。

王子初《明中叶心学〈左传〉研究中的二趋向:以季本、湛若水为例》(《白城师范学院学报》2019年第Z1期)一文指出,明中叶心学在《左传》研究上有季本、湛若水代表的两种倾向,季本发展了王守仁直觉解经的观点,将《春秋》看作孔子脱离旧史的独创,以自己设定的孔子直书标准去取左氏其事其义;湛若水将《春秋》看作旧史的标题,继承《左传》史学义例的部分而排斥其引申字例的部分,在叙事上呈现左氏叙事和义理为本并重的二元倾向。二人以《左传》解经的不同路径是其心学观点的反映。心学在《左传》解经上的分歧体现出,以史解经既是《春秋左传》学发展的方向,同时其自身也需要义理以外的科学方法的更新。

5. 黄绾研究

陈寒鸣、夹纪坤《阳明后学专案研究的上乘之作:评〈黄绾道学思想研究〉》(《衡水学院学报》2019年第2期)一文指出,张宏敏《黄绾道学思想研究》一书,遵循并运用了"历史与逻辑相统一"的原则和方法,详细梳理明代中期思想家黄绾一生道学思想进展过程中从宋儒理学到王阳明良知学、再回归到经典的演变历程,以期论证其思想演变范式之于明清学术转型的一个"先导性"典范意义。这部学术专著的理论特色有三:一是在充分掌握资料的基础上,对黄绾思想形成、发展和演变的过程做了生动具体的描述;二是把黄绾的思想放到宋、明、清的历史背景下,进行深入而具体的分析研究;三是以"道学"为核心要旨了解、把握黄绾的思想特质。

张宏敏《黄绾与泰州学派之关联》(《朱子学研究》辑刊,2019年卷)一文认为,《明儒学案》之《泰州学案》所论选阳明门人即泰州王门学者,因该学派创始人王艮系南直隶泰州人,故名之曰"泰州学派",主要指江苏泰州一带的阳明学者,但还包括与泰州王学所倡学术宗旨相近、有学脉传承的一批江西、四川、广东、浙江籍的阳明学人。该文对浙中王门学者黄绾,与泰州王门学者之间的交游略做考述。

6. 董澐、董穀、陆澄、顾应祥、黄宗明、张元冲、程文德、徐用检、万表、王宗沐、胡瀚研究

2019年,未见浙中王门学者董澐、董穀、陆澄、顾应祥、黄宗明、张元冲、程文德、徐用检、万表、王宗沐、胡瀚研究专论。

7. 张元忭研究

王依《张元忭政治思想研究》(华中师范大学硕士学位论文,2019年5月)一文指出,作为阳明后学的代表人物,张元忭在剧烈的社会变革和独特的个人经历之中,产生了独具特色的政治思想,在当时和之后都产生了重要影响。该文第一章论述张元忭政治思想产生的背景。明嘉靖、隆庆、万历时期是明朝历史上社会变化最剧烈的阶段,皇帝怠政散漫,朝臣争斗不断,社会两极分化严重,在此

情况下，实学思潮开始兴起，各种救世的政治主张开始出现。张元忭出生在世代业儒的张氏家族，是宋代著名理学家张栻的后代，曾拜多位心学大师为师，其好友也多是当时的著名人物。隆庆五年（1571）高中状元，张元忭为张居正的门生，开始了自己的仕途生涯。第二章研究张元忭政治思想的内容。从君臣论、民本论、礼制论、人才论四个方面来对其进行研究。在君臣论上，他认为君主应该勤于修身、善于任人、勇于纳谏，臣子则应该尽职、无私、进谏，君臣在人格意义上越发趋向平等；在民本论上，张元忭发展了重民、养民、教民的思想；在礼治论上，着重强调了礼的重要性，主张在治理国家之时应该以礼为主，以政为辅，士大夫应该身先士卒，兴礼让之教，移风易俗；在人才论上，他既重德又重才，认为选拔人才最好的标准是德才并举。第三章总结张元忭政治思想的特点及影响。着重总结出三个特点：其一，崇古与革兴两种倾向；其二，内圣外王的统一；其三，重经世致用之道。张元忭的政治思想对挽救当时败坏的社会风俗有一定的作用，对宦官专权和党争具有一定的先见性，对实学思潮的兴起产生了较大的影响；但同时，其思想阶级观念强烈，过分依赖道德的力量，没有跳出传统儒学的范围。

8. 徐渭研究

徐渭著《徐文长文集》（凤凰出版社 2019 年版）一书影印出版，主要收录散文杂著，以及诗歌（包括大量的题画诗）作品。该书所选刊本刻印于明代万历四十二年（1614），即徐渭殁后不久，由同时期的著名文学家袁中郎评点，刊刻工整，洵为艺林珍本。

2019 年关于的徐渭研究，主要围绕以下几个主题展开：

（1）徐渭与阳明学关联研究

申旭庆《论"阳明心学"对徐渭的影响：以徐渭"师类"五人为考察对象》（《荣宝斋》2019 年第 12 期）一文指出，徐渭书画艺术风格强烈，其悲惨的命运是促使其艺术风格形成的一方面，但人们往往忽视了心学思想对他的影响。徐渭在"纪师""师类""纪知"中多次提到萧鸣凤、季本、王畿、唐顺之、钱楩、萧女臣等。

兰明珠《徐渭"真我"审美思想探究》（《西部皮革》2019 年第 4 期）一文指出，徐渭生活在明朝中后期，深受阳明心学和道家思想的影响，形成了自己独特的"真我"说，运用到艺术创作上，表现为重情、重个性、重本色的美学观念。徐渭的美学思想，吹响了晚明时期个性解放思潮的第一声号角，对后世产生了深远的影响。

张世吉《从徐渭"观音图"看晚明文人画宗教主题的个性化表现》(《书画世界》2019年第11期)一文认为,"观音"是徐渭经常创作的人物画主题之一。徐渭"观音图"的构成形式基本一致,即以诗文入画,以文字解构传统宗教主题,重新建立画面的表意空间,升华"观音图"主旨,形成独特的观赏乐趣。其创作方式的思想根源来自明代中晚期阳明心学及南禅思想的解构精神。作为文人画中的宗教题材,徐渭的"观音图"区别于明代中晚期流行的传统"观音图"以及模式化的美人图,具有独特的艺术价值和研究意义。

(2) 徐渭的生平事迹研究

高寿仙《徐渭及其父兄与贵州龙里卫的关系》[《北京联合大学学报(人文社会科学版)》2019年第2期]一文认为,明代后期著名文学家、艺术家徐渭的籍贯,公认的说法是浙江绍兴府山阴县,但也有人说他是贵州龙里卫人。这种说法的歧义,是由明代卫所军户的"双籍"问题造成的。通过梳理相关文献可以看出,尽管徐渭远祖谪戍龙里,但其近世祖辈都生活在山阴,徐渭及其两位兄长也都在山阴出生和成长。只是由于在浙江参加乡试不利,徐渭的父亲和仲兄才利用祖先的卫籍,远赴贵州龙里居住并参加该省乡试。明代军户具有"双籍",而法令并未严格限制原籍与卫籍之间的转换,这实际上就出现了一个漏洞,即军户家庭可以利用"双籍"选择参试地点。

钱汝平《徐渭家世补证:以新见〈山阴前梅周氏宗谱〉所收墓志为证》(《古籍整理研究学刊》2019年第4期)一文指出,关于徐渭的家世,由于书缺有间,后人一直了解不多。今从《山阴前梅周氏宗谱》中检得萧鸣凤为其岳父周廷茂所撰墓志一篇。这篇墓志提及了徐渭的家世,具有重要的文献价值。它的发现也可以纠正近年来主张《金瓶梅》作者为萧鸣凤者之谬。

彭昊阳《徐渭的幕僚生涯研究》(《大众文艺》2019年第11期)一文指出,中国古代秘书分为官方秘书和私人秘书。官方秘书即为秘书职官,隶属于各朝代的秘书机构或秘书官职;私人秘书则是隶属于雇主的门客、幕僚等。徐渭是明代中期依附于胡宗宪的重要幕僚,他完成总督府与朝廷来往文书,巩固了胡宗宪的政治地位,对其建言献策并一同改观了抗倭局势,在人际关系处理上获得雇主极大信任。对徐渭的幕僚生涯研究,启发了我们当代秘书工作者必须具备扎实的写作功底和找时机、抓机会的能力,还需要秘书工作者拿出职业态度,与领导、同事同舟共济方能一帆风顺。

马天源《明代文人徐渭琴事述考》(《艺术评论》2019年第8期)一文指出,

明代越中文人徐渭多以书画家、文学家、戏曲家的身份被世人熟知，但他的琴事活动一直以来很少为人所关注。徐渭自幼习琴，打谱数首，创作琴曲《前赤壁赋》。与徐渭交游的琴人颇多，主要有张元忭、无弦上人、吴默泉等。同时，从徐渭诗文中，可知他对古琴的理解和演绎更注重声音背后的真实情感，认为古琴表达情与道才是其魅力所在。该文从徐渭与琴的关系、交游与琴及其古琴美学思想几个方面对徐渭的琴乐活动进行梳理和探讨。

舒士俊《晚明两怪杰：徐渭和陈洪绶》（《国画家》2019 年第 3、4 期）一文指出，在晚明，除了大师级的士人文人画家董其昌之外，还有两位大师级的具有平民气质的文人画家：徐渭和陈洪绶。晚明作为汉族封建统治的末世，是个动荡不宁的时代。即便像董其昌这样身处高位的士人，也遇上了"民抄董宦"事件和朝廷的政治纷争。至于像徐渭和陈洪绶这样参加科举屡屡失意、最后成为平民的文人画家，他们所面临的命运就显得格外悲惨了。在以往的文人画史上，虽也有些个性迂怪的画家，像顾恺之、米芾、黄公望和倪瓒，多少都有些与众不同的特异个性，但他们都是高士，生活相对来说较为优裕；而徐渭和陈洪绶则因经历坎坷和贫困，竟使他们嗜酒而发狂，以致出现令人骇异的狂态。

（3）徐渭的文学思想研究

张婷《徐渭幕府期间的诗文创作》（《濮阳职业技术学院学报》2019 年第 6 期）一文认为，徐渭自小便卓尔不群，纬武经文，然屡次科举失意，长期困于场屋，后无奈于嘉靖三十七年（1558）入胡宗宪幕下成为幕僚，成为他人生重要转折点。在此期间，他创作了大量诗文，大体分为代胡宗宪之作、写给胡宗宪之作、代世人的应酬之作、与文人互相唱和之作四类，这些诗文都表现出代笔不走形、秉笔表心声、文笔言公文、闲笔写性情的文人气质。

吕靖波《徐渭"经典作家"身份的建构与确立：以清代〈流寓志〉为中心》（《南京师范大学文学院学报》2019 年第 4 期）一文认为，官修地方志《流寓志》的入选条件素来严苛，作为一位非主流的布衣文人，徐渭却成功地入选多种清代《流寓志》。个中原因，主要在于晚明以来其个人士林声誉的建立与传播，以及由此而形成的"扬徐崇徐"整体氛围，此外还跟志书纂修者身份、籍贯等因素相关。清代《流寓志》为徐渭立传最重要的文本来源是袁宏道与陶望龄的同名《徐文长传》，但它也努力补充了一些新鲜的内容，并吸收了与传主直接相关的在地信息，使其形象愈加丰富和生动。徐渭殁后成名，但也长期饱受争议甚至恶评。而《流寓志》是一种历来为社会所普遍认同的志书形式。徐氏的多次入选，从一个比较独特的角度表明他的成就经过一个漫长曲折的过程之后，逐步得到了知识阶层的广泛认可，并最终确立了现代意义上古代"经典作家"的身份。

蔡丹《从徐渭咏史诗看其对世俗传统的悖逆》（《安徽广播电视大学学报》2019年第1期）一文指出，明代诗人徐渭坎坷不平的身世、卓然独立的人格，渗透入咏史诗创作中，使之呈现出不同世俗传统的悖逆精神，表现为不以成败论英雄的独立意识，不以名分论高低的超俗意识，不以性别论是非的平等意识，是徐渭"眼空千古，独立一时"的超前和悖逆在咏史诗创作的具体外化。

刘尊举《真我·破体·摆落姿态：徐渭散文的文体创格》（《文学遗产》2019年第1期）一文认为，徐渭在明代中后期散文文体的演变过程中发挥了十分重要的作用。他在创作实践中不断地突破传统的文体规范，并创作了大量个性突出、风格特异的小品文。阳明心学影响下的"真我"观是其文体创新的理论基础，强烈的自我宣泄的创作动机是其内在的驱动力。其古文创作的"破体"现象，是明代中后期文体观念渐趋松动的重要标志。"摆落姿态"、独存"本色"是其小品文最核心的风格特征，也是他对晚明散文体貌最重要的贡献。

张月娇《徐渭诗歌用韵研究》（华中师范大学硕士学位论文，2019年5月）一文以《徐渭集》收录的2162首诗歌为研究对象，细致分析徐渭诗歌的用韵情况，包括统计韵段，分析韵脚字，确定韵例，归纳音系，概括用韵特色以及诗歌用韵中反映明代绍兴方言的语音特征。全文分为四个部分。第一章为引言。首先主要介绍诗人的生平、作品、作品版本；其次判定诗歌的韵脚字和诗歌格律问题；最后总结诗歌的韵例。第二章总结分析徐渭诗歌的韵系。以徐渭诗歌具体用韵情况为依据，分为七组，按照古体诗和近体诗的分类依次叙述徐渭用韵的各韵部的同用和独用。第三章细致阐述徐渭诗歌的特殊用韵情况，并且联系浙江地区的诗人用韵的情况，再与现代绍兴方言做对照，从历史的角度和现代方言的角度分析特殊用韵的出现原因。第四章附录部分为韵谱，依摄按韵辑录徐渭诗歌的韵脚字。

（4）徐渭的书画、戏曲等艺术创作研究

李亦辉《有意味的形式：论徐渭〈狂鼓史〉的结构特征及其思想意蕴》[《绍兴文理学院学报（人文社会科学）》2019年第5期]一文指出，徐渭的《狂鼓史》不但思想奇，而且结构奇，尤奇之处是其结构形式与思想意蕴水乳交融，结构本身即"有意味的形式"。该剧的阴间布局、戏中演戏与插入俗曲这三个形式要素，由外而内地形成一个三环相套的同心圆结构。借鉴南戏副末角色而设的判官察幽一角，起到内外勾连、疏通血脉的作用。三层中的每一层都具有自己的功能，并与其他层相映成趣、互为阐发,外层的果报与包容、中间层的批判与控诉、内层的宿命与色空,共同构成该剧的"复调"特征。

刘玲《〈四声猿〉:徐渭灵魂自救与精神自振的心声》(《齐鲁师范学院学报》2019 年第 5 期)一文认为,徐渭的一生充满了坎坷和波折。在不幸人生的挣扎过程中,他除了靠"狂疾"伪装逃避现实之外,还以《四声猿》戏剧创作寄托生存的多重况味。在四部戏剧中,徐渭不仅对历史题材进行了取舍和改造,而且分别寄寓了自己的心声。《狂鼓史渔阳三弄》《玉禅师翠乡一梦》重在通过"化身入戏"寄寓灵魂自救;《雌木兰替父从军》《女状元辞凰得凤》重在通过"易性托身"策略来实现精神自振。在《四声猿》戏剧的动态形成中,徐渭构建起自己躲避现实又超越现实的"生命家园",并传达出其自救的枉然与自振的释然。

于欢《徐渭〈南词叙录〉版本比较与补正:以"壶隐居钞本"与"董康翻刻本"为例》(《戏剧之家》2019 年第 7 期)一文指出,徐渭《南词叙录》乃现存最早介绍南戏之著作,在南戏研究史料中处于重要的地位。其手稿早已遗失,现存最早的当属清代"壶隐居黑格钞本",其中有何焯之批、补。其后应是民国董康《读曲丛刊》本,此本是依据何焯之批、补所翻刻,与"壶隐居黑格钞本"有一定的渊源关系。通过对"壶隐居黑格钞本"与董康《读曲丛刊》之比较分析,发现两版本差异较大,并有众多讹误,说明《南词叙录》早期传抄本并非善本。

张璟《徐渭"以书入画"书写性创造浅析》(《湖北美术学院学报》2019 年第 1 期)一文指出,"书画同源"理论自唐代以来便一直受文人画家重视,以书法运笔来丰富绘画的表现力。该文从徐渭波折的生平追溯其开创写意花鸟画的成因,通过"书画同源"以书入画的角度着手,剖析徐渭绘画中书法与绘画的融合关系,从笔法丰富性和绘画的精神内涵等方面,揭示徐渭在书写性上的创造以及其具有的艺术价值。

周薇《徐渭的戏曲批评"鄙俚"论》(《艺术评鉴》2019 年第 3 期)一文指出,徐渭对于南北戏曲的评判标准提出了"鄙俚"理论,包含了南北戏曲创作风格、体制和乐器等方面的内容。"鄙"点出了北曲的本质和特点,"俚"也就是徐渭"本色论"的又一称谓,是对南曲中的自由和随性恰当和确切的概括。

阮礼荣、魏邵康《徐渭笔墨艺术语言探究》(《戏剧之家》2019 年第 8 期)一文指出,徐渭作为明代大写意花鸟的主要代表人物,改变明代以前的花鸟绘画风格,首次开创了明代花鸟画大写意绘画风格,在绘画艺术史上也是一位开宗立派的大师。徐渭将自己的笔墨语言与艺术符号留给后世,至今影响着一代又一代的绘画大家。徐渭是中国绘画史中标志性的人物,勇于创新与突破,不但丰富了中国传统文化基因还影响着中国艺术美学。

李坤《徐渭"杂花图"的分析研究》(中央美术学院硕士学位论文,2019年5月)一文指出,徐渭是中国绘画史上十分重要的人物,他将宋元以来的水墨绘画推到全新的高度,创造了淋漓纵横、迥得天机的水墨语言。他的绘画对明以后的花鸟画风貌产生了重要影响,尤其对清初的石涛、八大山人,清中期的扬州画派,以及清末的海派艺术影响极大。而在徐渭的传世作品中,有近三分之一的作品都与四时杂花这一主题有关。该文试图小中见大,从徐渭传世的"杂花图"一类作品入手,通过梳理与杂花相关的绘画作品,分析"杂花图"的渊源,寻找到徐渭此类绘画作品的历史脉络。通过分析徐渭绘画的风格来源以及徐渭在笔法、墨法、画面形象、画面结构上的独特风格,深入探究徐渭绘画语言的形成与运用规律。通过对徐渭"真我观"的解读以及对徐渭文学艺术思想的分析,并结合徐渭的心学、禅学与道学背景,去理解徐渭"真我观"的构建,从而潜入徐渭的美学追求和情感内心。

黄琳《"入而能出"与"往而不返":基于徐渭与梵高的跨境域思想研究》[《海南大学学报(人文社会科学版)》2019年第2期]一文认为,徐渭和梵高尽管在中西方艺术史上具有举足轻重的地位,但其思想并未引起学术界的足够重视。欧洲浪漫主义运动是对启蒙运动的反动,主张文化与价值观念的多元,是西方知识史上一场真正的革命。浪漫主义精神推崇"价值由心创造"与严苛的加尔文宗教超然决断的"神"之间,所展现的自由与独断、有限与无限,人与神间超绝、超离,二元对立的预设性架构,无从安顿中国传统思想"内在超越"的一元论立场。缘于心学精神的融通与良知的内在超越,徐渭未曾遭遇梵高的"人、神两分"与"心、理两分"问题,在分析二者异同的基础上,可以对中西方思想文化具有更清晰、深刻的认识。

赵伟伟《徐渭大写意花鸟画艺术风格浅析》(《艺术评鉴》2019年第8期)一文指出,徐渭是我国明代著名的画家、书法家、文学家。他的大写意画善于比兴托物言志,以草书入画,笔墨技法酣畅淋漓,水墨变化丰富,使中国笔墨纸张的特殊效果得到空前的发挥,完成了水墨大写意花鸟画的艺术革新,写意精神更加浓厚。

方硕文《徐渭的文艺观研究》(苏州大学硕士学位论文,2019年5月)一文认为,徐渭作为明代文艺领域最受瞩目的人物,在诗文、书画、戏剧、军事理论等方面均取得了极高的成就,与汤显祖、李贽并称为"明代浪漫主义三巨头"。他上承复古，下启性灵，是转变时期杰出的文人，是文学史和艺术史上的一座丰碑，其艺文思想是等待后人挖掘的一座宝库。该文针对徐渭的文艺观展开研究探讨，在心学蓬勃发展、市民阶层兴起的背景之下分析讨论徐渭的文艺观和审美取向，从徐渭的传世作品之中找出文艺观的阐述部分进行提炼、总结和归纳。该文分四章对徐渭的文艺观进行阐述，第一章主要研究徐渭的生平交游和心学传承，探究其文艺观形成的背景；第二章论述徐渭以真为核心的文学本质观，试图从"真"与"伪"和"情"与"理"两个维度对其文学观进行概说；第三章研究徐渭戏曲观，提炼出戏曲观的核心——本色，分析其"本色"的具体内涵并与同时代的本色论进行比较辨析；第四章研究徐渭风格论和批评观，风格论分为地域风格论和个体风格论，而批评观的研究以他点校的《李贺诗编》为个例，对其中提出的文学批评范畴"雕""率"进行辨析。徐渭虽然没有系统的文论，但是他的文集中却有文艺观的表述：他以真为核心，几乎映射到其所有的方面，不论是风格论、批评观还是戏曲观、文学发展观，都是以真为核心的文学本质观不同程度的反映。徐渭属于明代中后期转变期的文人，透过徐渭文艺思想的一隅，可以洞见明代整个文艺思想的流动。

李阳《浅析徐渭的绘画艺术风格》（《美术教育研究》2019 年第 20 期）一文认为，徐渭是中国绘画史上的一个传奇。他学识渊博，诗、书、画样样精通，尤其擅长狂草，笔法自如，肆意纵横。在绘画的过程中，徐渭往往能够通过放荡不羁的笔法赋予作品极强的主观情感。他一反前人清新淡雅的花鸟画风格，大胆开拓创新，最终完成了大写意花鸟画的变革。

9. 孙应奎、闻人铨、唐枢、蔡汝楠、许孚远研究

2019 年学界未见研究孙应奎、闻人诠、唐枢、蔡汝楠、许孚远的专论。

10. 袁黄与袁黄研究

袁黄（1533—1606），初名表，后改名黄，字庆远，又字坤仪、仪甫，初号学海，后改了凡，后人常以其号"了凡"称之，浙江嘉兴府嘉善县人。袁黄青少年时聪颖敏悟，卓有异才，曾受教于云谷禅师，对天文、术数、水利、军政、医药等无不研究，补诸生。明嘉靖四十四年（1565），知县辟书院，令高才生从袁黄受经学。万历五年（1577）会试，初拟取第一，因策论违逆主考官而落第。万历十四年（1586）中进士，为万历初嘉兴府三名家之一。万历十六年（1588）授河北宝坻（今属天津）知县，任职五年，业绩辉煌。万历二十年（1592），调任兵部职方主事，适日本侵略朝鲜，朝廷大举东征，蓟辽经略宋应昌上疏请袁黄到军营赞画，与刘黄裳浮海渡鸭绿江。平壤战役时，提督李如松以诱兵迎战日军获胜，袁黄禁止李部下诸将割首级报功，李深为恼恨而引兵东去，派袁黄守平壤，不增拨一兵一卒。后突遇日军攻城，袁黄率领部下及三千名朝鲜兵击退之。不久，李如松兵败碧蹄馆，兵部尚书石星主张拨款议和，袁黄上书提出将骄应罢兵。李如松诬袁黄以十大罪状，袁黄遂罢归家居，闭户著书。袁黄是迄今所知中国第一位具名的善书作者，他的《了凡四训》融会道教哲学与儒家理学，劝人积善改过，强调从治心入手的自我修养，提倡记功过格，在社会上流传甚广。除《了凡四训》外，他还著有《祈嗣真诠》《皇都水利考》《评注八代文宗》《春秋义例》《论语笺疏》《袁氏易传》《史记定本》《袁氏政书》《两行斋集》《宝坻劝农书》《袁了凡家训》《袁了凡纲鉴》《群书备考》《石经大学解》《历法新书》《中庸疏意》《摄生三要》《尚书纂注》等。

2019年学界同人对作为阳明学者的袁黄的生平著作及其朝鲜行迹等进行了综合研究。

林志鹏《阳明后学袁黄师承、交游及著述考略》[《贵阳学院学报（社会科学版）》2019年第2期]一文指出，袁黄是晚明著名思想人物，其生前已是耆宿名士，身后更以三教会通的思想特色及对民间伦理道德的影响著称于世。师承上，袁氏是阳明高第王龙溪的及门弟子，亦推崇泰州学派罗近溪之学，属于阳明后学的一员。交游方面，他与晚明阳明学派学者、社会贤达及佛道二教中人过从甚密。此外，袁氏著述丰硕，涵盖经史子集，但流传至今而又广为人知者寥寥。

林志鹏《从〈了凡四训〉到〈训儿俗说〉：关于袁了凡及其家风家训的思想史考察》[《云南大学学报（社会科学版）》2019年第6期]一文认为，袁了凡以其《了凡四训》闻名于世，该书亦被当作训子家书。其实，了凡所作家训并非《了凡四训》，而是《训儿俗说》。作为王龙溪（王畿）的及门弟子，了凡在思想上是阳明后学的一分子，其人生轨迹属于典型的儒家士大夫，其日常修持及著述呈现三教汇通的思想特色。了凡家风淳朴，家学深厚，以儒为宗，兼收并蓄，强调道德主义，注重积德行善，具有出世情怀，对其人格产生深刻影响。

任俊华《〈了凡四训〉的向善之心》(《学习时报》2019年1月18日)一文认为，《了凡四训》勉励人行善，从"善"的内涵规定性、"善"的价值性等角度，阐发"善"文化对个体、家庭命运的重要意义。《了凡四训》告诉我们，心存一颗真诚的为公之心，从生活的点滴做起，与人为善，尽己所能地帮助别人。

张雪霞《袁黄朝鲜行迹研究》(吉林大学硕士学位论文，2019年5月)一文指出，目前学界关于袁黄的研究，侧重于袁氏的思想文化、社会经济贡献及其家族史。对袁黄的朝鲜行迹等相关问题的研究较为零散，且不够全面和深入。该文以袁黄朝鲜行迹为研究对象，从袁黄生平、其在壬辰战争中的表现、与朝鲜的文化交流以及"他者"眼中的袁黄形象等几个方面进行分析，进而更全面地评价袁黄的朝鲜一行。该文除了结语部分，共分为五章：第一章，绪论。主要介绍论文的选题意义，梳理学界对这一问题的研究现状，总结目前研究存在的不足，并阐述该文的研究思路，叙述论文创新点及难点。第二章，袁黄生平述略。袁黄命途多舛，一生著述颇丰，并在儒佛道三教都颇有造诣，其中尤以《了凡四训》一书影响深远。根据其生平考证出袁黄在朝鲜居留时间为万历二十一年（1593）正月至三月。第三章，壬辰战争中的袁黄。袁黄以军前赞画之任入朝参加壬辰战争，历经平壤大捷、碧蹄馆之败以及与日本议和，其间在调配粮草兵力、整肃军纪等方面作出一定贡献。在碧蹄馆失利之后，袁黄又遣使至咸镜游说，在解救朝鲜两王子等方面，发挥了重要的作用。然而，由于袁黄与提督李如松的"冒功舆论"之争等种种原因，最终被削籍归家。第四章，袁黄在朝文化交流。袁黄入朝之后，借阅《经国大典》；与朝鲜文人讲学论道，宣扬阳明心学；其著作也传入朝鲜，在思想、礼制、刑法等方面对朝鲜产生了重要的影响。同时，在一定程度上也促进了中朝两国思想文化上的交流和碰撞。第五章，"他者"眼中的袁黄。袁黄入朝参加壬辰战争，及与朝鲜的文化交流等，给明、朝两方留下不同的印象。在朝鲜君臣看来，袁黄是"误我国事""持身如僧""左道惑众"的形象；在明朝方面看来，袁黄是一位深受佛教影响的"老和尚"。结语部分，分析评价袁黄的朝鲜一行。

刁书仁《袁黄万历援朝战争史事钩沉》（《社会科学辑刊》2019年第6期）一文指出，万历援朝战争是16世纪东亚史上的重大事件。战争爆发后，袁黄请缨入朝参战。受命赞画后，袁黄积极参与援军战前诸项军务的准备。入朝鲜后，袁黄忠实履行赞画职责，向朝鲜军民发布战前动员令，对援军发布禁约，严肃军纪。"平壤大捷"后，"冒功请赏"事件发生，袁黄迅速赶赴军中平息事态。碧蹄馆之战后，袁黄施用间计成功地解救朝鲜二王子，收回汉城，但因此深陷南北军矛盾中，被李如松弹劾。袁黄在学术上宗奉心学，在国内早已颇有名气，入朝鲜后亦大肆宣扬"贬朱褒王"论，试图改变程朱理学在朝鲜的正统地位，引起宗奉程朱学的朝鲜士大夫的反感，万历二十一年（1593）又卷入国内京察之争被革职罢官，成为党争牺牲品。

11. 其他浙中王门学者的研究

林莉飒、邹建锋《阳明后学徐东溪神理良知论研究》(《教育文化论坛》2019年第4期)一文指出，徐东溪是王阳明在衢州地区的重要弟子，他从神理说、觉念归善与虚寂良知说三个层面继承与发展了王阳明的良知学思想，晚年时在江山建设文水书院，与同门王修易、何伦、林阳溪、柴白岩、毛介川一起弘扬良知心学，对衢州地区阳明心学学术文化的传播和体认作出了重要贡献，其学术思想值得深入挖掘和研究。

通读上述所列浙中王学研究论著，我们可以发现：2019年浙中王学研究的亮点有二，一是《钱德洪集》的重新编校整理，以及《阳明心学传播者钱德洪研究》的撰著出版，把钱德洪的个案研究推进到一个较高水平；二是袁黄作为"浙中王门学者"身份的确定及其与阳明学之间关联研究的推进。也应该指出，尽管浙中王学文献整理与浙中王学人物的专案研究（主要集中在王畿、黄绾、季本、徐渭）已经取得了不少的学术成果，但是还有很多课题要去完成，比如：《顾应祥全集》《季本全集》《万表全集》《许孚远集》《袁黄全集》的全面搜集与编校整理，蔡宗兖、朱节、陆澄、黄宗明、徐用检等阳明学者佚文逸事的搜集整理也应一并进行，个别阳明学者的专案深究有待深入开展（如季本、张元忭、程文德思想的深入研究等），唐枢、蔡汝楠、许孚远与阳明心学之间的学术关系需要进一步阐释，《明儒学案·泰州学案》中的周海门、陶望龄、刘塙亦应一并纳入"浙学王学"进行考量，而浙中王学与江右王学、南中王学、粤闽王学的互动研究也有待深入开拓，浙中王学对阳明良知心学的学术贡献究竟如何也要评估。总之，一部贯通性质的《浙中王学通史》（或《浙中王学通论》）有待撰著。

三、江右王学研究

江右王门，顾名思义，意指阳明良知心学的江右传人，抑或指称江西籍的阳明弟子门人及后学群体。黄宗羲在编撰《明儒学案》之时，专辟八卷即卷十六至卷二十三，来述评"江右王门学案"，且宣称："姚江之学，惟江右为得其传，东廓、念庵、两峰、双江其选也。再传而为塘南、思默，皆能推原阳明未尽之旨。是时，越中流弊错出，挟师说以杜学者之口，而江右独能破之，阳明之道赖以不坠。盖阳明一生精神，俱在江右，亦其感应之理宜也。"[①]

[①] 《黄宗羲全集》第7册，第377页。

（一）江右王学综合研究

2019 年，学界同人关于江右王学综合研究的论题主要涉及江右王学与浙中王学的互动、庐陵惜阴会讲学以及阳明后学青原山讲会的专题研究。

2019 年 4 月 23 日，由井冈山大学庐陵文化中心和吉安市青原区委宣传部共同主办的"纪念王阳明到任庐陵知县 509 周年暨江右王门学术研讨会"在青原山召开。① 来自同济大学、浙江省社会科学院、南昌大学、江西财经大学、赣南师范大学等高校科研机构的阳明学研究专家 40 余人参加了会议。与会学者围绕王阳明及江右王门学派诸学者的学术思想与政治社会实践、王阳明与江右王门学者文献整理研究、阳明学与江右地方文化研究等议题展开研讨。会议论文集《王阳明与吉安：江右王门学术研讨会论文集》，2019 年 12 月由江西人民出版社出版。

2019 年 7 月 20 日，由赣南师范大学王阳明研究中心、龙南县委宣传部主办的"王阳明在龙南暨阳明文化资源的开发与利用学术研讨会"在江西龙南举办。来自北京、贵州、浙江、福建、广东、江西等全国各地的 50 多位阳明文化专家参会。② 在专家对谈环节，北京师范大学万建中教授、江西省委党校徐春林教授、井冈山大学李伏明教授、赣南师范大学王阳明研究中心李晓方主任、龙南县文联张贤忠主席，就"王阳明在龙南暨阳明文化资源的开发与利用"为主题进行了热烈对谈。研讨会聚焦了阳明文化的当代价值，深入讨论了龙南阳明文化的内涵特点，并集思广益对龙南开发与利用阳明文化提出了宝贵建议。

2019 年 12 月 28 日，由江西省王阳明研究会主办的"'阳明五百年'青年学者论坛"在江西南昌召开。井冈山大学李伏明教授以吉安地区的阳明学传播现象为切入点，深入阳明学传播的地方社会与文化基础。江西财经大学彭树欣教授列举了大量安福地区阳明学的传世经典。江西省委党校徐春林教授阐释了阳明心学对于当代社会所具有的重要价值，并对王阳明"四句教"做了新的诠释。江西省书院研究会副会长毛静展示的数幅与王阳明相关的墓志铭拓本，成为全场的焦点，将整场论坛的氛围推向新的高潮。③

江西省安福县政协文史委编《美好安福：王学名邑》（江西人民出版社 2019

---

① 信息摘编自《纪念王阳明到任庐陵知县 509 周年暨江右王门学术研讨会举行》，《吉安晚报》2019 年 4 月 24 日；《青原举办江右王门学术研讨会》，吉安新闻网，2019 年 4 月 24 日；《江右王门学术研讨会圆满落幕》，井冈山大学新闻中心，2019 年 4 月 24 日。
② 信息摘录自《"王阳明在龙南"学术研讨会在龙南县成功举办》，中国网，2019 年 7 月 25 日。
③ 信息来源于《"阳明五百年"青年学者论坛在赣召开》，人民周刊网，2019 年 12 月 30 日。

年版）一书，对江西安福籍的阳明学传人及其学术思想予以勾勒。

李伏明《"学"与"术"之间：论浙中王门与江右王门的异同及其影响》（《赣南师范大学学报》2019年第1期）一文指出，浙中王门和江右王门被公认为是阳明后学中的两大最重要的学派，两者有着显著的差异，这一方面是基于阳明学的内在矛盾，另一方面也是基于浙中和江右特定的地方历史文化背景。浙中王门更多地关注"学"，阳明学的内在矛盾使他们逐渐偏离王阳明的宗旨。江右王门更多地关注"术"，即以阳明精神为指导，挽救世道人心，建设地方社会，虽然在理论上对阳明学有所偏离和修正，却更好地贯彻了王阳明的宗旨，故"阳明一生精神，俱在江右"。

李秀娟《晚明庐陵西原惜阴会讲学活动之兴衰》（《地方文化研究》2019年第3期）一文指出，庐陵西原惜阴会是以王时槐为代表的第二代江右王门学者在晚明创立的一个重要讲学组织。西原惜阴会以修身成圣为讲学宗旨，参与讲学的主要是江右王门学者。从隆庆元年（1567）到明末，在四代江右王学学者的主持下，西原惜阴会的讲学活动维持了五十多年，虽然最后因明清易代等事件的影响而终止，但其对庐陵士人学习风气的转变产生了重大影响，并创造了晚明吉安府王学的讲学高潮。研究西原惜阴会的讲学活动，可了解晚明江右王学的发展状况以及第二代江右王门学者的讲学特点及其思想变化。

张昭炜《方以智与阳明学》（《光明日报》2019年11月16日）一文认为，方以智接续阳明学法脉，与施闰章（其祖施鸿猷为罗汝芳的后学）重振青原山传心堂。《传心堂约述》所述的阳明学传心法脉起于王阳明，终于方以智，以方以智评王畿与罗汝芳之学为结语，表现出阳明学传心的开放性与整体性。

（二）江右王门学者个案研究

黄宗羲《明儒学案》卷十六至卷二十三《江右王门学案》为江右王门学者立学案27个，涉及学者33人，分别是：邹守益（附：邹善、邹德涵、邹德溥、邹德泳）、欧阳德、聂豹、罗洪先、刘文敏、刘邦采、刘阳（附：刘印山、王柳川）、刘晓、刘魁、黄弘纲、何廷仁、陈九川、魏良弼、魏良政、魏良器、王时槐、邓以讃、陈嘉谟、刘元卿、万廷言、胡直、邹元标、罗大纮、宋仪望、邓元锡、章潢、冯应京。

此外，《明儒学案》卷五十三《诸儒学案下一》中的舒芬[①]，也是南昌进贤籍

[①] 《黄宗羲全集》第8册，第614—615页。应该指出，黄宗羲不认可舒芬为阳明先生门人。

的阳明门人，《传习录·下》中有不少舒芬问学阳明先生的记载[①]。还有，郭子章也是晚明时期的江右籍阳明学者。

1. 邹守益研究（附：邹善、邹德涵、邹德溥、邹德泳研究）

2019年学界关于邹守益研究的涉及他的政治思想以及《王阳明先生图谱》等文献。

张卫红《为政与良知：阳明学者邹守益的为政理念及其对江西地方官员的影响》[《中山大学学报（社会科学版）》2019年第1期]一文指出，邹守益是阳明后学中与地方官员交往人数最多并对其影响最大的学者。他与江西地方官员的讲学、交游、通信、撰文等种种交往，都是实践并传播良知学政治理念的方式。他把为政之道区分为三个心性层面：以私欲为政，以资禀为政，以学为政。后者即政学一体、万物一体。这些理念对官员的学术倾向、文教举措、个人品行及心性工夫等方面产生了积极影响。在明代儒学弘扬路线由"上行"转为"下化"的情况下，阳明学者将"得君行道"转为"得官行道"的努力，是儒学在地方社会施展"上行"路线的一个重要表现，也是儒者实践政治理想的一个重要途径。该文系张卫红教授国家社会科学基金后期资助项目"敦于实行：邹东廓的良知学思想与乡族教化"（17FZX023）的阶段性研究成果。

谢一丹《〈王阳明先生图谱〉视觉形象与编纂意图探赜》(《广东开放大学学报》2019年第1期)一文认为，《王阳明先生图谱》是邹守益等人辑述的简易阳明年谱，相较《阳明先生行状》《阳明先生墓志铭》《阳明先生年谱》等其他阳明传记，《王阳明先生图谱》以图文并具的形式生动再现了阳明一生的仕宦、讲学行迹。绘图以呈阳明肖像，作文以叙阳明事功。传神的肖像，简明的图画，释以精炼的文字，满足了市井民众好图的趣味性审美需求，有助于扩大阳明其人其事其学的社会影响力，改善阳明及阳明学在嘉靖年间备受官方冷遇的境况。

任文利《〈邹东廓先生语石鼓诸生语录〉二十五条辑佚》[《阳明学研究（第四辑）》，人民出版社2019年版]一文指出，嘉靖二十二年（1543）春，邹守益游南岳，至石鼓书院与诸生讲论旬日，其讲学语录二十五条见《万历石鼓书院志》，其中有六条见于《邹守益集》，九条见于《万历衡州府志》，其他则未见于别本。

2019年学界没有研究邹善、邹德涵、邹德溥、邹德泳的专论。

2. 欧阳德、聂豹研究

2019年，学界没有欧阳德、聂豹研究的论著。

[①] 《王阳明全集》，第83、110页。

3. 罗洪先研究

2019 年，研究罗洪先的论文有两篇，涉及对罗洪先文献研究。

成一农《经典的塑造与历史的书写：以〈广舆图〉为例》[《苏州大学学报（哲学社会科学版）》2019 年第 4 期］一文指出，罗洪先的《广舆图》在明代中后期广泛流传，成为一些书籍、地图集和书籍中的插图的"模板"。近代以来的中国地图学史的研究，基于《广舆图》所使用的"计里画方"的绘图方法及其代表的所谓的"准确性"，将其认定为中国古代地图绘制的顶峰之一，并在行文中潜在地认为其在明末清初的广泛流传是由其绘图方法造成的。不过，无论是《广舆图》后续版本的刊刻者，还是以其为"模板"的作品的作者都在序跋中试图消除罗洪先《广舆图》的价值，甚至对其只字不提，在一些书目中对《广舆图》的作者也有着模糊的认识。总体而言，明末清初，对于《广舆图》的广泛流传缺乏明确的认知，因此在当时《广舆图》没有被认为是"经典"。不仅如此，《广舆图》在当时流传的主要原因是其优秀的内容，而不是绘图方法。基于此，可以认为，民国以来的在"科学主义"之下对中国古代地图学史的书写，造就了《广舆图》的"经典"地位，但显然也"扭曲"了我们对于历史的认知。由此推而广之的一个结论就是，"人类的历史，可以在它已经发生后才被决定是怎样发生的！"

许蔚《罗念庵佚文辑及文集版本诸问题》[《阳明学研究（第四辑）》，人民出版社 2019 年版］一书对罗念庵文集版本予以考述的同时，对徐儒宗《罗念庵集》、朱湘钰《罗洪先集补编》进行评述，同时辑录罗念庵佚文数十种。

4. 刘文敏、刘邦采研究

2019 年，学界没有刘文敏、刘邦采研究的专论。

5. 刘阳研究（附：刘秉监、王柳川）

彭树欣、彭雨晴《江右王门修证派刘阳论》(《赣南师范大学学报》2019 年第 1 期）一文认为，刘阳的学说和工夫是基于纠正阳明后学之弊而建立的。其"良知说"一方面将王阳明的良知学与易学之精蕴融为一体，另一方面又将周敦颐的无欲说和良知学贯通起来，从而丰富了阳明的良知学。刘阳为学最鲜明的特色则是重践履实功，并以此著称于世，是江右王门修证派之大家，而其工夫论主要是在具体指点学者的用功中呈现出来的。他正是通过实际的践履工夫，真正地践行圣贤之学，故成就了圣贤人格。这正是阳明学的一大特色和贡献，也是江右王门的最大特色和贡献。

截至 2019 年 12 月，尚未有学者对刘秉监、王柳川开展专题研究。

6. 刘晓、刘魁、黄弘纲、何廷仁、陈九川、舒芬、魏良弼、魏良政、魏良器、邓以讚研究

2019 年，学界没有研究刘晓、刘魁、黄弘纲、何廷仁、陈九川、舒芬、魏良弼、魏良政、魏良器、邓以讚的论著。

7. 王时槐研究

2019 年，学界关于王时槐的研究论文有 2 篇。

周丰堇《王时槐的"独几"思想》(《阳明学文献与思想》，中国社会科学出版社 2019 年版）一书从"名为有无之间，实为不分有无""有无之间与中介""不分有无与独体"的角度，对王时槐的"独几"思想进行考察。

张山梁《阳明学与镇海卫》(《贵州文史丛刊》2019 年第 2 期）一文指出，阳明后学王时槐参与镇海卫及其所属户所修建，有力巩固了海防卫所；镇海卫官兵参与王阳明征漳寇、平宁乱等战役，支持王阳明建立不世之功。

8. 陈嘉谟研究

陈时龙《陈嘉谟及其〈念初堂遗稿〉》(《阳明学文献与思想》，中国社会科学出版社 2019 年版）一书根据《明儒学案》所载陈嘉谟文献及民国本《念初堂遗稿》，对陈嘉谟的生平、著述及其思想进行了研究。

陈时龙《阳明后学陈嘉谟的生平、著述及思想》(《第十八届明史国际学术研讨会暨首届阳明文化国际论坛论文集》，江西高校出版社 2019 年版）一书，对王阳明再传弟子陈嘉谟的生平学术、著述藏存及其心学思想进行了初步梳理。

9. 刘元卿研究

魏志远、冯涛《刘元卿的理欲观论析》(《上饶师范学院学报》2019 年第 1 期）一文认为，刘元卿是明朝中后期江右学派的代表人物，主要师从于泰州学派的耿定向等阳明后学。为了纠正当时一些儒者耽空蹈寂的不良学风，刘元卿以"生生不容已"的至善本性为前提，将合理的人欲作为人的自然本性予以肯定。他不仅主张通过慎术、辨志和诚意等修身工夫对人欲加以合理疏导来培养士人道德践履的自觉性，而且还援引絜矩之道对统治者的私欲与民众的社会性欲望之间的对立关系进行协调，以期实现社会伦理秩序的稳定。

10. 万廷言研究

李贺亮《万廷言"先天易学"的心学建构》(《武陵学刊》2019 年第 1 期）一文指出，万廷言是明代心学家、经师。其易学思想精邃深奥，代表着明代心学易学的高峰。万廷言从"心"的立场出发，对《河图》《洛书》《伏羲先天六十四卦

方圆图》、五行、数进行了心学义理上的深入剖析，继而证得易图、五行、数皆源自"心"。万廷言在易图和心学的相互诠释与会通的基础上，完成了自己在"先天易学"上的心学建构。

张昭炜《主静功夫的发展与丰富：从万廷言到刘宗周》[《贵阳学院学报（社会科学版）》2019年第2期]一文认为，吴与弼持敬，陈献章主静，从师承来看，刘宗周更认同吴与弼的着实功夫。刘宗周的主静功夫直接受到阳明学影响。从江右王门的传承来看，刘宗周的老师许孚远与万廷言为挚友，其中万廷言的"平视含光"影响了刘宗周的《人谱》九容之目容，这又关系到《周易》内核精神的阐发与传承。

李贺亮《万廷言易学思想研究》（湖南师范大学硕士学位论文，2019年5月）一文指出，万廷言是明代中后期的重要思想家，其心学思想既表现了浙中与江右的融合，又不完全拘泥于王学的窠臼之下，形成了自己独特的思想。他的易学思想主要表现在他对《周易》义理的诠释和发展。其易学思想以"心"作为核心观念和内在主线，通过对易卦、易图、五行、数等进行心学上的诠释，以证得"心"为易源，是宇宙生生的大本。具体而言，万廷言认为六十四卦都是心体的演绎，而每一卦都包含心的特性。六十四卦之中，首推乾卦，以"乾"为心，同时，又十分重视坎卦，以"坎"有心源之象，认为宗坎即宗乾。除了继承前人以"心"解卦爻辞的传统，他还试图将《河图》《洛书》《伏羲先天六十四卦方圆图》、五行、数等融入心学，以心学的视角对易学进行全面剖析，认为易图、五行、数亦源自"心"。由于万廷言以"心"作为天地万物存在根据和创生本源，所以他解《易》贵在"逆"，其体易工夫也就是体"心"，凸显了归寂派"收摄保聚"的特点。由于每位心学家其自身对世界的体悟不同，因此他们解《易》的原理和方向也就有所差异。万廷言的心学思想不仅是他解《易》的基础，更是他解《易》的最终归宿。大多数心学家都不太注重对《易》进行专门解释，万廷言能够以"心"为易道本体，深入诠释易学之奥义，在推动心学易学的发展中无疑占据着重要地位。万廷言易学思想纯熟圆融，对当时以至后世都有着重要影响，不过由于其自身局限性，也同时存在着解《易》形式单一、依附性强以及本体内涵的主观性等限制。万廷言作为明代心学家解《易》及易图、五行、数的重要代表性人物，对其易学思想进行研究，对于我们深入了解明代易学以及明代心学的发展特色具有重要意义。

11. 胡直、邹元标、罗大纮、宋仪望、邓元锡、冯应京研究

2019年学界没有研究胡直、邹元标、罗大纮、宋仪望、邓元锡、冯应京的

论著。

12. 章潢研究

李新贵《明万里海防图之章潢系探研》(《史学史研究》2019 年第 1 期) 一文指出，章潢图是嘉靖四十一年 (1562) 左右章潢绘制的《万里海防图》。章潢系包括此图及受其影响所绘的崇祯元年《全边略记·海防图》、崇祯六年《地图综要·万里海防全图》、崇祯九年《皇明职方地图·万里海防图》、康熙年间《万里海防图》。该图系具有三个突出特征：图上绘制了简要的七条图注；沿海区域间有明确的分界点；海上有防御倭寇的防线。地图绘制者的绘图特征表明其绘图的目的，就是要完善明代的卫所体系；卫所体系的首要防御对象是沿海不法之民，同时还要灵活处理来华的日本人。

文碧方、卢添成《章潢性气思想探微：从〈明儒学案〉的一处文本错误谈起》[《井冈山大学学报 (社会科学版)》2019 年第 6 期] 一文认为，《明儒学案》摘录章潢《图书编》的一处文本与原文出入较大，二者关于章潢对性气关系的表述有很大的差异，"性气是否混一"成为这两个文本的主要分歧点。以此为出发点，深入探讨章潢的性气思想，指出章潢在阳明"性气合一"的理论背景下，把对性气关系的讨论的焦点转移到"性"与"气质"上来，给"气质"一个清晰的定位，以区别于后天的"习气"。把修养功夫落到实处，既能针砭时弊，对治阳明后学泛滥情识、功夫空疏的流弊，又能有效地回应异端之挑战。章潢性气思想的最后落脚点在变化习气的实修功夫上，"习气"归根结底也是人们放任本心、滋生私欲而产生的，因而章潢提出"求放心""止至善"的修养功夫，把功夫的着力点放在人伦日用之上，以求"明性善"之指归。

龚缨晏《利玛窦在南昌期间制作的日晷》[《清华大学学报 (哲学社会科学版)》2019 年第 2 期] 一文指出，在东西方不同的文明中，日晷的类型也是不同的。16 世纪末，意大利传教士利玛窦 (Matteo Ricci) 首次将欧洲式日晷传入中国。1595 年 6 月至 1598 年 6 月，利玛窦一直在南昌生活。其间，他制作了许多日晷，作为礼物赠送给当地的名流显宦，其中包括南昌知府王佐。不过，利玛窦在南昌制作的日晷并没有保存下来。幸运的是，利玛窦的朋友章潢在其著作中保存了一幅利玛窦的日晷图，这就是《图书编》中的"画因北极之度以定日晷图"。这是现存最早的利玛窦所制日晷图，也是中国现存最早的欧洲式日晷图。此外，章潢《图书编》中的《昊天浑元图》，实际上是罗萨利 (Girolamo Rucselli) 著作中的《世界地图》摹本。

13. 郭子章与郭子章研究

2019 年，学界关于郭子章研究的论文有 1 篇。

王雅克《阳明后学郭子章治黔思想初探》（《孔学堂》2019 年第 2 期）一文指出，郭子章（1543—1618），字相奎，号青螺，又自号蠙衣生，江西泰和人，是继王阳明之后的又一位堪称文武全才的人物。郭子章一生政绩显赫，任贵州巡抚期间政绩突出。他曾深入贵州民族地区，实地了解民族地区的发展情况，积累了丰富的治黔经验。如《黔草》中记载了明朝政府依据郭子章的建议，在贵州推行"改土归流"政策，从而使贵州诸多少数民族地区形成了社会安定、百姓安居乐业的局面，有力地推动了明代后期贵州的经济社会发展。郭子章也勤于思考，著述宏富，《明史·艺文志》载郭氏著述 25 种，246 卷，在经济、政治、军事、思想、教育、文化等各领域均有不同程度的创建。作为阳明后学，郭子章的政绩军功和思想体系反映了阳明文化对明代的深远影响。郭子章是阳明后学的代表性人物，针对贵州的基层社会治理取得的显著成效，为后世执政者提供了很多宝贵经验，其治黔的经验和思想对后来者有极大的借鉴价值。

通读 2019 年学界关于"江右王学研究"论著，我们可以发现：尽管江右王学文献整理与江右王学人物的专案研究（主要集中在邹守益、罗洪先、陈九川、欧阳德、王时槐）已经取得了不少的学术成果，但是还有很多课题要去完成，如《陈九川集》《魏良弼、魏良政、魏良器合集》《舒芬集》《邹元标集》《陈嘉谟集》《郭子章全集》《宋仪望集》的编校整理，宜尽快完成；刘文敏、刘邦采、刘印山、王柳川、刘晓、刘魁、黄弘纲、何廷仁、邓以讚、罗大纮、邓元锡、章潢、冯应京等阳明学者佚文逸事的搜集整理也应一并进行，如果时机成熟可以考虑编撰《江右王学全书》；个别江右阳明学者的专案深究有待深入开展，如陈九川、郭子章思想的深入研究等；而江右王学与浙中王学、泰州学派、南中王学、粤闽王学的互动研究，也有待深入开拓；江右王学对阳明良知心学的学术贡献究竟如何也要全面评估。总之，一部贯通性质的《江右王学通史》有待撰著。

再有，近年来，相比于浙江（"浙中王学"）、贵州（"黔中王学"）、江苏（"泰州学派"），江西省域层面召开的围绕以"江右王学"为专题的学术研讨会略少。建议江西省内有关高校科研机构如南昌大学、江西师范大学、江西省社会科学院、江西省委党校整合省内外的阳明学研究学术团队，围绕"江右王学"申报国家级重点、重大科研项目，进而举办高水平的"江右王学学术研讨会"，以推动江右王学的深入研究，以不负黄宗羲《明儒学案》"姚江之学，惟江右为得其传……阳明一生精神,俱在江右"的评定。

四、止修学派研究

"止修学派"源于《明儒学案》卷三十一《止修学案》,黄宗羲将其置于"粤闽王门学案"之后、"泰州学案"之前,鉴于"止修学案"案主李材系江西丰城人,同时其父李遂师从阳明先生,而李材系王门之"宗子"邹守益的传人,故而本报告在编写过程中置李材所开创的"止修学派"的研究现状于"江右王学研究"之后。

2019年,关于李材与止修学派的研究成果仅有2篇。

郑晨寅《从"正学堂碑"看明末阳明学在漳州的传播》[《闽南师范大学学报(哲学社会科学版)》2019年第4期]一文认为,漳州芝山大院发现的"正学堂碑"所颂扬之"先生"并非黄道周,而是阳明后学李材。此碑亦直接印证了明末阳明学在漳州之传播。黄道周以朱子学为主,亦受阳明学之影响,故其"致知"与"明善"之学,正体现了其于晚明特殊的社会政治图景下对朱子与阳明、李材诸家学说的思考、融合与发展。

张山梁《阳明学与镇海卫》(《贵州文史丛刊》2019年第2期)一文指出,镇海卫作为明代四大卫所之一,素有"武功镇海疆,文教冠闽中"之称。阳明后学李材在谪戍镇海卫期间,积极讲学、讲会,大力弘扬传播阳明心学,使镇海卫成为阳明心学在漳州地区弘扬传播的一大重镇。

通读目前学界已有的李材研究论著,我们可以说李材与止修学派的研究已经开启,但是还有很多课题需要完成,如《李材全集》的编校整理宜加快进行,还有"止修学派"群体的文献史料也需要辑编。这样,才能为李材学术思想的深入研究提供基础文本,进而研究李材生平学行(可以考虑编写《李材年谱》《李材评传》)、李材与止修学派对发展阳明学的学术贡献及其在阳明后学发展上的历史地位。

五、南中王学研究

南中王门,主要指明代南直隶(今安徽、江苏、上海)地区的阳明门人。阳明在世时,南中王门弟子有王艮(见"泰州学派")、黄省曾、朱得之、戚贤、周冲、冯恩、程默等;阳明殁后,浙中王门钱德洪、王畿讲学于此,江右王学邹守益、欧阳德、何廷仁官于南都,从之者甚众[①],诸如贡安国、查铎、沈宠、萧彦、

---
① 《〈明儒学案〉〈宋元学案〉黄宗羲之案语汇辑》,第89页。

萧良榦、戚补、张榮、章时鸾、程大宾、郑烛、姚汝循、殷迈、姜宝、周怡、薛应旂、唐顺之、唐鹤征、徐阶、杨豫孙等。黄宗羲《明儒学案》卷二十五至卷二十七专辟"南中王门学案"，予以论列。

（一）南中王学综合研究

孙钦香《"南中王门"的学派构成及其思想特征》[《贵阳学院学报（社会科学版）》2019 年第 5 期]一文指出，"南中王门"为《明儒学案》"王学七派"之一。"南中"概指以明代"留都"（今南京）为中心，涵盖今苏、皖、沪三地。南中王门概指南中地区阳明亲炙弟子及其再传弟子构成的阳明后学流派。南中王门思想特征主要表现在：南中亲炙弟子均能认同乃师"心即理""致良知"等观念，同时在不同学派之间形成兼容并蓄之风气；再者，再传弟子师从复杂，甚而对讲学活动、"四无说"等多有反省和批评，并将横渠"气"学思想重新引入，以至于南中王门的思想来源及其发展显得较为丰富和多元。可以说，南中王门的思想特征既在阳明良知学的范式内展开多元拓展，又在一定意义上出现反省和批评阳明心学的思想新动向。

孙祥宽《王阳明滁州讲学》（《第十八届明史国际学术研讨会暨首届阳明文化国际论坛论文集》，江西高校出版社 2019 年版）一书对王阳明正德八年、九年间（1513—1514）在滁州讲学始末、讲学形式、讲学影响予以梳理。

张祥林《阳明心学在滁州考述》（《第十八届明史国际学术研讨会暨首届阳明文化国际论坛论文集》，江西高校出版社 2019 年版）一书对王阳明莅滁时期的人文环境、讲学琅琊下及滁州籍阳明学人进行了考述。

（二）南中王门学者个案研究

目前学界对南中王门学者的个案研究，主要体现为对戚贤、黄省曾、朱得之、薛应旂、唐顺之、徐阶等阳明学者的研究。

1. 戚贤、黄省曾研究

2019 年，学界未见戚贤、黄省曾研究论文。

2. 朱得之研究

王裔慈《心物之间：从朱得之〈庄子通义〉一书见明代阳明学与庄学互涉之意义》（台湾《汉学研究》2019 年第 3 期）一文指出，王门学者朱得之《庄子通义》虽为明代中期第一本完整的庄子注疏之作，但其书作为心学与庄学互动所展开的重要性，仍尚待体认。作为王门弟子，对良知有所理解与会心，自不免应用心学的资源注庄。但其注疏庄子，亦非有意将庄子嵌合儒门，而是通过相应的思想资源，找寻二家能互为对照的宗旨所在。在从学王门过程中，朱得之所关注的问题一直便是"物"与"良知"之间的感应关系，甚至对于万物的重视，亦决定了其日后把握《庄子》的方式。因此，面对嘉靖年间阳明学的各种纷呈异解，其借注疏《庄子》重新考虑对物论的思考，深化了心学中对万物的关注，亦积淀了晚明庄子学往后的思想资源。该文试图梳理此段被隐没的思想史中间发展图像，相信若能明白嘉靖时期阳明学与庄子学的交会，将会使我们对明代庄子学中的心物关系，以及与心学的复杂互动有更全面的认识。

3. 薛应旂研究

2019 年，薛应旂研究新论有 2 篇。

刘梦楚《薛应旂生卒年考》[《常州工学院学报（社科版）》2019 年第 6 期]一文指出，薛应旂，武进人，明代著名史学家与理学家。现存文献中对薛应旂生卒年的记载多语焉不详，甚至有不同程度的讹误，而且现在学界对其生卒年也说法不一。文章通过对其本人著述、门生说法及明代登科录等相关文献的分析，考证出薛应旂生于弘治十三年（1500），另通过分析薛氏家谱及唐顺之年谱，认为其卒于万历二年（1574）。

朱光明《〈新刊举业明儒论宗〉考论：以薛应旂的评点为考察中心》（《中国文学研究》2019 年第 2 期）一文指出，明中叶以后，时文的写作朝着两个方向发展：一是以时文为古文，科场文章写作观念渗透到日常文章书写；二是以古文为时文，用古文的观念矫正时文写作带来的不良影响。在这两种思潮的影响下，薛应旂编选了《明儒论宗》，呈现独特的价值。根柢六经，不废王学，重视朱学，是薛应旂时文批评的基本立场。《明儒论宗》折射出中晚明时文写作的特点，体现出古文、时文一体观念，梳理明文统绪以及表达文士的深沉忧思。其价值并不局限于科场时文写作，此编力倡"高古正大"文风，开清初"雅正醇厚"古文风尚之先河；以选本的形式展现一代明文的发展、演变的历程，能够合理看待时文的价值，对我们探察明代文章学的发展具有重要的认识论价值。

4. 唐顺之研究

2019 年，关于唐顺之研究论文有数篇。

曹诣珍《唐顺之与越中文士交游考》[《绍兴文理学院学报（人文社会科学）》2019 年第 2 期]一文认为，唐顺之文武兼备，学识广博，是明中叶南中王门的代表,也是唐宋派的领袖。他与越中文士交游广泛,情谊深厚,互为师友。唐顺之与王畿、季本、吕光洵等越中心学家的切磋砥砺,启发、丰富了他以"天机说"为核心的哲学思想,以及以"本色论"为中心的文学理论。他的哲学尤其是文学思想,又对徐渭、陈鹤、沈炼等越中文学家的创作和观念产生了重要影响。他与山阴名士周述学在历学上的共同成就,是我国科技史上的宝贵财富。唐顺之与越中文士的交游,体现了阳明心学蓬勃发展的背景下吴越文化圈内在关联的紧密。

张艳丽《明代会元唐顺之科举八股文〈一匡天下〉考述》(《考试研究》2019年第4期)一文指出,《论语》作为"四书"之一是科举考试的范畴,其中孔子对管仲的评价言论成为出题的内容。"一匡天下"是孔子对管仲功劳的评价,也是明代会元唐顺之所作的八股文题目。文中唐顺之肯定了儒家孔子、朱熹关于"仁"的理念,从当时春秋时期混乱的社会背景出发,以充分的事例论证管仲辅佐齐桓公尊王攘夷、匡正天下取得的卓越贡献。唐顺之对管仲"一匡天下"事功的肯定,对其人生道路的选择有引导作用,进而在抗倭攘夷方面功勋卓著,鲜明体现了其心系天下的家国情怀。

司马周、毛誉澄《暂脱荷衣事鼓鼙,从军亦复有新诗:唐顺之的军事文学创作及动因分析》(《东吴学术》2019年第4期)一文指出,唐顺之晚岁出山,官阶不显,但尽职尽责,活跃在抗倭御虏的最前沿:阅视军情,不辞劳苦;督察海防,鞠躬尽瘁;抗击倭寇,奋勇杀敌。他在抗击进犯敌人的同时,短时间内还创作了大量的军事文学,主要包括军事人物的形象塑造、军事形势的如实叙述、军事场景的集中刻画、军事环境的独特呈现等。唐顺之创作如此多的军事文学作品,关键动因有四:真实展现抗倭御虏的紧迫形势,着力表达建功立业的强烈心态,尽情抒发精忠报国的深厚情怀,积极倡导经世致用的实学思想。唐顺之的军事创作,为明代军事文学提供了宝贵和丰富的军事素材,切实推进了明代军事文学的发展与繁荣。

5. 徐阶研究

吴兆丰《变动的文本:明人徐阶撰王畿传的文本差异》(《华中国学》辑刊,2019年卷)一文指出,明人徐阶为友人王畿生前所撰传记,其收在徐阶文集《世经堂续集》中名为《南京武选司郎中龙溪王君传》,其附于王畿文集《王龙溪先生全集》中名为《龙溪王先生传》,二者从名称到内容都不相同。两相比对可见,后者不仅较前者内容丰富,而且增补、改动并"建构"有关王畿生平思想叙述。由此可见,单篇文本因其出现在不同文献或文献载体之上,或存在内容差异,研究者需高度重视文本的变动与开放性特点，以免误断。

6. 查铎研究

佟雨恒《查铎思想研究》（山东大学硕士学位论文，2019年5月）一文试图在宋明理学的大背景下，通过对查铎的作品集即《毅斋查先生阐道集》的分析，将查铎的哲学思想进行全面的展示。查铎作为王阳明的再传弟子，王龙溪的亲炙门人，一生笃信良知，修习致良知之学。在坚守龙溪的先天之学和见在良知的立场的前提下，形成了从探求良知本体，良知发用，再到人的道德践履，一整套关于良知的学说。查铎在使用"天命之性""天理"等概念时，往往等同于良知本体。良知本体和良知心体，心之本体，此心之灵等用法，也有在含义上互相贯通的现象。查铎认为，良知是唯一本体，此处的本体有两层含义，一、良知是本体论意义上，超越经验世界的存在，又可称为"乾知"；二、人的道德实践是良知在经验世界的发用流行，即良知是道德实践活动的先天依据，进而把良知分为本体层面和现实层面。本体层面的良知是先天的，是未发的。现实层面的良知处于经验层面，是已发未发之间的。良知本体具有"虚明"的特点，在现实层面表现为"不睹不闻""莫显莫见"，是"虚"的。虽然本体上的良知是"无善无恶"的至善存在，但是从经验层面看，良知发用容易受到情识的蒙蔽。此时，需要良知"知善知恶，时时明觉"的特质来将其道德判断发用到形下层面。从这个角度看，良知又是明的。"觉"是良知在人的道德实践中表现出的监督机制，此机制不待人意识的察觉，便可自我发动，"神触神应"。"才动即觉，才觉即化"，使善恶无所作，虽不如圣人一般任心体流行，也相去不远，亦是至善。查铎在继承王龙溪见在良知的先天正心之学基础上，发挥其"即体而用，即用而体"的体用一原思想，建立了自己的一套适用于中下根人的修习方式。第一，查铎强调戒慎恐惧的慎独工夫，将"无欲"从消解物质欲望上升到"善恶无所作"的良知发窍层面，认为致良知之学"不离性情""不舍物理"，将良知之学转向经世实用。第二，反情归性，也称作用工夫以复本体，是指人通过对后天经验意识的澄清与纠正，使心知回到良知心体的本来状态。第三，志于良知的学风。查铎认为，学者之志应超越普遍意义上的"志气"、道德模仿和功名毁誉，应当从心体立根，志于良知本体在道德实践中的朗现。对于中根之人而言，立志是工夫的开端，不仅可以发动道德实践，同时也可以监督实践是否符合道德价值，做到"即自知觉，即肯消除"。以上经世练习的修行工夫在一定程度上纠正了当时龙溪之学"归于虚寂，流于禅宗"的局面。

总体而言，目前学界缺少南中王学系统、综合性的研究成果，而王阳明在"南都"的讲学活动也有深入挖掘研究的必要。相较于浙中、江右王学，南中王学研究的力度相对不足，一个可能的原因是现行行政区域的划分把明代"南直隶"析分为今天的江苏、安徽、上海，致使南中王学研究较为松散。当下，一个重要的学术工作是编校整理"南中王学集"（诸如《戚贤集》《徐阶集》《黄省曾集》《朱得之集》等），进而开展南中王学专案研究或"南中王学思想"综合研究。

六、楚中王学研究

楚中王门是指今湖北、湖南区域的阳明学者群体。《明儒学案》卷二十八《楚中王门学案》卷首载："楚学之盛，惟耿天台一派，自泰州流入。当阳明在时，其信从者尚少。道林、闇斋、刘观时出自武陵，故武陵之及门，独冠全楚。观徐曰仁《同游德山诗》，王文鸣应奎、胡珊鸣玉、刘瓛德重、杨衍介诚、何凤韶汝谐、唐演汝渊、龙起霄止之，尚可考也。然道林实得阳明之传，天台之派虽盛，反多破坏良知学脉，恶可较哉！"[1]黄宗羲这里提到的楚中王门学者有湖北黄安籍的耿定向、耿定理兄弟，已划入"泰州学派"[2]；武陵籍门人有蒋信、冀元亨、刘观时，此外还有王应奎、胡鸣玉、刘德重、杨介诚、何汝谐、唐汝渊、龙止之等人。

（一）楚中王学综合研究

2019年，关于"楚中王学"综合研究的专论有1篇。

焦堃在《楚中王门再考》[《阳明学研究（第四辑）》，人民出版社2019年版]一文中认为，王阳明在湖广的讲学授徒活动只可能发生在长沙、常德、辰州三个地方，而尤以常德和辰州为重。

（二）楚中王门学者个案研究

1. 蒋信研究

杨学慧《正学之道：楚中王门蒋信心学思想及其影响研究》（贵州大学硕士学位论文，2019年5月）一文指出，蒋信作为明代重要的心学学者、楚中王门的代表，在明代思想史上占有重要的地位。他从学于王阳明和湛若水，出入王、湛两门，吸收王阳明和湛若水两家学说，构建起了独具特色的心学体系。蒋信以心为

---

[1] 《黄宗羲全集》第7册，第727页。
[2] 《黄宗羲全集》第8册，第66—83页。

本体，构建了"心"统摄之下的本体论，同时援引"气""理""性"等要素，丰富与完善了其心学思想体系。他主张心、气、理、性合一，贯通无二。蒋信主心，却并不排斥、忽视气、理、性等要素，旨在调和心与理、气、性之间的关系。他重视"默识""慎独"等工夫，以"万物一体"思想为宗旨，旨在达于仁者之境界。蒋信其学入于王门，卒于湛门，他与王、湛两门学者都有着广泛的交往。蒋信五十入仕，为官期间他创复书院，大兴文教之风，惠及一方学子。归乡之后，他筑精舍于桃花冈，授徒讲学，成就一方，对湖湘文化和贵州文化都产生了重要的影响。

韩慧琴、王林《蒋信师事湛甘泉始末》[《五邑大学学报（社会科学版）》2019年第4期]一文认为，蒋信作为中晚明颇有影响力的儒家学者，曾先后从学于王阳明和湛甘泉这两位明代最杰出的心学大师。但他自称为甘泉门人，奉甘泉为恩师。同样，湛甘泉对爱徒之情谊甚为深刻。二人师生缘分始于官场。在身居要职期间，二人面对官场非议态度不一，但这并不影响他们良好的师生关系。蒋信辞官后隐居德山，继续弘扬师说。蒋信与湛甘泉的师生情谊堪称明代教育界的楷模。

牛磊《明儒蒋道林的"知几"工夫论》(《周易研究》2019年第6期)一文指出，作为王阳明最早的亲炙弟子，楚中王门的代表人物蒋信学兼阳明、甘泉两家，在理气、心性等诸多方面对明代中叶兴起的心学浪潮做出了理论上的深化与推动。蒋信之学以"万物一体"为宗，为达至此一体之境，蒋氏构筑了一套"知几"工夫论，将工夫的落实逼至心体发动之端倪与萌芽处。对蒋道林而言，"知几"即保任心体而不使之逐物，"慎独"就是对独知的惺惺常觉，两者都意味着在心体至微至寂之"几"上做功夫。因而，"知几"与"慎独"构成一体两面工夫论。

2. 冀元亨研究

陈勇《阳明心学首发湖南沅陵疏证》(《怀化学院学报》2019年第12期)一文指出，贵州龙场驿是王阳明"悟道"之地。"龙场悟道"后，王阳明来到湖南沅陵停留近一个月时间，是他在湖南寓留时间最长的地方。该文从对"首发"字义内涵的科学把握，结合王阳明当时的心境，以及相关史料考证和时间推论，湖南沅陵很可能是"阳明心学"的首发之地，而冀元亨等则是王阳明在楚中的早期弟子。

楚中王学研是2019年阳明后学研究的一个亮点，尤其是对蒋信的研究，是目前为止对蒋信研究推出成果最多的一个年份。通观目前学界的楚中王学研究成果，相对较少，我们建议下一步在继续挖掘楚中（湖北、湖南）阳明学者名录的基础上，编校整理《楚中王学集》，进而深入研究阳明学在楚中的传播与发展。

七、北方王学研究

"北方王门"提法见于黄宗羲《明儒学案》卷二十九《北方王门学案》,指明代中后期在北方地区(山东、河北、河南与陕西)研究和传播阳明心学的学者群体,主要有穆孔晖、张后觉、孟秋、赵维新、尤时熙、孟化鲤、王以悟、张信民、杨东明、南大吉等,还有王阳明早年弟子王道(后学宗程朱,脱离"王学"阵营)。

(一)北方王学综合研究

陈寒鸣《阳明后学在北京讲学活动述论》[《贵阳学院学报(社会科学版)》2019年第6期]一文认为,阳明后学承继阳明重视讲学,以为不讲学不足以明道的思想精神,以讲学为事、以讲学为乐,遂使中晚明的心学思潮与讲学运动密不可分。讲学兴盛,使得心学思想风靡一时,轰动朝野。而京师乃明朝中枢,阳明后学在此频频举兴讲会,有的参加者达数千人之多,这当然有力扩大了阳明心学的影响。

翟爱玲《论明代洛阳王学的发展进程及其阶段性特征》[《洛阳理工学院学报(社会科学版)》2019年第6期]一文指出,洛阳地区是明代中后期阳明心学北传的两大中心之一,其学术风尚与地位在阳明后学中独树一帜。洛阳王学的发展经历了开创、兴盛和转型发展三个阶段。尤时熙将心学引入洛阳,以聚徒讲学而带动一批学者探究阳明心学,初步形成洛阳王学的气象。至其弟子孟化鲤时期,洛阳王学不仅学术队伍更加壮大,思想内容更为丰富,而且在与境外学者的往来交流方面达到前所未有的广泛和深入程度。在明代末期,以吕维祺为代表,洛阳王学在思想内容上日益凸显出经世致用特色,在与全国学术转型趋势相应的情形下体现出明显的前沿性。

朱亚非《明代王学山左学派理论特色及其影响》(《第十八届明史国际学术研讨会暨首届阳明文化国际论坛论文集》,江西高校出版社2019年版)一书对山东籍阳明学人群体予以概论。

(二)北方王门学者个案研究

1. 穆孔晖研究

白同旭《穆孔晖思想述论》(聊城大学硕士学位论文,2019年5月)一文指出,穆孔晖,山东聊城人,是明中后期王学北传第一人。在程朱理学固守的北方,他先学程朱、后学阳明,打破了程朱理学的思想枷锁。书香世家、官宦家庭出身的穆孔晖从政三十年，多任文职，参与两朝实录编写，经历颇丰，但他没能主政一方。虽然穆孔晖出身翰林，但他并没有止步于学术研究，而是更多地思考明中后期特殊历史环境下的现实问题，从社会需求出发，提出了以德行修养为中心的解决方法。他的这些思想都可以从存世文献中梳理出来。穆孔晖的思想内涵主要分为政治理念、学术思想、教育主张三个层面。他的政治理念具有明显的儒家特色，他将"絜矩之道"贯彻其中，认为君臣都要恪守道德操守，各司其职，不以自身喜恶为行事标准；穆孔晖的政治理念更贴近社会需要，主张客观认识财货的重要性。他的学术思想则具有自身特点，是阳明心学与程朱理学的相互结合，更为突出的是他的援佛入儒，利用佛道理论来诠释儒家经典。他的教育主张更多的是强调教育的重要性与道德教育，注重孝道文化，推崇践行孝道。穆孔晖的思想具有明显的阳明心学与程朱理学的双重特点，是两派思想初期碰撞的结果，也是北方王门学者不同于南方王门学者的思想特点。这对王门后学研究的进一步发展提供了思路。

王龙《穆孔晖人君养心论》(《淄博师专论丛》2019年第3期)一文指出，穆孔晖参加山东乡试考试时，于《论》一篇提出了人君养心的思想。他认为人君之心是天地黎民万物之主且至关重要，因此人君之心应当养善成智，具体的方法则是君子养之以善和人君"持敬"自养。人君之心达到"智"的境界之后，人君才能依托此心兴礼乐修教化，以恩泽万民。

2. 王道、张后觉、孟秋、赵维新、尤时熙、孟化鲤、王以悟、张信民研究

2019年，学界未见研究北方王门学者王道、张后觉、孟秋、赵维新、尤时熙、孟化鲤、王以悟、张信民的论文。

3. 杨东明研究

向世陵《杨东明心学的"广仁"说与同善呼唤》(《王学研究》辑刊，2019年卷)一文指出，杨东明从阳明学理气合一的观点出发阐释他的生生之仁，主张亲民爱物，以生名仁，生生之仁从"里面"生发出来。推此心于天下，父天母地，民胞物与，通天地万物为一体。万物一体既植根于天道的生机畅达，也依赖于人世的养心劝善，更立足于性命主体的存仁存生和赞天地化育的积极参与。"广仁"落实于救民众所急的生存关怀和"以遂吾大同之愿"的博爱实践。人能全仁，则生机所畅，泽及后裔，行善会带来更大的福报。杨东明倡导"同善"不回避利益的计度和报偿，但重点在宣扬克私为公，力求避免人世间的冷漠，从一体流行之气到内在生发之仁再到出以公心的善举，合力推动着他的同善呼唤。

4. 南大吉研究

2019年7月16日,"明南大吉家族纪念馆开馆揭牌仪式"在陕西省渭南市临渭区官道镇南家村举行。渭南市政协主席吴蟒成、临渭区政协主席陈根许、绍兴市王阳明研究会会长张校军、陕西阳明学会执行会长王海峰等出席活动并参加座谈。①

赵玉亚《寻访先贤南大吉》(《渭南日报》2019年11月29日)一文对南大吉的生平事迹及其与阳明学的关系进行解读,认为南大吉既是阳明心学在关中的第一位传人,更是关学崇尚气节、不苟活于世的思想的忠实追随者和实践者。综观南大吉一生,从浙江绍兴知府到渭南瑞泉先生,做官他坚持亲民,为官一任,造福一方;讲学他兴学传道,经世致用;做学问,他考论严谨,述作丰富。他是渭南历史上第一部《渭南志》的编撰者,亦编撰有《绍兴志》若干卷藏于绍兴郡,著有《瑞泉南伯子集》。在接受阳明心学之后,他以慎独改过为致良知功夫,坚守知行合一,不但首开关中传播阳明心学的先河而且终其一生实践之。他在遭受挫折时,不以毁誉动其心,不消极避世,仍然以热忱的赤子之心入世做事的家国情怀是他留给我们宝贵的精神财富。

刘莹、米文科《明代关学的形成与发展》(《甘肃社会科学》2019年第1期)一文指出,明代关学的发展历程从其特点来看可以分为四个阶段。第一阶段是以薛瑄的关中弟子或私塾弟子和后学为代表的关陇之学,他们在思想上大多恪守着程朱的"主敬穷理"之传,这一时期可以看作河东之学在关中地区的传播时期。第二阶段是以三原王承裕为代表的弘道书院讲学,这是关中本地理学的兴起时期,同时也是关中讲学兴起的时期。第三阶段是以吕柟、马理、韩邦奇和南大吉为代表的多元发展时期,除传统的程朱之学外,阳明心学和张载气学及明代中期出现的"重气"思想也都在关中地区出现,并成为关学的一部分。第四阶段则是以冯从吾为代表的晚明关学的"朱王会通"之路。总的来说,明代关学在其四期发展过程中在不断吸收新思想的同时,始终都秉承着张载关学读经重礼、躬行实践和崇尚气节的传统学风;在不断更新自己理论的同时,保守与传统并行。

通览学界近年来已经公开发表的北方王学研究成果,对其所取得的学术成绩应予以肯定。尤其是《北方王门集》的编校出版,为当下的北方王学研究提供了基础文本;但是《北方王门集》尚未将北方王门学者诸文集涵括在内,我们期待《北方王门全书》的整理出版。但是对北方王学的研究应该视作一个研究整理,尽

---

① 信息摘录自《"明南大吉家族纪念馆"落成并开馆揭牌》,新渭南网,2019年7月17日。

量打破山东、河北、河南、陕西的省域界限，进行综合研究。当然，我们有理由期待北方王学研究专著的撰著与出版。

八、粤闽王学研究

粤闽王学，顾名思义，意指明代中后期广东、福建籍的阳明门人弟子。黄宗羲《明儒学案》卷三十专辟"粤闽王门学案"，主要为"行人薛中离先生侃""县令周谦斋先生坦"二先生立学案，此外还有方献夫、薛尚贤、杨骥、杨仕鸣、梁焯、郑一初、马明衡七人的小传[①]。

（一）粤闽王学综合研究

周兴《明代广东儒学史研究》（西南大学博士学位论文，2019 年 5 月）第四章叙述广东王学的理论及礼教实践，指出，王阳明先后提出"知行合一"和"致良知"等宗旨，其学在理论上实现了明道与行道的合一，对仁道的理论探讨提升了一个层次。广东的王门后学以方献夫、薛侃和杨起元最为显著。方献夫提出"知本"作为学术宗旨，然而在其理论结构中不重视"事"的一面。在嘉靖初，方献夫将心学思想运用于"大礼议"的政治斗争，以礼制合于人情作为理论根据。薛侃以"格物"为其学的核心，但强化了王学本体中的虚的一面，晚年的"格物"更走向空虚。薛侃发展了王阳明的《南赣乡约》作为落实仁道的主要途径。杨起元着重阐述"赤子之心"的内涵，并以"赤子之心"来落实孝弟慈等道德价值，但在理论上消解了儒家道德修养的工夫。

张山梁《阳明学与镇海卫》（《贵州文史丛刊》2019 年第 2 期）一文指出，镇海卫作为明代四大卫所之一，素有"武功镇海疆，文教冠闽中"之称。通过对史料的挖掘，对阳明弟子、后学生平的跟踪考究，作者认为：阳明后学王时槐参与镇海卫及其所属户所修建，有力巩固了海防卫所；镇海卫官兵参与王阳明征漳寇、平宁乱等战役，支持王阳明建立不世之功；陈九川、李材等阳明弟子、后学在谪戍镇海卫期间，积极讲学、讲会，大力弘扬传播阳明心学，使镇海卫成为阳明心学在漳州地区弘扬传播的一大重镇。

郑晨寅《从"正学堂碑"看明末阳明学在漳州的传播》[《闽南师范大学学报（哲学社会科学版）》2019 年第 4 期]一文指出，漳州芝山大院发现的"正学堂碑"所颂扬之"先生"并非黄道周，而是阳明后学李材。此碑亦直接印证了明

[①] 《黄宗羲全集》第 7 册，第 761—763 页。

末阳明学在漳州之传播。黄道周以朱子学为主，亦受阳明学之影响，故其"致知"与"明善"之学，正体现了其于晚明特殊的社会政治图景下对朱子与阳明、李材诸家学说的思考、融合与发展。

吴国柱《王阳明与莆人的情谊》(《莆田侨乡时报》2019 年 8 月 15 日、19 日、20 日、22 日、26 日)一文，对王阳明与莆田学友及门人后学之交游予以阐释，指出，王阳明与莆田友人刑部尚书林俊、兵部右侍郎林富、寿州知州林僖、顺德知县林应骢等结下深厚的情谊，王阳明与莆田弟子马明衡、陈杰、林达、林子文、林学道、蓝渠等人的师生情谊亦深。王阳明曾举荐莆田生员陈大章于南宁府学讲解演习仪文节度。

（二）粤闽王门学者个案研究

当今学界对粤闽王门学者个案的研究集中为对方献夫、薛侃、马明衡、郑善夫的研究。

1. 方献夫与方献夫研究

2019 年研究方献夫的论文有 1 篇。

闫福新《从"方献夫入阁"看明代中后期官场变化》[《内蒙古大学学报（哲学社会科学版）》2019 年第 3 期]一文认为，方献夫在明嘉靖时期由吏部尚书进入内阁，并且以阁臣身份兼署吏部尚书之职两月左右，这是其与嘉靖帝"讨价还价"的结果。其入阁的过程也反映出明代中后期官场的一些变化：首先，其中掺杂着方献夫的私心和欲望，从而可以略微窥探到明代中后期官员在官场上谋私利已成普遍风气；其次，其由吏部尚书入阁也反映出当时内阁的地位已经开始超过，甚至完全在六部之上。

2. 薛侃与薛侃研究

2019 年，研究薛侃的论文有 1 篇。

杨浩《薛侃对〈四书〉的理解》[《阳明学研究（第四辑）》，人民出版社 2019 年版]一书指出，薛侃作为阳明高弟，秉承王阳明解经风格，重视从自己的体悟出发，对经典的理解是活泼泼的。不难发现其对"四书"的理解体现着阳明学在"四书"理解方面的诸多特点。

3. 马明衡研究

2019 年未见研究马明衡的论文，但是有研究马明衡之父马思聪的论文 1 篇。

何柳惠《明代闽中名臣马思聪生平、创作及影响》(《闽江学院学报》2019 年第1期）一文认为，马思聪是明代福建名臣，官至南京户部主事，平生交游甚广，殉节于正德十四年（1519）宸濠之难。关于马思聪的史料记载零散且简略，学界相关专题研究甚少。通过考索各类正史、方志、族谱及其相关文献，能依次勾勒马思聪的生平，论断其配享风波。《马忠节父子合集》中保存了马思聪的诗歌24首，其诗风劲健昂扬，颇有唐诗风骨。其忠义气节影响了明清两代士人。考证马思聪的生平，不仅可补既往研究之未周，而且可以从侧面了解宸濠之难中明朝士大夫的忠义观念及行为实践。

4. 郑善夫研究

2019年，未见研究郑善夫的论文。

通观近年来粤闽王学的研究论著，虽然有《薛侃集》《方献夫集》《莆田马氏三代集》的编校整理，但是相关的研究工作则有待进一步加强，可以开展"粤中王学文献集成""薛氏家族与阳明学研究""阳明学在广东的传播与流变"以及"闽中王学文献汇编""阳明学在福建的传播与流变"的专题研究。

九、泰州学派研究

《明儒学案》卷三十二至卷三十六为《泰州学案》，因该学派创始人王艮系南直隶泰州人，故名曰"泰州学派"，主要指今天江苏泰州一带的阳明学者，但也包括与泰州王学所倡学术宗旨相近、有学脉传承的一批江西、四川、广东、浙江、湖北、福建、江苏籍的阳明学人。《泰州学案》所选阳明学者，即泰州王门学者有：王艮、王襞（附朱恕、韩乐吾、夏叟）、徐樾、王栋、林春、赵贞吉、罗汝芳、杨起元、耿定向、耿定理、焦竑、潘士藻、方学渐、何祥、祝世禄、周汝登、陶望龄、刘塙21人。此外《泰州学案》"小序"录泰州学派学人颜钧、梁汝元（何心隐）、邓豁渠、方与时、程学颜、钱同文、管志道7人。此外，李贽也是泰州学派一系的阳明学者，因其思想属"异端"，黄宗羲不为其立"学案"。实则从师承、学脉上讲，汤显祖（师从罗汝芳）、徐光启（师从焦竑）、袁宗道、袁宏道、袁中道等，也属"泰州学派"中的阳明学者。

（一）泰州学派综合研究

2019年10月31日，由江南文脉论坛组委会、南京大学、江苏省社会科学院、泰州市人民政府共同主办的以"泰州学派的思想传承与现代转化"为主题的

"江南文脉·泰州学派分论坛暨泰州学派学术研讨会"在江苏泰州召开。[①] 江苏省委宣传部副部长赵金松致辞时指出,泰州学派作为江南文化版图的重要思想流派,给后世留下了丰富的思想遗产,"万物一体""百姓日用即道""人人君子"等思想在历史上曾经产生过重要影响,在当下仍然具有重要启示意义。清华大学国学院院长陈来,华东师范大学教授杨国荣,江苏省社科联党组书记刘德海,南京大学党委常务副书记杨忠,江苏省社会科学院副院长樊和平,浙江大学中国思想文化研究所所长董平,复旦大学哲学学院教授吴震,南京大学中国思想家研究中心教授周群,同济大学教授朱义禄,西安交通大学教授张再林,韩国霞谷学研究院院长李庆龙等众多专家学者齐聚泰州,共同挖掘泰州学派蕴含的哲学智慧、人文精神、道德规范,展示其历久弥新的现代价值和时代风采。

陈寒鸣、陆信礼《关于泰州学派的思想和著作》[《阳明学研究(第四辑)》,人民出版社 2019 年版]一书认为,泰州学派所提倡的平民儒学在当时与后世产生了强烈影响,它不仅成为早期启蒙思想的先导,而且为儒学的发展开出了新的路向。全面搜集整理王艮与泰州学派的文献,对于泰州学派研究有重要的学术价值与现实意义。

刘芷玮《安定书院与泰州学派:尊崇胡瑗的泰州儒学传统及其与心学的离合》(《中国文化》2019 年第 2 期)一文从《泰州志》的文献着手,发现纪念胡瑗的安定书院与王艮的异时空交会,分别对明末泰州学派的诞生与宋代以来泰州儒学典范中的胡瑗,提出了新的解析与观点。先从地方史、书院史的角度剖析地方儒学,再分别从三次并祀现象说明胡瑗与王艮的事迹,最后用后现代史学的观点讨论了历史上两种泰州学派若即若离的关系与各自的发展。

唐东辉《"孝弟慈":论泰州学派平民讲学的"实落处"》[《贵阳学院学报(社会科学版)》2019 年第 2 期]一文指出,泰州学派的平民讲学活动以近溪的"孝弟慈"思想为"实落处"。王艮的身本孝道观为其"孝弟慈"思想奠定了理论基础,颜钧对"圣谕六条"的阐释为其"孝弟慈"思想奠定了实践基础。近溪在此基础上发展出泰州学派独树一帜的"孝弟慈"思想:在理论上,以本末观贯穿"孝弟慈",既以"孝弟慈"修己立本,又以"孝弟慈"率人达末;在实践上,则以乡约为载体,着力阐发"圣谕六条"。近溪的"孝弟慈"思想,最大的实践意义在于,为泰州学派的平民讲学找到了落脚点;理论意义在于,一方面为儒家的内

[①] 信息来源于《江南文脉·泰州学派分论坛暨泰州学派学术研讨会在泰州举办》,新华网,2019 年 10 月 31 日。

圣外王之道提供了一种新的诠释方式,另一方面也为"四民异业而同道"找到了更加坚实的理论依据。

(二)泰州学派学者个案研究

泰州学派的个案研究以王艮、林春、徐樾、颜钧、何心隐(梁汝元)、罗汝芳、杨起元、耿定向、李贽、焦竑、徐光启、管志道、汤显祖、周汝登、陶望龄、赵贞吉、邓豁渠等人为代表。本书编写时,权把"赵贞吉、邓豁渠"归入"蜀中王学"。

1. 王艮研究

2019年,研究王艮的论文有7篇。

李承贵《王艮对王阳明心学的独特贡献:兼及若干相关问题》[《贵阳学院学报(社会科学版)》2019年第6期]一文指出,信奉阳明心学而感叹知之者甚少,于是身着异服,驾一蒲轮,由南而北讲说不倦,宁可遭人嘲讽,亦毫无惧色,此非"以身殉道"之境界?体恤阳明讲学及事务繁杂、劳累,于是设法旦夕陪侍阳明左右,勤勉启蒙学者而毫无怨言,此非"尊师重道"之品质?忧心同门及求学者不能安心切磋交流,于是致力阳明书院的筹建,周旋其中而乐此不疲,此非"学术乃公器"之胸怀?期待阳明之学快速生长于民心,于是四处布道,用心诠释阳明心学宗旨,通俗其内容,此非"以传道为业"之鸿志?惧怕学者自立门户、学术分裂,于是谨述"良知""天理"之同,协调湛、王以共倡圣人之学,此非"以公心辩"之气象?寄望阳明心学后继有人,于是广招弟子,培养学术新秀而不遗余力,创立泰州学派,从而成为阳明心学脉络中不可或缺而又最耀眼的一环,此非"以道统自任"之担当?嗟嗟,心斋者,真人也,豪杰也,义人也,大儒也!环顾当世道场,鼓噪喧嚣者有之,多言乱语者有之,浑浑噩噩者有之,趋炎附势者有之,精致利己者有之,辱师废学者亦有之!独不见心斋也。此非谓心斋之于当世有似空谷之足音乎?

朱义禄《论王艮身本论及其对罗汝芳的影响》(《教育文化论坛》2019年第4期)一文认为,王艮是王阳明的亲传弟子,其思想"多发明自得"。出身灶丁的经历,是他提出"身尊道尊"论与"仕禄害身""明哲保身"说为主要内容的身本论的原委。从中国哲学史发展历程言,身本论有别于以往的气本论、理本论与心本论,为一种新的理论形态。罗汝芳在构建自身思想体系时,兼容了身本论与王阳明的"良知"说,提出了令人耳目一新的"赤子之心"作为自己学说的宗旨。宗旨各异的新哲学思想的出现，是在连续性与非连续性的矛盾统一中实现的。

姜子豪《王艮"淮南格物"身为尊思想探析》(《重庆电子工程职业学院学报》2019年第3期)一文指出，王艮作为泰州学派开创者，在继承阳明心学基础上提出"以身为本"的本体论命题，以"身"为天地万物之本，天地万物为末，着重关注个人主导作用的发挥。其"安身立本"认识论揭示了个体生命价值的至上性，在"尊道"前须先保护自己的生存权利不被威胁，再去实现个人社会理想。"明哲保身"是其方法论以及处理人际关系原则，强调人己平等、爱人爱己、善待他人以及自己，从而达到保身目的。

杨浩《"印证吾心"与"本义自足"：王艮对四书的理解》(《儒家典籍与思想研究》，2019年卷)一文认为，王艮作为阳明后学泰州学派的开创者，由于其特异的出身与为学径路，其思想在阳明后学中具有鲜明的特色。王艮对四书的文本非常熟悉，但并不注重通过历代的注释来理解文本，而是强调文本自身的"本义自足"，同时将四书文本的阅读作为"印证"自心的手段。王艮对《大学》最为重视，不仅表现出他颇为独特的"淮南格物"说上，同时也体现在对"止于至善""诚意"工夫的特别重视上。此外，王艮对《中庸》的"中"也很重视，对《论语》《孟子》的文本，也有一些自己的理解。

高正乐《王心斋晚年工夫论新探》(《孔子研究》2019年第4期)一文指出，王艮根据古本《大学》，明确将"八条目"划分为三个次第：一是"格物致知"，即在以身格家国天下的过程中认识到吾身为本，并认识到吾身应当达到的至善境界；二是诚意，即躬身践履，把"格物致知"的内容实现出来；三是正心以及修齐治平，即在践履过程中自觉本心，使本心在吾身与世界的交接过程中真实存在，进而将本心推扩到一家、一国乃至天下，最终达到至善之境。王艮的工夫论特重践履，对阳明心学的发展具有重要意义。

张雨、武道房《人人皆圣：王艮对儒家"圣人说"的新解》[《安徽农业大学学报(社会科学版)》2019年第4期]一文指出，圣人一直是崇高伟大身居高位的，与普通的百姓有着云泥之差，因而千古留名，深受万世敬仰。对于儒家来说，成圣是儒者终其一生所追求的目标。而自阳明以来，理学家逐渐拉近圣人与常人的距离，泰州学派创始人王艮更是提出"人人皆圣""人人君子"的主张来弱化"圣人说"。他通过将"天理良知"改造成"日用良知"，使玄虚神秘的天道等同于老百姓的日用；又将一直备受推崇的君子之道——"舍生取义"新解为"立本安身"，关怀百姓最基本的生存需求；最后又将"乐"与"学"结合起来，将晦涩深奥的"圣人之学"转换为"至简至易之学",更是打破了精英阶层对于教育的垄断。这样,王艮就把原本高高在上的圣人拉下神坛,重新建立起一套常人成圣论,力图填平圣人与平民之间的鸿沟。

高金凤《构建"学为中心"的乐学教学体系:基于王艮教育思想》[《教育研究与评论(小学教育教学)》2019年第8期]一文认为,"学为中心"的乐学教学体系构建,根植于泰州学派创始人王艮倡导的教育思想的丰厚土壤。具体而言,围绕"学为中心",更新教育理念,完善乐学课程,改进教学方式,提升学生的学习品质和学习境界。

2. 林春、徐樾研究

2019年,学界未见研究林春、徐樾的专论。

3. 颜钧研究

2019年学界研究颜钧的论文有1篇。

衷鑫恣《宋以来道学人士的心疾问题》(《文史哲》2019年第2期)一文认为,宋以来道学人士罹患心疾的病发比率总体不高,史料中保存的若干病例多由个人原因造成。不过,由于程朱学重"思",宋明道学家"因思致疾"的现象着实较多,连朱熹、王阳明这样的一派宗师也不能幸免。道学苦思道德心性与命理等议题,穷深极奥且概念纠缠、莫衷一是,由此造成了普遍性的精神压力,是乃哲学形上学运思的副产品。明代心学惩朱学流弊而起,于心疾防治有独特贡献。阳明良知学以"不学不虑"为教,号称简易直截,其用意之一就是解放义理思索之苦;泰州学派颜钧于南昌张榜"急救心火",则已发展为专门的心疾(精神疾病)治疗活动。以此回观,可以发现:程颐、朱熹其实已明了心疾之非,认为心疾终非圣贤气象;程朱所谓"善其思"及澄怀静坐等操练法门,实际上已经是在针对难以放弃读书致知任务的道学人士,指点可常态化的心疾防范之道。

4. 何心隐(梁汝元)研究

2019年,研究何心隐的论文有3篇。

童伟《何心隐叙事观念与明代叙事美学的滥觞》(《江苏社会科学》2019年第4期)一文认为,何心隐叙事主张富有哲学与历史内涵,在突破传统叙事中凸显独特的审美意味。他以"心学"为基础唤醒百姓日用之"事",使"事"走进叙事的中心,并认为"心"在当下显现为"事",感性的"事"与"心"或"仁"相贯通。他援用《尚书》范畴提出"五其事而叙","事"借助形象的可感性经验当下敞开,确认了以人为中心的形象叙事的自主性,打开了叙事的自主空间。又从

《周易》"穷而极""变而通"的哲理中,将"事"投射到阴阳卦象变易不居的超时空背景下,成为天道的显现。人物形象叙事的互动往来,尽显"理""事""心"合一之真,在虚实相生中超越了历史叙事与虚构叙事之分别,"经史一物"或"六经皆史"的思想雏形初具,在"史统散而小说兴"的历史变迁中助推了明代叙事美学的兴起。

陈诗师《何心隐理欲观论析》(《哈尔滨学院学报》2019年第10期)一文认为,何心隐是明代中后期的思想家、哲学家、平民社会改革实践家,泰州学派的杰出代表。泰州学派是阳明后学中的一支,一方面它继承了阳明之学,另一方面也被批判为是一个与王学渐行渐远的学派,其主要原因在于理欲观的冲突。何心隐在继承泰州学派思想的基础上进一步对人欲进行了深刻的思考和较为全面的探讨,肯定"欲"存在的合理性,批判"无欲",主张"寡欲""育欲""与百姓同欲",启迪了人们长期被禁锢的思想,形成了其更具启蒙意义的理欲观。

齐悦《何心隐:明代"共产主义"讲学家的传奇人生》(《文史天地》2019年第5期)一文认为,何心隐三十岁那年取得江西乡试第一名,出人意料的是,在那个学而优则仕的年代里,他毅然放弃一片光明的仕途,师从儒学大师颜钧,深受其平民化、通俗化儒学理论的影响,从此以讲学作为人生理想。

5. 罗汝芳(罗近溪)研究

2019年,研究罗汝芳的论文有近10篇,另有研究专著1篇。

蔡世昌《罗近溪哲学思想研究》(人民出版社2019年版)一书以"罗近溪哲学思想"为专题研究对象,不同于一般的思想—文化史的考察,而是侧重于从哲学史的角度考察罗近溪哲学思想的发生、发展和完成。作者采取历史与逻辑相统一、资料与观点相结合的方法,通过对罗近溪《语录》和《文集》的深入解读,从纵横维度展开对罗近溪哲学思想的深入探讨,即从纵的方面厘清罗近溪哲学思想的形成、发展与成熟阶段的不同特色,勾勒出从王阳明到王艮再到罗近溪的内在发展线索;从横的方面力图挖掘罗近溪哲学的内在课题,重新建构罗近溪哲学的体系。

温世亮《中庸视域中的罗汝芳诗歌创作及其诗史意义》(《荆楚理工学院学报》2019年第1期)一文认为,罗汝芳对中庸之道有自己的体悟,他不仅将中庸视为儒家伦理道德的基本准则,将它既当作达仁至善的方法论来进行界说,又赋予其实际的思想内涵。守中庸而务中正平和的哲学思想也贯彻到罗汝芳的诗歌创作中,他的诗歌因此每见圆融醇和的审美形态。以聂豹、罗洪先、欧阳德、邹守益、王时槐等为代表的明代"江右王门"在中庸义理的理解上虽有一定的差异,但他们均为阳明良知心学的传衍者,大都能借诗歌阐发心性,在他们的创作中实已融入了中庸基因,这对明代心学与文学关系的研究具有借鉴价值。

刘增光《"原日身体"与身的形上化:罗汝芳身心之学的现象学诠释》(《学术月刊》2019年第5期)一文认为,身体观是近年来哲学研究的一个重要主题。宋明理学是中国哲学发展的高峰,理学家之身体观值得重视,而阳明学派的罗汝芳之身体观尤富创造性,并可与西方的身体现象学互相鉴照。第一,罗汝芳扭转了传统的"心灵身拙"观念,回到人的生命整体去思考身心关系,提出"身心灵妙"说,此不同于身心二元论;第二,罗氏提出"原日身体"或"初生身体",揭示了身的形上之维以及身与世界之间的意向性结构,此相当于梅洛·庞蒂的"身体意向性"或舒斯特曼的"身体意识";第三,"原日身体"所具有的源初意识就是赤子之心所具有的孝、弟,世界就是一个孝弟慈的世界,这与现象学在宏大范围内谈论世界不同,而构成了儒家道统的重要内容。

唐明贵《试论罗汝芳对〈论语〉的易学解读》(《周易研究》2019年第4期)一文认为,作为泰州学派的传人,罗汝芳在诠释《论语》过程中,在本体论和工夫论两个层面展开了对《论语》经文的重新释读,他以《易》之"生生"释"仁",以《易》之"生生之理"释"学而时习之",以《易》之"复""生"释"克己复礼",将被誉为群经之首的《易经》和以孔子言行为载体的《论语》贯通起来,这无论是在"论语学史"上还是在思想史上都是有其重要意义的。

朱义禄《论王艮身本论及其对罗汝芳的影响》(《教育文化论坛》2019年第4期)一文认为,王艮是王阳明的亲传弟子,其思想"多发明自得"。出身灶丁的经历,是他提出"身尊道尊"论与"仕禄害身""明哲保身"说为主要内容的身本论的原委。从中国哲学史发展历程言,身本论有别于以往的气本论、理本论与心本论,为一种新的理论形态。罗汝芳在构建自身思想体系时,兼容了身本论与王阳明的"良知"说,提出了令人耳目一新的"赤子之心"作为自己学说的宗旨。宗旨各异的新哲学思想的出现,是在连续性与非连续性的矛盾统一中实现的。

郭淑新、秦瑞波《罗汝芳生命观发微》(《理论与现代化》2019年第6期)一文认为,罗汝芳作为明代泰州学派主要代表人物之一,其生命哲学在阳明后学中别具一格。他以阳明心学为本,纳佛道思想为己用,以"赤子之心"替代阳明的良知本体,追求"万物一体之仁"的生命境界。研究罗汝芳的生命观,不仅仅是对心学研究的拓展与深化,对把握心学走向有重要意义;更在于能够借此为解决现代人的生存焦虑提供理论借鉴，为当今社会进行生命教育提供学理启示与实践导引。

彭树欣、刘卫华《论罗近溪哲学的神秘主义倾向》[《阳明学研究（第四辑）》，人民出版社 2019 年 6 月版]一文指出，罗近溪哲学的终极追求是见体、证道，即走向神秘主义，其生命历程、工夫进路和生命境界均与神秘主义有关。这是其哲学的一个重要面向，也是大多数宋明心学家的一个不可忽视的面向。审视这一问题，对当代儒者的工夫进路不无启迪。

郝光明《罗近溪与禅》（《法音》2019 年第 5 期）一文认为，罗近溪为传承阳明心学的泰州学派代表人物。黄宗羲这样评论罗近溪："不落义理，不落想象，先生真得祖师禅之精者。"显而易见，在黄宗羲看来，近溪之学与禅门相类。他还特别点出近溪先生教学之法，颇似禅师之开示。

梁美玲《罗近溪"赤子之心"思想发微》[《河北北方学院学报（社会科学版）》2019 年第 6 期]一文认为，作为泰州学派代表人物之一，罗近溪最具特色的思想就是"赤子之心"，并赋予其良知的深刻内涵。他以不学不虑为赤子之心的基本根据，回答孟子的良知良能学说，视不学不虑为一种大学；以生生之仁为赤子之心的发展线索，结合《易传》的"生生"提出赤子之心为最高仁，是一种"完仁"；以至善至美为赤子之心指导下修养的最高境界。罗近溪正是通过"赤子之心"连接先秦时期的传统儒学和当世的王学，使王学的发展走上"正路"，保证王学的发展与正统儒学能够契合，从而激发了王学在新时期发展的动力。

李慧琪《唐君毅对罗近溪思想的诠释》（《宜宾学院学报》2019 年第 8 期）一文认为，罗近溪是明代泰州学派代表人物，透过唐君毅先生对其思想的诠释，可提供"即生即身言仁""复以自知"这两条线索来掌握罗近溪的本体论与工夫论。此外，唐先生还讨论了罗近溪与明道、阳明、心斋、龙溪的关联，但对于罗近溪从知爱知敬言良知和受佛学影响之处论述较少。虽然唐先生与牟宗三先生对罗近溪宗旨有不同意见，但皆能展现罗近溪学问特色。

6. 杨起元研究

2019 年，杨起元研究论文有 1 篇。

刘增光《万物一体义的生态内涵：以泰州学派杨起元为视角》（《惠州学院学报》2019 年第 2 期）一文指出，阳明心学的万物一体观有着丰富的生态伦理意涵，这一点在其后学的思想中有着进一步的展开，并逐渐与佛教、道教的思想更加紧密地结合起来。泰州学派的杨起元在论述"群生之性一也"时，将万物皆视作有性、有知之物，从而将人之所以异于物的"几希"更加淡化了。动植物皆有

"知",那么就理应尊重"他们"而非"它们"的生存权和发展权。正是这样的思路,使得重视生命、爱护一草一木的生态伦理的观念呼之欲出。而人作为"天地之生德",理应发挥其"育物"之特性和参赞天地之能力,为营造和谐共生的世界而努力。

7. 周汝登研究

2019 年,研究周汝登的论文有 3 篇,涉及他与阳明学关联及相关文献版本问题。

阮春晖《周海门良知观辨析》(《伦理学研究》2019 年第 6 期)一文认为,周海门的良知观,从阳明而来又异于阳明,突出表现在:其一,无物而物在。将"无物"之说与《中庸》相联,良知之体被清晰地归合为"无"之深微本质,良知能量在对"无"的界说中得到进一步激发。其二,手持足行是道。在良知之体的观照下,良知之用从顾及整体规模细化为注重当下行为的道德呈现,并被赋予与良知同等的道德层级,良知"彻上彻下之道"得以贯彻。其三,自我现成。自我与良知糅合为一,现实自我以更为张扬的方式取得了与良知同等的至上性和圆满性,良知主体因自我呈发的力量被极力振拔。这种良知观,与海门对良知本体地位的一再强调有关,它在思想定位、核心构成和作用流行等方面,与阳明之学的基本方向相符,我们仍可将之视为阳明之学在晚明的进一步发展。

鲁海军《阳明后学周海门及其学派》(《宁波通讯》2019 年第 13 期)一文认为,周海门是晚明浙中士林的领袖,致力于阳明学的讲授与推广,影响颇大。他曾讲学于鹿山书院、苍岩石壁草堂、海门书院(宗传书院)、绍兴阳明祠、金华霞院书院等地,与弟子围绕书院研学而逐渐形成学派——海门学派。海门学者众多,尤以山阴、会稽、剡城为盛。这些海门学者的活动构成了晚明浙中阳明心学发展的重要环节。

吴兆丰《〈圣学宗传〉初本、改刻及其相关问题》(《中国典籍与文化》2019 年第 3 期)一文指出,晚明周汝登所纂心学读本《圣学宗传》盖有三个版本系统。学界一般认为《四库全书存目丛书》据以影印之复旦大学藏明万历刻本乃其初刻本。经研究比对可见,《孔子文化大全》据以影印之明万历三十三年陶望龄序刊本为初刻本,《四库全书存目丛书》本实乃初刻改订本。改刻原因是周汝登接受东林领袖顾宪成的意见,后者认为初刻本卷一四《王畿传》所载薛应旂奉承夏言而将王畿罢黜的记载不实。从《圣学宗传》初刻改订情形可见版本鉴定复杂之例,以及版刻与社会人事、历史叙述之间的紧密互动关系。

8. 陶望龄研究

李会富编校整理的《陶望龄全集》（上海古籍出版社 2019 年 11 月版）正式出版。《陶望龄全集》据陶望龄现存著述编校而成，收录《歇庵集》《功臣传草》《陶歇庵制义》《解老》《解庄》《陶石篑评会稽三赋》六种文献，并附有《佚文》一卷，《附录》四卷为陶望龄生平思想及其著述相关的资料。该书校勘翔实，装帧精美，底本选择精良，文献内容丰富，对开展陶望龄研究具有补白之功。

龚开喻《构建心学道统：陶望龄与周汝登之交往》（《南阳理工学院学报》2019 年第 1 期）一文指出，《明儒学案》中，黄宗羲将周汝登与陶望龄一道划入了《泰州学案》之中，认为其是泰州学派罗汝芳之后学。而实际上，无论是从地域、思想传承还是自我认同来看，周汝登都属于王畿之后学，王阳明——王畿——周汝登——陶望龄，构成了阳明学在浙东传承的一条重要线索。陶望龄和周汝登的交往，主要有三方面的内容：一是陶望龄视周汝登为师，真心向周汝登请教、探讨"朝闻夕可"的性命之学；二是陶望龄协助周汝登主持了浙中的王学讲会；三是陶望龄协助周汝登完成了《圣学宗传》《王门宗旨》二书的编纂，共同构建了"王阳明——王畿——周汝登"这样一个以"无善无恶"为宗旨的道统传承脉络。

9. 陶奭龄研究

李会富《陶奭龄年谱简编》（《中国越学》第 10 辑，中国社会科学出版社 2019 年 9 月版）一文对陶氏的一生行迹做了系统研究，对相关诗文的写作年月做了考订。

刘泽亮、田希《陶奭龄著述考论》（《孔子研究》2019 年第 5 期）一文认为，陶奭龄是明末佛学与儒学发展过程中的重要人物，具有重要的历史地位，然而，学界至今对其著述仍缺乏系统性的梳理，这与其在思想史上的地位极不相称。该文根据传统史料并结合新发现的《宗镜录具体》，全面爬梳、考论其著述的全貌，为拼接陶氏完整的思想文本谱系奠立学术基础，以廓清笼罩在这一被埋没的思想家身上的迷雾。

10. 刘塙、耿定向研究

2019 年，学界不见有研究刘塙、耿定向的论著。

11. 李贽研究

2019 年学界的李贽研究，集中在李贽生平事迹研究、"童心""真心"思想研究、李贽思想综合研究与李贽著作文献研究。

（1）李贽生平研究

佐藤錬太郎《李贽与紫柏达观狱中死亡原因钩沉》(《船山学刊》2019年第5期）一文认为，李贽与紫柏达观二人都是朝廷政治派阀抗争的牺牲者。李贽被弹劾是因为有关"卓吾著书丑诋四明相公"的流言蜚语传入京城，而遭到首辅沈一贯的憎恨。当时关于矿税问题受到清议批判的沈一贯，对批判自己行政姿态的言行反应过激。紫柏达观被捕入狱的原因也是作者不明的妖书的出现。在政治派阀抗争中，利用毫无根据的流言使政治敌对者失势的手法，在当时十分横行。李贽经世论的重点在于揭露官僚社会腐败的实情和尊重能力主义的官僚人事。紫柏达观也和李贽一样揭露统治阶级的不公正，以救渡那些挣扎在苦难中的民众为使命。但是，二人死于狱中并非因为他们思想本身在当时的官僚社会被视为异端而受挫。

（2）李贽的"童心""真心"研究

田翔辉《李贽"真心"思想及其伦理价值研究》（上海师范大学硕士学位论文，2019年5月）一文主要是由梳理李贽"真心"思想出发，探讨李贽"真心"思想下的伦理价值。该文就李贽"真心"思想的探讨由"真"开始，首先"真"这个字在道家看来是具有超越性质的，"真"与"道"相通。"心"在经过宋明理学家吸收道家的"真"的内涵，将"真心"提出来之后，"心"也变成了具有超越性质的"真"之下的心，成了"道心"。例如耿定向认为"真心"是"为仁为义为礼矣"，要求人超越现实存在的"生生"之欲到那个理想的"天理"中去。而"心"的本来含义即具有自然感情的"人心"，就成了应该格去的了。李贽不认同这样的"真心"观点，他认为"真心"本身就包含着"人心"的内涵。他的"童心说"就是要将"真心"从"天理"的神圣性中拉回到当下现存的物质世界中来。他说"夫童心者，真心也"，就是说具有物质利欲的心、具有自然感情的心就是"真心"，因此李贽用"童心"扩充了原来的"真心"内涵。由于"童心"要向外生发，个人私心和个人私利必然会出现。为保护此种私心、私利，李贽认为可以从两方面入手，一是个人要主动行动，因为"一物各具一乾元，是性命之各正也，不可得而同也"，二是要有自己的主见，不可盲目跟从别人，他说"夫天生一人，自有一人之用，不待取给于孔子而后足也"。同时也要相信自己，因为"天下无一人不生知，无一物不生知，亦无一刻不生知者，但自不知耳，然又未尝不可使之知也"。进一步地，为解决依赖"童心"而出现的"恶"的问题，李贽在功利主义倾向的理论架构中，用两种方式来解决。其一是人性是"无善无恶"的，进而"童心"是无善恶的，所以只要发挥"童心"，不受外在的熏染，就不存在"恶"

的问题，因而"童心"就是"真心"。其二是人与人之间的矛盾应该通过主动作为和坚守平等观念的方法来解决。而这两种解决方式，因为缺失了对"德性善"的讨论，遭到同期士人们的批评，但也正是这两个方向中蕴含的现代价值观值得我们探讨。李贽的"真心"思想要求人认可并按照"童心"行动，那么就要承认并接纳"自我"。所以李贽将"自我"提了出来，以论证"人"的价值，反驳"天理"对人的束缚。同时，李贽的"自我"是有所限定的"自我"，是指在"真空"中求"道"的自我。这种"自我"是根基于当下的自然而又有所超越的自我，内部蕴含着人的"主体性"价值。"真心"通过对人的"自我"、人的主体性价值的认可，所引出的"个体性"伦理价值，正是该文的研究意义所在。

颜莉莉《吉田松阴对李贽"童心说"的接受》(《泉州师范学院学报》2019年第5期)一文指出，日本明治维新先驱吉田松阴深受李贽思想的影响。在他因倒幕运动失败而入狱直至临刑之前数月间，手抄并评点了《焚书》《续藏书》等著作。松阴尤为倾心于"童心说"，幽囚岁月中借此以汲取能量，寻求"吾道不孤"的信念支撑。他所倡导的"狂愚"精神既有勇往无畏的积极意义，又带上了极端民族主义者的强力意志色彩，因此陷入了"童心"悖论。

张洁《论李贽"童心"思想中的魏晋因素》(《兰州教育学院学报》2019年第11期)一文通过对《初潭集》《焚书》《世说新语》等文献的梳理研究，发现李贽与魏晋之风联系紧密。李贽与魏晋名士之间在追求人的自然本性、崇真尚情方面有着高度的一致性。李贽"童心"思想的创作与魏晋名士之风有着继承关系。但因为时代背景不同，李贽的童心思想又对魏晋观念有所发展，体现出鲜明的时代特色与个人风格。

黄伟芯《个体意识与创作自觉：论李贽"童心说"与本居宣长"物哀说"》(《阴山学刊》2019年第5期)一文指出，创作自觉应以创作主体的个体意识的自觉为前提，而个体意识在儒家文化盛行的背景下，往往被伦理和秩序所遮蔽。反映在文学中，则表现为文学创作的非个人化特征，重视文学的工具属性。李贽的"童心说"和本居宣长的"物哀说"都强调文学的创作自觉，强调对创作主体意识与情感的真实表现，反映出了封建社会晚期，思想解放所带来的创作自觉成为中日两国文学创作的一个规律，亦呈现出中日两国文学的近现代转化具有一定自发性乃至同步性。"童心说"更侧重个人的绝对自由，强调情感的"直"与"真"；"物哀说"则侧重"物"与"我"的相互交融，视物为"心"，并最终实现"以心感心"。因侧重点不一样，对文学的影响也各不一样，显示了中日两国不同的文化特色和理论追求。

郭紫娣《顺应"童心":寻绎学生创作的幸福路径——兼及李贽"童心说"之于作文的价值》[《小学生作文辅导(读写双赢)》2019年第4期]一文指出,借鉴明末思想家李贽的"童心说",要顺应学生"童心",激发学生"童趣",发掘学生"童言",演绎学生创作的幸福路径。童心、真情,让学生的写作少了一些束缚,多了几分灵动,学生的个性、天性等在自由表达的写作中得到张扬。

张伟《"童心说"在小学语文习作中的应用略谈》(《语文教学与研究》2019年第10期)一文指出,"童心说"是明末思想家、文学家提出的文学观念,认为文学必须真实地表露作者内心的情感世界。保持童心去伪存真,这一观念在小学语文的习作教学中具有一定的理论指导意义。

(3) 李贽思想综合研究

吴文南《李贽思想在美国的译介与传播》(《泉州师范学院学报》2019年第3期)一文认为,李贽的哲学思想、史学思想和文学理论对全球化时代的人类社会而言,都是可资借鉴和发掘的思想宝库,在中外思想史中占有越来越重要的位置。随着中西方文化交流的发展,在中美学者的共同努力下,李贽思想在美国的译介与传播,在广度和深度上都得到了发展。20世纪30年代后,李贽的思想才开始在西方传播;20世纪80年代以来,李贽思想在美国的研究、译介与传播经历了从政治、历史和文化的意识形态研究到文学艺术的审美研究的发展转变过程。梳理这一历程可见,李贽思想在美国的译介与传播研究分为两个时期,即1930—1979年的发轫期和1980年以来的发展期。

王宝峰《李贽尊孔与反孔问题的诠释学意义》[《同济大学学报(社会科学版)》2019年第5期]一文指出,李贽尊孔与否,是近代以来诠释李贽思想特质的过程中一个聚讼不已的问题。以"还原性诠释法"理解这个问题意味着,不能仅看李贽本人怎么说,也不能只听批评者和表彰者一面之词。李贽自以为终生尊孔,也确有晚年真尊孔之时;而将他的思想言行置于整个儒教社会正统观念之下,李贽颠倒儒教史论褒贬、蔑视"六经"、反对礼教,以及不避二教之异端言行、有伤礼教风化的行径,是本质意义上的反孔。以诠释学视域观之,李贽启蒙思想的现实意义在于敢于运用自身理智的启蒙精神,以及"返本开新"的批判性继承和创造性发展的经典诠释学方法。

唐明贵《李贽〈论语评〉的诠释特色》[《贵阳学院学报(社会科学版)》2019年第1期]一文认为,李贽学承泰州学派,受其影响,在《论语》诠释中,他极具创新之能事，一方面，极力将孔子世俗化、平民化，重塑孔子形象；另一方面，运用了"评点"的新诠解方式，将儒家经典解释平民化。在诠释过程中，他援引佛道用语和思想解释《论语》，驳正宋儒和心学家的解释，注重观照现实、针砭时弊，将《论语》视为"六经注我"的工具，彰显了与众不同的时代特色。

田文兵、赖宁娜《李贽文艺思想的东亚传播及启示》（《东南传播》2019 年第 3 期）一文基于李贽文艺思想在海外学术界的影响以及"中国文化走出去"的文化强国政策，从李贽文艺思想的海外历史传播和当代研究入手，梳理其在东亚的传播和影响，并得出李贽海外传播的启示：提高翻译质量是中华文化走出去的基础，应重视作品翻译，建立中外译者交流合作平台；加强国际学术交流是有效传播的保障，应加强学术交流，建立跨国合作的研究新模式；承认中外文化差异，发掘内在精神共鸣，达到中华文化的有效传播。

陈鑫《范式角度探析李贽时文观》（《六盘水师范学院学报》2019 年第 4 期）一文认为，"异端"李贽对八股文并非一味鄙弃，这与其"童心说"中的文学观不无关系。传统文学观范式渐趋失效，人格和文章由传统的追求"道"变为追捧"程朱"；李贽试以"童心范式"作为改良，并在新范式下重新审视八股文，找到其闪光点及由此转变八股文风的可能性，进而借此扭转思想文化的颓势。

余钊飞《李贽与明末启蒙法律思潮的孕育》[《公民与法（综合版）》2019 年第 3 期]一文认为，李贽崇尚儒家学说，但反对当时把程朱理学作为评价是非的唯一标准；强调为社稷民生着想、关心百姓生活才是"真道学"；提倡个性自由、官民平等和男女平等，这些在中国思想史上占有重要地位。

刘宁瑶《李贽三教归儒思想探析：兼读〈茶夹铭〉》（《福建茶叶》2019 年第 3 期）一文认为，李贽思想中"三教合一，统归于儒"，此"儒"即"闻道"与"性命"。李贽思想从闻道、人性哲学与道德实践三个角度出发，从具体个体生命向上追寻生死关怀。他追求童心不失，并以真诚来医他人之"病"，实现儒家理想中的道德实践。这种求圣之路与《茶夹铭》中茶夹"一味清苦到底"的比喻相互呼应。

（4）李贽著作与文献研究

李贽编，李超、郭道平整理《阳明先生道学钞》（首都师范大学出版社 2019 年 12 月版），通过重新点校李贽倾其心血编著的《阳明先生道学钞》（附《阳明先生年谱》），比较完整地还原了古籍原貌，不但对阳明学而且对李贽之学，都具有重要的学术研究价值。

张山梁《李贽和他的〈阳明先生道学钞〉》（《福建史志》2019 年第 4 期）一

文认为，李贽是闽籍阳明后学、泰州学派的一代宗师，一生著作颇丰，其中晚年于山东济宁辑编的《阳明先生道学钞》是众多阳明后学古籍中一部重要文献。该文通过对李贽所编《阳明先生道学钞》的探究，阐述了该书文章取舍、编排体例有独到之处，或许对今人研究李贽思想、阳明后学文献等具有积极的意义。

邬国平《再论李贽〈答耿司寇〉的文献问题》[《上海大学学报（社会科学版）》2019年第1期]一文认为，《答耿司寇》是李贽与耿定向进行思想论争的重要书信，李贽对它做过两次修改。第一次修改，将七封信合并为一封信，刊于初刻《焚书》。第二次修改，删去此信约三分之一文字，刊于后来重刻的《焚书》。关于第一次修改及其原因，作者已有专文探讨。该文在此基础上探讨第二次修改的原因。李贽作第二次修改的背景，是他与耿定向的紧张关系出现了缓和。这次修改，保留了《答耿司寇》根本的思想内涵，删掉了措辞最为激烈、涉及耿定向个人品格及其家族人事的第六封信，体现了李贽既基本保持自己一贯思想，又认可与耿定向和解的意愿。《答耿司寇》之外，《焚书》其他某些篇幅也有复杂的修改情况。《答耿司寇》的修改，恰可用作考察《焚书》文本变动之参考。

王珊珊《〈续藏书〉印刷版本研究》（北京印刷学院硕士学位论文，2019年5月）一文指出，《续藏书》为明朝李贽撰，书中详细记述了明神宗以前四百余人的事迹。他们有位高权重的大臣，有普通老百姓，甚至有生活在社会底层的妓女。有学者曾说，要想研究明朝历史，不能越过李贽，不能越过《续藏书》。虽然《续藏书》问世即被统治者判为禁书，但是依然有许多文人雅士以及书贾印刷出版此书，直到近代解禁。目前，《续藏书》已发现有数个古籍版本，均为明朝版本，并且多个版本《续藏书》入选了省级珍贵古籍名录，还有个别版本的《续藏书》入选了国家级珍贵古籍名录。截至目前，尚未发现有清代版本的《续藏书》。由此可见，对《续藏书》的版本研究意义重大。该文采用文献研究法和比较分析法，对《续藏书》的版本问题进行梳理分析。此外，通过实验分析，对样品《续藏书》的印刷方式、纸张等进行深入研究，对进一步研究明朝古籍善本以及《续藏书》善本的修复保护提供一定的数据参考以及思路。

徐烨《〈水浒传〉李贽评点研究》（华中科技大学硕士学位论文，2019年5月）一文指出，李贽是明代著名的思想家，但他的思想家光环，经常会遮蔽他的另外一个身份——文学批评家。李贽在文学批评方面颇有建树，尤以《水浒传》评点为代表的小说批评最有特色。该文围绕《水浒传》李贽评点，从以下几个方面展开。首先，介绍论题来源、学界对李贽文学思想的研究现状、研究方法，特别是李贽与《水浒传》评点方面的研究。其次，探讨版本问题。在现存的《水浒传》李贽评点中，学界争论焦点在于"容与堂本"与"袁无涯本"孰真孰假的问题。该文通过对两种版本的内证、旁证等方面进行研究，认为容、袁二本都是以李贽核心思想为基础，并在此之上有所发挥。某种程度上说，它们都凝聚了李贽的精神血脉。再次，以李贽思想为参照，通过文本细读与比较研究，探究《水浒传》李贽评点的特色：第一，李贽小说评点的理论基础是其"童心说"与"成人说"；第二，李贽认为《水浒传》乃"发愤之所作"；第三，《水浒传》李贽评点之人物论大概可分为真、趣、忠义三个方面；第四，《水浒传》李贽评点之文体论。一方面，李贽在评点时非常关注小说情节设置；另一方面，李贽把小说这一文体推崇到与经、史同样重要的高度。最后，探讨《水浒传》李贽评点的意义。它推动了小说评点的创作与出版，同时也启发了后世小说评点思想。

12. 焦竑研究

2019年的焦竑研究论文有若干篇，涉及他的文学思想、哲学思想及文献学。

刘强《焦竑的〈世说〉研究及续仿新变》（《天中学刊》2019年第6期）一文指出，晚明一代文宗焦竑编撰的两部"世说体"仿作《焦氏类林》和《玉堂丛语》，无论从编撰体例、门类设置、内容及思想倾向诸方面，都与以往的《世说》体续书大不相同，表现出由说部回归经史、由自然回归名教的儒者气象。这说明受阳明心学影响，晚明文人士大夫对《世说新语》的接受已经由对名士风流的玩赏转向经世致用的现实抱负。这种续仿旨趣的新变，无疑具有文化史和学术思想史的研究价值。

代玉民《论焦竑的身体与哲学：兼谈晚明哲学中的"认知"与"体验"》[《江苏大学学报（社会科学版）》2019年第2期]一文认为，中国哲学研究中存在一种预设，即将哲学家视为身体健康、精力充沛的人，很少涉及身体状况对哲学家思想的影响，但这种影响确实存在。以焦竑为例，一生身体健康的他，对于尽性至命等形而上学问题，多具有好奇、求知的认知需求，因而其突破泰州心学传统，形成哲学上的认知进路。以此考察晚明哲学界，就身体与哲学的关系而言，晚明哲学家可分为两种类型：身体健康的认知型哲学家受疾病影响小，在哲学上以认知需求为主导，形成认知进路，以焦竑为代表；身体欠佳的体验型哲学家受疾病影响大，在哲学上以身体需求为主导，形成体验进路，以公安三袁为代表。

邹蓉《〈献徵录〉引明别集考》（江西师范大学硕士学位论文，2019年5月）一文指出，《献徵录》是一部篇幅巨大、内容丰富的人物传记文献史料汇编，全书共汇录明代自洪武至嘉靖二百年间的历史人物资料,包括实录、传记、墓志铭、行状、神道碑等等,并按照人物的身份(官衔)进行分类整理。书中所征引的文献以明人文集中的各类碑传文字为最多。但在抄录过程中,焦竑并非一字不落,而是在原文的基础上进行适当的修改,与其搜集的原始材料相比,产生了许多异文。作者将《献徵录》与明别集对比,对这些异文进行分析,一窥焦竑在征引明别集中的文章时的意图。该文主要由三部分构成。绪论阐述该文的研究背景、研究意义与《献徵录》目前研究状况。正文主要分为三部分。第一部分,主要对《献徵录》征引明别集数量进行考察。对《献徵录》中所有篇目进行筛选,从中统计现存个人作品集作者及其作品数,以表格形式进行著录,并针对《献徵录》中收录作者并非现今收录该文章的文集作者情况进行简单分析。第二部分,重点论述《献徵录》中出现的异文问题。将所出现的异文情况按其类型进行系统分类,分析《献徵录》的征引文字与别集中的差异性。第三部分,分析《献徵录》征引明别集所出现的异文原因,根据不同的错误类型进行分析,揣摩焦竑的收录意图。结语部分是对自身研究情况和不足方面进行总结与反思。

贺伟《明万历焦竑刻本〈陶靖节先生集八卷〉考释》[《海南大学学报(人文社会科学版)》2019年第1期]一文认为,20世纪以来,学者们整理研究陶集时,往往把焦竑本视作宋刻陶集的一种,强调其校勘价值。仔细阅读焦竑本,并将之与现存宋本陶集对比,它应当是以明万历间李公焕本系统中的某种陶集为底本,并参校当时社会流传的其他陶集版本,以意删并,重自编订后的面貌。焦竑故意托言"友人以宋刻见遗""昭明旧本",以炫人耳目,自高其书,这也从侧面反映了明末士人"务为诞伪"的时代社会风气。事实上焦竑刻陶集所据的底本,只是众多明代刻本的一种,它保存的宋庠本佚文,可能出于窜改,目的是给那些他不赞成的"一作某"的异文,提供直接的版本依据。在没有确切证据的情况下,焦竑本的校勘价值不宜太过强调,甚至需要重新评估。

13. 潘士藻研究

郭翠丽《阳明后学潘士藻交友考》(《上饶师范学院学报》2019年第5期)一文认为,潘士藻系晚明著名思想人物,亦为当时文坛活跃分子,尤重友谊,所交皆一世名士。潘士藻师承泰州学派耿定向,属阳明后学,亦笃信李贽之学,与李贽性情相似、志趣相投。李贽与耿定向冲突日见尖锐明朗时,士藻不畏开罪耿定向,毅然与李贽结成知己之交。潘士藻与同门焦竑情谊契合、亲如兄弟,结成金兰之交;晚年和"公安三袁"结成忘年交,成为文学上的同道者。通过对潘士藻交友情况的梳理,可以更清晰了解其生活习性和学术思想转变脉络,同时于研究"公安派"及其他晚明文人对朋友之伦的关注亦有重要意义。

14. 徐光启研究

2019年学界同仁关于徐光启研究论文有十余篇,兹择要综述。

王启元《寻找徐光启的"城北外桃园"》(《上海地方志》2019年第2期)一文认为,明代上海籍著名士大夫、天主教护法徐光启,在上海留有很多遗迹场所,除了广为人知的徐光启墓、"九间楼"外,还有一座"城北外桃园"。之前学者因为记载阙如,认为已不能知此园详细位置。该文作者在上海地方志办公室、上海通志馆所编《上海府县旧志丛书》中寻找到这座被遗忘的园林。文章追溯徐氏桃园的原址,梳理其几百年的经历与因缘,以彰沪滨名贤之德。通过历代方志持续记载,可以梳理出地方上一园一址的历史演变与因缘,使地方史研究融入更多空间感与现场感,这也是地方旧志在文史研究中一个突出的材料特点。

李善洪《徐光启之"监护朝鲜"论探析》[《北华大学学报(社会科学版)》2019年第5期]一文认为,17世纪上半叶,崛起于东北的后金势力对明王朝构成严重威胁。萨尔浒之战后,明在与后金的军事角逐中连续败北。为恢复辽东,明廷急需与朝鲜建立掎角之势。但朝鲜光海君因国力疲弱而不堪后金的军事威胁,摇摆于明与后金之间。基于此,徐光启在万历末年和天启初年两次提出了"监护朝鲜"的方略,目的是控制朝鲜,并防止其与后金的联结。与此同时,辽东经略熊廷弼等人也提出了屯兵、练兵朝鲜义州的战略。这是朝贡关系体系动荡时期明廷内部出现的对朝外交政策的一种变通论,在一定程度上影响了两国间的彼此信任关系。

闻人军《徐光启〈考工记解〉成书年代和跋批作者考》(《咸阳师范学院学报》2019年第6期)一文指出:《考工记解》是徐光启的力作之一,根据天启三年(1623)徐光启门人茅兆海之《考工记解》跋,以及徐光启定稿不久即"以练兵膺特旨",推知该书成于万历四十七年(1619);茅兆海是茅元仪的堂侄,明刻本被毁的原因是国乱家难,眉批的作者可能是徐光启之子徐骥;发现了《考工记解》点校本(2010年版)的几处疏误。

15. 管志道研究

吴孟谦《管东溟著作考述》(《阳明学文献与思想》,中国社会科学出版社2019年8月版)一文指出,管东溟生平著作宏富,其论点也在晚明思想界引发诸多讨论;然而明清易代之际或遭兵燹;入清以后,三教论述又被视为"狂禅"之流而遭到摈斥,因此其著作不易完整流传,亦可想而知。至今唯一较完整地保存东溟文集之处,是日本东京的尊经阁文库,藏有《管东溟先生文集》六十七册,其他各地的图书馆,则仅有零星的收藏。长期以来,由于文献取得困难,学界对管东溟的关注始终十分有限,纵使偶一论及,也罕能观其大体、究其精微。管东溟之相关文献由台北"中研院"中国文哲研究所、日本东京内阁文库、尊经阁文库、广州中山大学图书馆等处收藏。现存管东溟文集凡二十九种、八十一卷,近两百万言。

16. 汤显祖研究

2019年,汤显祖研究的论文有40余篇,兹择要介绍。

周育德《汤显祖与晚明社会》(《文史知识》2019年第11期)一文认为,《牡丹亭》的经典地位确定了汤显祖是伟大的戏剧家,但是汤显祖的身份属性不限于一个戏剧家,他是和晚明社会大有关系的人物。汤显祖是晚明官场中很难得的清正官吏,他和张居正的关系为史家所深切关注。在不长的从政生涯中,汤显祖以上《论辅臣科臣疏》而载入史册。汤显祖是"王学"后劲罗汝芳的及门弟子,是李贽的崇拜者。他对宋明理学有重大的突破,主要是他把王阳明心学的"良知说"置换为"尊情说",给"至情"以超越时空、超越生死的地位。

高旭《情不知所起,一往而深:汤显祖"至情"美学所引发的舞蹈思考》(《教育教学论坛》2019年第2期)一文认为,汤显祖的至情论影响其戏剧思想并体现在戏剧作品中的人物形象、故事脉络等方面,有效的"至情"亦使舞蹈创作具有真情和真实感。该文从"人生而有情""思欢怒愁,感于幽微,流乎啸歌,形诸动摇""缘境起情,因情作境"等三个方面浅析了舞蹈创作中"情""理""境"的关系与运用。

钱礼翔《"长安"夜雪识英杰:袁宏道与汤显祖交往考论》[《中国石油大学学报(社会科学版)》2019年第6期]一文认为,晚明文坛,模拟涂泽之病甚重,汤显祖力为解驳于前,袁宏道一扫云雾于后,可谓晚明文坛之英杰。两人于长安(指都城北京)雪夜相识,虽年岁相差较大,而结为忘年之友,相互见重。详考袁宏道与汤显祖的诗文集,二人往来甚密,时间跨度长,而其交往最为繁密时期恰恰在袁宏道欲打破文坛复古风气之时。袁、汤之交,大体有三个阶段:(1)闻名与相交:汤显祖见重于袁氏兄弟;(2)为官任上:袁宏道树旗,汤显祖助阵;(3)辞官以后:忘年之友的人情温暖。

杨榕《从〈牡丹亭〉看汤显祖的诗文观念嬗变》[《广西大学学报(哲学社会

科学版）》2019 年第 5 期]一文指出，诗文观念是文学家对诗歌文章的基本主张，体现了特定作家对前代诗文名家与同时代作家的态度。汤显祖的《牡丹亭》为古典戏曲艺术的典范，其诗文观念表现有二：一是诗歌尊杜宗唐。尊杜表现在设定女主角为杜甫后裔，由女主角杜丽娘及相关配角的曲辞采用或化用杜诗来展现；宗唐则表现为戏曲角色的下场诗都采用集唐诗的形式。二是文宗韩柳。文章推崇韩愈、柳宗元古文，表现为设定男主角柳梦梅为柳宗元后裔，男配角韩子才为韩愈子孙，并通过戏曲曲辞呈现韩柳名篇。明代文坛的流派林立，相对于前后七子而言，汤氏诗尊杜宗唐和文宗韩柳是其诗文观念的嬗变，这种嬗变通过《牡丹亭》表现出来。

袁茹《论汤显祖戏曲文体选择之后的诗学宗尚》[《东华理工大学学报（社会科学版）》2019 年第 4 期]一文指出，汤显祖自觉选择戏曲文体的节点在其 40 岁之后，万历十八年（1590）到万历二十三年（1595）年间。这一选择是汤显祖多年以来思想情感与创作积累发展的结果。汤显祖的诗学宗尚在其自觉选择戏曲文体之后发生了变化。《紫箫记》创作之时，其审美追求与其时的诗学取向一致，追求秾丽，难免涩重；待《紫钗记》改成，尤其是《牡丹亭》创作之后，其诗歌风格自然浅丽，鉴赏注重诗歌初创性与自然性，创作手法以诗为戏，主张学习中晚唐诗歌，拒绝接受杜甫"诗圣"的形象，表现出独特的诗学宗尚，这些诗学宗尚的变化有汤显祖自觉选择戏曲文体影响的因素。

17. 袁宗道、袁宏道、袁中道与"公安三袁"研究

袁宗道（1560—1600），字伯修，号玉蟠，又号石浦，湖北公安人。万历十四年（1586）进士，选翰林院庶吉士，授编修，官至太子右庶子。万历年间，王世贞、李攀龙为代表的拟古文风仍有较大影响，袁宗道极力反对，与其弟袁宏道、袁中道志同道合，人称"公安派"。袁宗道认为文章要旨在于辞达。古文遗达，学古应学其达，"学其意，不必泥其字句"。而文章欲辞达，须先有"理"（思想学问），"从学生理，从理生文"，如先秦及汉唐宋诸名家，"皆理充于腹而文随之"。其次要有真情实感，"心中本无可喜事而欲强笑，亦无可哀事而欲强哭，其势不得不假借模拟耳"（以上均见《论文》）。从这种观点出发，他的诗文创作不事模拟，率真自然。著有《白苏斋集》，今有学者整理的《袁宗道集笺校》（湖北人民出版社 2003 年版）。

袁宏道（1568—1610），字中郎，又字无学，号石公，又号六休，湖北公安人。万历二十年（1592）进士，历任吴县知县、礼部主事、吏部验封司主事、稽

勋郎中等职、国子博士等职。世以为袁宏道是"公安三袁"中成就最高者。作为明代文学反对复古运动主将，他既反对前后七子摹拟秦汉古文，亦反对唐顺之、归有光摹拟唐宋古文，认为文章与时代有密切关系。他说："世道既变，文亦因之。今之不必摹古者，亦势也。"主张写文要真，认为"古有古之时，今有今之时"，即"我面不能同君面，而况古人之面貌乎？"。在文学上反对"文必秦汉，诗必盛唐"的风气，进而提出"独抒性灵，不拘格套"的性灵说。著有《敝箧集》《锦帆集》《解脱集》《广陵集》《瓶花斋集》《潇碧堂集》《破砚斋集》《华嵩游草》等，今有学者整理为《袁宏道集笺校》（上海古籍出版社1981年版）。

袁中道（1570—1626），字小修，一字少修，湖北公安人。万历四十四年（1616）进士，授徽州府教授、国子监博士，官至南京吏部郎中。其在文风上与兄长袁宗道、袁宏道一样，反对复古拟古，认为文学是随时代的变化而变化的，"天下无百年不变之文章"，提倡真率，抒写性灵。晚年针对多俚语纤巧的流弊，提出以"性灵"为中心兼重格调的主张。创作以散文为佳，游记、日记、尺牍各有特色。著有《珂雪斋集》（上海古籍出版社1989年版）。

2019年学界同仁关于"公安三袁"的研究论文数十种，兹择要汇辑。

杜敏《公安三袁小品文的审美意蕴研究》（西安电子科技大学硕士学位论文，2019年5月）一文指出，"公安三袁"小品文的审美思想是了解晚明诗文美学中不可缺少的一部分，在中国文学史与美学史上具有一定的价值和意义。晚明时期，政治腐败，资本主义经济萌芽，文学思潮高涨，各种矛盾冲突加剧，社会风尚发生着急剧的改变。小品文是一种文类，也是一种文风。小品文在散文史上发挥巨大影响力的时候是晚明时期，它不仅影响了创作主体，也影响了文人的创作风格。晚明小品文的出现，体现了中国古代散文文体的深刻变革。作为晚明文坛巨擘，"公安三袁"的小品文具有典型性。因此，了解"公安三袁"小品文中的文学思想和审美观念非常重要。"公安三袁"小品文最初的研究主要集中在文集的整理上，到后来关注到更多的方面。无论是与宗教相结合的研究，还是散文创作的研究以及性灵文学思想的研究，都扩宽了小品文研究的范围和内涵。在一定程度上，也为其美学思想的研究奠定了基础。"公安三袁"小品文集中展示了他们的人生际遇、性格及心路历程。在言说"独抒性灵"的主旨风格下，这其中留下了游记小品、尺牍小品以及传记小品等不同类型小品；展示着自然美和社会美，从中体现了丰富的情感和意味，具有丰富的美学内涵。"公安三袁"小品文具有很高的审美价值，在审美范畴"趣""韵"和"俗""淡"以及"真""质"的逻辑运动中，展现他们的文学创作和审美思想，包含着独特的审美趣味和审美体验，在审美超越中实现审美理想的追求，寻找真正的性灵之情。

周家洪《公安派文学的分期》[《长江大学学报（社会科学版）》2019年第4期]一文认为，以三袁在不同时期文学理论和创作方面反对复古、拟古的实绩为标准，公安派文学分为兴起期、鼎盛期和衰落期。1587年（万历十五年）袁宗道文学创作由模拟复古派转变为反对复古派为公安派文学兴起的开始，至袁宏道提出公安派文学理论核心主张前的1595年（万历二十三年），为公安派文学的兴起期，共九年；从1596年（万历二十四年）袁宏道提出公安派文学理论的核心主张开始，到1600年（万历二十八年）袁宗道去世前，为公安派文学的鼎盛期，共五年；从1601年（万历二十九年）袁宏道因受袁宗道去世和京师攻禅事件的双重打击而发生转折，进入其文学理论和创作后期开始，到1626年（天启六年）袁中道去世，为公安派文学的衰落期，共二十六年。在公安派发展变化过程中，三袁作为领袖在共同发挥作用的同时又各有侧重，三人分别在三个时期先后起到了中流砥柱的作用。

韩焕忠《袁宗道以佛学解读〈论语〉》（《中国社会科学报》2019年4月30日）一文认为，晚明公安派文学的开创者袁宗道既是儒家科第的精英，又是深信佛教的居士。他以佛教义理诠释儒家经典，借儒家经典阐说佛教义理，著成《读〈论语〉》。袁宗道的《读〈论语〉》是将《论语》纳入佛教心性论的语境之中，将孔门师资之间问答应对的记录机锋视为禅宗的公案和灯录。如此一来，他对《论语》的解读多少就有了一些参话头禅的意味，而孔门师资之间的言志、述事、问答、应对，也就成了向上一路、师资道合或机缘不契的展现。

刘硕伟《论袁宏道"狂"的思想根源及历史影响》[《太原学院学报（社会科学版）》2019年第1期]一文指出，晚明诗人袁宏道，个性鲜明，行为特出，三次出仕，三次归隐，仕隐之间，狂言未断。其"狂"既有魏晋名士风度及道家思想的影响，也有晚明心学及禅宗的影响，当然更有原儒系统价值观念的重要影响。"狂"是袁宏道的人格期许，也是他的诗学策略。其狂者遮诠法、不循规范的创作理路以及对"趣""韵"的宣扬，给晚明士风和文风带来巨大影响。经过清代的相对沉寂，至现代，袁宏道成为学界热点。文化界对袁宏道的接受明显分为两派。这种分化，显示着双方审美趣味的差异以及政治立场的不同。

赵海涛《公安二袁"释庄"方法、特色及其他》[《九江学院学报（社会科学版）》2019年第2期]一文指出，袁宏道与袁中道在"三教圆融"思想的统领下，采用"六经注我"的经典阐释方式,对《庄子》内七篇进行别具慧心的理解与发挥。"独抒性灵,不拘格套"的文学思想与唯求自适的性情追求,奠定了他们无拘无束、天马行空的"释庄"风格,也使得他们的"释庄"文字清新可读、别有韵味,但也较多地偏离了《庄子》文本的原意,呈现出"自为一庄"的思想特色。

刘硕伟《袁宏道的现代回响:以鲁迅和周作人为中心的考察》[《绍兴文理学院学报(人文社会科学)》2019年第6期]一文指出,现代文坛上,周作人最早把晚明文风与新文学运动联系起来,特别是对晚明公安派的"旗手"袁宏道揄扬有加,使之成为新文学运动中的热点。究其原因,一方面,袁宏道的主张比较地契合追求个性自由的知识分子的需要,另一方面,袁宏道的作品所表现出的"闲适"与"性灵"颇为符合颓废文人的情绪。鲁迅先生认为"闲适"不是袁宏道的全部,"性灵"也不是晚明小品的最主要标签,而是被"检选"的产物。周氏兄弟对立主张背后,是两个对立的阶级的两种对立立场,是对民族危亡的两种不同文化态度。

李玥苾《从明季到近代中国:"好异者"与五四时代的学人——〈明李卓吾别传〉与〈李温陵传〉之比较》(《汉字文化》2019年第18期)一文指出,近代反孔非儒的健将吴虞所作《明李卓吾别传》对明末袁中道的《李温陵传》多有借鉴,袁中道对李贽生平的叙述以及个性特点的塑造都被吴虞承袭,但两传对待李贽遭受正统迫害的态度差异殊甚,中道居中调和,吴虞则猛烈抨击,主张推翻儒教对国人思想的钳制,重建新道德。通过对两传的比较,可以见出吴虞对传统文化中的非正统和反正统作品的借鉴,以及五四时期的学人相较于明季,对儒教之流弊的反思进一步深化。

十、黔中王学研究

"黔中王门(学)"提法,不见于黄宗羲编纂的《明儒学案》,改革开放40年来,经过贵州地方文史学者诸如吴雁南、张新民、王路平、谭佛佑、余怀彦、王晓昕、敖以深、刘宗碧、张坦、李迎喜、李友学、杨德俊、赵平略、张明、张小明、陆永胜等当代学者的发掘与撰文论证,"黔中王门"("黔中王学")的提法日渐成熟,并得到阳明学界的认可。

(一)黔中王学综合研究

张立文《王门分派与黔中王门学派之要义梳理》(《北京行政学院学报》2019年第2期)一文指出,黄宗羲《明儒学案》从浙中、江右、南中、楚中、北方、粤闽、止修、泰州等地域角度来划分阳明后学之派别，并逐一为之设立学案。立足于"平民"身份写泰州学派王艮及其后学，肇始于容肇祖《明代思想史》，之前曾有人将此派思想称作"王学左派"或"民间派儒学"。嵇文甫先生以"左派王学"为书名，影响较大。立足于学者思想倾向分派，以冈田武彦《王阳明与明末儒学》为代表，论及现成派系统、归寂派系统、修证派系统、湛门派系统、批判派与复古派、东林学和刘蕺山六大系统。以上三种王学派分，各有坐标，各有特色，但均有一共同点，即不列"黔中王门学派"。但黔中王门学派之存在，历历可考，不容忽视。

张小明《黔中王学研究：以孙应鳌、李渭为中心》（中华书局 2019 年 11 月版）一书，旨在研究王阳明龙场悟道、贵州传道讲学后所形成的"黔中王学"，把它放在中晚明哲学史大背景中，紧扣宋明理学、阳明心学的发展脉络展开考察。王阳明在黔时期（1508—1510）是明代思想史、哲学史，甚至中国思想史、哲学史上一个非常值得关注的历史性时段。他不仅在此开创和初步构建了心学思想体系，扭转了中晚明的学术方向，而且奠定了深厚的心学基础，使贵州阳明文化得以发端。阳明离黔后直至明亡的一百多年时间，阳明的亲炙弟子、再传弟子，乃至私淑弟子们继承与发展阳明学说，使贵州的学术发展形成了一个从没有的高潮，形成了"黔中王门"这一重要的地域性阳明后学派别，王阳明也被公认为"黔学之祖"。

邹芳望《黔学的形成及其转折》（《社科纵横》2019 年第 2 期）一文指出，在郑珍、莫友芝时代之前，心学和理学经过王阳明、陈法等人的先后倡导，在贵州产生了既深且远的影响，这种影响牢牢地盘踞在贵州学术风气的最基层，成为贵州士人相互交流的基础和共同使用的文化资源，为他们的立身行事、求学问道提供给养。

（二）黔中王门学者个案研究

目前学界关于黔中王门学者个案研究，主要集中为对李渭、孙应鳌、马廷锡、陈珊的研究上。

1. 李渭研究

2019 年的李渭研究论文有 1 篇。

张新民《黔中王门大儒李渭学行述要：〈李渭集〉序》（《贵州文史丛刊》2019 年第 2 期）一文指出，李渭一生学问，特别强调"志孔孟所志，学孔孟所学，则亦孔孟矣"。可见他尽管始终不脱离时代，但又直接返本先秦孔孟，遂能沿其波而溯其源，准确定位自己的人生发展走向。耿定向说他"学主同仁，归乎无意，转见为知，如种在地，功深于已百已千，悟彻夫不学不虑……卓乎有见，可谓具眼"，又说他"沂孔门之真谛，恢越中之遗绪"。均可见他既是王门后学承上启下的重要传人，也是孔孟道统绵延不断的自觉发扬者。

2. 孙应鳌研究

2019 年，研究孙应鳌的论文有若干篇，涉及他的四书学与文献版本研究。

王晓昕《黔中王学大师孙应鳌及其"〈四书〉学"五题》[《贵州民族大学学报（哲学社会科学版）》2019 年第 1 期]一文指出，《四书》即《大学》《中庸》《论语》《孟子》的合称，千百年来儒家对《四书》的问学与探究形成所谓《四书》学。黔中王学大师孙应鳌在其所著《四书近语》中，以大量篇幅对"四书"展开了颇具深度的讨论，形成了自己独具特色的《四书》学，且不乏诸多创获性见解。在孙应鳌的这些创获性见解中，首先以"求之《六经》而一变致道"为其总纲，以"中"与"诚"为要旨，以"温故知新"为手法，而对《论语·述而篇》"加我数年"章之"五十以学《易》"的"千古常识"，发出"五十学《易》非五十之年岁学《易》，乃以五十之理数学《易》"的颠覆性惊人之语，显示了黔中王学大师孙应鳌作为有明一代哲学家与思想家的思想的极其深刻性与创见性。

张明《黔中王门孙应鳌"仁本"心学思想探析：以〈四书近语〉为中心的研究》[《贵阳学院学报（社会科学版）》2019 年第 5 期]一文指出，孙应鳌是王阳明第二代弟子，系黔中王门集大成者，一生著述颇丰，多达二十余种。《四书近语》是孙应鳌关于"四书学"和心学理论的代表作，在阳明后学中建立起颇具特色的"仁本"心学思想体系，包括"仁本论""求仁论""工夫论"。通过对《四书近语》一书的研究，具体探析孙应鳌"仁本"心学思想的内涵、特点，及其在阳明后学中的地位和作用。

赵广升《内阁文库藏孙应鳌〈教秦总录〉孤本考辨》（《贵州文史丛刊》2019 年第 4 期）一文指出，孙应鳌撰《教秦总录》，国内约在清中叶亡佚，日本内阁文库藏二卷本为存世孤本。明人所撰孙应鳌传记中将《教秦总录》与《教秦绪言》并举，又误出《教秦语录》一名；清儒郑珍、莫友芝以为《教秦绪言》即《谕陕西官师诸生檄》。考诸书目，比对序文，梳理《教秦总录》一书的刊刻与流布，认为《教秦总录》与《教秦绪言》同书异名，《教秦语录》可能为《教秦总录》之误，《教秦绪言》非《谕陕西官师诸生檄》。《教秦总录》对研究孙应鳌思想发展、阳明心学在关中的传播有重要意义。

此外，赵广升还撰有《孙应鳌〈国子监祭酒司业题名记〉与万历学政改革》(《历史档案》2019 年第 2 期)。

3. 马廷锡、陈珊研究

2019 年，未见研究马廷锡、陈珊的论文。

十一、蜀中王学研究

"蜀中王门（学）"同"黔中王学"一样，其提法不见于明清之际思想家黄宗羲（1610—1695）编纂的《明儒学案》。近年来，随着"阳明学热"的逐步升温，"地域阳明学与阳明学的地域化"也成为阳明学研究中的一个学术增长点，适时提出"蜀中王学"，也是可以进行讨论的。

（一）蜀中王学综合研究

2019 年，未见蜀中王学综合研究的论文发表。

（二）蜀中王门学者个案研究

近年来，围绕蜀中地区的王门学者，已经开展了不少有意义的研究，主要集中在对席书、杨名、赵贞吉、邓豁渠、何祥、杨甲仁的研究上。

1. 席书、杨名研究

2019 年，未见研究席书、杨名的论著发表与出版。

2. 赵贞吉研究

2019 年，研究赵贞吉的论文有 1 篇。

周宝平《赵贞吉经世思想研究》（湖南师范大学硕士学位论文，2019 年 5 月）一文认为，儒家思想本身带有一种积极的入世精神，经世思想则是这种入世精神最为集中的体现。赵贞吉经世思想的产生有着深刻的社会条件与哲学基础。在当时各种社会问题层出不穷的情况下，赵贞吉继承先秦以来修身齐家治国平天下的"儒者之志"，发表了一系列旨在解决社会问题的言论，其"意在备经世之法，俾愿治之主有所采择耳"，对社会现状的关切成为其经世思想产生的社会条件。另外，他认为，社会不安的原因在于"人心郁而不彰，人欲横流而不可禁止"，因此，应通过自信其心、克己、洗心和剥蕉之法来彰显自心，以备经世之用。赵贞吉的经世思想是其哲学思想的具体体现，他的心性之学、正心之学和外王之学成为其经世思想的内在依据。赵贞吉经世思想的内容十分丰富，其经世思想主要包括为君之法、为臣之道、治民之术、守边之兵和教育之方等方面。具体来说，他认为君主想要保宏业于万世，要紧处在于对势—机—志—时的掌控，在于遵守法祖—敬天—勤民的原则，既要重视"谕教太子而导之术业"，更要纯心觅贤，乞求真儒之臣，真儒是"适治之良骏，平章之利器，圣古哲王所以运天下之具"，而作为真儒之臣要具有大臣之度、惕厉之心与寡过之念；赵贞吉提倡"重农安民"和"养民之政"，认为治民应以保其生存为先务，再辅之以教化；赵贞吉还主张"将之有威胜过爱"，守边之将要以威统兵，提倡分营统兵之法，重视马政；赵贞吉还重视教化，主张"师道立则道明于天下"，认为教育的目的之一是"贵求新益之骈臻"，着重培养学生推陈出新的精神。赵贞吉经世思想既具有儒家经世思想的普遍特性，也有其自身所独有的特点。其经世思想表达了他作为儒者之使命与责任感，即对家国天下之兴亡的关切，体现了内外并重的经世致用的学风，以修身为经世的内在基础，以经书、心性哲学和历史作为其经世之学的依据以及杂糅佛教思想之意蕴。赵贞吉的经世思想亦具有十分重要的现实意义，可以增强人们的道德意识、务实精神和改革创新精神。

3. 邓豁渠、何祥、杨甲仁研究

2019 年，未见研究邓豁渠、何祥、杨甲仁的论文。

行文至此，不难发现，"蜀中王学"虽然系新近提出的一个阳明学命题，但是随着蜀籍阳明学者文献的陆续发掘与整理出版，《蜀中王学集》的汇编，蜀中王学人物的专案研究与"蜀中王学研究"的专著撰写，也值得期待。

下篇　海外阳明学研究

阳明学派作为明朝中晚期思想学术领域中的一个著名流派，后传播于日本、韩国等东亚儒家文化圈中，产生了较大的学术影响并形成了独具特色的日本阳明学、韩国阳明学。现当代，日本、韩国均成立有阳明学会，并且有不少学者从事阳明学的传承与研究。

自18世纪甚至更早以来，王阳明就一直是欧洲和北美学术界的研究对象。但这一早期的阳明学研究，却被20世纪60年代至70年代所发表的诸多英文著作所掩盖，从而变得模糊不清。追溯欧美学术界"发现王阳明"的这一早期历史，可以让我们看到更加广阔的中西方思想交流史。当代欧美汉学界、哲学界也有不少专业学者从事阳明学文献的英译与阳明学著作理论的阐释研究，并有一定数量的阳明学研究成果。

一、日本阳明学研究

2019年11月3日，由浙江工商大学、日本二松学舍大学与浙江省伦理学会共同主办的"第四届'阳明学与浙江文化学术论坛'"在杭州举行。[①] 此次会议研讨的主题之一就是"日本阳明学的基本特质"。浙江省社科院钱明研究员用通俗的语言讲解了他所理解的关于中日文化中的王阳明，日本人所喜爱的历史人物大都为文武兼备、智勇双全的英雄豪杰，王阳明被日本人接受并喜爱，亦与其文武兼备之形象有密切关系。日本北海道大学名誉教授佐藤鍊太郎先生以《明哲保身论》与《墨子批选》两个文本为核心，聚焦阳明后学重要代表人物王艮与李贽的经世思想，解析了阳明学对明清之间实学浪潮的巨大影响，展示了阳明学的当今价值。日本早稻田大学教授永富青地先生基于对《中鉴录》一书的版本考据，对比了王畿在宦官问题上与主流学者的不同主张，从而呈现出心学在哲学思辨中的现实感。日本二松学舍大学田中正树教授，围绕日本近现代阳明学者山田方谷的《孟子养气章或问图解》一书展开，关注阳明学思想的文本图像性，并在对"图"类资料

---

① 信息来源于《第四届"阳明学与浙江文化学术论坛"在杭州举办》，浙江社科网，2019年11月5日。

的发掘中，提炼了儒学史与阳明学的新研究线索。浙江国际阳明学研究中心秘书长张宏敏发表了参会感言，呼吁中日阳明学者就中日两国"阳明学的特质"予以溯源式研究，并理性地审视近年来在中国兴起的这轮"阳明学热"。

2019年6月17日至22日，由华东师范大学冯契学术成就陈列室、华东师范大学哲学系联合主办的以"阳明学与世界文明"为主题的华东师范大学哲学系第二届青年哲学研修营在上海举行。复旦大学哲学学院吴震教授的讲座题目是"论'两种阳明学'：近代日本阳明学的问题省思"，指出：在日本学界向来有"两种阳明学"之说，意谓阳明学有中国与日本之分，两者属于完全异质的不同形态。据此，阳明学唯有特殊的阳明学，而阳明学的普遍性被抽离于历史之外。对阳明学的这种划分，其问题意识源自近代日本。近代日本阳明学至少被划分为四种形态的"两种阳明学"：中国的与日本的，右翼的与左翼的，前近代的与近代的，国家主义的与个人主义的。自19世纪末至20世纪初，阳明学在整个日本社会伴随着"近代化""帝国化"的转型，几乎达到了狂热的程度，孕育出一种近代日本阳明学的特殊形态。然须指出，阳明学在与异域文化的接触和交流过程中，其表现形态固然是多样的、特殊的，但阳明学的思想精神却有其普遍性，若过分强调阳明学的特殊性、复数性，不免导致历史相对主义；另外，20世纪初近代日本的"阳明学热"也值得我们省思。[1]

2019年7月3日上午，"'日本阳明学研究名著翻译丛书'首发式"在武汉大学中国传统文化中心报告厅举行。[2]该丛书为邓红教授和欧阳祯人教授主持的贵州省2016年度哲学社会科学规划国学单列课题"日本阳明学研究名著译丛"（课题编号：16GZGX09）成果，2019年6月由山东人民出版社正式出版发行。这是武汉大学中国传统文化研究中心通过国际合作的形式完成的一项重大研究项目。丛书根据学界公认的学术标准来梳理已有的日本阳明学研究成果，按照日本阳明学研究的客观历史发展过程，挑选了各个时期出现的八种研究名著加以翻译，使该丛书能够展现出日本阳明学研究从萌芽、展开到高潮的各个阶段的优秀成果。这八种著作分别为：

高濑武次郎（1869—1950）的《日本之阳明学》（张亮译、邓红校注），既对

---

[1] 信息来源于《华东师范大学"阳明学与世界文明"青年哲学研修营》，上海儒学微信公众号，2019年6月18日；《"阳明学与世界文明"第二届青年哲学研修营系列讲座》，华东师范大学哲学系网站，2019年6月17日至22日。

[2] 信息来源于《"日本阳明学研究名著翻译丛书"首发式在武汉大学举行》，儒家网，2019年7月4日。

阳明学进行了全面阐述，又系统勾勒出日本阳明学的人物系谱，并对他们的著作和思想做了详细的阐述。

井上哲次郎（1855—1944）的《日本阳明学派之哲学》（邓红、张一星译），是迄今为止日本阳明学的权威著作，为日本阳明学在日本学术界争得了正式的话语权。梁启超、张君劢和朱谦之等中国学者深受其影响。

安田二郎（1908—1945）的《中国近世思想研究》（符方霞译），为论文集，研究特点在于用西方哲学的概念、体系和手法来研究朱子学和阳明学，寻找朱子和阳明著作中的逻辑关系。

岛田虔次（1917—2000）的《朱子学与阳明学》（蒋国保译），是岛田虔次将自己的阳明学论文和著作的主要观点浓缩而总结成的面向社会的通俗读物，追溯了理学发展的内在逻辑，认为阳明学是对朱子学从外（王）向内（圣）的必然发展，肯定了儒学作为"有"之哲学的价值，同时对"理""气"内涵和工夫论的相关问题进行了解析。

山井涌（1920—1990）的《明清思想史研究》（陈威瑨译），共分为四部分，其中第二部分"性理学的诸问题"，论述了朱子学和阳明学关于气、太极、心即理等思想的内涵和演变。

楠本正继（1886—1963）的《宋明时代儒学思想之研究》（连凡译），由"宋学"部分和"明学"两部分构成。"明学"部分从宋代的陆象山心学开始，论述了阳明心学的渊源，然后根据前期、中期、后期的时代划分，完整地论述了阳明学的发展过程和思想全貌。

冈田武彦（1908—2004）的《明代哲学的本质》（焦堃译），是《宋明哲学的本质》的下卷，收集了作者四五十岁所谓学术全盛时期的明代哲学研究的12篇论文，展示了作者阳明学研究的最高峰。

荒木见悟（1917—2017）的《明代思想研究：明代的儒佛交流》（陈晓杰译），为论文集，由序言和12篇论文构成，以明代心学的展开为中心，阐述明代儒学正统和异端的总体性发展趋向，明确了这些思想和佛教的关联。

此外，2019年中文学界关于阳明学研究的论文还有以下数种：

诸焕灿主编《知行合一说阳明》（吉林文史出版社2019年版）第四章从"阳明学在日本传播的历程""日本阳明学的思想特质""阳明学对日本社会的影响"等角度切入，对阳明学说在日本的传播和影响予以简述。

杨晓维、秦蓁《了庵桂悟使明与阳明学之初传日本：基于〈送日东正使了庵和尚归国序〉真迹实物与文本的研究》(《史林》2019年第5期)一文指出,正德八年(1513)五月王阳明与日本遣明正使了庵桂悟在宁波会晤,阳明撰《送日东正使了庵和尚归国序》,并亲笔手书赠之。阳明序真迹在日本珍藏至今五百余年,是中日文化交流史上的重要见证。该文对阳明序的写成、著录与递藏进行详细梳理,并依据墨迹原件对文本加以校录和辨证,以期学界对阳明序有更清晰准确的认识,以利进一步之研究。

地山《东亚文化圈里的"阳明热"》[《廉政瞭望(上半月)》2019年第3期]一文,对近代民主革命先驱孙中山受日本阳明学影响及相关关联予以研究。

程利田《朱子学在日本的传播和发展》(《海峡教育研究》2019年第1期)一文指出,朱子学在12世纪末由来华日僧荣西传入日本。日本朱子学有藤原惺窝、林罗山等诸多派别为京师朱子学派。后来朱子学在阳明学派、古学派、国学神道派等的围剿下走向衰落,并逐渐退出官学地位。

颜莉莉《吉田松阴对李贽"童心说"的接受》(《泉州师范学院学报》2019年第5期)一文指出,日本明治维新先驱吉田松阴深受李贽思想的影响。在他因倒幕运动失败而入狱直至临刑之前数月间,手抄并评点了《焚书》《续藏书》等著作。松阴尤为倾心"童心说",幽囚岁月中借此以汲取能量,寻求"吾道不孤"的信念支撑。他所倡导的"狂愚"精神既有勇往无畏的积极意义,又带上了极端民族主义者的强力意志色彩,因此陷入了"童心"悖论。

王彦《佐藤一斋〈论语栏外书〉思想研究》(华东师范大学硕士学位论文,2019年5月)一文以佐藤一斋的《论语栏外书》为主,并参考其相关著作,分析介绍了佐藤一斋注解《论语》的特色及体现的主要思想。全文分四个部分,第一部分是绪论,介绍佐藤一斋生平及《论语栏外书》的相关研究现状;第二部分讨论《论语栏外书》的诠释特点及目的;第三部分以"知"为出发点,讨论《论语栏外书》的思想意蕴;第四部分论述《论语栏外书》在论语学史以及思想史上的意义。

关雅泉《论熊泽蕃山的诚意致知思想:基于与中江藤树思想之比较》[《阳明学研究(第四辑)》,人民出版社2019年版]一书,通过比较熊泽蕃山与中江藤树的思想,考察熊泽蕃山对《大学》"诚意"与"致知"两个条目的解读情况。

蒋国保《岛田虔次论阳明学要略》[《阳明学研究(第四辑)》,人民出版社2019年版]一文指出,岛田虔次以阳明学研究终其一生,其阳明学研究,视人和人性问题为阳明学的根本问题,通过对阳明学之人与人性思想的系统阐述,将宋学（以朱子学为代表）到明学（以阳明学为顶峰）再到清学（以乾嘉考据学为典范）的思想衍变描述为"内面主义"之合理的线性发展历程。

应该指出，2019 年的日本阳明学研究有《日本阳明学研究名著翻译丛书》中文本的出版，但是受日本大幅度缩减文学院经费及规模等客观因素的影响，日本本土的阳明学研究者也逐渐变少，与之相应的高质量的成功研究也不多见。而近年来自日本留学归国的青年博士群体，则成为中国研究日本阳明学的生力军。

二、朝鲜、韩国阳明学研究

为推进韩国阳明学研究，韩国阳明学研究者在 1995 年成立韩国阳明学会，创办有《阳明学》辑刊（ISSN:1229—5957），2019 年 3 月、6 月、9 月、12 月，分别出版第 52、53、54、55 期，刊发儒学与阳明学研究论文数十篇。此外，每年举办一次韩国阳明学会年会，2019 年 12 月 16 日至 17 日，由韩国阳明学会与仁川光域市江华郡联合主办的以"从东亚视域看霞谷学的定位：国内与国外霞谷学研究的现况与展望"为主题的韩国"第 16 回江华阳明学国际学术大会"在韩国阳明学派发祥地——仁川光域市江华郡举办。来自中国、日本及韩国各高校科研机构的 50 余位阳明学研究者相聚在江华郡，就阳明学与霞谷学的相关议题进行学术研讨。在大会主题演讲环节，韩国岭南大学崔在穆教授就"韩国思想史与'无间'的传统"、中国台湾"中央"大学杨祖汉教授就"霞谷思想的现代诠释"、中国延边大学李红军教授就"中国的霞谷学研究的现状与展望"做大会学术发言。其他与会的专家学者围绕霞谷学、阳明学的理论特质展开了研讨。围绕霞谷学与江华学派，日本国岛根县立大学井上厚史教授的发言题目是"郑霞谷对心的诠释"，韩国公州大学金演宰教授的发言题目是"郑齐斗的主静未发说与中和的生命美学"，韩国诚信女子大学金容载教授的发言题目是"如何研究霞谷郑齐斗的经学"，诚信女子大学金熙永教授的发言题目是"17 世纪朝鲜学界对阳明学的批判之形态"，韩国诚信女子大学朴炫教授的发言题目是"霞谷学的学帕特质"，韩国釜山大学郑光辉博士的发言题目是《霞谷集》的最早编纂者郑文升初探"，韩国忠北大学金珉在教授的发言题目是"如何将霞谷学落实于教育现场"，韩国全北大学陈晟秀教授的发言题目是"苍园郑寅普的子女教育"，韩国忠南大学金世贞教授的发言题目是"韩国的阳明学研究之现况与问题"。

2019 年中文期刊刊发的朝鲜、韩国阳明学研究论文有 7 篇（种），内容涉及朝鲜、韩国阳明学的本质、霞谷学派以及韩国阳明学者的个案研究。

中纯夫《朝鲜阳明学的特质》[《阳明学研究（第四辑）》，人民出版社2019年版] 一书，对朝鲜阳明学研究的现状与江华学派研究，对阳明学在朝鲜被接受过程中的诸多问题（朝鲜的陆王学传入、与阳明学相关的思想背景），以初期江华学派的相关研究为中心，做出了综合性的解释说明。

金容载《韩国阳明学研究的本质问题》（《王学研究》辑刊，2019年卷）一文认为，朝鲜儒学史的主流不可否认是性理学，尤其是朱子学。但是儒学史的一个部分分明有阳明学思潮的位置。韩国阳明学的存在，对于以朱子学为中心的韩国性理学的发展和巩固都发挥了不小的作用。尤其要注意的一点是，阳明学通过其他学问间接体现的情况。这种情况已经出现在包括史学、数学、力学、诗文、书画、音韵、实学等诸如史学界、文学界以及思想界等多个领域。

金润瑔《近代时期霞谷学派的真假论》（《王学研究》辑刊，2019年卷）一文指出，为了分析韩国阳明学的霞谷学研究的进展，有必要分析霞谷学派本身的哲学性争论点，考察学派之间的交游内容，从而扩大研究之外延。在这种情况下，该文主要调查传统思想家们的交流比较频繁的近代时期，不管是在性理学或佛教，共享和应用霞谷学派主要思想之一的真假论。近代时期霞谷学派真假论是从内心良知并非可以在外求得，而是借助主观自觉和仁义的道德伪善的境界而形成的讨论。对于道德伪善的境界随着时代的变化，具体化为批评老论的领袖宋时烈教条的学问和争论点。李建芳借助朱熹的理论和名誉，将这些合理化为自己的逻辑，并批评极端反对其他意见的宋时烈的道学是假道义。继承这个意见的郑寅普认为借助仁义本身就是没有根据自己的心态，而是源于钻研经文的虚学之风土，于是虚就是假的根本。近代时期霞谷学派的真假论是对于老论的一党执政体制带来朝鲜衰弱的适当的批评，于是可以说服对于现实政治具有批判态度的其他学派。岭南地区的改革性理学家曹兢燮和李建芳进行交流的同时，其写作理论适用了真假论。还有，与李建芳和郑寅普进行交游的朴汉永以真假论为基础，批评佛教界的表现，并寻找了改革方案。

崔在穆《东亚阳明学者的"梦"和"觉悟"问题》（《船山学刊》2019年第1期）一文指出，东亚阳明学者大多是通过由梦到觉悟（顿觉），进而诞生思想家自身理论的。阳明将梦与占术有机地结合起来，把处于预兆梦、占卜征兆终极点的"天"，完全内藏于良知之中。此一现象在韩国郑霞谷、日本佐藤一斋处也有不同程度的体现。东亚阳明学者重视梦与觉悟的关联性，不懈地倾听"无意识生命""一体混沌"的召唤，这打开了思想史的新一页。阳明学梦想"人的热血在流动"的"万物一体"值得再回味。

金暻绿《朝鲜知识人的王守仁意识与朝明关系》(《第十八届明史国际学术研讨会暨首届阳明文化国际论坛论文集》,江西高校出版社2019年版)一书指出,朝鲜是以儒学为根本的国家,自建国之后,不仅仅是在学界,就连国家运营方面,也都在积极努力地发展儒学。中宗年间,朱子学发展成了心学和道学。壬辰战争以前,阳明学已被传入朝鲜,但因其具有违背朱子学道学与心学的倾向,将道心视为人心,主张"致良知",所以被朝鲜知识人斥为伪学。壬辰战争时期,被派到朝鲜的明军文官指挥者,是阳明学学者出身,所以希望自己的学问倾向能在朝鲜得到认可和传播。然而,朝鲜的知识人通过学术论争,明确地反驳了他们的观点。但是,向明请兵的战争当事者朝鲜,虽然在学问上反对明军指挥者的阳明学观点,但在政治方面,还是表现出了一副认可的姿态。置身于以明为中心的国际秩序之中,朝鲜自建国初期,就一直在为与明建立起良好的国际关系而积极努力着。但随着时间的推移,皇帝越发表现得无能,宦官越发专横跋扈,与此同时,违背朱子学的阳明学也逐渐强大起来,这一切,都让朝鲜开始慢慢对明朝表现出了否定的态度。后来,壬辰战争爆发,在明军正式参战后,朝鲜对明的态度又再次变得友好起来。但战时,由于明军消极作战,甚至打算与日军进行讲和会谈,又让朝鲜对其产生了否定的认识。

钱明《王阳明、李退溪的圣贤像及成圣工夫论》(《第十八届明史国际学术研讨会暨首届阳明文化国际论坛论文集》,江西高校出版社2019年版)一文以王阳明、李退溪的圣贤像及其成圣工夫论为线索,从比较思想史的角度,对中韩两国历史上的理想人格的塑造及其异同关系进行考量。

方旭东《孝心与孝行:从心灵哲学看李退溪的王阳明批判》(《道德与文明》2019年第4期)一文认为,李退溪对王阳明的批判,是朝鲜阳明学史上的重要事件。从心灵哲学看,王阳明与李退溪的观点分别代表了对行为主义的反对与辩护。按照王阳明的看法,孝行不必然伴以孝心,他把那种有孝行而无孝心者称为"扮戏子";按照李退溪的看法,孝行必然伴以孝心,无法想象一个人有孝心却无孝行,或有孝行而无孝心。王阳明的论证对行为主义构不成威胁,并且他本人最后也倒向了行为主义。

诸焕灿主编《知行合一说阳明》(吉林文史出版社2019年版)一书的第四章从"阳明学说的传入与争论""阳明学说的深化与活用""阳明学说的现状与缺憾"等角度切入,对阳明学说在韩国的传播和影响予以简述。

李娜《陆王心学的韩国本土化进程及特征研究》(延边大学硕士学位论文，2019 年 5 月)一文认为，象山学与阳明学在韩国儒学史上的地位甚微，以致至今也未能获得恰如其分的评价。高丽末朝鲜朝初理学传入之时，朱子的理气论与陆象山的理气论思维体系一同传入。朝鲜朝初，王权基础十分薄弱，急需以忠于君王为核心的强有力的意识形态做支撑，朱子学恰好迎合了这种需要，顺利获得"一统"的独尊地位而扎下了根。程朱的理气论和陆王的理气论虽然在相互对立中发展，但它们都源于孔孟儒学，所以两者肯定都是儒学。然而，自从宋代朱子学派提出道统论，并以朱子学为正统儒学自居而排斥象山学为异端开始，两者的对立和冲突日益加深。在历史发展中，中国的程朱理学和陆王心学虽然有其盛衰过程，但自宋、元至明、清，二者始终共存并协调发展。但是，唯独朝鲜朝只尊崇维护封建身份体制的程朱理气论，以"理尊气卑说"为哲学基础，坚持"官尊民卑""男尊女卑"等儒学的班常学说。在朝鲜朝阳明学受政治强权的迫害而被视作"异端"和"斯文乱贼"。在这种背景下，有志之士不得不表面上标榜朱子学，暗地里研究阳明学。因此，在朝鲜朝阳明学就以特殊的"阳朱阴王"的形式获得了发展。因此，研究和分析在朝鲜朝接受和研究陆王学的儒学家的思想，就可以发现朱子学与阳明学混合并存、暧昧模糊的现象。这些思想家时而标榜程朱理气论，时而在认识论或伦理实践论等方面使用"违背朱子学而惶恐"或"难为情"等表述来小心翼翼地表露陆象山的理气论思维倾向。而且，大部分学者只字不提"象山学"或"阳明学"，或只支持或部分接受"陆王学"来表示对陆王心学的态度。因此，如果对陆王学没有深层的理解，就很难把他们的思想看作陆王学。该论文从以上的认识为前提，考察陆王心学在韩国的传播与展开以及其特征，共分为五章：第一章主要介绍陆王心学的韩国本土化研究的目的和意义，国内外对这一选题的研究现状以及该论文的结构和主要研究方法；第二章介绍陆象山心学的传入，阳明学传入时期的诸样说法和传入早期的接受者，介绍在接受阳明学的过程中反映在不同学者身上的陆王心学倾向；第三章介绍陆王心学在韩国的展开，分韩国阳明学的萌芽期和形成期两个方面进行阐述；第四章围绕着霞谷郑齐斗的思想介绍韩国陆王心学的特征；第五章结论部分对陆王心学的韩国本土化进程及特征进行总结。

朴红姬《郑寅普阳明学思想研究》(延边大学硕士学位论文，2019 年 5 月)一文认为，郑寅普(1893—1950，号为堂)，是韩国阳明学研究学者中代表性的人物之一。他是一位以阳明学为基础精神的哲学家、教育家、汉学家、民族主义历史学家。郑寅普在国权丧失的情境下,相对于朱子学和佛学,更倾向于以"实践"为主的阳明学。此后,他便潜心学习研究阳明学,并把阳明学看作能救国家危亡的学问。他批判空理空谈的"虚学",倡导学习实践的重要性。郑寅普虽然不是纯粹的哲学家,但努力从阳明学的层面上思考,并试图解决20世纪的韩国所面临的历史性难题,其思想深度并不亚于哲学家。他时刻忧国忧民,不断地思考和反思现存的社会现状,形成了有其特色的民族史观、精神史观、历史观、价值观,为后人留下了无比珍贵的精神遗产和文学著作。该文主要通过研究郑寅普对阳明学的理解和继承发展,梳理总结他的阳明学观点,进一步探讨其思想特点,以及他对韩国阳明学的贡献和其思想的不足之处。该文分五章:第一章是绪论,主要谈论研究目的和意义,国内外研究现状等;第二章是郑寅普阳明学思想产生的背景;第三章主要谈论郑寅普阳明学思想的内容,即从致良知说、感通思想、实心说三个方面来考察郑寅普的阳明学思想;第四章对郑寅普的阳明学思想进行评价,从主要贡献和存在的不足两个方面对郑寅普的阳明学思想进行评价;第五章是结语,从整体上对郑寅普的阳明学思想进行总结和概括。

冯一帆《明清朝鲜文人对浙江学术的认识》(浙江大学硕士学位论文,2019年5月)一文认为,明清朝鲜文人秉持朱子理学的立场审视着浙江学术,朝鲜文人笔下的南宋浙江学术,即朱熹对"浙学"批评的翻版。对于明代阳明学,朝鲜文人延续着的是朱熹对陆九渊的批判。明代浙江阳明学的传承与泛滥为明清交替后的朝鲜文人所认知并加以批判。明清交替,本就为朱子理学所推崇的义理精神,更成为朝鲜文人审视浙江学术的又一视角,朝鲜文人对这一时期的浙江学人的义理精神格外关注与推崇,在此基础上认知刘宗周及黄宗羲所代表的浙江阳明学的变化。清代,一方面,朝鲜本身的学术发生变化,实学思想的产生,尤其是北学派兴起后,因为现实因素,他们对浙江学术有了不同以往的认知。另一方面,浙江学术的变化,即朱子学再度崛起与汉学的兴起,为朝鲜文人所获悉,无疑他们对浙江学术有了新的认知。朝鲜文人笔下的浙江学术总是与朱子学有着或多或少的背离,浙江学术鲜明的异端色彩令秉持朱子理学的朝鲜文人难以接受。而这也恰恰是浙江学术的精神所在,是明清朝鲜儒学的不足之处。

蔡振丰《由丁茶山的儒学诠释论东亚伦理学的发展》(《外国问题研究》2019年第3期)一文旨在讨论"东亚伦理学"这个概念成立的可能性,为了说明17世纪以来的东亚儒学,确实存有与西方世界不同的伦理学论题。该文借由19世纪初朝鲜丁茶山(若镛,1762—1836)的孟子学诠释,以说明其中所反映之东亚伦理学的诸多面向。该文以为茶山学受到中国儒学、朝鲜自身儒学传统、日本儒学与西学的影响。在中国传统学术上,茶山学与阳明学同有反对朱子理气论的倾向,但二者对佛学却有不同的态度。然而,不论对佛学持肯定或否定的立场,茶山学与阳明学同有转换"宇宙论形上学"为"心性论"的趋向,在心性论的前提下,他们都强化了行为及意志的关系,也使得他们的实践方式更加简捷有效。在"体证道德"与"政治道德"的转换上,茶山受到日本徂徕的影响,使得他的儒学诠释脱离了"自我体证"的向度,而可延伸到近代的政治论述。经过对丁茶山的儒学诠释及东亚学术发展的考察,可见"东亚伦理学"具有以下特色:(1)东亚伦理学以人伦之仁、自律之善作为探讨的核心,它与孔、孟之学有合而不分的关系;(2)东亚伦理学在其发展中不断吸收本土与外来的思想,诸如道学、佛学、神道教、西学等,因此它也是对传统学问批判与新创的延伸;(3)东亚伦理学的实践场所是"人伦的社会",因此它也不能回避"人伦的社会"之空间性与历史性所产生的种种问题。

三、欧美阳明学研究

2019年中文期刊刊出的与欧美阳明学有关的论文有若干篇。

美国司马黛兰著,倪超译、袁瑾校《王阳明研究在西方》[《杭州师范大学学报(社会科学版)》2019年第4期]一文,通过对20世纪90年代以来西方王阳明以及阳明后学研究的专著、有关论著和期刊文章进行归纳,从文献研究、翻译作品、"良知"的概念、"知行合一"的概念、对特定文本、短语或概念的其他研究、王阳明与生态环境、地方史和社会史、王阳明与西方思想家的比较视角、王阳明后学和他的遗产、王阳明的军政生涯、日本的王阳明思想等角度评述西方王阳明研究成果,并在文末罗列西方王阳明研究著述的目录。

刘孔喜、许明武《亨克及王阳明心学著作在英语世界的首译》(《国际汉学》2019年第3期)一文指出,王阳明心学代表作《传习录》是我国自先秦以来新儒家思想之集大成者,20世纪初被译介到英语世界并产生重要影响。美国学者、传教士弗雷德里克·古德里奇·亨克(Frederick Govelrich Henke,1876—1963)以《传习录》核心内容为主体的首个英译本 *The Philosophy of Wang Yang-ming*(《王阳明哲学》)尤具开创之功。然而以《传习录》为中心的阳明心学著作英译及相关研究未引起国内翻译学界应有的重视。该文简要梳理了亨克译本的翻译背景、译本总体特征及其出版发行状况,以期促进、催生更深入系统的《传习录》英译研究乃至阳明学海外译介研究。

蔡亮《恒吉行迹及其王阳明思想研究考略》（日本《阳明学》第 29 号，2019 年）一文以恒吉行迹考察为主线，重点梳理其思想发展历程、阳明思想译介与研究动机、与中国知识分子的交游，以及其翻译作品的影响与意义等。通过聚焦恒吉行迹及其王阳明思想研究，进一步厘清了阳明思想在英语世界传播的路径。

吴文南《阳明学在美国的译介与传播》（《重庆三峡学院学报》2019 年第 2 期）一文指出，阳明学是一种实学，往往在社会转型期兴起，它强调"知行合一"，已成为新儒家的研究热点。20 世纪 80 年代以来，美国的中国哲学研究飞速发展，研究的重心开始从先秦转向宋明，使美国成为阳明学研究的先行者，而且始终处于领先地位。面对西方哲学困境的诊断，阳明学作为一种伦理与精神真相的复合体，其"德性伦理学"和"孝慈现象学"等带有中国传统思维色彩的现代性研究正在美国阳明学界崭露头角。要之，80 年代王阳明的政治、军事和教育事功研究既成为新的热点，也成为美国现代阳明学研究的新起点。

伊来瑞《1916 年前西方文献中的王阳明》（《第十八届明史国际学术研讨会暨首届阳明文化国际论坛论文集》，江西高校出版社 2019 年版）一书通过对欧洲、北美有关王阳明的大量文献资料进行分析，梳理了北美王阳明理学在欧洲的传播情况。

刘响慧《典籍英译中的语用充实：以陈荣捷〈传习录〉（上）英译本为例》[《江南大学学报（人文社会科学版）》2019 年第 2 期]一文指出，从语用学角度看，翻译是一个动态的过程，语际翻译是一场跨文化交际，语言、语境、交际者都是重要考量因素。典籍英译处于一个跨越时空的历时语境中，语言的语用演变和语义流变造成的信息空缺和信息断点不可避免，实践中应进行语用充实，以期最大限度地实现语用等效。以陈荣捷的《传习录》（上）英译本为例，语用充实类型有篇内衔接型、互文关照型、心理满足型、社交需要型。语用充实为典籍英译的实践和研究提供了新视角。

诸焕灿主编《知行合一说阳明》（吉林文史出版社 2019 年版）一书第四章从"阳明学说的传入""上世纪中叶阳明学说兴盛""阳明学说研究的近况"等角度切入，对阳明学说在美国的传播和影响予以简述。

辛红娟《阳明心学在西方世界的传播》（《光明日报》2019 年 5 月 11 日）一文认为，进入 21 世纪以来，随着中国"一带一路"倡议的实施和中国文学、文化"走出去"战略的全面推进，阳明心学的国际传播进入了一个多元发展的新时期，国内学者的阳明学研究开始走出国门，积极参与国际阳明学对话。在如今构建中国哲学海外话语体系的时代议题下,我们需要更多有志于阳明学研究与国际传播的专家学者,立足文化传承与文明互鉴,以中外合作的模式推出多学科协同、多模态协同的普适化双语读本,既以中国话语讲述中国哲学,又能帮助西方读者精准理解阳明学,开启了阳明学海外传播的新篇章。

费周瑛、辛红娟《〈传习录〉在西方世界的传播与研究》(《浙江社会科学》2019年第5期)一文认为,《传习录》及其承载的阳明思想在西方世界的译介与研究已有近百年历史,大致历经通识译介阶段(1960年以前)、学术繁荣阶段(1960至1980年)以及多元研究阶段(1980年至今)。通识译介阶段的传播主体以兼通中西方语言文化的传教士与出洋华人学者为主,文本译介主要以重良知说为主;学术繁荣阶段以华裔学者为代表,战后的西方世界从阳明学中汲取人文精神重建养分,显现中西哲学比较研究的趋势;20世纪80年代以后新生代汉学家群体崭露头角,研究视角日趋多元,比较哲学成为主要研究范式。

四、越南学者的阳明学研究

范越胜《比较王阳明政治思想与越南黎贵惇政治思想的相同》(《王学研究》辑刊,2019年卷)一文指出,越南已接触并学习中国儒学很长时间。王阳明与黎贵惇虽然出生于不同的时代及国家,但他们都吸收和继承了儒家的核心思想,那就是主张提高王道及"阳儒阴法"结合仁治与法治的思想。这也就是黎贵惇所希望可以处理越南当时难题的思想,也就是让儒家思想渗入越南本土,发挥更多更适切的作用。正因为如此,黎贵惇这番贡献已证明了他确实占有越南思想集大成的地位。

黎黄南《王阳明与阮廌的思想在越南与中国文化交叉过程中的相同点》(《王学研究》辑刊,2019年卷)一文指出,王学的出现是儒教在明朝成为精神生活的支柱的环境下接下来的发展。跟王学同处一个时代,在越南,阮廌的思想也创造了越南儒教的特点。王阳明和阮廌在充满跌宕起伏的生活和为民为国的事业上有很多相同点。他们都是创作了有重大价值和著名作品的思想家,可以说他们之间在亲民、仁义、提高道德和正义思想有相同点。这些相同点体现为君子明德、致善、有良知、能分辨善恶、走向善意、爱民、修身、忠孝的观念,以及教育哲理、文化自豪、和平渴望和人文主义方面。了解这些相同点,有利于研究和继续发展以及运用现代经济、文化一体化背景下的儒教。

附 录

一、2019年阳明学主题会议综述

2019年度，围绕王阳明与阳明心学，浙江省内哲学社会科学界（包括省外乃至境外的高校科研机构）通过组织学术会议、举办学术论坛等多种形式，强有力地推动了阳明学的研究阐释与推广宣传。据不完全统计，2019年全年举办了50余场以"王阳明与阳明心学"为主题的学术研讨会、文化活动周、文化旅游节，而各高校科研单位、企业组织、社会民间组织的阳明学讲座、《传习录》读书会，更是不胜枚举。从一定意义上说，类似阳明先生去世后相当长的一段时间里，阳明弟子门人定期举办的"阳明学会讲（讲会）"一样，2019年，月月有阳明学会议的举办，周周有阳明学学术沙龙（读书会、学术讲座）的分享。

2019年在"阳明先生遗爱地"浙江（杭州、宁波、余姚、绍兴、兰溪）、河南（浚县）、贵州（修文、贵阳）、江西（南昌、赣州、崇义、九江、庐陵、龙南、上犹）、福建（漳州、平和）、安徽（池州）、江苏（南京），以及北京、上海、天津、中国香港乃至韩国、日本、西班牙举办的"王阳明与阳明心学"的学术研讨会及相关活动主要有："王阳明逝世490周年纪念仪式暨阳明心学报告会"（宁波，1月9日），《王阳明大辞典》首次编纂工作会议"（宁波，1月9日），"第三届阳明学与浙江文化学术论坛"（杭州，1月12日），"宁波阳明学第二届全国论坛暨《邵廷采全集》首发式"（宁波，1月17日），"'文澜讲堂：王阳明公开课'公益系列讲座活动"（杭州，1月19日），"2019中国·鹤壁（浚县）王阳明与大伾山学术研讨会"（浚县，2月23日至24日），"第三届中国阳明心学高峰论坛启动仪式"（北京，3月23日），"王阳明与梁弄研讨会"（余姚，3月28日），"阳明学与近现代中国学术研讨会"（北京，3月29日至31日），"阳明文化研究与传播中心签约暨揭牌仪式"（崇义，4月16日），"纪念王阳明到任庐陵知县509周年暨江右王门学术研讨会"（吉安，4月23日），"中国阳明心学论坛香港研讨会"（香港，5月8日），"王阳明纪念论坛"（九江，5月12日），"第三届中国阳明心学高峰论坛"（绍兴，5月18日至19日），"王阳明'万物一体之仁'思想学术研讨暨

《与曰仁诸弟书》手札品鉴会"（上犹，5月25日），"数字王阳明资源库全球共享平台上线仪式暨阳明文化文献研究成果发布会"（贵阳，5月30日），"'阳明学与世界文明'青年哲学研修营"（上海，6月17日至22日），"阳明心学与企业家精神对话会暨《王阳明语录》首发式"（宁波，6月23日），"阳明学与闽南文化学术研讨会"（漳州，6月29日），"日本阳明学研究名著翻译丛书首发式"（武汉，7月3日），"文澜论坛：对话王阳明教育思想与实践"（杭州，7月20日），"王阳明在龙南暨阳明文化资源的开发与利用学术研讨会"（龙南，7月20日），"池州市阳明书院揭牌仪式"（池州，7月21日），"第二届阳明教育联盟大会暨首届阳明教育论坛"（贵阳，7月29日至30日），"余姚'阳明故里'品牌发布会暨'阳明古镇'项目启动仪式"（杭州，8月17日），"第二届阳明文化周（绍兴）启动仪式"（绍兴，8月23日），"龙场论道·阳明心学企业家研习大会"（修文，8月25日），"'问道向黔：重走阳明悟道之路'主题采访活动"（贵阳，8月26日），"《王阳明年谱辑存》新书发布会"（贵阳，8月30日），"王阳明国际漫画展"（西班牙阿尔卡拉市，9月12日），"《用声音叙事：我是阳明青年》新书发布会暨传统文化与时代精神研讨会"（宁波，9月27日），"中国崇义第三届阳明文化旅游节开幕式"（崇义，9月28日），"宁波市王阳明文化研究促进会一届二次会员大会"（宁波，10月13日），《阳明先生集要三编》新书发布暨学术研讨会（贵阳，10月18日），"第二届阳明文化国际论坛"（崇义，10月19日至20日），"朱子学与阳明学的现代交锋高端会讲"（南京，10月26日），"王阳明始论'知行合一'510年学术研讨会"（修文，10月29日），"江南文脉·泰州学派分论坛暨泰州学派学术研讨会"（泰州，10月31日），"2019宁波（余姚）阳明文化周开幕式暨'知行合一：致祭王阳明'礼贤仪典"（余姚，10月31日），"'守初心·话清廉：阳明心学与当代启示'清廉文化沙龙"（余姚，10月31日），"中天阁论道：阳明心学——为高质量发展赋能论坛"（余姚，11月3日），"中天阁论道：'诵阳明诗·悟光明心'蒙曼专场活动"（余姚，11月3日），"第四届'阳明学与浙江文化学术论坛'"（杭州，11月3日），"阳明学与书院文化学术研讨会暨第五届全国书院论坛"（贵阳，11月3日至4日），"'学阳明心学，做四知青年'理论研讨会"（宁波，11月6日），"福建江夏学院阳明学研究院成立大会"（福州，11月25日），"'知行合一'视野下的中华优秀传统文化传承发展论坛"（天津，11月30日），"宁波阳明学第二届全国论坛暨钱德洪逝世445年纪念学术研讨会"（余姚，12月14日），"韩国第16回江华阳明学国际学术大会"（韩国江华郡，12月

16日至17日),"新时代·新书院:第四届中国阳明心学高峰论坛研讨会暨新闻发布会"(北京,12月25日),"'知行合一·王阳明在赣州'阳明文化对外交流活动"(日本东京,12月23日),"'知行合一·王阳明在赣州'阳明文化对外交流活动"(韩国首尔,12月27日),"'阳明五百年'青年学者论坛"(南昌,12月28日),"兰溪市章懋研究会成立暨王阳明与章懋学术研讨会"(兰溪,12月28日)。

兹根据诸项学术研讨活动的举办时间,胪列梳理。

(一)"王阳明逝世490周年纪念仪式暨阳明心学报告会"在宁波市王阳明研究院举行[①]

2019年1月9日上午,由浙江省儒学学会与宁波市社会科学院、中共余姚市委宣传部共同主办的"王阳明逝世490周年纪念仪式暨阳明心学报告会"在宁波市王阳明研究院举行。来自清华大学、中国社科院、贵州省文史研究馆、华东师范大学、南京大学、四川大学、浙江省社科院、台湾宜兰大学、韩国忠南大学的阳明学研究专家以及宁波市王阳明文化研究促进会的会员代表共200余人与会。

宁波市王阳明文化研究促进会会长陈利权博士主持纪念仪式,中共余姚市委常委、宣传部部长王娇俐女士宣读《阳明先生祭文》:"王公守仁,姚江先贤。道贯古今,名垂世间。书香门第,状元长男。吉时诞辰,瑞云飞天。继往开来,薪火永传……"浙江省儒学学会会长吴光教授诵读《阳明先生纪念文》:阳明先生王守仁,是中国历史上伟大的哲学家、思想家、军事家、政治家、教育家。他生于宁波余姚,卒于江西南安,葬于浙江绍兴,建功立业在江西、福建和两广,讲学于大江南北,创立了以良知为本体、致良知为修养方法、知行合一为实践工夫、明德亲民为政治应用的良知心学体系,被誉为立德、立言、立功"真三不朽者"。2019年1月9日,是王阳明逝世490周年忌日,来自阳明故里的宁波、余姚各界群众在新建立的王阳明研究院举行祭奠仪式,纪念这位历史伟人,具有独特的意义。

"祭文""纪念文"宣读完毕,全体与会者向王阳明遗像敬献鲜花、行鞠躬礼,表达对这位伟大先人的怀念与尊崇之情。在随后举行的"阳明心学报告会"上,

---

[①] 信息来源于《王阳明逝世490周年纪念仪式在宁波举行》,光明日报客户端,2019年1月10日;《王阳明先生逝世490周年纪念仪式在甬举行,阳明心学报告会同时举行》,《余姚日报》2019年1月10日。

贵州省人大常委会原副主任、贵州省文史馆原馆长顾久教授作了《王阳明与贵州》的主题报告，认为：虽然浙江与贵州在地理上相隔甚远，不过因为阳明先生的关系，两地的专家学者有了更好的交流与沟通。阳明先生的一生是"此心光明，亦复何言"。因此，关于阳明先生的研究就是要加深了解、共同研究。清华大学国学研究院院长、全国中国哲学史学会会长陈来教授作了《论王阳明的万物一体思想》演讲，与现场听众分享了他对阳明精神的理解：阳明先生继承了中国哲学史上"万物一体"的思想观念，并表现出为追求内心生活的高远的精神境界和宇宙体验的特质。他的万物一体思想，在价值观上体现为对生民苦难的一种迫切的悲悯情怀，将拯救苦难的民众作为他内心的一种终极关怀，明确地引导了致良知实践方向的变化。

1月9日晚上，韩国忠南大学儒学研究所所长、韩国阳明学会会长金世贞教授在宁波市王阳明研究院，给现场听众带来了一场名为"韩国阳明学研究的历史与现状"的学术报告，回顾了古代朝鲜半岛与中国明州（宁波）的交往历史。北宋时期的官方船队从宁波出发访问高丽，以及位于月湖景区的高丽使馆旧址，这些都是宁波与高丽曾经互通交流的最好见证。而今天，在阳明先生的家乡宁波，参加王阳明逝世490周年的纪念活动，他感到非常荣幸。在过去的种种困苦面前，前辈们顽强地孤军作战，并保存了阳明学在半岛的命脉。今天，中国与韩国对于阳明心学的研究越发深入，也更科学。中韩两国共同的研究，可以从东北亚甚至全亚洲的高度来探究阳明心学的意义。中韩两国的学者，在进行本土化阳明心学研究的同时，也应该为阳明学的进一步发展探索新的途径。

据悉，宁波作为阳明先生的出生地、成长地和讲学之地，具有丰厚的阳明文化历史遗存。在宁波余姚的老城中，坐落着全国重点文物保护单位王阳明故居纪念馆，馆中的主体建筑之一瑞云楼就是王阳明出生之地。2005年，余姚文化部门开始实施王阳明故居的全面修缮及陈列展示工程。如今，王阳明故居占地近五千平方米，由新建伯牌坊、阳明广场、王阳明故居建筑群等多个单元组成。近年来，宁波坚持擦亮王阳明这张"金名片"。2017年，宁波在第十三次党代会报告中正式提出"开展王阳明思想等传统文化的研究传承"，将其作为"加快文化强市建设，打造一流的城市软实力"的重要举措。目前，宁波已形成了一支阳明文化研究队伍，出版了一批阳明文化学术著作，成立了宁波市王阳明文化研究促进会、举办了多届"宁波（余姚）阳明文化周"等；宁波市社科院增挂了宁波市王阳明研究院牌子，旨在建立更好的研究、弘扬和推广阳明文化的平台，有助于在宁波这片历史文化的沃土上，促进阳明文化从历史走向当代、从书斋走向社会、从理论走向民众，探索一条推进阳明文化的传承与创新之路，把阳明文化浸润到当代宁波发展中，使宁波在研究、弘扬、践行阳明文化上走在全国前列。

（二）"《王阳明大辞典》首次编纂工作会议"在宁波天一阁举行

2019年1月9日下午，由浙江省儒学学会与宁波市社科院联合主办的"《王阳明大辞典》首次编纂工作会议"在宁波天一阁举行。来自清华大学、复旦大学、南京大学、浙江大学、山东大学、四川大学、安徽大学、华东师范大学、江西师范大学、赣州师范大学、宁波大学、江西省委党校、台湾宜兰大学、中国社科院、浙江省社科院、江苏省社科院、贵州省文史研究馆、宁波市社科院、上海古籍出版社、贵阳学院、余姚市书画院、余姚市文保所、余姚市博物馆，以及韩国忠南大学、圆光大学等研究单位的专家共40余位海内外阳明学研究专家应邀参加。

会议首先由宁波市社科院院长陈利权代表项目招标单位做项目策划、经费安排与工作要求。接着，正式成立《王阳明大辞典》编纂工作机构。项目总负责人、《王阳明大辞典》主编吴光研究员宣布顾问、学术委员会、编纂委员会成员名单，向顾问、学术委员、编纂委员颁发聘书。项目主编助理张宏敏副研究员做《王阳明大辞典》筹备工作报告。各子项目负责人汇报本项目的辞条设计思路、项目组成员构成、具体工作进度等。《王阳明大辞典》顾问、学术委员、编纂委员，如贵州省文史研究馆原馆长顾久、清华大学国学院院长陈来、华东师范大学人文学院院长杨国荣、四川大学国际儒学研究院院长舒大刚、中国社科院历史所研究员张海燕、山东大学特聘教授林安梧、韩国阳明学会会长金世贞等，对《王阳明大辞典》编纂体例及各子项目安排进行评议，提出了很多宝贵意见。

其次由吴光研究员作总结发言。他真诚感谢各位专家学者提出的宝贵意见，强调编纂《王阳明大辞典》的重要意义和社会需要，鼓励各位参与者树立文化使命感和荣誉感，要求辞条作者要认真汲取会上各位专家提出的宝贵建议，认真查阅相关资料，写作文字应言简意赅、雅俗共赏。大家要齐心合力，不负众望，抓紧时间、高质量地完成研究任务。最后宣布了经费安排，并强调了尊重与保护知识产权的必要性和重要性。

（三）"第三届阳明学与浙江文化学术论坛"在浙江工商大学举行[①]

2019年1月12日，由浙江省伦理学会、浙江工商大学哲学系、浙商研究院、浙商博物馆联合举办的"第三届阳明学与浙江文化学术论坛"在浙江工商大学举行。本届论坛在改革开放四十周年这个历史节点举办，聚焦"阳明学与浙商精神"，意在加强学界和商界的互动，加强浙商研究学者与人文哲学领域研究学者的横向联系，进一步推动跨学科学术的融合创新。

浙江工商大学校长、浙江省伦理学会会长陈寿灿教授在会议开幕式上的致辞认为，阳明精神的内核，不是孤立的本心，而是其安身立命的终极追求与事上磨炼的修身功夫合二为一的思想方法与实践智慧。新时代下探讨阳明心学，不仅不必拘泥于地域和时间，也不必拘泥于行业，无论做教育、做学术、做官员还是做商业，三百六十行，任何一行都要先做人，要存善念，做好人；修身以成己，立业而达人，直至兼济天下，这就是人人得以践行的、超凡入圣乃是内圣外王的阳明学进路。浙商的崛起和兴盛离不开特定的文化力支撑，而以阳明学为代表的浙学传统，既是一面分析和理解浙商过去的透镜，也是一座照亮浙商未来的灯塔。

丝绸之路控股集团董事长凌兰芳认为，当今浙商已经从财富追求转向高层次的人文追求，此时尤为需要找到坚实的精神支撑，而王阳明的哲学思想恰恰能给予在商海中拼搏的企业家以人文支撑。此外，浙江国际阳明学研究中心主任钱明研究员从学术角度就阳明心学在东亚的发展做了发言。杭州三菩提董事长王飞燕、正泰集团文化部总经理廖毅，作为践行阳明精神的浙商代表在论坛分享了观点和经验。浙商博物馆馆长杨轶清进行了总结发言。

与会代表一致认为，阳明学研究和浙江文化精神建构是浸透在浙商群体中的无形力量和穿越时空的宝贵财富。在波涛汹涌的商海中，它是浙商们前行的火炬、阳光。在技术革新和产业升级的转型路口，浙商文化和浙商精神的内涵也将不断丰富和发展。弘扬阳明心学、浙商文化和浙商精神是一个恒久而又常新的课题。

[①] 信息摘编自《第三届"阳明学与浙江文化学术论坛"在浙江工商大学召开》，中国教育在线，2019年1月14日。

（四）"宁波阳明学第二届全国论坛暨《邵廷采全集》首发式"在浙大宁波理工学院举行[①]

2019年1月17日，"宁波阳明学第二届全国论坛暨《邵廷采全集》首发式"在浙大宁波理工学院阳明学堂召开。来自上海、浙江的阳明学者围绕着宁波阳明学、阳明后学的研究、落地应用等论题，展开了深入的研讨，提出了许多富有启迪的新观点。

阳明后学研究新刊经典文献——最新编校整理的《邵廷采全集》在本届论坛上首发。邵廷采的著作之前曾单独出版过《思复堂文集》，本次将邵氏的著作全部收齐，汇总出版为《邵廷采全集》，这是三百多年来第一次。浙大宁波理工学院陈雪军教授、宁波大学张如安教授整理的《邵廷采全集》面世，对邵廷采以及明末清初余姚阳明后学的研究，特别是为阳明心学的文献整理及其思想演变的研究做了一次有力的推动。

"十年磨一书，阳明后学盛。"陈雪军教授在论坛研讨会上感慨地说："从第一次接触邵廷采，至今已经整整一纪；从整理、标点的初稿问世，至今整好十年。"《邵廷采全集》的点校整理，先后得到了宁波市文化研究工程项目、浙江省文化研究工程项目的研究资助，并获得了国家古籍整理出版专项经费资助，最后由浙江大学出版社出版。

宁波大学张如安教授提出如何利用《邵廷采全集》的史料，进行史学研究，解决史学研究中一些悬案的问题。宁波大学钱茂伟教授充分肯定了王阳明"知行合一"思想在当代中国的意义和价值，并特别强调中国传统文化中的家国情怀，他说："家国情怀宛若川流不息的江河，流淌着民族的精神道统，滋润着每个人的精神家园。"宁波大学彭传华教授从研究方法和研究思路的角度，认为阳明学及阳明后学研究要有一种文史哲贯通的意识。

同济大学朱义禄教授针对当前阳明学和阳明后学研究的大好局面和形势，提出了"阳明前学"的概念。他认为有"阳明后学"，肯定应该还有"阳明前学"，这其实也是一个"三通"问题：将阳明学研究，与阳明前学、阳明后学研究贯通起来，将阳明学的来龙去脉梳理清楚，做出有特色的当代阳明学研究的学术通史来。华建新、王孙荣等来自余姚、慈溪的学者，则对余姚邵氏家族，邵氏与孙氏、王氏家族的关系，提供了很多有价值的史料和研究角度。

[①] 信息来源于《文献名邦新刊经典文献　阳明故地又聚阳明学人——陈雪军教授点校〈邵廷采全集〉在宁波阳明学第二届全国论坛首发》，浙大宁波理工学院网，2019年1月21日。

浙江省社科院国际阳明学研究中心主任钱明研究员为本届论坛做了总结发言。他把邵廷采在浙东学术史上的地位归纳为"三个打通"：一是打通了阳明学与蕺山学（刘宗周）之间的关系，二是打通了经学与史学之间的关系，三是打通了明州文化与越州文化的关系。尤其是第三个打通，更加富有现实意义。余姚地处宁波与绍兴之间，历史上曾经归属绍兴府，中华人民共和国成立以后归属宁波市。余姚是阳明的出生地，绍兴是阳明的安息之地。当前宁绍两地的阳明学者，也应该像邵廷采那样，联手将阳明学与阳明后学研究推向更高的层面。

（五）"'文澜讲堂：王阳明公开课'公益系列讲座活动"在浙江图书馆举办[①]

1月19日，浙江省儒学学会与浙江图书馆合作策划的"'文澜讲坛：王阳明公开课'公益系列讲座活动"第一讲《谈谈王阳明的良知心学》在浙江图书馆举行，由浙江省儒学学会会长、浙江省社会科学院哲学所吴光研究员主讲。吴光研究员从阳明心学的定义出发，与象山心学、白沙心学等其他学派进行对比讲解，阐明了阳明心学实际是一种良知心学，其结构可以分为四个部分："良知"本体论、"致良知"的修养方法论、"知行合一"的道德实践论、"明德亲民"的民本政治论。

"王阳明公开课"公益系列讲座活动系浙江省儒学学会与浙江图书馆合作策划举行，2019年全年每月一讲，共12讲。主要邀请省内外阳明学研究专家，全面梳理阳明思想，介绍该领域研究的前沿成果，旨在促进干部群众修身立德，推进中华优秀传统文化传承发展。

2月23日，复旦大学何俊教授主讲《知行合一的内涵与意义》，在广阔的中国思想背景中分析王阳明"知行合一"的内涵，以及这一思想在中国哲学中的意义。王阳明知行合一思想的意义主要表现在以下几个方面。第一，重新阐明了"知"与"行"的内涵。第二，为"致良知"学说提供功夫路径。在王阳明看来，人之所以异于其他动物，就在于人有良知。朱熹强调天理，故而有了"有理走遍天下""凡事要讲一个道理"之说，但民间也有"做事要对得起自己的良心"的说法，这就等于是在天理之后又有了良心。所以，今天人们在日常生活之中，在对人、对事的过程中，都秉承着天理良心。做人要讲天理，做人要讲良心，这个良

[①] 信息摘录自《浙江省儒学学会2019年度工作报告》，浙江省儒学学会网，2019年11月21日。

心的观念就是由王阳明强化了的。第三，重筑儒家修身传统中的力行特色。儒家并不主张空谈。孔子曾言："我欲托之空言，不如载之行事之深切著明也。"王阳明继承并重筑了儒家修身传统中的力行特色。总之，王阳明思想的光辉性，既体现在理论的方面，又体现在实践的方面。

3月23日，浙江大学彭国翔教授主讲《王阳明的身心修炼功夫》。他认为，世界上几乎所有的精神性、宗教性的传统，儒释道耶回都是心学传统。要信，要走心，方可有用。今天讲阳明学，不应该仅仅局限于阳明来看阳明。他的理论，主要是从和朱熹的对话得来的。在对话过程中，他逐渐建立了自己对儒家经典的理解。如果不了解中国哲学、儒家经典关键内涵，对阳明的道理可能不一定很明白。儒家学问离不开知识，但最终是一种智慧。儒家功夫之一就是变化气质，转换人，提升人。且不说治国平天下，就从个人的自我修炼，成为一个有智慧、能控制七情六欲的人，也非常有价值。

4月14日，浙江大学何善蒙教授主讲《阳明学与天台宗》，以"王阳明为何如此热门""阳明学在近代为何有巨大影响力"两个问题为切入点引出讲座主题，分别围绕"为什么要讲阳明""阳明是谁""阳明讲什么"三个方面展开详细论述。他还指出，王阳明的学问很大程度上受到了天台宗的影响，我心是否是天下心，是否只是我心，要回到真心与妄心的分辨上来理解。

5月25日，浙江省社会科学院钱明研究员主讲《王阳明的军事思想与实践》，主要讲述了王阳明的兵学与心学、用兵与用心的关系问题。阳明认为"挥霍意""抗厉气"所带来的只能是"勇有余而智不足者"的匹夫之勇，若要真正做到智勇兼备，就非得仰赖本心良知不可。从根本上说，阳明把人、人心、圣心放在了最为重要的位置，所以他虽强调体用不二、内外合一，但在实际战事中却始终把本心、良知作为最终目的。亦因此，与破山中贼、兵学、武备之策、机数、成功等形而下的"用"和"术"相比，阳明更重视破心中贼、心学、致良知、万物一体之仁、成圣等形而上的"体"和"道"，这也是他不同于一般军事家乃至军事战略家的根本之处。

6月15日，江苏省社科院胡发贵研究员主讲《鼻吸五斗醋·方可作宰相：王阳明的"南方之强精神"》，认为阳明先生是中国古代三不朽的代表性人物，其一生充满坎坷和磨难，但从不沦落，相反，身虽困却意愈扬，其意志特别强大，厚德而载物，在逆境中显现出高尚的人格和伟大的精神。

7月20日，湖南大学岳麓学院邓洪波教授主讲《王守仁的书院观》。他认为，王阳明重视书院建设、将其视作研究、宣传自己学术思想的阵地,其学几变而定于书院,其教亦传于书院,在书院的讲学过程中,不断完善、发展了自己的学术主张与思想体系。

8月17日,杭州师范大学陈锐教授主讲《超"狂"入"圣":王阳明的人格、思想及现代意义》,从当今社会出现王阳明热的现象出发,解释了社会对阳明心学的理解历来存在的诸多歧异,并从孟子的知人论世出发,将王阳明的心学与其性格及明代特定社会历史背景相联系,来探求其思想中的热情和理性、狂和圣等矛盾的成分以及与程朱理学的异同和特色。王阳明"心即理""知行合一""致良知"等命题上承孟子、陆象山,表现了一种与朱熹的理性主义不同的潮流,以回到人的内在良知以及生命、活力和运动,对明代中后期的思想启蒙以及现代中国哲学产生了重要影响,对理解西方思想中的知行关系有若干启发之处,对现代社会中的道德复兴以及教育实践等也有重要的现实意义。

9月21日,浙江大学董平教授主讲《天泉证道与四句教》,引用许多事例,就"四句教"的不同记载、内在意义等,进行逐句分析,阐发意义,以期转进阳明心学体系之哲学内涵的整体领悟。同时,教导大家要以自己的良知为本体表现,多行善事,勿以善小而不为,勿以恶小而为之。

10月26日,中山大学张卫红教授主讲《王阳明与江右王学》。他认为邹守益是江右王学中与地方官员交往人数最多并对其影响最大的学者。他与江西地方官员的讲学、交游、通信、撰文等种种交往,都是实践并传播良知学政治理念的方式。他把为政之道区分为三个心性层面:以私欲为政,以资禀为政,以学为政。后者即政学一体、万物一体。这些理念对官员的学术倾向、文教举措、个人品行及心性工夫等方面产生了积极影响。在明代儒学弘扬路线由"上行"转为"下化"的情况下,阳明学者将"得君行道"转为"得官行道"的努力,是儒学在地方社会施展"上行"路线的一个重要表现,也是儒者实践政治理想的一个重要途径。

11月10日,南京大学哲学系李承贵教授主讲《王阳明"万物一体"论意蕴及其现代价值》。他认为,王阳明"万物一体"论是以"仁"为根本精神的治世纲维;此治世纲维的实施即"生生不息""克己去私""同苦共痛""爱有差等""心态平和"的"五体义"的具体展开与落实;由此"五体义"可演绎出生存共同体、生态共同体、心态共同体、价值共同体"四用义"(现代价值)。换言之,王阳明"万物一体"论的核心是"仁",其义理构造、思想内容、理论特色、实际效用概由"仁"规定,此亦即阳明"万物一体"论独特性所在。

12月7日，华东师范大学杨国荣教授主讲《王阳明心学的多重内涵》。他指出，王阳明心学展开于不同方面。在形上之维，心学的特点不在于提供一种思辨的宇宙论系统，而是侧重于意义世界的建构。如何在日用常行中为善去恶，是王阳明心学所关心的又一问题。在王阳明思想中，这一问题的进一步追问，便引向了格外在之物与诚自我之意的关系。在知行关系上，王阳明的心学注重知行合一。这一视域中知与行的合一并不表现为静态的同一，而是展开为一个动态的转化过程。从人的存在看，王阳明的心学表现为对个体意识、个体自主性和个体独立性等的关注，心学之基于心体，也与之相关。善与恶一向不可分，即如无善无恶亦一体。无善无恶的发展即善与恶的呈现，也可以说天人之相分。天人如何可相分，因为天人原是合一的，故可能分。既分了，故总想合，总念着合，这合便是一种趋势与方向，不由人为转移。所以死是一种归去，是一种回家，归到家的安顿与安宁。

（六）"2019中国·鹤壁（浚县）王阳明与大伾山学术研讨会"在河南浚县召开[①]

2019年2月23日至24日，"2019中国·鹤壁（浚县）王阳明与大伾山学术研讨会"在中国历史文化名城河南浚县召开。此次会议由河南省儒学文化促进会王阳明研究会主办，浚县文化广电和旅游局等单位承办。来自郑州大学、河南大学、河南师范大学、河南农业大学、河南中医药大学、河南省委党校及浙江省社会科学院、贵州省阳明学学会等各高校、科研院所的60多位阳明学研究专家学者，相聚在文化名山大伾山下，追思一代圣贤王阳明的良知精神和历史功绩，认定浚县是王阳明圣贤人生辉煌事功起航地。

河南省儒学文化促进会创会会长王廷信在开幕式致辞中指出，王阳明"知行合一"思想在中国特色社会主义新时代建设中，具有非常重要的现实意义。浙江省儒学学会会长、浙江省社会科学院吴光研究员认为，河南省儒学文化促进会成立王阳明研究专业委员会，这是一件好事，而且这次召开"王阳明与大伾山学术研讨会"还是很有意义的，在浚县发扬阳明文化是大有可为。贵州省阳明学会会长王晓昕教授认为，阳明文化、阳明心学的弘扬非常有意义，在鹤壁浚县举办此次学术研讨会，不光是在河南，在全国都非常有意义。中华孔子学会阳明学会副

[①] 信息摘编自《2019中国·鹤壁（浚县）王阳明与大伾山学术研讨会在浚县举行》，鹤壁新闻网，2019年2月25日。

会长钱明研究员指出，浚县跟阳明学的关系密切，王阳明进入仕途以后所建事功的第一站是在浚县，在整个阳明学的传播中，浚县是起始点；在中原地方阳明学传播过程中，浚县也是一个举足轻重的地方。河南省儒学文化促进会王阳明研究会会长刘太恒教授指出，河南省的王阳明研究要联合河南省内高校和科研院所的力量，积极规划研究课题，深挖大伾山历史文化与阳明文化的时代价值；浚县名宦王越在边防事业中表现出来的军事才智，对王阳明思想的形成也有深远影响，值得挖掘。鹤壁市委宣传部有关负责人表示，要以"王阳明与大伾山学术研讨会"为契机，深入挖掘鹤壁（浚县）阳明文化，加强宣传普及、抓好学术研究、队伍建设、推广普及、遗迹遗存保护发展等工作，力争将鹤壁（浚县）打造成为王学研究重镇、国学研究高地，更好地促进鹤壁（浚县）乃至河南省的经济文化事业发展。

据悉，2019年是王阳明过化浚县520周年。明弘治十二年（1499），观政工部的新科进士王阳明，奉旨来浚县为王越（1426—1498）督造墓茔。王越墓在大伾山西麓。新官初仕、少年就立志成圣成贤的王阳明，登临大伾山，写下了《大伾山诗》《大伾山赋》。至今，大伾山还留存有明代《大伾山诗》《大伾山赋》等石刻文物。

（七）"第三届中国阳明心学高峰论坛启动仪式"在北京举办 ①

2019年3月23日，"第三届中国阳明心学高峰论坛启动仪式"在北京人民大会堂举行。论坛组委会主席、中国文化院院长、北京师范大学人文宗教高等研究院院长许嘉璐，论坛组委会特别顾问、全国政协文化文史和学习委员会副主任王世明做主旨演讲。绍兴市委书记马卫光、中国文化院执行理事长陈强、三智集团董事长郭佳肃致辞。

许嘉璐院长在主旨演讲中说，阳明心学高峰论坛以继承、弘扬阳明心学和中华优秀传统文化为宗旨，需要承载起两项急迫而又艰巨的任务。首先是支持、协调、组织方方面面的力量，在社会文化多元化的环境中，因地制宜、因人而异地用浅显明白的语言、事例和人们喜闻乐见的形式普及阳明心学；其次是积极开展国际合作，把阳明心学和新时代的研究成果介绍给世界，促进中外文化交流，促进国际间的合作和共赢。

---

① 信息来源于《第三届中国阳明心学高峰论坛启动仪式昨在京举行》，绍兴网，2019年3月24日。

马卫光书记在致辞中说，阳明先生是中华文明演进与中华文化发展进程中的杰出代表，是中国思想界集儒、释、道三家之大成者，为我们留下了极为丰富的思想文化遗产。绍兴将全力以赴做好第三届中国阳明心学高峰论坛的各项筹备工作，并以此为契机，更好地弘扬、传播和践行阳明心学，更加自觉、更加主动地推动中华优秀传统文化的创造性转化、创新性发展。

在启动仪式上，华东师范大学哲学系杨国荣教授、南京师范大学文学院郦波教授、浙江省稽山王阳明研究院院长董平教授分别做了阳明学主题演讲。清华经管 EMBA 国学研修会沈会承会长、北京三智文化书院高斌理事长做"阳明学落地与践行"演讲。

据悉，为弘扬、传播和实践阳明心学，从 2016 年开始举办的"中国阳明心学高峰论坛"已成为国内自改革开放以来规格最高、规模最大的阳明心学专题论坛。第三届中国阳明心学高峰论坛主题为"中国智慧与人类命运共同体"，旨在从人类共同命运之历史与现实维度，审视以阳明心学为核心的中国智慧，以中国智慧解决人类问题。

（八）"王阳明与梁弄研讨会"在浙江余姚举行 [①]

2019 年 3 月 28 日，由余姚市社科联、梁弄镇人民政府、余姚市东海城市文化研究院联合主办的"王阳明与梁弄研讨会"在余姚市梁弄镇人民政府举行。此次研讨会旨在深入挖掘四明山梁弄镇的阳明文化内涵，促进阳明文化项目落地，做好梁弄镇的王阳明遗迹遗存保护发展等工作，以更好地促进梁弄经济文化发展。

研讨会上，专家学者围绕梁弄阳明文化的内涵与当代价值、王阳明对梁弄文化的影响与价值、乡村振兴背景下阳明心学与人才培训策略、阳明文化与梁弄旅游文化的发展等，各抒己见。

据悉，王阳明与余姚梁弄镇颇有历史渊源。据文献记载，明弘治年间，时任刑部员外郎的梁弄人黄肃升广西按察副使，同在刑部任职的王阳明撰《送黄敬夫先生金宪广西序》相送。黄肃的儿子黄骥拜王阳明为师，王阳明为黄骥家墙门题"家传词翰"门额，黄家把它用青砖阴刻并置于台门内侧，一直保存至今，现在梁弄镇正蒙街上。明正德八年（1513），王阳明携弟子及道友到梁弄汪巷村，拜访回家省亲的广东按察司金事汪克章，并一起同游四明山道教圣地白水冲，留下两首歌咏诗篇。

[①] 信息来源于《余姚举行"王阳明与梁弄"研讨会》，浙江社科网，2019 年 4 月 2 日。

（九）"阳明学与近现代中国学术研讨会"在中国人民大学举行[①]

2019年3月29日至31日，由中国人民大学哲学院、孔子研究院主办的"阳明学与近现代中国学术研讨会"在中国人民大学举行。来自清华大学、北京大学、北京航空航天大学、南开大学、复旦大学、同济大学、上海大学、武汉大学、中山大学、华东师范大学、吉林大学、浙江理工大学、浙江省社科院、杭州师范大学、贵州大学、贵州师范大学、台湾辅仁大学、美国威斯康星大学以及人民出版社、《哲学动态》杂志社的30余位阳明学专家学者应邀参会。

与会学者围绕以下主题进行深入讨论交流，展现了阳明学研究的最新成果：（1）晚明思潮与阳明学；（2）康有为、梁启超与阳明学；（3）现代新儒家与阳明学；（4）阳明学与"新心学"；（5）阳明学与西方哲学在近代中国的互动；（6）近代中日阳明学的交流和互动；（7）阳明学与近代中国的教育。

关于阳明学的包容性，与会者认为，宋代理学的发生以儒学为本吸收了佛老思想智慧而成为一种新形态的儒学。阳明学也是如此，体现了以一心融汇儒释道三教的观念。中国人民大学哲学院教授温海明说，王阳明通过融会儒学与易学而建构了心学，其心学境界超越了佛教的虚寂境界。在浙江理工大学蒋海怒教授看来，清代以来中国思想的发展中存在一条佛学与阳明学融合的线索，这是我们理解近现代中国思想发展的重要背景。中国人民大学哲学院副教授刘增光认为，熊十力、梁漱溟、张君劢等近现代哲学家虽主张各异，均秉持阳明学的包容性品格，吸收佛教与最新的西方哲学思想，自觉地在阳明学的基础上"接着讲"，构建了"生生之谓易"的"新心学"，成为今天中华文化复兴的宝贵资源。中国人民大学外籍教授谢林德、杭州师范大学教授张天杰、贵州大学副教授张明等专家以章太炎、梁漱溟、钱穆、牟宗三、唐君毅等近现代思想家为对象进行分析，认为这些学贯中西的学者在讨论科学与人文孰轻孰重等课题时，无一例外都受到了阳明学的深刻影响。

关于阳明学的普遍性，宋代哲学家陆九渊有言："东海西海，心同理同。"王阳明则说："良知是人人具有，个个圆成。"这正是陆、王对心学普遍性的注释。与会者一致认为，阳明学不仅是中国的，也是世界的。在王阳明身后的500多年里，他的思想深刻影响了中国社会，曾国藩、康有为、毛泽东等都是他的"粉丝"。阳明学传到日本，影响很大，成为维新派的一种指导思想。复旦大学教授吴

[①] 信息摘录自《专家研讨：阳明学的品格》，《光明日报》2019年4月13日。

震指出，应重视阳明学覆盖东亚的普遍性，否则就会陷入偏激的特殊主义和历史相对主义，使阳明学丧失生命力。复旦大学教授邓志峰强调，不能以个体的意念或私心为良知，否则就背离了良知的普遍性。吉林大学讲师张慕良对英语学界关于阳明学的丰富研究成果做了介绍，勾勒了阳明学走向世界、与西方哲学对话的脉络。

关于阳明学的实践性，与会专家认为，王阳明强调"事上磨炼""知行合一"，使得阳明学具有很强的实践性。熊十力甚至认为阳明学的"知行合一"是中国文化的核心。有学者认为，阳明学提倡反省，主张提升自我人格、接地气、易懂易接受，在民间得以广泛地实践。同济大学陈畅教授、清华大学高海波副教授谈到了王阳明"万物一体"观念对梁漱溟的影响，认为梁漱溟在乡村建设、生命教育等方面的实践活动受到阳明学启发。

（十）"阳明文化研究与传播中心签约暨揭牌仪式"在江西省崇义县举行[①]

2019年4月16日，江西理工大学与崇义县人民政府合作共建"阳明文化研究与传播中心签约暨揭牌仪式"在江西省崇义县图书馆举行。崇义县人民政府县长邱凌，崇义县委宣传部部长何琳，崇义县人民政府副县长张小兰，江西理工大学副校长邱廷省及相关职能部门负责人出席仪式。

邱廷省副校长介绍了江西理工大学的办学历史和办学特色：江西理工大学是赣南人民自己的学校，学校自开办以来始终重视服务地方、传承文化，同时对"阳明文化研究与传播中心"的运行提出三点希望，一是要明确目标，二是要凝练方向，三是要全力以赴。何琳部长发表致辞，介绍了崇义县近年来着力打造"阳明之城、王学圣地"靓丽名片所采取的"六个一"举措，并表示非常高兴能与江西理工大学开展经济、技术、文化等多方面的合作，希望全体研究人员能发挥各自优势、定期交流合作、不断深化研究，抓住机遇，做出成效。

据悉，"阳明文化研究与传播中心"将致力研究王阳明光辉一生所留下的精神财富，尤其是深入研究在赣南的三年对其"心学"理论形成和发展的深刻影响，奠定赣南在"阳明学"研究中的突出地位。该中心设三个研究方向：一是阳明文化内涵研究，主要进行以"阳明心学"为代表的哲学本体研究，包括王阳明思想的形成过程、理论精髓、思想内涵等。二是阳明文化传播研究，当前和未来如何

[①] 信息来源于《我校与崇义县人民政府共建阳明文化研究与传播中心》，江西理工大学官网，2019年4月18日。

进一步向世界介绍阳明文化。三是阳明文化应用研究，配合地方政府招商引资战略、文化旅游战略等，研究如何因地制宜地发挥阳明文化的商业价值。

（十一）"纪念王阳明到任庐陵知县509周年暨江右王门学术研讨会"在江西吉安举行①

2019年4月23日，由井冈山大学庐陵文化中心和青原区委宣传部共同主办的"纪念王阳明到任庐陵知县509周年暨江右王门学术研讨会"在江西吉安市青原区青原山召开。来自同济大学、浙江省社会科学院、南昌大学、江西财经大学、赣南师范大学等高校科研机构的阳明学研究专家学者40余人参加了会议。与会学者围绕王阳明及江右王门学派诸学者的学术思想与政治社会实践、王阳明与江右王门学者文献整理研究、阳明学与江右地方文化研究等议题展开。

吉安市委常委、宣传部部长刘兰芳在开幕式致辞中指出，江右王门的重心在吉安，吉安是阳明心学的首践地。此次活动的举办是吉安市传承发展阳明心学、建设文化强市的一项重要举措，对践行"知行合一"思想、推动高质量跨越式发展具有重要意义。吉安市要进一步深化阳明文化的保护、研究和传承，进一步弘扬中华优秀传统文化，着力把吉安打造成践行阳明文化的新高地。

井冈山大学副校长陈小林在致辞中说，井冈山大学始终坚持传承和弘扬中华民族优秀文化，充分发掘吉安厚重的历史文化资源，积极开展庐陵文化研究，在吉安历史文化名人研究、吉安历史文献整理、吉安文化资源开发利用、江右王学研究等学术领域，取得了较为丰硕的研究成果，呈现出良好的发展势头。此次和青原区共同主办江右王门学术研讨会，将极大促进青原区在吉安、江西，乃至中国文化品牌影响力，有力推动吉安市委、市政府"全域旅游，全景吉安"战略的实施，对外提升吉安乃至江西的整体形象，对内激发家乡人民的自豪感，为学术之盛宴，也为地方文化建设之盛事。

江西省委宣传部原常务副部长陈东有主持主旨演讲。江西省内外阳明学研究专家钱明、朱义禄、邹建锋、李伏明分别以《吉安的政商环境与王学共同体的形成：基于吉赣比较论的视角》《王阳明与江右王门》《从阳明弟子看吉安在全国的地位》《论王阳明治庐陵与阳明学的发展和传播》为题做了主旨演讲，从不同角度

---

① 信息摘编自《纪念王阳明到任庐陵知县509周年暨江右王门学术研讨会举行》，《吉安晚报》2019年4月24日；《青原举办江右王门学术研讨会》，吉安新闻网，2019年4月24日；《江右王门学术研讨会圆满落幕》，井冈山大学新闻中心，2019年4月24日。

分析了江右王门的历史功绩与现实意义。会议论文集《王阳明与吉安：江右王门学术研讨会论文集》由江西人民出版社 2019 年 12 月出版。研讨会上，揭牌并成立了"青原山阳明文化研究传播中心"。

据悉，2019 年是一代心学宗师王阳明到任庐陵知县 509 周年。509 年前，成功悟道后的王阳明来到庐陵，实践他的学说。吉安是王阳明一生中唯一主政的地方，因此成为王阳明"知行合一"思想的首践地。王阳明在吉安拥有大批追随者，形成了吉安学者绝大多数为江右王门学派的现象，影响巨大而深远。江右王门在中国思想文化史上占有重要地位，是中华优秀传统文化的重要组成部分。吉安因此成为王学研究和传播的中心，青原山成为王学研究和传播的圣地。

（十二）"中国阳明心学论坛香港研讨会"在香港举行[①]

2019 年 5 月 8 日，以"弘扬阳明心学·共叙家乡情谊"为主题的"中国阳明心学论坛香港研讨会"在香港举行。绍兴市委副书记、市长盛阅春致辞，绍兴市委统战部部长叶卫红主持，香港浙江省同乡联合会常务副会长、绍兴旅港同乡会荣誉会长车弘健等旅港乡贤及有关专家学者、香港当地大学师生代表参会。

盛阅春在致辞中说，在支撑高质量发展的力量中，文化自信的力量最基本、更深沉，也更持久。古往今来，绍兴名人辈出，文化血脉弦歌不辍，造就了思想文化的高地，筑起了理想情怀的丰碑。近年来，绍兴坚决扛起为"往圣继绝学"的历史责任，逐步修复阳明洞天等遗迹遗存，完善阳明文化传承发展规划，组织开展学术研究研讨，系统挖掘其时代精神、时代内涵，努力打造中国阳明心学研究中心和国学高地，为传承弘扬阳明文化贡献出本源于古越绍兴的力量。盛阅春希望通过此次"中国阳明心学论坛香港研讨会"的举行，共话阳明心学，聆听各位专家的解读和研究成果，努力让阳明心学通过香港这颗东方明珠，跨出国门、走向世界，散发出更加耀眼的精神之光，推动东西方文化和谐共生、交相辉映。

研讨会上，浙江省稽山王阳明研究院院长董平、副院长钱明、香港科技大学黄敏浩教授、香港教育大学郑吉雄教授等专家学者，分别就阳明心学对当今世界的意义、阳明心学在日本、阳明心学在中国台湾、阳明心学在中国香港等话题做主旨演讲。

为感谢黄敏浩、郑吉雄两位教授对阳明心学的弘扬与推广做出的不懈努力，绍兴市委、市政府特地准备了复印精装本的明刻《传习录》及阳明先生书法《太

[①] 信息来源于《绍兴举行中国阳明心学论坛香港研讨会》，环球网，2019 年 5 月 8 日。

极图说》作为礼物，赠送给香港科技大学和香港教育大学。

（十三）"王阳明纪念论坛"在江西白鹿洞书院举办[①]

2019年5月12日，由江西庐山白鹿洞书院管委会、白鹿学社主办的"白鹿讲坛"第三讲"王阳明纪念论坛"在江西白鹿洞书院文会堂举办。

主讲嘉宾为江西师范大学学术委员会主任方志远教授，他演讲的题目为《王阳明：心学的力量》，指出在王阳明身上，立德、立功、立言融为一体，不可或缺。王阳明用自己的行为给世人做出了示范："心中有良知、行为有担当。"这才是王阳明对"知行合一"的最好诠释。王阳明被称为有明一代气节、文章、功业第一人，被认为是"真三不朽"。但是，和中外许多伟大人物一样，王阳明也一直毁誉参半，时人斥其"事不师古、言不称师，专以立异为高"，但不能不承认其事功的卓著；后人言其承朱学之式微鼓吹心学，为统治者另谋思想统治出路，却不能不承认王学的积极因素。万历十二年（1584）王阳明获准入祀孔庙，但在同时入祀的三人中（另外二人为胡居仁、陈献章），王阳明虽然影响最大、功绩卓著，却争议最大。

此外，江西省艺术研究院院长卢川、江西高校出版社重点书目办公室负责人毛静，分别就"王阳明与江西""王阳明遗址遗迹"发表了看法。"王阳明纪念论坛"由江西省文史研究馆馆员孙家骅担任主持。

（十四）"第三届中国阳明心学高峰论坛"在浙江绍兴召开[②]

2019年5月18日至19日，由绍兴市人民政府、中国文化院、北京师范大学人文宗教高等研究院、北京三智文化书院主办，中国文化书院等单位协办，绍兴市委宣传部、浙江省稽山王阳明研究院等单位承办的主题为"中国智慧与人类命运共同体"的"第三届中国阳明心学高峰论坛"在浙江绍兴召开。浙江省、绍兴

[①] 信息来源于《白鹿讲坛第三讲，"王阳明纪念论坛"5月12日举办》，搜狐网，2019年5月10日。

[②] 信息摘编自《第三届中国阳明心学高峰论坛开幕》，人民网浙江频道，2019年5月18日；《第三届中国阳明心学高峰论坛在绍兴开幕》，新华网，2019年5月18日；《第三届中国阳明心学高峰论坛分论坛：探讨阳明心学的当代价值》，新华网，2019年5月18日；《阳明心学在社会治理中有何体现？专家学者发表主题演讲》，浙江新闻客户端，2019年5月19日；《良知之教，我们该如何践行？》，《绍兴晚报》2019年5月20日；《第三届中国阳明心学高峰论坛昨闭幕》，《绍兴晚报》2019年5月20日。

市政府领导,以及来自中国、韩国等国家与地区的学者与企业精英、阳明心学爱好者近1000人参会。

"第三届中国阳明心学高峰论坛"围绕"中国智慧与人类命运共同体"的主题,共设五个分论坛:"致良知:良知践行与企业管理""明良知:阳明心学的当代价值""行良知:阳明心学的社会治理与实践""示良知:良知之教与书院·教育"以及特别论坛"阳明学的国际视野——阳明学与退溪学的分野与交融"。

1. "第三届中国阳明心学高峰论坛"正式开幕式及主题报告

5月18日上午,"第三届中国阳明心学高峰论坛"开幕。绍兴市委书记马卫光、中国文化院秘书长白海燕、北京三智文化书院董事长郭佳肃、浙江省社科联副主席陈先春、贵州省人大常委会原副主任顾久、韩国岭南退溪学研究院理事长李东建、中华文化促进会副主席金坚范先后致辞。

马卫光在致辞中指出,本届论坛的主题契合当今世界潮流,顺应历史发展大势,必将为阳明心学的交流研究与落地普及提供有力的理论和实践指导,必将为睿智运用"中国智慧"解决人类问题提供新的视角和方案。绍兴作为阳明先生的故乡,阳明心学的发端地、成熟地、传播地,中国阳明心学高峰论坛的永久会址城市,对传承弘扬阳明文化具有责无旁贷的历史使命。

白海燕在致辞中,代表论坛组委会主席许嘉璐先生预祝第三届论坛圆满举行,期盼阳明心学能够扎实落地、远播四方。她说,从2016年开始,在许嘉璐先生的亲自领导下,中国文化院已经合作举办了两届中国阳明心学高峰论坛,取得了广泛的社会影响。我们也欣喜地看到,阳明心学从高高的象牙塔里走出来,从古代典籍中活起来,走入了更多的企业、学校和家庭。未来,希望我们以全球的视野和世界的胸怀,推动以阳明心学为代表的中国传统文化智慧走入民间,走出国门,走向世界。

在主旨演讲环节,中国文化院院长、北京师范大学人文宗教高等研究院院长许嘉璐教授发表书面报告,清华大学国学院院长陈来教授做主旨演讲,浙江大学哲学系董平教授做总结发言。其中,许嘉璐教授认为,当前,我国文化、学术日益繁荣,需要将阳明心学如何走出中国、走出亚洲、走向世界,作为一个重要的历史性课题进行深入思考和研究。

2. 分论坛:"致良知——良知践行与企业管理"

5月18日下午,与会企业家代表围绕"致良知——良知践行与企业管理"这一主题展开讨论。

全国人大代表、浙江万丰奥特控股集团董事长陈爱莲分享了自己关于阳明心学的感悟，认为阳明心学对中华传统文化，对构建人类命运共同体具有重要作用；我们要把内心的道德化为行动，在践行中体现出自己的价值，促进行业进步，为社会的发展做出贡献。

九太科技股份有限公司董事长沈会承讲到，阳明先生认为人人有本自具足的良知，面对当今人类现状，需要我们去除私欲的蒙蔽，恢复良知的本来面目。

浙江九鼎投资集团董事长俞春雷认为，在面对人生的价值与意义是什么的哲学思考时，阳明先生给出了最佳答案。他通过自己在中国包装行业的探索与努力，认为践行阳明致良知等思想，不要包装，而要良知，让世界变得更美好。

浙江省稽山王阳明研究院执行院长潘建国认为，改革开放40年，中国社会状况发生了很大变化，人们开始寻找精神意义的人生，探索如何自我实现，如何走上圣人之道；企业家精神增长的动力，来自自我价值的实现和对社会责任的担当，而中国智慧会为世界问题的解决提供良好的方案。

3. 分论坛："明良知——阳明心学的当代价值"

5月18日下午，清华大学国学院院长陈来教授、复旦大学哲学学院吴震教授、南京师范大学陈书录教授、北京大学中文系学术委员会主任廖可斌教授、北京师范大学人文宗教高等研究院常务副院长朱小健教授、台湾师范大学东亚系张崑将教授等专家学者就"明良知——阳明心学的当代价值"主题展开对话交流。

陈来教授认为，阳明心学对构建世界哲学体系起着一种引领作用；心学体系中涉及的和而不同、多元和谐的包容精神，成为当下构建人类命运共同的重要资源；"明良知"即以明德引领风尚，讲的是社会价值引领的问题，"明良知"是明德的一种方式。在绍兴，用"明良知"作为明德的一种抓手，是阳明精神在当代的重现。

吴震教授表示，阳明心学在继承了程朱理学思想的同时，又有自己的创新；心学中体现的"万物一体"观点，对于当下怎么看待世界、社会、人与物之间的关系，有着重要的启发作用；"良知"是一个普世价值观，如何提升社会的、国家的、人类的良知，如何来重建社会和国家的"良知"，在阳明心学中都有重要体现。

陈书录教授指出，阳明心学注重"儒商精神"，这样的精神潜移默化地影响了绍兴、浙江乃至整个长三角的经济，尤其是民营经济的发展。

廖可斌教授认为，阳明心学是一种思想体系，对当下中国人有着积极的启示作用，表现在三方面，一是能够改变当下过于自信、过于主观的社会及大众问题，对客观事物保持谨慎；二是"明良知"即告诫要不断地反省、思考，认真思考关于世界、关于自我的各种问题；三是当下社会太注重功利，拜物主义严重，而阳明心学强调心的作用，有着超越物质利益至上的精神追求，能够洗涤这种不良的社会风气。

4. 分论坛："行良知——阳明心学的社会治理与实践"

5月19日上午，"行良知——阳明心学的社会治理与实践"分论坛举行。8位专家学者、特约嘉宾发表主旨演讲。

诸暨市人民政府市长王芬祥立足枫桥经验的发展，畅谈阳明心学与枫桥经验的密切联系。他表示，阳明心学与枫桥经验一脉相承，阳明心学隶属于哲学范畴、是抽象的，而枫桥经验则属于社会范畴，是阳明精神的具体实践。与时俱进的枫桥经验符合阳明心学的内在和谐精神。对社会治理来讲，弘扬阳明精神，就是要倡导正能量，推行好作风。

中央党校文史教研部王学斌副教授认为，当代文化建设必须立足中华优秀传统文化，经一番深入挖掘与阐发，从而实现创造性转化、创新性发展。就目前中华优秀传统文化的保护而言，重点应立足于提升与传承，并非急于推向全社会。他表示，对于阳明文化建设，不能仅停留在"说不清'道'不明"的阶段，更重要的是"说'道'做'道'"。

山东理工大学《管子学刊》编辑部主任王珏研究员通过对王阳明"四句教"意义的阐述，以王阳明庐陵县的治理实践，为人们借鉴阳明心学在社会治理中发挥作用，提供了一个全新的视角。

此外，贵州省人大常委会原副主任顾久、修文县委宣传部部长肖伦文、浙江省委党校哲学教研部教授董根洪、平和县委宣传部副部长张山梁、修文县文联主席李小龙，也先后发表主题演讲。

5. 分论坛："示良知——良知之教与书院·教育"

5月19日上午，在绍兴市阳明小学孩子的朗朗诵读声中，"示良知——良知之教与书院·教育"分论坛拉开帷幕，多位书院及院校负责人共同探讨阳明心学与现代教育的关系，做学问与立志立德、学做人的关系。

国学大师南怀瑾先生之子南一鹏认为，书院教育的本质，在于养心知性，讲明义理修其身，并成就德行，书院教育自然以德行为本。阳明先生还谈了一件事，叫"立志"，说"志不立，天下无可成之事"，所以我们教小孩要立志为先，只要谈到中华文化，最后必然要走向心学，探讨心性，这是中华文化最深沉、最根本的东西。

江西鹅湖书院院长王立斌认为,要从学习阳明先生的修身开始,在书院的教育中,从孩童抓起,培养他们从小要有圣贤之心、孝悌之心,教会他们怎么做人。

绍兴市阳明中学校长周新建介绍,绍兴市阳明中学自创办以来,明确了传承阳明思想的办学目标和方向,阳明思想已嵌入了校园的方方面面。学校还把培养"知行合一"的高品质人才作为育人目标,全力打造具有阳明特色的校园文化,激发阳明心学在当今时代背景下的新活力。

厦门筼筜书院院长王维生指出,书院教育是良知之教的社会教育,而社区书院是社区治理的新模式,其更深层次的意义在于培育有良知的现代化社会公民。

北京四海孔子书院院长冯哲认为,从唐朝到明清,书院在中国有上千年的历史传承,可以说是人文精神修炼的一个好场所。当下,书院要走下去,除了秉承、继承和弘扬传统文化的功能,还应当在传承中创新,顺应时代做出调整,要有经世之用。

6. 特别论坛:"阳明学的国际视野——阳明学与退溪学的分野与交融"

5月18日下午、5月19日上午,特别论坛"阳明学的国际视野——阳明学与退溪学的分野与交融"举行。

在此次特别论坛上,来自韩国岭南大学、韩国忠南历史文化研究院、韩国东明大学等的专家和学者们在现场畅所欲言,围绕李退溪与"水"哲学、退溪主理哲学的世界观与人类观、退溪的仁爱观等内容,各自分享学术研究成果与思考。此外,来自武汉大学、杭州师范大学、浙江稽山王阳明研究院的多名国内阳明学专家和学者也在现场进行了学术分享,述评了对沟口雄三"两种阳明学"说的批判性考察、金吉洛的《韩国象山学与阳明学》等内容。

7. "第三届中国阳明心学高峰论坛"闭幕式

5月19日上午,在圆满完成论坛各项议程后,"第三届中国阳明心学高峰论坛"闭幕式举行。论坛组委会副主席董平教授对本次论坛活动进行总结,论坛组委会秘书长白海燕对中国阳明心学高峰论坛提出未来展望,中共绍兴市委宣传部部长丁如兴致答谢辞。

董平教授在总结时说,本届论坛准备充分、活动多样、论域广泛、影响重大,是中国阳明心学高峰论坛永久会址落户绍兴后的首场论坛,是具有象征意义的文化事件,既是阳明心学高峰论坛本身的转折点,也是当代阳明心学研究发展新的转折点。本次论坛产生了广泛的社会影响,并在不同维度展示了阳明心学之于当代社会的独特作用及其魅力。多个分论坛展开阳明心学论域多元对话,体现了本届论坛的宽泛论域及其很高的整合度。本届论坛充分强化并凸显学术性,使阳明心学回归其自身之正;论坛的国际视野,体现了在亚洲论域之下,阳明心学所展开的文化多样性"对话",体现了对人类命运共同体的独特关注。

白海燕秘书长认为,阳明高峰论坛主题越来越顺应社会需要,符合国际大势,贴近时代需求。弘扬阳明心学的队伍不断壮大,阳明心学的思想和理论研究不断深入,落地实践不断推广,创新成果不断涌现,这充分表明中国阳明心学高峰论坛永久会址落户绍兴是非常正确的选择。未来,论坛组委会将继续做好阳明心学的普及工作,继续加强阳明心学的国际交流,为构建人类命运共同体注入阳明文化力量。

丁如兴部长在答谢辞中表示,传承和弘扬阳明心学,是绍兴义不容辞的历史使命和责任担当,绍兴的发展,需要激活阳明心学这一先贤智慧。下一步,绍兴将高标准谋划,全方位推进,举全市之力打造阳明心学高地,加大力度因地制宜、因人而异地开展阳明心学的普及宣传工作,使阳明思想更加深入人心。

(十五)"王阳明'万物一体之仁'思想学术研讨暨《与曰仁诸弟书》手札品鉴会"在江西上犹举行[①]

2019年5月25日,由赣南师范大学王阳明研究中心、国学研究院、江西省王阳明研究会联合主办,赣州天沐温泉旅游开发有限公司承办的"王阳明'万物一体之仁'思想学术研讨暨《与曰仁诸弟书》手札品鉴会"在江西上犹县举行。来自浙江、广东、福建、江西等省的100余名阳明文化学者参会。

上犹县委书记赖晓岚出席研讨会并致开幕词。江西省王阳明研究会会长赖功欧教授,上犹县委宣传部部长陈济才,赣州天沐温泉旅游开发有限公司董事长陈定云到会并致辞。浙江省社科院哲学所研究员吴光、南京大学教授李承贵、江西省社科院哲学所研究员杨达、赣南师范大学王阳明研究中心首席专家周建华等专家学者围绕王阳明"万物一体之仁"思想的社会关怀、王阳明"万物一体之仁"思想与生态建设、上犹县阳明文化遗存研究、王阳明手札《与曰仁诸弟书》的思想内涵、王阳明手札《与曰仁诸弟书》蕴含的文化信息、王阳明手札《与曰仁诸弟书》的艺术特色等主题做了精彩的主旨发言。与会专家学者一致认为,王阳明"万物一体之仁"思想的基本内涵是"明明德""亲民"和"止于至善",对于正确

---

① 信息摘录自《听学术大咖说王阳明与上犹的故事》,上犹新闻网,2019年5月26日。

处理"天人关系""人人关系"和"人己关系",对于当代治国理政、建设生态文明、建立道德伦理新秩序和建构人类命运共同体,均具有重要的价值和世界意义。

会前,参会人员观赏了赣州天沐温泉旅游开发有限公司收藏的王阳明《与曰仁诸弟书》手札;会后,参会人员考察了上犹县阳明湖等阳明文化遗址遗存。

据悉,上犹与王阳明先生的渊源深厚。明正德十二年(1517),阳明先生统率"八府一州"官兵,踏足上犹,一举平定了上犹县横水、桶冈地区的动乱,划割上犹县的崇义里、上保里、雁湖里三里以及大余、南康部分土地,设立了"崇义县"。阳明先生在世的时候,上犹百姓感念其功德,自发在县城建立了阳明生祠,从明代到清代,祠宇屡废屡建,多次重修。历代编修的《上犹县志》,均详细记载了王阳明先生的事功,其"致良知""知行合一"等思想,一直滋润着这片历史悠久的土地。

(十六)"数字王阳明资源库全球共享平台上线仪式暨阳明文化文献研究成果发布会"在贵州贵阳举办[①]

2019年5月30日,由国家图书馆、科学出版社和贵阳市人民政府主办,北京阳明书院、阳明文化(贵阳)国际文献研究中心、贵州省文化大数据创新研究基地承办的"数字王阳明资源库全球共享平台上线仪式暨阳明文化文献研究成果发布会"在贵州贵阳举办。会议启动"数字王阳明资源库全球共享平台"上线,并发布了《王阳明研究文献索引全编》《王阳明研究重要文献选编》《王阳明文献普查目录》《王阳明著述篇目索引》《王阳明著述序跋辑录》《王阳明著述提要》等阳明文献研究的最新成果。

贵阳市人民政府副市长魏定梅、国家图书馆副馆长张志清、中国科技出版传媒股份有限公司副总经理、科学出版社文物考古分社社长闫向东,先后致辞。

据悉,"数字王阳明资源库全球共享平台"由阳明文化(贵阳)国际文献研究中心(以下简称阳明中心)联合国家图书馆和深圳太极云软技术股份有限公司共同开发建设。平台包含了典籍库、索引库、全文库、艺术库、专家库、阳明百科、藏书馆等子数据库和一个移动终端应用程序(APP),共收录160余种古籍、50000余条文献索引、2400余篇核心文章,同时还全面展示了"王阳明诗文名篇书法大赛"及"乐童艺术"公益活动的获奖作品。平台开发了在线阅读、书架管

[①] 信息摘录自《数字王阳明资源库全球共享平台上线仪式暨阳明文化文献研究成果发布会成功举办》,贵阳市图书馆官网,2019年5月30日。

理、个人笔记、图书点评、读者交流、自主编辑、专家提问等功能，读者在阅读典籍文献的同时，可标注笔记、撰写书评，与其他读者进行交流互动。

全国政协委员、贵阳市委市政府首席战略顾问、阳明中心理事长连玉明介绍，阳明中心编纂的《王阳明研究文献索引全编》共10卷，收录了自明代以来，中国、日本、韩国和欧美地区公开出版、发表的阳明学及其相关学说的文献目录，共计50000余条。该书的问世，填补了阳明学文献研究的空白。《王阳明研究重要文献选编》收录了2400余篇阳明文化相关文献，共计53卷，是一套数量庞大、内容丰富、连续完整的阳明文化文献研究资料，反映了阳明心学思想理论变迁及阳明文化研究的整体面貌。

《王阳明文献普查目录》《王阳明著述篇目索引》《王阳明著述序跋辑录》《王阳明著述提要》是阳明中心与国家图书馆联合编纂的"王阳明馆藏文献典籍普查、复制和研究丛书"，是"王阳明馆藏文献典籍普查、复制和研究"项目的重大成果。《王阳明文献普查目录》是国家图书馆在全面普查国内（含港台地区）15家重要古籍公藏机构有关王阳明的古籍、碑帖等历史文献收藏情况的基础上，形成的全面性目录，能够反映王阳明学术思想整体面貌；《王阳明著述篇目索引》旨在通过篇目分析、对比列目的方式，展示王阳明著述的单篇文章在各类书目中的收录情况，从一定程度上反映了王阳明著述在流传过程中的内容变化和版本源流；《王阳明著述序跋辑录》通过辑录国家图书馆所藏王阳明著述序跋，直观地反映了王阳明著述的编撰缘起、刊刻始末，并进一步阐明王阳明著述在当时的影响以及后世的流传情况；《王阳明著述提要》以版本提要的方式展示王阳明著述的基本情况和整体面貌，旨在为学界研究阳明文化提供可靠的文献依据。

会上，贵州师范大学文学院副院长史光辉、贵州大学历史系副教授张明、贵阳学院阳明学与黔学研究院副院长陆永胜、修文县文联主席李小龙等阳明文化研究领域的专家学者分别进行了演讲，就阳明文化思想及其相关文献的研究发表了真知灼见，为阳明文化的研究提供了新思路、新视角和新方向。

会议还举行了北京国际城市文化交流基金会阳明文化发展基金揭牌仪式、阳明文化文献研究成果捐赠仪式，向贵州省图书馆、贵州省博物馆、贵州大学图书馆、贵州师范大学图书馆、贵州财经大学图书馆、贵州阳明文化研究院、贵阳市图书馆、贵阳孔学堂、贵阳学院阳明学与黔学研究院、中国阳明文化园等机构捐赠了图书。

（十七）"'阳明学与世界文明'青年哲学研修营"在华东师范大学举办[①]

2019年6月17日至22日，由华东师范大学冯契学术成就陈列室、华东师范大学哲学系联合主办的以"阳明学与世界文明"为主题的华东师范大学哲学系第二届青年哲学研修营在上海举行。活动期间，围绕"阳明学与世界文明"这一主题，共举办了6场阳明学研究名家讲座、12场青年学者论文报告。兹对阳明学研究名家讲座的主要内容予以综述。

华东师范大学哲学系杨国荣教授的讲座题目是"王阳明心学与中国哲学"。他认为，以心为体，王阳明将存在的考察引向意义世界的关注，表现了不同于从宇宙论的角度及理气的逻辑关系上对存在作思辨构造的形而上思路。心与理相涉，王阳明提出"心即理"的命题，对心与理的关系做了总体上的概括，心与理的统一在主体意识中具体化为个体性与普遍性的统一。通过引事入心、以事释物，以及肯定事上磨炼，王阳明有见于"事"在成己过程中的作用。以化知识为德性为指向，心学确立了良知在内在意识中的主导性，以良知为形态的德性既与自我存在融合为一，又构成了主体行为的动力因。在本体和工夫的关系上，心学既肯定本体的先天性，又强调本体唯有在工夫的展开过程中才能获得现实性品格，后者同时为意识本体向现实认识过程的还原提供了理论前提。以知行合一为总的命题，心学将知与行的统一理解通过切己的践行而达到对知的内在明觉，又通过践行而使知推行于外，在此意义上，知与行的关系又表现为基于互动过程的动态统一。

台湾辅仁大学哲学系潘小慧教授的讲座题目是"阳明与多玛斯哲学"，指出，王阳明不认同程朱"知先行后"的提法，主张"知行合一"说。此说较重要且完整的文本见于《传习录上·徐爱录》和《传习录中·答顾东桥书》。此说在道德建设中有两点意义：第一在于反对任何一丝一毫的不善潜藏于心中，保证了道德实践动机的良善；第二在理论上驳斥"知易行难"和"知先行后"二说对道德笃行实践的可能妨碍，借此强调道德的行动、实践与道德认知的必然结合。"一念发动处，便即是行了"的说法，跟西方中世纪基督教哲学的集大成者多玛斯（St. Thomas Aquinas，1224/5-1274）"人性行为"之"内在行为"的谈法类似。阳明的伦理思想也呈现一种道德内在化的倾向，强调内在行为的重要。

复旦大学哲学学院吴震教授的讲座题目是"论'两种阳明学'：近代日本阳

[①] 信息来源于《华东师范大学"阳明学与世界文明"青年哲学研修营》，上海儒学微信公众号，2019年6月18日；《"阳明学与世界文明"第二届青年哲学研修营系列讲座》，华东师范大学哲学系网，2019年6月17日至22日。

明学的问题省思"。他指出,在日本学界向来有"两种阳明学"之说,意谓阳明学有中国与日本之分,两者属于完全异质的不同形态。据此,阳明学唯有特殊的阳明学,而阳明学的普遍性被抽离于历史之外。对阳明学的这种划分,其问题意识源自近代日本。近代日本阳明学至少被划分为四种形态的"两种阳明学":中国的与日本的,右翼与左翼的,前近代的与近代的,国家主义的与个人主义的。自19世纪末至20世纪初,阳明学在整个日本社会伴随着"近代化""帝国化"的转型,几乎达到了狂热的程度,孕育出一种近代日本阳明学的特殊形态。然须指出,阳明学在与异域文化的接触和交流过程中,其表现形态固然是多样的、特殊的,但阳明学的思想精神却有其普遍性,若过分强调阳明学的特殊性、复数性,不免导致历史相对主义;另外,20世纪初近代日本的"阳明学热",也值得我们省思。

香港中文大学哲学系黄勇教授的讲座题目是"Moral Luck and Moral Responsibility: Wang Yangming's Contribution",主要从"道德运气(moral luck)"这一概念开始谈起,通过列举日常生活中的案例解释什么是"道德运气"。他指出,关于"道德运气",西方哲学家一般持有两种相反的观点,一种是康德主义的观点:把道德跟运气分开,认为道德与运气完全没有关系;另一种是伯纳德·威廉姆斯和托马斯·内格尔的观点:不同的道德运气会导致不同的道德责任,道德运气不应完全排除在道德责任(或道德判断)的考虑之外。王阳明哲学,特别是王阳明关于"恶"的起源的观点,也包含一些道德运气的思想。在王阳明那里,"恶善恶"的来源在于"意","意"便是"应物起念","念恶念"与"善念","意"则"有是有非"。就现实层面来说,"私欲"由"习气习"主要是指环境因素,"气"主要指天生的气质和性格倾向。个人生活的外在环境和天生的气质基本对应内格尔讲的构成性运气,不属于个人能控制的范围。对于个人的道德行为,王阳明并非持决定论的立场,相反,个人可以通过"立志良知被遮蔽"这一现象做细致分析。如果从认知(理性)、情感(欲望)和意志三分的立场来看,私欲只能遮蔽良知中的"情感"成分,而不能遮蔽"认知"。就此而言,王阳明对个人的道德行为持自由意志的立场。

中山大学哲学系陈立胜教授的讲座题目是"两种'实事',两种'反思':阳明学与现象学关系刍议",认为,无论陆王心学抑或现象学均以面向"实事"标榜自身。心学一系的"实事"始终是第一序的、生存论的、当下的德性生命之觉悟与省思,而现象学一系的"实事"终究服务于一种反思意义上的、因而亦是第二序的理论旨趣。心学一系的"实事"即德性实践的源头与开端,而现象学的"实事"则旨在建立一种本质科学、存在的科学。然而,在心学工夫所呈现的"实事"与现象学所描述的心灵之"实事"之间实则有一种"相关性",正是这一"相关性"构成了当今阳明学与现象学对话的一个重要平台。

浙江大学哲学系董平教授的讲座题目是"阳明与印度学",把王阳明心学与印度哲学相互联系,试图表明,基于世界统一性的寻求而建立个体与最高实在的本质联系,以个体的经验实践而实现与最高实在的同一,体现为东方哲学的基本共性。就此而言,阳明心学与印度以奥义书为典范的哲学表达,是具有内在性格上的一致性的。如果奥义书哲学以"梵我同一"的实现为最终归趣,则阳明心学乃以"心即理"的实现,"天下万一体之仁"为终极境界。

此外,来自北京大学、北京师范大学、华东师范大学、武汉大学、复旦大学、中山大学、陕西师范大学、河北师范大学、山西大学、扬州大学、浙江省社科院等高校科研机构的25位青年学者在聆听"阳明学研究名家讲座"之后,围绕"王阳明与阳明学"的选题分享了自己近年来的阳明学研究心得。

(十八)"阳明心学与企业家精神对话会暨《王阳明语录》首发式"在浙江宁波举行[①]

2019年6月23日,由宁波市王阳明研究院、宁波市王阳明文化研究促进会主办的"阳明心学与企业家精神对话会暨《王阳明语录》首发式"在宁波"酩荟讲堂"举行。浙江省人大常委会原副主任、浙商发展研究院院长王永昌,宁波市王阳明文化研究促进会会长陈利权等,就阳明心学与企业家精神之间的关系进行了深入探讨。

陈利权认为,王阳明"知行合一"的知,既是指感知觉知,也是指认知,更指向真知,最后到达良知和对良知的悟知。而"合一",则既指一体,也暗含统一的意思,"就是说,企业家做事不仅不能违背良心,要靠正确的制度不断修正企业发展的航道,还要有永不满足现状的进取和创新精神"。

王永昌则从"圣贤"的角度,阐述了阳明心学与企业家精神之间的关系,认为只用"儒商"来定义成功企业家是不够的,应该用"圣商"的标准来定义。阳明心学的关键和核心,就是一颗心。这颗心的能量非常大,因为它追求的是圣贤

[①] 信息摘录自《阳明心学与企业家精神对话会在宁波举行》,中国经济新闻网,2019年6月25日。

境界。作为企业家，首先要把企业做好，这是立功之事；其次是增强社会责任，善待员工、奉献社会，推动国家进步，这是立德；最后是在各种场合将自己做企业的信念，通过各种方式分享出去，让更多的企业家践行"做正确的人，做正确的事"。

对话会上，由宁波王阳明文化研究促进会、宁波王阳明研究创新团队编印、酩荟讲堂赞助的书法篆刻版《王阳明语录》，也在活动现场首发。

（十九）"阳明学与闽南文化学术研讨会"在福建漳州举办[①]

2019年6月29日，由朱子学会、福建省闽南文化研究会、厦门大学国学院、闽南师范大学闽南文化研究院联合主办的"阳明学与闽南文化学术研讨会"在福建漳州举办。来自韩国、日本等地的海外学者，以及浙江、江西、贵州、山东、陕西、广东、云南、福建等省的40多家高校科研机构及相关文化企事业单位的100多位专家学者与会。朱子学会阳明学专业委员会在此期间宣布成立。

学术研讨期间，福建省闽南文化研究会会长林晓峰、漳州市人大常委会副主任李珊珊、军事科学院战争研究院中国历代军事思想研究室主任赵鲁杰、朱子学会秘书长朱人求、浙江省社科院研究员钱明、韩国成均馆大学儒学大学院院长辛正根、福建师范大学教授谢重光、日本福冈国际大学名誉教授海村惟一、云南大学教授李煌明、韩国阳明学会会长金世贞、武夷学院教授张品端等专家学者，纷纷围绕"阳明学与闽南文化"主题，从哲学、军事学、历史学、社会学、文化学等角度做了大会发言。

林晓峰会长认为，阳明学在闽南地区广为流传，其传播方式主要有两种：一是阳明先生本人在提督南赣汀漳等处军务的两年时间里，文章、事功兼重，通过军中讲学、随地教化的方式，传播自己的思想学说。二是通过他的门人及后学使该学说在闽南传播，对晚明闽南乃至整个闽地士人的学术思想产生了深远影响。从闽南人的价值观念、精神特质和行为模式中，或多或少能找到阳明学中与之相呼应的元素。例如，阳明先生提倡的四民"异业而同道"的观念在闽南得到认同并践履。又如，阳明先生提倡"在事上磨炼"，和闽南人务实进取的实干精神是一致的。凭着一股勇于进取、敢于冒险的拼劲儿，闽南人百折不挠，漂洋过海，不断开拓新的生存空间。

李珊珊副主任指出，阳明心学对构建当代社会价值体系，培养乐观向上的心

[①] 信息来源于《"阳明学与闽南文化"学术研讨会在漳召开》，《闽南日报》2019年6月30日。

理，促进人与自然、人与社会的和谐发展，具有借鉴意义和积极意义。当前，漳州正处于推进高质量发展的时期，更加需要加快优秀传统文化研究成果转化，更需要从优秀传统文化汲取精神动力，更需要凝聚各方的智慧力量。举办"阳明学与闽南文化学术研讨会"，并成立"朱子学会阳明学专业委员会"，既是传承、弘扬阳明心学的一件文化盛事，更是以传统文化助推高质量发展的一个举措。这必将以此聚集各方鸿儒硕学之智慧，围绕阳明心学与闽南文化的关系，以一颗充盈而光明的心照亮前面的路，进一步传承弘扬阳明文化的时代价值，推动漳州经济、社会、文化各项事业的发展。

赵鲁杰主任认为，王阳明不仅是中国历史上著名的哲学家、思想家，而且是杰出军事家，由他指挥的大型战役就有七次，他一生最大的军事功绩就是平定南昌的宁王宸濠之乱，国家历史文化名城漳州是王阳明当年建树文治武功的地方之一。深化研究阳明学历史之源、思想之融、文化之脉，系统研究王阳明作为伟大军事家的杰出用兵制胜实践和独特军事思想，探讨如何推广王阳明思想精髓，使之更好地融入和服务于中国特色社会主义新时代伟大实践，具有独特的现实意义。

朱人求秘书长指出，朱子学和阳明学是中国文化的两大高峰，它们之间并不是完全"对立"的，而是"相通"的，可以"对话"的。理解了朱子学，便能更好地理解阳明学。作为朱子学会的内设学术机构，朱子学会阳明学专业委员会成立后，将着力挖掘、研究阳明学与闽学的关系，打造福建阳明地域文化，推动阳明学在福建地区的弘扬、传承、发展，服务阳明学在"一带一路"沿线国家的研究、发展。

金世贞会长强调，哲学并不仅仅是对过去历史的叙述，而是时代精神的象征。因此，在阳明学的研究中不能回到过去，不能用过去的框架来进行裁断，而是在正确地理解和把握阳明学的思想精髓的基础上要带着现代社会的问题意识来研究它。同时要积极地吸收其他学问和思想领域里的研究成果，而且同他们合作共同研究和找出现代社会以及未来社会所面临的各种问题的解决方案。

海村惟一教授指出，朱熹先生的著作在镰仓时代传入了日本，王阳明先生与出使明代的日本禅林大德了庵桂悟的交往是在室町时代，他的著作随后也传入了日本。宋明的朱王之学在传入日本后，所起的作用是巨大的。前者为江户时代的官学，后者为开启明治国家奠定了基础。两者在不同时代还有着不同的"会通"，对日本的"朱王会通"现象作一个整体的系统调研、梳理是很有必要的。

据悉，明代大儒王阳明及其阳明之学，是继南宋朱熹及其朱子学之后，对闽南文化的形成和发展产生重大作用的核心元素之一。漳州是王阳明过化之地，也是他立德、立功、立言的重要一站。500多年前，王阳明受命巡抚南赣汀漳，领兵入漳靖寇平乱。他两度上疏奏请朝廷，在闽粤交界的漳州西南境新设置了"平和县"。他分析了社会动荡不安的原因，基于"破山中贼易，破心中贼难"的理念，成功探索出一条边远山区的长治久安之路。值此王阳明逝世490周年、《阳明先生集要》（崇祯刻本）在漳州开刻385周年之际，"阳明学与闽南文化学术研讨会"的举办，探究了阳明学与闽南文化的关系，进一步传承发扬了阳明学。

（二十）"日本阳明学研究名著翻译丛书"首发式在武汉大学举行[①]

2019年7月3日上午，"日本阳明学研究名著翻译丛书"首发式在武汉大学中国传统文化中心报告厅举行。武汉大学党委副书记沈壮海，山东人民出版社社长胡长青、副社长王路，贵阳孔学堂文化传播中心副主任肖立斌，"日本阳明学研究名著翻译丛书"日方主编邓红，浙江省社会科学院钱明研究员，武汉大学国学院院长郭齐勇教授，武汉大学中国传统文化研究中心主任杨华教授、副主任余来明教授，"日本阳明学研究名著翻译丛书"译者焦堃、连凡、陈晓杰副教授以及40余位武汉大学师生代表出席活动。首发式由"日本阳明学研究名著翻译丛书"中方主编欧阳祯人教授主持。

沈壮海向日本阳明学研究名著翻译丛书的发布表示祝贺。他指出，阳明心学是中国传统文化的精华，是增强中国文化自信的切入点之一，阳明学不仅对中国，还对日本韩国等东南亚国家产生了重要影响。"日本阳明学研究名著翻译丛书"是武汉大学阳明学研究领域的重大成果，这套丛书推动我们了解日本阳明学研究的历史和成果，并且表明了中国传统优秀文化是我们民族的宝贵财富，也是我们文化自信的底气。在推动中华优秀文化创造性转化、创新性发展，推动中外文明交流和互鉴的进程中，武汉大学具有雄厚的实力，也有巨大的热情和信心，期待着更多的精品力作、经世致用之作、传世之作问世，服务于新时代的文化建设。

钱明认为，首先，丛书的选择年限从20世纪初至20世纪80年代，横跨了日本阳明学学术史上最重要的两个时期，具有高度的时代性；其次，所选书籍均处

[①] 信息来源于《〈日本阳明学研究名著翻译丛书〉首发式在武汉大学举行》，儒家网，2019年7月4日。

于日本学术近代史上的黄金时期,具有学术代表性;最后,翻译团队的高水平、高效率和高质量,使得此后的相关研究可以直接引用本译丛而不必对照原著,是对日本阳明学的完整体现。

郭齐勇指出,日本阳明学是思想史上的一个奇特现象,也是学术界的一个重大研究课题。为什么阳明学对日本有如此大的影响和吸引力,值得我们深入研究。在讲述到丛书作者的时候,郭齐勇讲述了著者岛田虔次、冈田武彦同武汉大学学人的渊源。同时,郭齐勇对山东人民出版社表达了诚挚的感谢和祝贺。

邓红介绍了丛书的来龙去脉,梳理了日本阳明学在日本的传播及其谱系。他讲解了明治维新以后日本阳明学的社会运动的情况,以及译丛的著者、著作以及思想特质等内容,对丛书从构思、选题、翻译到出版的缘起与过程进行了介绍。

胡长青、王路、肖立斌、杨华等先后致辞,表达了对该丛书出版的祝贺,高度评价了丛书对繁荣阳明学和儒学研究的重要意义。

将日本阳明学研究名著汇集为一套丛书,具有高度的时代性、系统性和代表性。所收著作大都是首次翻译成中文,为中文学界理解和吸收日本学者的阳明学研究提供了坚实的文献基础。译者大都是曾留日深造的阳明学研究专家,又有翻译日文专著或论文的经历,既是中国哲学史方面的研究者,又是翻译方面的专家。丛书的出版发行有利于中日文化交流,也将为中国的阳明学研究学者提供重要帮助与启迪。

(二十一)"文澜论坛:对话王阳明教育思想与实践"在浙江图书馆举行[①]

2019年7月20日,由浙江省儒学学会与浙江图书馆联合举办的"文澜讲坛:对话王阳明教育思想与实践"在浙江图书馆集体视听室举行。

讲座开始,首先由湖南大学岳麓学院邓洪波教授主讲"王守仁的书院观"。邓洪波教授在介绍王阳明对书院的看法的基础上,特别强调了王阳明符合教育教学规律的讲学求道的逻辑理路:立志、勤学、改过、责善"四事相规",同时讲解了王阳明对书院的制度化建设、书院与学术的关系、书院的教化功用等相关问题。王阳明重视书院建设,将其视作研究、宣传自己学术思想的阵地,其学几变而定于书院,其教亦传于书院,在书院的讲学过程中,不断完善、发展了自己的学术主张与思想体系。

邓洪波教授专题讲座结束后,浙江省儒学学会会长、浙江省社科院研究员吴

[①] 信息摘录自《对话王阳明教育思想与实践》,浙江图书馆官网,2019年7月20日。

光主持了"对话王阳明教育思想与实践"。对话嘉宾为邓洪波教授和绍兴市阳明小学马士力校长。对话围绕着王阳明教育的基本目的"明人伦"及其内涵、王阳明重视儿童教育思想在现实中的借鉴意义、如何理解王阳明的"人人皆可以成为圣人"的教育理念、古代教育和现代教育的异同、阳明教育思想对现代教育文化建设与发展的积极启示等问题展开讨论。

与会嘉宾一致认为,在教育(包括学校教育、家庭教育、社会教育)日益受到重视的今天,王阳明教育思想"明人伦"的基本目的,"知行并进"的基本方法,因材施教、循序渐进的教学原则,"教化为先"的施政方针,不拘一格的教学方法,"静处体悟、事上磨炼、省察克治、贵于改过"的教育主张,对现代教育都具有积极的借鉴价值。

(二十二)"王阳明在龙南暨阳明文化资源的开发与利用学术研讨会"在江西龙南举办[①]

2019年7月20日,由赣南师范大学王阳明研究中心、龙南县委宣传部主办的"王阳明在龙南暨阳明文化资源的开发与利用学术研讨会"在江西龙南举办。来自北京、贵州、浙江、福建、广东、江西等全国各地的50多位阳明文化专家学者参会。

会上,江西师范大学学术委员会主任方志远教授,浙江国际阳明学研究中心主任钱明研究员分别做了《盖棺未必定论:王阳明评价中的"庙堂"和"舆论"》《赣州的政商环境与王学共同体的形成:基于赣、吉比较论的视角》的主旨演讲。在专家对谈环节中,北京师范大学教授万建中、江西省委党校教授徐春林、井冈山大学教授李伏明、赣南师范大学王阳明研究中心主任李晓方、龙南县文联主席张贤忠以"王阳明在龙南暨阳明文化资源的开发与利用"为主题进行了热烈对谈,并开展了学术互动。研讨会聚焦了阳明文化的当代价值,深入讨论了龙南阳明文化的内涵特点,并集思广益对龙南开发与利用阳明文化提出了宝贵建议。

据悉,江西赣州是成就王阳明学术和事功最重要的地域,其中,龙南是王阳明在南赣活动最多和历史遗存最丰富的县域之一,现存有玉石仙岩、太平桥、南武当山、九连山等遗址,以及他在龙南留下的大量诗文、碑刻、乡约、传说故事。近年来,龙南利用丰富的阳明文化资源优势,着力打造阳明文化旅游品牌,新建

[①] 信息摘录自《"王阳明在龙南"学术研讨会在龙南县成功举办》,中国网,2019年7月25日。

了阳明路、阳明大桥、阳明广场、阳明雕像等，在城市建设中融入阳明文化元素；对阳明历史文化遗址——玉石仙岩实施周边环境整治工程，编制保护利用规划方案，实施玉虚洞内碑刻拓片工程；打造南武当、太平桥等阳明文化主题旅游景点，并在景点中建设阳明书院、阳明主题公园、立功亭、立德亭、立言台等，形成阳明文化旅游线路；举办阳明专题讲座，开展学术研讨会，制作阳明宣传片、阳明文创产品、编印阳明书籍等，主打阳明历史文化品牌，传承和弘扬了中华优秀传统文化。

研讨会期间，与会人员参观考察了江西省重点文物保护单位玉石仙岩、全国重点文物保护单位太平桥及燕翼围、国家AAAA级旅游景区南武当山等阳明文化遗址遗存，还观看了《王阳明在龙南》的宣传片。

（二十三）"池州市阳明书院揭牌仪式"在安徽九华山举行[①]

2019年7月21日，"池州市阳明书院揭牌仪式"在安徽九华山举行。中国书院学会会长朱汉民、著名文化学者龚鹏程、复旦大学教授王雷泉、凤凰网副总编辑侯春艳、池州市阳明书院院务委员会主席余临以及书院主要发起人、九华山大觉禅寺住持宗学法师、池州学院教授尹文汉、凤凰网国学频道主编柳理等，共同为池州市阳明书院揭牌。

在论坛启幕式上，池州市阳明书院院务委员会主席、北京培黎职业学院院长余临在致辞中说，重启的阳明书院定位为非营利性社会组织，将通过对中国传统儒家文化、道家文化和佛教文化的研究和教学活动，继承和阐扬中国的优秀文化遗产；加深对中国文化的理解和内在的感受能力，同时，在熟悉中国文献的基础上，较为系统地掌握中国传统文化发展、演变的脉络及其精神内涵；提高对中国传统文化的研究水平，并促进中国文化的现代化和世界化。

据悉，安徽九华山是集儒释道于一体的文化名山，因李白"妙有分二气，灵山开九华"而名扬天下。杜牧、刘禹锡、王安石、文天祥、王阳明等历代名人雅士都曾登临此山，留下过诸多佳作。千百年来，佛教在此发展尤盛，九华山作为地藏菩萨道场而闻名于世，是中国佛教四大名山之一。阳明书院的历史，可上追至明弘治、正德年间王阳明两次至九华山讲学，明嘉靖七年（1528）青阳知县祝增专门为他建立阳明书院。

---

① 信息来源于《九华山文化新高地：池州市阳明书院正式揭牌》，凤凰网佛教，2019年7月24日。

（二十四）"第二届阳明教育联盟大会暨首届阳明教育论坛"在贵州大学中国文化书院举行①

2019年7月29日至30日，由阳明教育联盟主办，贵州大学阳明学院、贵州大学中国文化书院（阳明文化研究院）承办的"第二届阳明教育联盟大会暨首届阳明教育论坛"在贵州大学中国文化书院举行。来自浙江、江西、山东、贵州等地与阳明文化有着深厚历史渊源的不同省市20余家联盟成员单位齐聚一堂，共同研讨"阳明教育思想的当代价值及实践探索"。

贵州大学副校长向淑文教授出席开幕式并致辞。他指出，王阳明是我国明代伟大的哲学家、思想家、军事家、政治家和教育家，是中国历史上被公认的立德、立功、立言的"真三不朽"者，与贵州有着深厚的渊源。贵州大学作为贵州省唯一的"211"及"双一流"建设高校，早在2002年12月就成立了中国文化书院（阳明文化研究院），研究与传播优秀传统文化；2014年7月，贵州大学又成立了阳明学院，集中面向全校一年级学生开展通识教育与阳明文化相融合的实践探索，现已成为学校践行阳明先生教育思想的主阵地。举办阳明教育联盟大会，开展阳明教育论坛，是阳明教育精神的传承和延续，贵州大学将全力传承好阳明文化。

阳明教育联盟秘书长、绍兴职业技术学院教授鲍贤杰代表联盟秘书处做题为《坚守本真担当使命彰显教育力量：阳明心学在阳明教育联盟中的实践》工作报告，分别从阳明教育联盟概况、践行阳明心学的成效、阳明心学在学校的教育教学实践展望等几个方面进行了总结汇报。

论坛开幕式上，通过了《阳明教育联盟章程》。除中国孔子研究院、贵阳孔学堂文化传播中心、贵州大学阳明学院、贵州大学中国文化书院（阳明文化研究院）、宁波大学阳明学院、绍兴职业技术学院阳明学院，以及绍兴、余姚阳明中学、阳明小学等16家联盟发起单位外，江西省南昌市阳明学校、江西省赣州市阳明书院、浙江工业职业技术学院阳明实学研究院3家新加盟单位现场签署了加盟协议。

浙江大学"求是"特聘教授董平、贵州大学中国文化书院荣誉院长张新民、复旦大学特聘教授何俊分别做题为《立志、漫游与定向：兼及湛甘泉关于王阳明的"五溺说"》《本体实践学意义下的良知学与良知教》《阳明四句教与素质教育》的主旨发言。与会其他专家在"阳明教育思想研究"和"阳明教育思想践行"的

---

① 信息来源于《第二届阳明教育联盟大会暨首届阳明教育论坛在我校举行》，贵州大学中国文化书院官网，2019年7月30日。

两个分论坛上发言。浙江省稽山王阳明研究院副院长钱明在闭幕会上做题为《作为励志之魂的王阳明》的报告。

（二十五）"余姚'阳明故里'品牌发布会暨'阳明古镇'项目启动仪式"在浙江杭州举行 [①]

2019年8月17日，由宁波市委宣传部指导，余姚市委、市政府主办，以"阳明故里再出发"为主题的"余姚'阳明故里'品牌发布会暨'阳明古镇'项目启动仪式"在杭州浙江省人民大会堂举行。浙江省委宣传部副部长葛学斌、宁波市委宣传部部长万亚伟、浙江省文化和旅游厅副厅长卢跃东、余姚市委书记奚明、宁波市文化广电旅游局局长张爱琴、宁波市社科院院长陈利权、浙江省儒学学会会长吴光、北京大学城市与环境学院旅游研究与规划中心主任吴必虎、华东师范大学哲学系教授陈卫平、深圳阳明书院创始人度阴山、中国旅游研究院教授战冬梅等参加启动仪式。

葛学斌在致辞中指出，余姚文化底蕴深厚，先贤名人辈出，中国古代十大思想家中就有王阳明、黄宗羲两位，尤其是王阳明。王阳明不仅仅属于余姚，也不仅仅属于浙江，他已经走向世界，成为世界人民所关心、所关注、所分享的一座文化"富矿"。作为当代的浙江人、宁波人、余姚人，如何继续做好阳明文章是摆在我们面前的一个现实而紧迫、重大而重要的课题。"阳明故里"品牌的发布和"阳明古镇"建设项目的启动，具有特别的意义和价值，是中华优秀传统文化的时代解读、创造性传承和创新性发展。"阳明古镇"这一项目，借助当下文旅融合的东风，通过文化旅游推动整个余姚文化事业、文化产业的发展，非常值得期待。

奚明向前来参加活动的领导、专家和媒体朋友致以欢迎和感谢。余姚作为阳明先生的家乡，近年来大力实施文化强市战略，深入挖掘阳明思想的时代价值，着力打造"阳明故里"。"阳明古镇"项目的启动，将对进一步扩大"阳明故里"影响力、推动阳明思想走向全国全球，起到重大示范引领作用。同时，作为阳明先生的家乡人，打响"阳明故里"品牌，更好地彰显阳明文化在高质量发展进程中的时代力量，既是我们的责任，更是我们的荣光。要加快建设"阳明古镇"，全力打造传承弘扬阳明思想的心学圣地，文旅结合、寓教于乐的旅游热地，努力让"阳明故里"成为"文化浙江"、宁波文化名城的一张最闪亮的名片、一个最鲜明

[①] 信息来源于《余姚"阳明故里"品牌发布会暨"阳明古镇"项目启动仪式在杭举行》，《余姚日报》2019年8月18日。

的标识。

启动仪式上，还举行了电视连续剧《阳明传》签约仪式；吴光、吴必虎、陈卫平、度阴山、战冬梅等专家以访谈形式，分享了阳明心学的真知灼见。

阳明心学研究者、爱好者、践行者代表，部分余姚乡贤和余姚中学、舜水中学学生代表等500余人参加了启动仪式。

据悉，余姚是一座历史文化名城，有七千年的河姆渡文化和二千二百多年的置县史，是姚江学派的发祥地，自古就有"文献名邦""东南最名邑"之美誉。作为"阳明故里"，余姚始终坚守延续历史文脉、弘扬传统文化的职责，高度重视阳明思想的研究传承，既抓有形的遗迹修缮、活动推广，又抓无形的内涵挖掘、文化传承，充分发挥阳明思想对推动社会发展的时代价值，让阳明思想在新时代焕发出更加灿烂的光芒。2019年4月9日，余姚申请的"阳明故里"和"阳明故居"商标，获得国家知识产权局审核通过，这是该市阳明文化传承工作取得的又一项重要成果。"文化是城市的灵魂，而历史承载的文化名人更是一座城市文化命脉的重要组成。"作为"阳明故里"和"阳明故居"商标申请的牵头单位，余姚市委宣传部相关负责人表示，"阳明故里"和"阳明故居"商标获得国家知识产权局审核通过，为余姚推动阳明文化走向全国、走向世界掀开了崭新的一页。

（二十六）"第二届阳明文化周（绍兴）启动仪式"在浙江绍兴举行[①]

2019年8月23日上午，"第二届阳明文化周（绍兴）启动仪式"在浙江省稽山王阳明研究院新址举行，来自全国各地的阳明学专家学者齐聚绍兴，以多元形式弘扬阳明文化。

启动仪式由浙江省稽山王阳明研究院院长董平主持，绍兴市人民政府副市长顾涛、浙江省社会科学界联合会副巡视员俞晓光、浙江省稽山王阳明研究院名誉院长陈来先后上台致辞。顾涛在致辞中说，绍兴是阳明心学的发端地、成熟地和传播地，传承和弘扬阳明文化是我们责无旁贷的历史使命。近年来，当地在各有关机构和专家学者的支持下，对阳明遗迹、遗存进行了系统而有序的保护性开发，高标准推进阳明故居、稽山书院、阳明洞天、阳明墓园等重点遗迹的修缮、重建，初步形成了集学习、研究、交流等功能于一体的"阳明文化综合体"。

致辞结束后还举行了聘任仪式。顾涛向华东师范大学哲学系教授杨国荣颁发

[①] 信息来源于《第二届阳明文化周（绍兴）上演精彩文化盛会》，腾讯·大浙网，2019年8月25日。

浙江省稽山王阳明研究院学术委员会主任聘书。之后,杨国荣教授向浙江省稽山王阳明研究院学术委员会专家委员颁发委员聘书。

启动仪式结束后,举行了2019年度浙江省稽山王阳明研究院学术委员会会议,会议讨论了浙江省稽山王阳明研究院中长期学术发展规划、2019年度申报课题及2020年课题规划、《中国心学》辑刊的相关事宜、第四届中国阳明心学高峰论坛的相关事宜、学术委员会的相关事宜等内容。

23日下午,专家一行人一同前往王阳明先祖居住地——上虞陈溪乡,举行阳明文化推介会,同时助力上虞陈溪乡"创建浙江省首批4A级景区镇启动仪式"。

作为阳明文化的首善之地,绍兴举办阳明文化活动意义深远。近年来,绍兴市委市政府在传承、弘扬阳明心学方面所推出了一系列重大举措和部署,如投资60亿元推进阳明故里历史片区改造,阳明园、阳明洞天的保护和建设,一年一度的"中国阳明心学高峰论坛""祭祀阳明先生大典""阳明文化周"等活动,并且集聚了国内外阳明心学研究领域的专家成立浙江省稽山王阳明研究院,开展课题研究、学术研讨、专著出版,深入系统地挖掘王阳明的思想精华和时代内涵。

(二十七)"龙场论道·阳明心学企业家研习大会"在贵州修文举行[①]

2019年8月25日,由中商大学与贵州修文中国阳明文化园共同举办的"龙场论道·阳明心学企业家研习大会"开幕式在贵州省修文县龙冈书院举行。来自北京、上海、广东等20多个省区市的700余名优秀企业家汇聚修文,学习和领悟阳明心学,探讨阳明心学的时代价值以及带给企业家的思想启示。

全国政协文化文史和学习委员会副主任叶小文、原国家外经贸部副部长龙永图、贵阳市市长陈晏致辞。蓝图公益基金会理事长、联合国项目事务署亚太地区局原局长王粤、贵州省委宣传部副部长柳盛明、安顺市委副书记吴刚平等出席,贵阳市政府秘书长许俊松参加研习大会。

叶小文指出,阳明心学是坚定文化自信、传承传统文化的重要力量。中国实现从站起来、富起来到强起来,既要有硬实力,也要有软实力,更要有思想穿透力。我们要坚持以习近平新时代中国特色社会主义思想为指导,把阳明心学作为增强文化自信的切入点,古为今用、经世致用,把阳明心学这个强大的思想力量发扬光大。希望属地政府和各位企业家大力支持阳明文化传播传承,为中华优秀

---

① 信息来源于《龙场论道·阳明心学企业家研习大会开幕式举行》,中国新闻网·贵州新闻,2018年8月26日。

传统文化发展贡献智慧和力量。

龙永图说,传承和弘扬阳明文化要坚持正确的政治方向,坚定中国特色社会主义道路自信、理论自信、制度自信、文化自信;要坚持正确的学习态度,知行合一、学以致用,让学习更好地助力企业发展和经济社会发展。中商大学阳明心学研究院要坚持正确的办学方针,在地方各级党委、政府的领导下,打造成为交流阳明文化思想、为经济社会发展贡献力量的平台。希望各位企业家热爱贵州大地,以具体行动支持文化产业发展、助力脱贫攻坚。

陈晏代表贵阳市委、市政府对参会嘉宾表示欢迎,对大会探索以"政府统筹、企业实施、市场运作、产业发展"的传播模式弘扬阳明文化表示肯定。阳明心学是中华文化的精髓,博大精深、历久弥新。贵阳作为阳明心学诞生地,阳明文化是我们最宝贵的精神财富。进入新时代,我们要深入贯彻落实习近平总书记重要指示精神,深入挖掘阳明文化的时代价值,让阳明文化绽放更加绚丽的光彩。希望各位企业家潜心研习、静心悟道,深入挖掘阳明文化蕴含的哲学思想、人文精神、价值理念,心外无物、知行合一,把阳明文化用活用好,助力企业发展、承担社会责任。贵阳是一座文化之城、产业之城,欢迎各位企业家到贵阳研学修心、投资兴业,共享贵阳高标准要求、高水平开放、高质量发展红利。

开幕式后,"龙场论道主题对话"举行,与会专家围绕"致良知:企业家社会责任感""王阳明超功利的圣人之道的展开路径""王阳明良知心学操作系统""从企业儒学体系看阳明心学应用"等进行主题演讲。

(二十八)"'问道向黔:重走阳明悟道之路'主题采访活动"在贵州贵阳举行[①]

2019年8月26日上午,由贵州省委宣传部、省委网信办、省新闻出版局、贵阳市人民政府联合主办的"'问道向黔:重走阳明悟道之路'主题采访活动"在贵州省贵阳市阳明祠正式启动。人民日报原副总编辑梁衡、贵阳孔学堂学术委员会执行主席徐圻、贵州大学教授张新民、南京大学教授李承贵、浙江省社科院研究员钱明、浙江大学教授何善蒙、贵阳学院教授陆永胜、凤凰网国学频道主编柳理等专家,以及中央、省市主要新闻机构、凤凰网等门户网站的编辑

---

① 信息摘录自《学者专家重走500年前王阳明悟道之路》,凤凰网国学,2019年8月27日;《"问道向黔·重走阳明悟道之路"主题采访在贵州举行》,中新网·贵州新闻,2019年9月1日。

记者，重寻500年前王阳明贬谪贵州期间悟道讲学的行迹，探讨阳明之于当代的意义。

贵州省委宣传部副部长、省委网信办主任、省新闻出版局局长谢念表示，"问道向黔——重走阳明悟道之路"主题采访，既是对贵州本土历史文化的挖掘，也是对阳明心学的一次集中传播，希望与会专家学者和媒体以此为契机，共同探寻中华优秀传统文化如何为中华民族伟大复兴提供不竭动力。

钱明研究员在启动式现场回忆了25年前与来自日本的阳明学专家一同走过的"悟道之路"。他认为，"重走阳明悟道之路"活动，充分挖掘贵州历史文化，集中传播"黔中王学"，本身就是一场知行合一的"贵州文化之旅"；弘扬阳明文化的最根本目的是做好创造性转化和创新性发展。贵州弘扬阳明文化对全国具有借鉴意义，相信贵州在阳明文化的创造性转化和创新性发展也会走在全国的前列。

李承贵教授表示，重走阳明悟道之路是一种全新的纪念模式。这种模式让我们身临其境，亲身经历阳明走过的坎坷道路，亲身感受阳明遭遇过的喜怒哀乐，亲身体验阳明问道求圣的心路历程，具有直接性、亲切性、鲜活性，将极大地拉近我们与阳明的距离，从而成为一种特殊且有效的纪念阳明的模式。张新民教授说，王阳明在贵州写下了大量的诗文，我们重走这条路也是通过他的诗文来体验他当年那种对生命、自然、历史的感悟。知识考古走进历史现场，打通古今，理解古人思想世界，走进历史场景，走进阳明的思想空间。何善蒙教授认为，没有贵州就没有阳明心学。正是在修文县玩易窝，王阳明潜心研习《易经》，并在此确定了"心即理"立场，心学体系就此起步，即著名的"龙场悟道"，这被视为阳明心学正式形成的标志。陆永胜教授在分析黔中王学时说从思想上来说，黔中王学以阳明思想为起源，广泛吸收融合其他王门学派，是一个思想的融合体，其意义在于改变了贵州的思想史、哲学史、文化史，贵州从一个没有主流思想的状态转为以心学为内核的儒家思想世界，也自此改变了贵州自东汉以来，儒学低调了1000多年的局面。

"问道向黔：重走阳明悟道之路"主题采访团30余人经过四日（8月26日至29日）、五城、七景，重走500多年前阳明入黔之路，既见识了"天下之山，萃于云贵"的奇秀，领略了青龙洞潕阳河的包容万象，又钦服于黔西象祠深厚的历史文化，感叹修文县玩易窝和阳明洞艰苦的环境。

（二十九）"《王阳明年谱辑存》新书发布会"在贵阳孔学堂举行[①]

2019年8月30日，"《王阳明年谱辑存》新书发布会"在贵阳孔学堂举行。这是"第三届孔学堂·国学图书博览会系列活动"之一，旨在传承弘扬中华优秀传统文化，推动国学全民阅读。

新书发布会上，贵州省社科院研究员于民雄、贵州大学教授谭德兴、贵阳学院马克思主义学院院长赵平略、贵州大学副教授邓国元、邓国宏、贵州大学出版社社长闵军等专家学者齐聚发布会，围绕阳明学等内容展开了研讨。

于民雄认为，在现代社会，阳明学倡导的"良知""知行合一"具有重要的价值，因此，阳明研究不仅在贵州，在全国乃至全球都方兴未艾，成为显学。而贵州大学出版社策划的这套《王阳明年谱辑存》，包含了明清时期学者所撰十本阳明年谱，其多数为新点校的史料，既可为阳明研究提供更为详尽真实的史料，更可为研究者通过对比勘误，订正纪事的错误，进而使阳明研究有新的发现。

赵平略授认为，贵州大学是阳明学研究重镇之一，《王阳明年谱辑存》是该校取得的又一重要学术成果，这本书有利于研究者了解和理解王阳明。我们要讲良知、守底线，这是他学习王阳明的感受和体会。

据悉，龚晓康、赵永刚主编《王阳明年谱辑存》一书收录之年谱，始于明中期，止于民国，时间跨度数百年，包含了明清时期学者所撰十余本阳明年谱，对进一步研究阳明心学、破解阳明学的诸多未解之谜具有极其重要的学术价值。

（三十）"王阳明国际漫画展"在西班牙阿尔卡拉市举办[②]

2019年9月12日，由西班牙阿尔卡拉大学、中国贵阳孔学堂主办，阿尔卡拉大学漫画研究所、国际文化多媒体协会承办的"王阳明国际漫画展"在西班牙阿尔卡拉市美术馆开幕。

出席"王阳明国际漫画展"开幕式的有阿尔卡拉市市长帕拉西奥斯、阿尔卡拉大学校长何塞·维森特·萨兹、市艺术基金会理事长玛莉亚·特雷莎·德尔瓦尔、学术部主任托马斯·加列戈·伊兹奎尔多、漫画研究所所长胡安、贵阳孔学

[①] 信息来源于《贵州大学出版社〈王阳明年谱辑存〉新书发布》，贵州大学中国文化书院网，2019年8月30日。

[②] 信息摘录自《王阳明国际漫画展在西班牙成功举行》，人民网，2019年9月16日；《贵阳孔学堂与阿尔卡拉大学在西班牙联合举办王阳明国际漫画展》，贵阳孔学堂官网，2019年9月16日。

堂文化传播中心主任索晓霞、中国版权协会副理事长王六一、贵阳孔学堂文化传播中心副主任肖立斌、贵阳孔学堂文化传播中心办公室副主任翟佳等西班牙与中国的艺术家、专家学者，新闻界与学生代表等百余人。

何塞·维森特·萨兹在致辞中认为，展览将中国历史上著名的哲学家、思想家、教育家、儒家思想的代表人物王阳明，通过漫画肖像这一生动有趣的形式介绍给西班牙观众和学生，使西班牙和拉美各国的观众认识和了解中国的思想，对促进中西文化的合作与交流产生一定的作用。

玛莉亚·特雷莎·德尔瓦尔在讲演中指出，继"塞万提斯与堂吉诃德国际漫画展"在中国贵阳孔学堂成功举办后，"王阳明国际漫画展"在阿尔卡拉的顺利开展，实现了两国城市间文化的交流与合作，这是一件可喜可贺的事情。他们将不遗余力地支持西班牙与中国开展的这类文化艺术活动。

索晓霞在致辞中指出，王阳明与堂吉诃德是同一时代的历史文化人物。几百年来，他们创作的文学作品和创立的思想学说不仅是他们自己的民族和国家，而且是全人类文明的精神财富。作为致力推动中国优秀传统文化的贵阳孔学堂，与欧洲最古老的传播教育与知识的阿尔卡拉大学合作，今年成功地分别在贵阳和阿尔卡拉举办两国文化名人的国际漫画展，为阿尔卡拉大学与贵阳孔学堂的长期合作与交流迈出了可喜的第一步。她表示双方将继续努力实现更多的合作与交流，真挚邀请西班牙各界朋友到多彩的贵州、爽爽的贵阳参观访问。

帕拉西奥斯在最后的致辞中表示，西班牙极为重视与中国的文化与经济的交往与合作，愿意通过艺术这一最好的方式加强和巩固两国的友谊。他衷心祝愿这一展览取得圆满成功，并宣布"王阳明国际漫画展"开幕。

主办方在阿尔卡拉市美术馆主展厅展出了42个国家和地区所创作的80余幅王阳明作品。中外艺术家们以素描、油画、水彩、剪纸、木刻、水墨等各种艺术手段所表现的王阳明生动、传神、耐人寻味。他们以写实、写意、抽象，超现实主义手法所刻画的王阳明更使人们感到了艺术的丰富想象力与感染力。在场的观众惊赞艺术家们打破时空，穿越古今将王阳明的思想与当代世界相结合的这些充满创意的作品，使人们感到，阳明先生不仅是一位历史上的名人，他还活在我们心中。

《阿尔卡拉日报》、阿尔卡拉市政府与阿尔卡拉大学的官方网站及西班牙漫画协会等传媒均在当天报道和直播了"王阳明国际漫画展"开幕式。该展持续两个月，主办方还印刷了四千份王阳明国际展览画册免费发放给前来参观的观众。"王阳明国际漫画展"的成功举办，为中国与西班牙的艺术交流与合作搭建了桥梁。

(三十一)"《用声音叙事：我是阳明青年》新书发布会暨传统文化与时代精神研讨会"在浙江大学宁波理工学院举行①

2019年9月27日，"《用声音叙事：我是阳明青年》新书发布会暨传统文化与时代精神研讨会"在浙江大学宁波理工学院阳明学堂外的随园举行。浙江大学宁波理工学院党委副书记、副院长冯建波和外国语学院党委副书记、副院长傅晓宇分别代表学校和学院，祝贺浙江大学宁波理工学院知名的校园文化品牌"用声音叙事"系列再次取得新的成果。

在赠书仪式上，该书主编蔡亮教授发表感言。他分享了采访浙江省社会科学院资深研究员、《王阳明全集》主编吴光教授时的点点滴滴，并对支持探索阳明精神的专家们表达了感谢；阐述了浙江大学宁波理工学院特色阳明乐咖啡"乐山乐水乐咖啡，致知致行致阳明"创立的深刻意义。

在学术研讨环节，宁波大学教授兼宁波文化研究会会长张如安表示，他在树下讲学尚是第一次，并称赞这次的新书发布会及传统文化研讨会的形式和板块。讲话最后他更是为大家吟唱了辛弃疾的词作。宁波文化研究会副会长陈雪军教授从自己与阳明的渊源与学脉谈起，认为阳明思想不仅仅是人们口中的"知行合一""致良知"，而且更有"求是"精神。浙江国际阳明学研究中心秘书长张宏敏副研究员在发言中提出"人人心中有阳明"，他分享去广西阳明洞探索的经历，告诉我们行事应怀揣一颗诚心。余姚市历史文化名城研究会副会长谢建龙讲述了自己祖族与王明阳的"密切"关系，还给大家带来了正宗而柔软的余姚姚剧。《天一文苑》主编黄文杰认为，这次活动提高了大学生课外活动的深度和广度，并赞赏了其对传统文化的意义。

(三十二)"中国崇义第三届阳明文化旅游节开幕式"在江西崇义举行②

2019年9月28日，"中国崇义第三届阳明文化旅游节开幕式"在江西省崇义县上堡梯田景区举行。"中国崇义第三届阳明文化旅游节"历时一个多月，推出了第七届美食文化节、中国上堡梯田首届农耕文化节、第二届阳明文化国际论坛、2019江西崇义齐云山登山节等系列主题活动。

据悉，上堡梯田是崇义客家梯田的核心部分，始建于元朝，是中国三大梯田

---

① 信息来源于《外国语学院举办〈用声音叙事：我是阳明青年〉新书发布会暨传统文化与时代精神研讨会》，浙大宁波理工学院网，2019年9月29日。
② 信息摘录自《中国崇义第三届阳明文化旅游节开幕》，新华网，2019年9月29日。

之一。距今已有 800 多年的历史，总面积达 3 万余亩。2018 年被评为"全球重要农业文化遗产"。景区以上堡乡水南村、竹溪村为核心景点，结合农耕文化、客家文化、梯田文化等主题元素，打造了民俗休闲区、古耕体验区和漫乡体验区。

（三十三）"宁波市王阳明文化研究促进会一届二次会员大会"在宁波海曙区召开

2019 年 10 月 13 日，"宁波市王阳明文化研究促进会一届二次会员大会"在宁波市海曙区青林湾公园阳明文化苑召开。陈利权会长、华建新副会长、蔡亮副会长、郭美星秘书长等出席会议，会员单位代表、个人会员及社会各界阳明文化爱好者等 70 余人与会。全体会员围绕宁波市王阳明文化研究促进会宗旨与使命，共商共议阳明文化研究促进事业，就团结社会各界力量共同促进协会发展等事项达成了共识。

陈利权会长表示，随着场所条件的逐步完善与新老会员及社会各界支持力度的加强，促进会将逐步规范管理，开展多种形式的交流研讨与主题讲座，与有关单位和地区进一步加强合作与交流，拓展深化有关阳明文化的研究范畴和主题，知行合一、创新发展，做好即将到来的"宁波（余姚）阳明文化周系列活动"以及 2020 年的"黄宗羲诞辰 410 周年纪念活动"，积极撰写相关文章，普及推广阳明文化与地方文化，并进行国际交流对接等，充分凸显宁波地域文化优势。

宁波市社科联秘书长、学会处处长郭春瑞出席会议并讲话，要求协会大力弘扬社会主义核心价值观，增强社团内部建设规范化，不断提高协会学术研究水平，并做好阳明思想在群众中的传播与普及工作。

（三十四）《阳明先生集要三编》新书发布暨学术研讨会在贵州师范大学举行[①]

2019 年 10 月 18 日，由贵州阳明文化研究院主办的刘宗碧教授点校的"《阳明先生集要三编》新书发布暨学术研讨会"在贵州师范大学举行。贵州师范大学党委书记韩卉、贵州师范大学刘宗碧教授、贵州省人大常委会原副主任顾久教授、贵州大学张新民教授、贵阳学院王晓昕教授等 30 余名专家出席。

会上，刘宗碧教授就《阳明先生集要三编》点校出版情况及意义价值做了详

---

① 信息来源于《刘宗碧教授点校〈阳明先生集要三编〉新书发布暨学术研讨会在花溪校区举行》，贵州师范大学新闻网，2019 年 10 月 21 日。

细介绍。她深情地讲述了《阳明先生集要三编》的创作始末及学术价值,指出,《阳明先生集要三编》一书历时二十多年,呕心沥血,几经沉浮,新近才由西南交通大学出版社出版问世。此书出版问世,具有两方面的意义:一是弘扬传承贵州王学;二是整理贵州文化古籍。此书的三大特点:一是突出贵州,彰显黔中王学;二是凸显施邦曜评辑的学术意义;三是原本错漏的重大勘误。刘宗碧感谢学校为她召开此次新书发布会,她希望以此为契机,进一步推动阳明文化研究向更高更宽的方向发展,把贵州王学推向务实创新的新阶段。

韩卉代表贵州阳明文化研究院接受刘宗碧教授捐赠的《在〈阳明先生集要三编〉新书发布会上的发言》手稿和《阳明先生集要三编》。韩卉向刘宗碧教授表示祝贺,指出,举办刘宗碧教授点校"《阳明先生集要三编》新书发布暨学术研讨会"是贵州阳明学研究的一件盛事,也是刘教授为中华人民共和国成立70周年献上的一份厚礼。顾久教授、张新民教授、王晓昕教授和王进教授及其他与会人员,分别就点校《阳明先生集要三编》的学术意义和刘宗碧教授的学术精神进行了深入交流并给予高度评价。

(三十五)"第二届阳明文化国际论坛"在江西崇义召开[①]

2019年10月19日至20日,由中国明史学会、赣州市委宣传部主办,崇义县人民政府、赣州市社科联、中国明史学会王阳明研究分会、赣南师范大学王阳明研究中心联合承办的"第二届阳明文化国际论坛"在江西省崇义县举办。中国明史学会会长陈支平、江西省社联副主席刘弋涛、赣州市人大常委会副主任欧阳世麟等出席论坛并致辞。来自国内及日本、美国的150余位专家学者出席本次论坛。

会议共收到中国社会科学院和江西、广东、浙江、江苏等省社科院,厦门大学、中山大学、武汉大学、首都师范大学等众多国内高校以及各地文联、作协、研究会等各类机构的研究人员提交的近百篇论文。中国人民大学历史学院教授毛佩琦、浙江省社会科学院资深研究员吴光、日本东北大学教授三浦秀一、日本福冈国际大学名誉教授海村惟一、美国中佐治亚州立大学副教授伊来瑞、台湾"中研院"中国文哲研究所研究员钟彩钧、台湾佛光大学人文学院历史系教授李纪祥、香港理工大学中国文化学系讲座教授朱鸿林、浙江省社会科学院研究员钱明、广东省社会科学院研究员黄明同10位专家做了大会主题发言。

---

① 信息摘录自《2019第二届阳明文化国际论坛在崇义举行》,客家新闻网,2019年10月21日。

在为期两天的会议中，与会人员共同就"致良知"与历史上的心学、王阳明的政治思想与社会治理、王阳明的军事思想与军事成就、阳明后学与明清历史变迁等主题进行了深入研讨。与会专家还实地考察了上堡梯田农耕文化风景区，就阳明文化与旅游产业的结合建言献策。

据悉，五百多年前，王阳明在崇义平定匪患，开展"知行合一"实践，有感"破山中贼易，破心中贼难"，遂以"崇尚礼义"之名奏请设立"崇义县"，布政以道，施教于民。崇义是王阳明"立德、立功、立言"的重要实践地、心学的主要形成地以及学术思想的主要成熟地，是王阳明"立德、立功、立言"体现最为完整的地方。近年来，赣州市扎实推进文化强市建设，将阳明文化作为重点扶持的"四大文化"之一，不断推进阳明文化创造性转化、创新性发展，在遗址遗迹保护、研讨平台建设、品牌文化打造等各方面下功夫见成效，锲而不舍抓好阳明文化的传承弘扬，打响以崇义县为龙头的阳明文化品牌，让中华优秀传统文化弦歌不辍、薪火相传。

（三十六）"朱子学与阳明学的现代交锋高端会讲"在南京大学举行[①]

2019年10月26日，"朱子学与阳明学的现代交锋高端会讲"在南京大学举行。本次会讲由南京大学哲学系李承贵教授主持，阳明学方面邀请了浙江大学董平教授、复旦大学吴震教授；朱子学方面邀请了四川师范大学蔡方鹿教授、湖南大学朱汉民教授与会。本次会讲围绕六个主题展开了精彩对话与切磋。

第一个讲题是朱子理学、阳明心学基本内容介绍。朱汉民教授从"朱张（朱熹与张栻）会讲"的话题切入，认为朱子学思想以朱子文集为依据，其思想主要包括理气、性理、学（工夫）三个方面。蔡方鹿教授认为，朱子是通过对《太极图说》《大学》《中庸》等经籍注解所提出的天理论、知行观、格物致知论、道统论、心统性情论等理论，代表了理学发展的最高水平。董平教授则表示，王阳明的生活世界和思想世界是同步的，并重点阐释了"知行合一"与"心即理"的关系，指出阳明的"心即理""知行合一""致良知""万物一体"四大命题具有完整的逻辑进路。吴震教授进而指出，朱熹与陆九渊关于尊德性和道问学的争论从未停止，亦不认同学界依"德性之问学"断定朱陆之争就此终结的看法。他认为朱

[①] 信息来源于《讲座回顾：仙林论道"朱子学与阳明学的现代交锋"高端会讲》，南京大学哲学系·宗教学系官网，2019年10月29日；同时又见《新"鹅湖之会"高端会讲：朱子学与阳明学的现代交锋》，《贵阳学院学报（社会科学版）》2020年第1期。

陆所争论的问题实是知识与道德的问题,并提出了陆九渊之学是"一以贯之"之学,而朱子之学却"未近道也"的看法。

第二个讲题是朱子理学与阳明心学相同、相异之处。朱汉民教授认为,陆九渊较为偏执,朱熹则较为包容。这主要体现在陆子强调尊德性而太不重视道问学,而朱子则是将尊德性与道问学、形而上与形而下等思想兼容。然而,董平教授认为朱熹也较为偏执,朱熹让好友陈亮放弃自己的观点才同意与其往来;朱陆之异同,即二者为学手段、功夫路径不同,但其追求圣人之学,把"成圣"当作人生理想与目标却是相同的。正所谓"天下百虑而一致,殊途而同归"亦如此。朱子学方的代表蔡方鹿教授认为,理学与心学都是同属于理学的学术流派,其义利观(理欲观)等方面是相同的,但是在心性论、认识论上却有很大差别,指出了心学因其"先立乎其大"的态度缺乏对群经的注解,未顾及对汉学治经之长的继承的不足与缺点。阳明学方的代表吴震教授表示,程朱之学与陆王之学最大的不同是各自建构了不同的人伦世界,程朱以"理气"建构本体世界,而陆王以"心性"建构人伦世界。尤其是,王阳明的"心外无物""心外无理",把"心"的知觉提升到本体论的高度。而且,从阳明南镇看花,"此花便不在你心外"来看,王阳明所建构的人生意义世界,是人心的存在。况且,王阳明所写的《朱子晚年定论》并未缓和、调解朱陆之争。

第三个讲题是如何评价外国学者对理学、心学的研究,它有怎样的启示。主要以田浩的《朱熹的思维世界》和耿宁的《心的现象:耿宁心性现象学研究文集》二书为例。董平教授认为,外国学者的研究是有意义的,并且其理论拓展亦是具有价值的。耿宁是从现象学的角度解读阳明学的经典著作,结合唯识学自证的思想内容,创造了中国本土研究不同的范式,尤其是他对"良知"译名的把握甚为精辟。吴震教授指出,耿宁用现象学资源理解阳明后学思想的路径是值得借鉴和学习的。蔡方鹿教授对田浩先生对宋学脉络的梳理给予了肯定,并质疑了区别道统与道学的观点。朱汉民教授认为,田浩从汉学研究与历史研究领域展开对朱子思想的研究,弥补了中国学者对哲学范式建构路径的不足与缺陷。

第四个讲题是朱子理学、阳明心学有无持久性价值的元素。吴震教授认为,如果将宋明理学的视域拓宽,便会发现朱子理学与阳明心学有很多共通之处,即二者都是将本体功夫作为理论基石,这就是持久性价值的元素。董平教授表示,程朱陆王之学既是宝贵的思想历史遗产,又有利于解决现实存在的伦理问题,我们应继承其思想并加以创新。朱汉民教授也认为,我们的儒学研究应坚持从传统思想资源出发进行"创造性转化、创新性发展",也要敢于吸收当代世界上有利于儒学发展的思想营养。蔡方鹿教授表示,朱子思想、阳明思想具有重视民生、经世致用的当代价值,其"理一分殊"思想可以为"美美与共"的理想模式提供理论支撑。

第五个讲题是学习、研究宋明理学应该注意哪些问题,才能获得积极性效果。对此,蔡方鹿教授指出,"一分材料说一分话",既应看到朱王思想的时代局限性,更应看到其超越时代的思想价值;既要看到朱王思想的分歧,也应重视其共通之处。朱汉民教授指出,无论是文献考据、义理发挥还是历史描述皆具价值,无论是"照着讲"还是"接着讲"亦有意义,但是我们应自觉地做到合理解释,切勿乱解。吴震教授认为,阅读资料在于自我创新,并且应该带着问题意识去读书,学识便会伴着问题增多而增长;应该对当代学术界研究问题保持高度的敏感,勤于梳理研究现状,养成"读书—写作—思考"的良好习惯。董平教授指出,学生不仅需要道问学,更需要做到尊德性,以虔诚的心境和谦卑的态度去做学问。而做学问需要潜心读书和苦心孤诣,"此未终,彼毋起"。研读文本时,不仅需要先"入乎其里",而后"出乎其外",而且要有宽泛的阅读和批判性的眼光。

第六个讲题是以学术研究的视域展望朱子理学、阳明心学的未来前景。吴震教授认为,朱子学和阳明学的研究必然为第三期儒学的开展带来正面积极的价值。董教授确信,无论是朱子学还是阳明学,都会为当下现实中人的生存问题带来有益的启迪。朱汉民教授指出,宋明理学是儒学发展至登峰造极的历史高峰,但今人仍须继往开来。蔡方鹿教授表示,理学研究通过各种思潮的汇通、历史与文本的融贯将必然有广阔的前景。

总之,与会学者就朱子学与阳明学的内容、同异、价值、影响以及未来前景,展开了广泛而深刻地辩论。学者与师生进行了友好互动问答,学术氛围浓厚。最后,李承贵教授对诸位学者的讨论作了精彩总结,并对他们表示了诚挚的感谢。

(三十七)"王阳明始论'知行合一'510年学术研讨会"在贵州修文举行[①]

2019年10月29日,由贵州省阳明学学会、贵州省儒学研究会指导,中共修文县委、修文县政府主办,修文县委宣传部、修文县文体广电旅游局承办的"王

[①] 信息摘录自《阳明心学·龙场论坛 王阳明始论"知行合一"510年学术研讨会在修文举行》,修文文艺界微信公众号,2019年10月30日;《王阳明始论"知行合一"510年学术研讨会在贵州修文举行》,贵州网,2019年11月4日。

阳明始论'知行合一'510年学术研讨会"在贵州省修文县举行。来自浙江省儒学学会、贵州省儒学研究会、贵州省阳明学学会、中央党校、贵州大学、贵州师范大学等省内外从事阳明文化研究的专家学者200余人齐聚中国阳明文化园龙冈书院,研讨王阳明"龙场悟道"的历史地位和"知行合一"的时代价值,致力推动"知行合一"思想得到进一步的传承和弘扬。

修文县委书记孙华忠在致辞中说,近年来,修文县坚持走文化立县、文化强县之路,深入挖掘、传承、弘扬阳明文化,弘扬阳明先生在龙场所悟之"道",打造修文"文"的文章,擦亮了阳明文化这张名片,提升了文化自信,努力打造文化名城。自1999年以来,先后成功举办了六届"国际阳明文化节",多次举办国际学术研讨会和"龙场论坛",成功塑造了"龙场论坛"文化品牌,形成了一批有价值的研究成果,促进了修文文化产业的发展。

贵州省阳明学学会会长王晓昕在致辞中说,始论"知行合一"既是王阳明思想与行为的重要发展标志,也是中国哲学史和中国思想史上几千年来关于知行关系讨论的一次重大突破、一次理论上的重大飞跃。对于现实世界来说,"知行合一"是人们实现崇高社会理想——中华民族伟大复兴的中国梦的不可或缺的途径和手段,是一种人格操守和精神境界,是人们理应持守的处世原则和做人的道德准则,是人们行动的指针和催人奋进的动力。

学术研讨会上,围绕阳明心学思想精髓及当代价值,阳明学研究专家顾久、吴光、徐静、张新民、王晓昕、高斌、王学斌、李小龙、度阴山、张明等专家学者就"从'性'本体到'良知'本体""王阳明心学的时代价值""王阳明文化的传播价值""'知行合一'的人文精神"等主题进行交流探讨,认为王阳明510年前在贵州龙场始论"知行合一"不仅是一桩学术事件,还是一桩具有历史意义的社会事件;不仅对王阳明是个人思想与行为的重要发展标志,同时也是中国哲学史和中国思想史上的重大突破和理论的重大飞跃。

在研讨会上,还对《阳明文化的当代价值》《知行合一:王阳明经典诗文集萃》《王阳明经典名句》三本书进行了首发推介。修文县文联主席李小龙介绍了三本书的编辑情况,《阳明文化的当代价值》责任编辑、人民出版社历史与文化编辑部编辑翟金明,《知行合一:王阳明经典诗文集萃》《王阳明经典名句》责任编辑、贵州人民出版社第一编辑部编辑马文博,分别做推介。著名学者顾久、吴光代表顾问组做了推介发言。

据悉,修文古名"龙场",取"偃息武备,修明文教"之意。510年前,来自浙江省绍兴府余姚县的王阳明在"龙场悟道",创办龙冈书院,开启西南教化,广开黔中学智,首论"知行合一"。阳明心学则被称为"中国儒学的一道高峰和现代启蒙思想的先导",修文也被誉为"王学圣地""心学之源"。

(三十八)"江南文脉·泰州学派分论坛暨泰州学派学术研讨会"在江苏泰州举办[①]

2019年10月31日,由江南文脉论坛组委会、南京大学、江苏省社会科学院、泰州市人民政府共同主办的以"泰州学派的思想传承与现代转化"为主题的"江南文脉·泰州学派分论坛暨泰州学派学术研讨会"在江苏泰州举办。江苏省政协副主席、南京大学党委书记胡金波、江苏省委宣传部副部长赵金松、泰州市委书记史立军出席会议并致辞。

史立军在致辞时指出,文化是城市的根脉与灵魂。上千年的文化积淀与文脉传承,为泰州大地注入了底蕴深厚、基础广泛的人文基因。泰州学派植根于这片丰厚的文化土壤,它所代表的文化价值、文化现象,值得很好地研究与总结。我们将以"江南文脉·泰州学派分论坛暨泰州学派学术研讨会"的举办为契机,进一步传承精华、守正创新,不断丰富和拓展泰州学派的时代内涵,努力打造具有鲜明识别度的城市文化品牌。借助此次会议的东风,希望能让更多的人了解泰州、了解泰州学派;希望各位领导和专家多提宝贵意见和建议,继续对泰州、对泰州学派给予关心和支持,不断助推泰州城市美誉度和文化软实力的提升。

赵金松在致辞时指出,泰州学派作为江南文化版图的重要思想流派,给后世留下了丰富的思想遗产,"万物一体""百姓日用即道""人人君子"等思想在历史上曾经产生过重要影响,在当下仍然具有重要启示意义。举办泰州学派分论坛暨泰州学派研讨会,就是为了探讨泰州学派的思想传承与现代转化,进一步提炼和展示蕴含于其中的精神标识和核心价值,在新时代人民美好生活创造中更好地发挥优秀传统文化的凝聚和滋养作用,更好地为建设"强富美高"新江苏、实现中华民族伟大复兴中国梦提供思想智慧和精神力量。为此,我们应当更加主动地从文脉传承的历史视角、国家战略的宏阔视野,审视和探讨江南文化的传承创新,通过深入的学术研究和广泛的交流展示,把包括泰州学派在内的传统文化中那些跨越历史时空、富有永恒魅力、具有当代价值的文化精神传承弘扬起来,让躺在

---

① 信息来源于《江南文脉·泰州学派分论坛暨泰州学派学术研讨会在泰州举办》,新华网,2019年10月31日。

古籍里的文字活起来，让陈列在书架上的典籍动起来，让先哲先贤的思想智慧进入当代视野，让优秀传统文化飞入寻常百姓家，展现出永久魅力和时代风采。

清华大学国学院院长陈来、华东师范大学教授杨国荣、江苏省社科联党组书记刘德海、南京大学党委常务副书记杨忠、江苏省社会科学院副院长樊和平、浙江大学中国思想文化研究所所长董平、复旦大学哲学学院教授吴震、南京大学中国思想家研究中心教授周群、同济大学教授朱义禄、西安交通大学教授张再林、韩国霞谷学研究院院长李庆龙等众多专家学者齐聚泰州，共同挖掘泰州学派蕴含的哲学智慧、人文精神、道德规范，展示其历久弥新的现代价值和时代风采。

开幕式上，"南京大学泰州学派研究中心"正式揭牌，并聘任著名历史学家、西北大学名誉校长张岂之、陈来、杨国荣为研究中心顾问，聘任浙江省社科院钱明等16位专家学者为研究中心研究员。泰州学派网正式开通，该网站将依托中国知网资源库学术资源，广泛搜集、共享泰州学派研究典籍资料，及时更新学术研究动态，全面展示泰州学派研究成果，积极传播和推介泰州学派思想成就。

张岂之以视频方式阐述泰州学派的重要学术价值，对泰州学派的历史地位和传世价值给予高度评价；陈来、杨国荣做大会主旨演讲。研讨会上，还有来自浙江大学、复旦大学、南京大学、东南大学、同济大学、西安交通大学、浙江国际阳明学研究中心等高校和研究机构的知名专家学者做大会交流发言。

据悉，作为国家历史文化名城，泰州拥有2100多年建城史，自古风调雨顺、人杰地灵，施耐庵、郑板桥、梅兰芳都是泰州文化艺术史上的代表人物。泰州学派诞生在这里，给后世留下了追求真理、开拓创新、心怀天下、关注民生等丰富思想遗产。特别是泰州学派创始人王艮提出的"百姓日用即道"的民本思想，彰显了中华优秀传统文化的核心价值。著名历史学家张岂之提出，在整个江南文化版图中，泰州学派具有重要学术思想价值；在关注江南文化的同时，也要关注泰州学派的学术研究。

（三十九）"2019宁波（余姚）阳明文化周开幕式暨'知行合一：致祭王阳明'礼贤仪典"在浙江余姚举行[1]

2019年10月31日上午，以"阳明故里·知行合一"为主题的"2019宁波（余姚）阳明文化周开幕式暨'知行合一：致祭王阳明'礼贤仪典"在余姚王阳

---

[1] 信息摘编自《2019宁波（余姚）阳明文化周开幕，"知行合一：致祭王阳明"礼贤仪典同时举行》，余姚新闻网，2019年10月31日。

明故居前的广场上隆重启幕，宁波市委常委、宣传部部长万亚伟宣布"2019宁波（余姚）阳明文化周"开幕。浙江省社科院研究员、浙江省儒学学会会长吴光，华东师范大学哲学系教授、上海哲学学会副会长陈卫平，深圳阳明书院创始人、《知行合一王阳明》作者度阴山，浙江省社科院哲学所副研究员、浙江国际阳明学研究中心秘书长张宏敏，余姚领导奚明、诸晓蓓、陈长锋、王娇俐、王安静等出席活动。

开幕式上，上级领导和社会各界代表数百人向王阳明像敬献花篮、行鞠躬礼、诗歌朗诵《追寻王阳明》，深切纪念这位明代心学大师。现场还举行了"阳明故里这些年"手绘纪事发布仪式。"三十年来同出处，清晖楼对瑞云楼。"宁波余姚，是王阳明人生的出发点，更是其日后传播思想、教授弟子的讲学之地。瑞云楼、中天阁等地见证了阳明心学思想的发展和延绵。"阳明故里这些年"手绘纪事，记录了阳明故里一路走来的点滴。重建"四先贤"故里碑、重建瑞云楼、修建"新建伯"牌坊、修缮中天阁、创建国家3A级景区……阳明故里这些年，润物细无声，跳动着阳明文化传承的脉搏。

"2019宁波（余姚）阳明文化周"系列活动由中共宁波市委、宁波市人民政府主办，中共宁波市委宣传部、宁波市社科院（市社科联）、中共余姚市委、余姚市人民政府承办，中共余姚市委宣传部为余姚总执行承办单位。本次活动为期一周，旨在以研讨阳明学领域的拓展性、时代性等问题为主要内容，注重活动的时代性、引领性、传播性和群众性，着力推动阳明文化的创造性转化、创新性发展，塑造"阳明故里，心学圣地"的城市文化形象和城市文化品牌，聚力助推宁波"名城名都"建设。

作为王阳明的出生地、成长地和讲学之地，近年来，宁波余姚坚持擦亮王阳明这张"金名片"，连续多年举办"阳明文化日活动"，并于前年升格为"宁波（余姚）阳明文化周"活动，把阳明文化浸润到余姚发展的各方面和全过程，修缮了阳明故居等一批文化地标，组建了余姚国际阳明学研究中心，努力让阳明先生的心学思想在新的时代条件下焕发出更强生命力。

据了解，"2019宁波（余姚）阳明文化周"精心设计了一系列丰富多彩的活动，包括："中天阁论道：阳明心学——为高质量发展赋能"，"中天阁论道：'诵阳明诗·悟光明心'蒙曼专场"，阳明文化走进农村、走进社区、走进企业、走进校园、走进机关暨"守初心话清廉：阳明心学与当代启示"清廉文化沙龙等阳明文化"五进"活动，余姚市年度十件"知行合一"新闻事件揭晓，"海达杯"全国阳明心学格言书法篆刻作品展，绍兴修文余姚三地阳明文化专场活动，"阳明故里阳明古镇"项目开工仪式，阳明心学之旅路线发布暨游学基地授牌仪式，宁波市大学生阳明文化元素创意设计大赛，"阳明故里这些年"手绘纪事传播活动等。其中，阳明文化"五进"展示活动，面向社会展示当地阳明文化"五进"模板，引导市民群众体悟阳明文化，引导崇德向善，践行知行合一，这在历届"阳明文化周"活动中尚属首次。

（四十）"'守初心·话清廉：阳明心学与当代启示'清廉文化沙龙"在浙江余姚举办 ①

2019年10月31日下午，由浙江省社会科学院清廉建设研究中心、宁波市廉政文化研究会、反腐败导刊主办，余姚市纪委市监委和余姚市文化和广电旅游体育局承办的以"守初心·话清廉：阳明心学与当代启示"为主题的清廉文化沙龙活动在余姚王阳明故居举办。中国社会科学院中国廉政研究中心秘书长蒋来用，浙江省纪委省监委副厅级纪检监察员、网络中心主任张丽雁，以及浙江省委党校哲学教研部教授王希坤为本次沙龙做了主旨发言。浙江省社会科学院清廉建设研究中心兼职研究员、浙江国际阳明学研究中心秘书长张宏敏主持了本场文化沙龙活动。

蒋来用认为，王阳明思想中富含丰富的廉政思想，在他的心学思想表述中，很多话是很朴实的，把深刻的哲学思想用很通俗的思想告诉老百姓，很值得我们学习。他又从"克私欲"的方面分析腐败的根源，提出如何解决不想腐的问题。因此阳明心学对推进当前反腐败工作以及解决克服人的私欲问题，有很好的借鉴意义。

张丽雁则从阳明心学的核心价值、守初心和守党性、守初心和不想腐等方面阐述守初心与不想腐之间密不可分的关系。她从解读王阳明"格物致知"入手，倡导党员干部如何守住本心、守住真我。当前，从我们党一体推进"三不"机制建设。要加大打虎拍蝇的惩治力度，营造不敢腐的氛围，同时也要大力构建制度的笼子，使之不能腐，但真正要使党员领导干部从内心深处不想腐，就需要通过一系列的教育，唤醒激发党员干部的良知，需要耐得住寂寞、守得住初心，需要

---

① 信息来源于《"阳明心学与当代启示"清廉文化沙龙举行》，余姚新闻网，2019年10月31日；《"守初心 话清廉"，一次穿越500多年的清廉对话》，浙江省纪委省监委网站，2019年11月1日。

一颗颗毫无杂质、对党百分之百忠诚的赤子之心!

王希坤从腐败是怎么回事,讲到新时代如何弘扬阳明心学和王阳明思想,重点论述"致良知",分析清廉建设中"良知"即"内因"的决定作用,以及共产党人如何寻找初心。最后,他以王阳明"求心、修心、用心"的为政理念为解读,告诉广大干部要学会"事上磨心",保持公正为民之心,抵御得住外在的干扰、纷繁的环境诱惑,脚踏实地地做好本职工作,从而实现自我革新,达到知行合一。

参与文化沙龙的专家一致认为,王阳明心学对当前的清廉文化建设和党员干部教育具有较大的现实意义。广大党员干部要学习王阳明"清白廉洁、慎独自律、明德亲民、知行合一、坚持正义、廉洁奉公"的廉政思想内涵,始终做到"清清白白做人,规规矩矩做事,干干净净用权"。

余姚是王阳明的出生地、成长地和讲学之地,在阳明文化建设中具有天然优势和独特地位。近年来,余姚市纪委市监委深度挖掘王阳明清廉文化思想,在中央纪委国家监委网站推出了王阳明家规专题片;联合中国社会科学研究院出版了《王阳明廉政思想与行为研究》,并有效整合当地历史文化资源,打造了7个以王阳明故居为代表的市级清廉教育基地。基地现已成为党员干部开展清廉教育的重要场所。沙龙现场,余姚市纪委市监委还发布了余姚市清廉教育基地观览路线图,串起了一条以清廉为主题的教育路线。

(四十一)"中天阁论道:阳明心学——为高质量发展赋能论坛"在浙江余姚举办[①]

2019年11月3日上午,作为"2019宁波(余姚)阳明文化周"主要活动之一的"中天阁论道:阳明心学——为高质量发展赋能论坛"在余姚举行,一批国内著名阳明学研究专家学者开展学术交流。浙江省委副书记、宁波市委书记郑栅洁,中国社会科学院副院长、党组成员兼中国历史研究院院长、党委书记高翔,宁波市委常委、市委秘书长施惠芳,副市长许亚南,贵州修文县委书记孙华忠,县委常委、宣传部部长肖伦文,新疆库车县副县长米孜古丽·买买提,余姚市领导奚明、诸晓蓓、陈长锋、叶枝利、王娇俐、王安静、黄和庆等出席。

余姚市委书记奚明首先代表余姚市委、市人大、市政府、市政协,对前来参加活动的各位领导、专家、来宾表示热烈欢迎,对大家长期以来对余姚的关心支

---

① 信息来源于《中天阁论道:阳明心学——为高质量发展赋能论坛在姚举行》,余姚新闻网,2019年11月3日。

持,表示衷心感谢。他说,近年来,余姚在打造"阳明故里、心学圣地"上狠下功夫,切实将先贤思想浸润到余姚发展的各方面、全过程,建设了"王阳明故居"等一批文化地标,搭建了余姚国际阳明学研究中心等一批传播平台,举办了"宁波(余姚)阳明文化周"等一批重大活动,推出了"姚剧《王阳明》"等一批精品力作,谋划实施了"阳明古镇"等一批重大项目。今年"阳明故里"和"阳明故居"商标获国家知识产权局审核通过。下一步,余姚将深入贯彻落实习近平总书记关于加强文化建设的系列重要论述,坚定文化自信,增强文化自觉,大力发展社会主义先进文化,持续深入传承弘扬阳明心学等先贤优秀思想,从各类先进文化中汲取恒久深远的力量,为推动高质量发展走在前列注入强大精神动能。同时,他也希望各位领导、各位专家、各界朋友在余姚多走走看看,对余姚经济社会各项事业,特别是挖掘弘扬优秀传统文化、打造国家级历史文化名城,多关心、多指导,帮助我们把工作做得更好。

郑栅洁在致辞时说,余姚是王阳明先生的出生地和成长地,是阳明文化的发祥地和重要传习地。在这里举办阳明文化周活动,对于我们坚定文化自信、增强文化自觉、有效推动阳明文化的创造性转化、创新性发展,具有十分重要的意义。阳明文化是中华优秀传统文化的重要组成部分,知行合一思想是阳明文化的思想精华之一。近年来,我们坚持知行合一创大业,不断厚植实体经济的新优势;坚持知行合一强科技,逐步进入创新发展的快车道;坚持知行合一优服务,努力建设有口皆碑的好环境,跑出了"六争攻坚"的加速度、好成绩。下一步,我们将认真贯彻落实习近平总书记关于传承和弘扬中华优秀传统文化的重要论述,继续深入挖掘阳明文化的丰富内涵,把宁波打造成国内外研究阳明文化的重镇,使阳明文化展现出超越时空的独特魅力、时代价值。创新弘扬阳明文化的方式方法,使之与现实文化相融通、与时代发展相呼应,让更多人知晓、理解、认同阳明文化。认真汲取阳明文化的思想精华,营造知行合一、行必务实的浓厚氛围,使阳明文化成为宁波城市的精神标识、宁波人的精神源泉。我们热切期盼各位专家通过各种途径、各种方式,继续为宁波研究、弘扬、转化阳明文化出大主意、提好建议。

高翔表示,王阳明先生在中国哲学思想史上有着十分重要的地位,阳明思想是中华优秀传统文化的精华之一。当前,中国特色社会主义进入了新时代,更加需要我们系统研究包括阳明心学在内的中华传统优秀文化。近年来,宁波和余姚在研究阳明思想、弘扬阳明精神方面做了大量工作,取得了显著成效。中国社科院将深入学习贯彻习近平总书记关于传承和弘扬中华优秀传统文化的重要论述,继续加强与宁波的合作，坚持古为今用，不断推陈出新，共同把阳明思想挖掘好、整理好、弘扬好。

随后，全国政协委员、教授王秦丰，浙江省社科院研究员、浙江省儒学学会会长吴光，中国人民大学历史系教授、博士生导师毛佩琦三位著名阳明学研究专家，围绕"阳明心学——为高质量发展赋能"这一主题做了主旨演讲。

（四十二）"中天阁论道：'诵阳明诗·悟光明心'蒙曼专场活动"在浙江余姚举行[1]

2019年11月3日下午，作为"2019宁波（余姚）阳明文化周"一项重要活动，"中天阁论道：'诵阳明诗·悟光明心'蒙曼专场"在浙江余姚举行。讲座由余姚市委常委、宣传部部长王娇俐主持。

本次专场讲座主讲人蒙曼，是著名历史学者，中央民族大学历史文化学院教授，主要研究方向是隋唐五代史、中国古代女性史，已发表《蒙曼品最美唐诗·四时之诗》《蒙曼品最美唐诗·人生五味》等著作。自2017年以来，她先后在央视十套《百家讲坛》讲授《武则天》《太平公主》《长恨歌》《大隋风云之隋文帝》等系列节目，并出版同名系列图书。近年来，她多次担任央视"诗词大会""汉字听写大会""成语大会"等节目嘉宾。

讲座中，蒙曼以她渊博的知识、深厚的文化底蕴、独特的审美视角对王阳明代表性诗作做了细致解析和精彩评说，让现场观众感受到了王阳明的生命历程和精神世界，通过"诗"这把钥匙为大家打开体悟王阳明"光明之心"的大门。蒙曼从余姚这一方水土讲起，解读出培育出一代大儒王阳明的必然性；从王阳明青少年时期的两首诗读起，解析出王阳明的豪气和哲理、灵心和诲言。

通过讲座让现场观众深刻感受到，阳明诗就是道德心、良知诗，是王阳明一生自觉追求圣贤人格、自觉弘扬圣学的写照。在随后进行的问答环节中，现场气氛十分热烈，台下观众踊跃提问，蒙曼深入浅出地为大家解疑释惑，使在场观众受益匪浅、豁然开朗。

此次讲座由中国历史研究院指导，宁波市委、市政府主办，宁波市委宣传部、宁波市社科院和余姚市委、市政府承办。阳明文化研究专家、各级领导、社会各界等600余人参加。现场还通过"余姚发布""余姚广电传播"两个平台进行了直播。截至当天17时30分，观看者达10.94万人次。

---

[1] 信息来源于《"诵阳明诗悟光明心"蒙曼专场活动举行》，余姚新闻网，2019年11月3日。

(四十三)"第四届'阳明学与浙江文化学术论坛'"在浙江杭州举办①

2019年11月3日,由浙江工商大学、日本二松学舍大学与浙江省伦理学会共同主办,浙江省哲学社会科学重点研究基地东亚研究院、浙江工商大学哲学系、浙商研究院、浙商博物馆承办的"第四届'阳明学与浙江文化学术论坛'"在杭州举行。浙江工商大学校长陈寿灿、日本二松学舍大学校长江藤茂博、浙江省社科联科研处处长胡晓立等出席会议。来自中日双方的相关学者、企业家代表共50余人出席此次论坛。

论坛上,浙江省社科院钱明教授用通俗的语言讲解了他所理解的关于中日文化中的王阳明,日本人所喜爱的历史人物大都为文武兼备、智勇双全的英雄豪杰。王阳明被日本人接受并喜爱,亦与其文武兼备之形象有密切关系。日本北海道大学名誉教授佐藤鍊太郎先生以《明哲保身论》与《墨子批选》两个文本为核心,聚焦阳明后学重要代表人物王艮与李贽的经世思想,解析了阳明学对明清之间实学浪潮的巨大影响,展示了阳明学的当今价值。日本早稻田大学教授永富青地先生基于对《中鉴录》一书的版本考据,对比了王畿在宦官问题上与主流学者的不同主张,从而呈现出心学在哲学思辨中的现实感。日本二松学舍大学田中正树教授,围绕日本近现代阳明学者山田方谷的《孟子养气章或问图解》一书展开,关注阳明学思想的文本图像性,并在对"图"类资料的发掘中,提炼了儒学史与阳明学的新研究线索。绍兴沈园堂总裁林作河,分享了行业实践者在日常的生活和事业中对阳明精神的探索经历。浙江国际阳明学研究中心秘书长张宏敏发表了参会感言,呼吁中日阳明学者就中日两国"阳明学的特质"予以溯源式研究,并理性地审视近年来在中国兴起的这轮"阳明学热"。

浙江省伦理学会会长、浙江工商大学校长陈寿灿对本届论坛做了小结。他指出,阳明学是"浙学"的标志,当阳明学成为中国传统文化最后的原创性高峰,以及明清浙学成为近代中国思想启蒙的先声之时,浙学、阳明学所代表的就不仅是浙江人的人格气质与价值取向,也代表了中华民族文化与人格气质在浙江的生动体现。此次论坛作为一个横跨学界、业界和传播界的文化沟通平台,在学术话语本身的变革、学术行为方式的变革、学术理论的阐明、学术内容的拓展等方面达成了基本共识。论坛将以"知行合一,泽被万方"的东亚精神气质,将阳明学研究指向世界、指向未来。

---

① 信息来源于《第四届"阳明学与浙江文化学术论坛"在杭州举办》,浙江社科网,2019年11月5日。

（四十四）"阳明学与书院文化学术研讨会暨第五届全国书院论坛"在贵阳孔学堂召开[①]

2019年11月3日至4日，由贵阳孔学堂文化传播中心及贵州大学哲学与社会发展学院联合主办的"阳明学与书院文化学术研讨会暨第五届全国书院论坛"在贵阳孔学堂文化传播中心召开。来自武汉大学、复旦大学、上海交通大学、中山大学、西安交通大学、深圳大学、四川大学、陕西师范大学、贵州大学等高校和科研机构的80余位学者参加了本次论坛。

贵阳孔学堂文化传播中心主任索晓霞在开幕致辞中表示，与会学者共同探讨阳明学与书院文化等极富理论意趣和现实价值的话题，代表了阳明学与书院文化研究领域的前沿水平和学术深度。会议不仅是一个富有学术价值和思想意义的学术活动，也是增进相互交流与对话的平台，希望能够将阳明学与书院文化研究推向一个新的高度。

贵州大学党委副书记骆长江在开幕致辞中指出，王阳明先生在贵州龙场悟道并创办龙岗书院，为贵州的文化传播与教育发展做出了巨大贡献。这不仅体现了王阳明自身的思想发展，甚至整个阳明学派所形成的思想运动和潮流，都与贵州书院发展、书院讲学论道有着直接的关系。以阳明学与书院文化作为核心议题来展开讨论和交流，不仅切合阳明学的本有思想面貌和根本精神，也对未来的思想文化和教育发展具有重要的指导意义。

在主题演讲中，贵州大学中国文化书院张新民教授以"王阳明的龙场讲学活动及书院的文化理想"为题，对阳明在龙场期间的讲学活动的内容、思想做了详尽论述，同时也基于阳明在龙场创办的龙岗书院、特别是《教条示龙场诸生》中"立志""勤学""改过""责善"等条规，论述了阳明的思想精神和书院的文化理想，在于从根本上成就每个人的道德理想与价值人格。陕西师范大学丁为祥教授则通过"阳明精神的现代落实"这一论题，认为阳明所代表的心学是宋明理学中最具有现代性的思想资源，同时也强调需要从慎独修身、诚意面世、聚德立业等方面，强化阳明学思想精神在现代的落实与转换。西安交通大学常新教授以"晚清关中王学的复兴与关学的终结"为题，以柏景伟和刘古愚为中心，讨论了晚清关中学术在程朱学背景下呈现王学复兴的思想倾向，以及关中学者主动接受西方

[①] 信息来源于《阳明学与书院文化学术研讨会暨第五届全国书院论坛召开》，贵州大学中国文化书院网，2019年11月4日；《深入研讨阳明学与书院文化研究》，中国社会科学网，2019年11月25日。

学术等方面的内容，显示出传统关学走向历史终结的思想现象。贵州大学龚晓康教授以"恶之缘起、明觉与去除：以王阳明'四句教'为中心的考察"为论题，以"恶"之缘起、"恶"之明觉、"恶"之去除等内容，系统讨论了阳明哲学中"恶"的思想与问题。武汉大学国学院院长郭齐勇教授做闭幕致辞，强调从事阳明学以及书院文化研究，应注意阳明学与朱子学、阳明学与船山学思想关系等方面的问题。

其他与会学者围绕王阳明哲学思想、阳明学与书院文化、书院教育与文化传统、宋明理学与儒家文化传统、阳明后学人物与思想、阳明学的地域化与传播、阳明学与其他学派思想关系以及阳明学与现代中国学术等方面的主题和内容进行了深入的讨论与交流。

（四十五）"'学阳明心学，做四知青年'理论研讨会"在宁波城市职业技术学院举行[①]

2019年11月6日，"'学阳明心学，做四知青年'理论研讨会"在宁波城市职业技术学院举行。何为阳明心学？何为"四知青年"？如何用好"阳明心学"指导高校立德树人的实践？来自宁波市社科界的各位专家进行了理论解读与分享交流，取得了丰硕的研讨成果。

宁波市政协社会法制和民族宗教委员会主任、宁波市王阳明文化研究促进会会长陈利权认为，习近平总书记对阳明心学特别是"知行合一"说非常重视，他指出，王阳明的心学正是中国传统文化中的精华，也是增强中国人文化自信的切入点之一，所以阳明心学接上了中华民族文化自信的"天线"。在2018年、2019年举办的世界"宁波帮·帮宁波"发展大会上，宁波市委书记郑珊洁同志从"四知"讲到"四行"，即知行合一，行必务实；知难而进，行不懈怠；知书达礼，行而优雅；知恩图报，行路思远。这是宁波人自己对阳明思想的再认识、再实践，这就是阳明心学"接地气"的体现。

宁波市委党校副教授、宁波市王阳明文化研究促进会秘书长郭美星围绕"从知行合一到致良知"对王阳明思想进行解读，提出，阳明心学"知行合一"从来不是一个空谈的理论，它是实践的指南。

宁波城市职业学院院长史习明教授说，高校如何落实立德树人任务、如何增强师生文化自信，阳明心学带给了我们宝贵的思想资源。党的十九届四中全会专题研究审议推进国家治理体系和治理能力现代化若干重大问题，高校治理体系和

[①] 信息来源于《用好"阳明心学"，促进高校文化自信："学阳明心学，做四知青年"理论研讨会举行》，宁波社科网，2019年11月7日。

治理能力现代化也正需要从思想资源、精神力量上找到切入点，阳明心学正为学校治理提供了智慧与方案。

余姚市社科联秘书长谢建龙分析解读了"王阳明的人生、学说及当代价值"，认为当前学术界较为公认"心即理""知行合一"和"致良知"是王阳明心学的三大核心命题，当代大学生应汲取三大核心命题背后的思想养分，勇于担当，敢于创新，实践力行。

据悉，本次理论研讨会为宁波市社科界第七届学术大会学术活动之一，由宁波城市职业技术学院承办。会上，宁波市社科联秘书长、学会处处长郭春瑞做了学术大会基本活动情况介绍。会议遴选汇编了24篇阳明心学学术论文。会上，论文作者代表做交流发言。宁波城市职业技术学院刘玲、陈正敏、金挺，分别以《"知行合一"对培育时代新人的作用及实现路径》《现代性的微光：王阳明与中国的现代转型》《用好阳明心学，解决"知行脱节"：以青年马克思主义者培育工程为例》为题，从阳明心学之"体""向""用"等角度探究高校育人之道、文化自信之路，接受专家指导与点评。

（四十六）"福建江夏学院阳明学研究院成立大会"在福建福州举行[①]

2019年11月25日，"福建江夏学院阳明学研究院成立大会"在福建江夏学院举行。来自省内外兄弟高校和研究机构的阳明学专家、福建江夏学院部分师生代表近200人与会。

福建江夏学院校长陈国龙、福建江夏学院副校长刘慧宇、福建江夏学院关心下一代工作委员会执行主任王永年、福建省教育厅思想政治工作处处长陈晓风等为福建江夏学院阳明学研究院揭牌。

陈国龙发表讲话，对福建江夏学院阳明学研究院今后的发展提出了四点希望：一是深入挖掘阳明学"育人"思想中关于思想政治教育的资源，着力培养德智体美劳全面发展的社会主义建设者和接班人；二是要强化回归意识，推动阳明学的当代创造性转化和创新性发展；三是要以国内外高水平阳明学研究为标准，主动对标，扎根福建大地，输出具有福建江夏学院阳明学研究院特色的新标准，打造在一定领域排得上、叫得响的知名品牌；四是福建江夏学院相关部门要同心同德、凝聚合力、协同发展，有决心、有信心打造一个立足江夏、放眼福建、延伸全国的本土文化品牌机构。

[①] 信息摘录自《福建江夏学院举行阳明学研究院成立大会》，中新网·福建，2019年11月27日。

据悉，福建江夏学院表示成立阳明学研究院，旨在深入开展阳明学研究，争取在两三年时间内，推出一批有影响的学术研究成果，培养一支有作为的学术团队，打造若干有影响的传播平台，创作一系列有水平的阳明学文化产品，凝聚一群有志向的阳明学传习者，服务一批稳定的阳明学需求机构。

（四十七）"'知行合一'视野下的中华优秀传统文化传承发展论坛"在天津社科院召开[①]

2019年11月30日，由天津社科院哲学所、国学与跨文化研究中心、天津市传统文化研究会联合主办的"'知行合一'视野下的中华优秀传统文化传承发展论坛"在天津社科院召开。来自全国各地的四十多位学者与会，围绕国学的当代化和生活化发表见解。

本次论坛在阐释习近平总书记有关"知行合一"重要讲话的基础上展开研讨，以"探索知行合一机制，推动国学应用研究"为主题，旨在理论联系实际，将国学从经典引入生活，引导人们以优秀传统文化解决现实问题，践行知行合一、学以致用、求真务实的理念，坚定文化自信，为中华民族的伟大复兴贡献力量。

在天津社科院哲学所所长杨义芹主持的论坛开幕式上，天津市关工委教卫体部部长李广文、天津社科院国学与跨文化研究中心主任赵建永、天津市传统文化研究会代表荣程集团党委书记柴树满致辞。李广文在致辞中指出，每一位家长都希望自己的子女具有健康的体魄和智慧的头脑，这都能在中华优秀传统文化找到培养教育的方法和行为规范。特别是专家学者的研究成果以喜闻乐见、寓教于乐的方式展现，使其不仅有意义而且变得有意思，让广大青少年能够主动学习、积极参与，有利于下一代的健康成长。赵建永致辞说，倡导"知行合一"，强调的是理论与实践的辩证统一，将马克思主义认识论根植于中国知行合一的思想沃土中，进一步推进马克思主义的中国化与实践化，有利于找到一条更加适合中国国情的建设道路。这既是对传统知行观的创造性转化，也是对科学实践观的丰富和发展。

山东大学易学与中国古代哲学研究中心主任刘大钧教授赠送巨幅书法条幅"赞业修蒙"祝贺大会开幕，并委派代表张沛博士出席。论坛收到参会论文30余篇，特邀五位专家做主旨报告。

中央党校乔清举教授发言《论王阳明心学的深层义蕴》，以"南镇观花"的哲

[①] 信息摘录自《知行合一视野下中华优秀传统文化传承发展论坛纪要》，山东大学易学与中国古代哲学研究中心官网，2019年12月2日。

学意蕴为切入点，认为阳明心学的实践性体现在，知行合一、明体达用与致良知，并从跨文化比较的高度，呈现了中国哲学的概念特质和理论深度，高屋建瓴，为中国的文化自信力提出了新的思想佐证。

中国实学研究会常务副会长隶月教授的报告指出：发掘"知行合一"的当代内涵与价值，可以为新时代对理论与实践关系的处理提供新观点。党的十八大以来，在国内外多个场合中，习总书记从政治、外交、文化教育等角度多次谈到"知行合一"，并做出新的阐释，使之成为当代治国理政的重要思想文化资源；在全面加强党的建设上，习总书记强调党性修养是共产党人的"心学"。

天津市委党校张健教授报告《从"知行合一"框架看传统文化的当代解释力》，将传统文化置于"知行合一"的框架中，认为中国传统文化博大精深，根系非常深厚、内容深不可测，有着强大的适应性，能够在中国文化的各个发展时期都发挥作用，历久弥新。因此，对中华文化体系中的相关概念展开探讨，可以为当代社会发展提供庞大的内生动力。

南开大学历史学院朱彦民教授报告《国学研修应该知行合一》，深度解析国学现状及其对当代中国社会的影响，并将"知行合一"作为国学实践的根本原则与目标。

北京走进崇高研究院副院长王利群教授作了《心学与心理学的融通与发展——在知行合一相遇》的报告，从心理学新视角探索知行合一的实现途径。

与会代表一致认为：本次论坛传承中华文化的真精神，普及弘扬传统的道德文化和生命智慧，促成传统文化的现代化转型、社会化传承、大众化普及、生活化应用，推进中外文化交流互鉴，都恰逢其时，意义深远。弘扬中华优秀传统文化的关键在于，发掘其关怀社会实际问题的知行合一精神，这是中华文明生命力的不竭源泉。

（四十八）"宁波阳明学第二届全国论坛暨钱德洪逝世445年纪念学术研讨会"在浙江余姚召开[①]

2019年12月14日，由宁波大学马克思主义学院主办的"宁波阳明学第二届全国论坛暨钱德洪逝世445年纪念学术研讨会"在浙江余姚召开。来自北京大学、同济大学、浙江省社会科学院、宁波大学等高校科研机构的50余位专家学者莅会，纵论阳明学及钱德洪文献的学术意义、社会价值。

[①] 信息摘录于《宁波阳明学第二届全国论坛召开》，宁波大学马克思主义学院网，2019年12月16日。

宁波大学宣传部部长张真柱在致辞中介绍了本次研讨会的主题，回顾了宁波阳明学研究的历程，展望美好的发展未来，并希望通过这次会议，紧紧依靠全国各地的阳明学专家、爱好者，紧紧依靠阳明学文献，不断推进宁波大学阳明学研究的进一步发展。

学术研讨阶段由余姚市东海城市文化研究院院长华建新主持。会上，同济大学朱义禄教授疏解了"良知"的本义，重点解说了心学的博大精深，以及留给后人的种种思考。浙江省社会科学院钱明研究员、余姚本土学者朱炯、浙江万里学院张实龙教授分别对王阳明亲传高足弟子钱德洪的学术思想阐述各自的观点。朱炯点校整理的《钱德洪集》与张实龙著的《阳明心学传播者：钱德洪研究》分别出版，推进了钱德洪研究的进程。在圆桌论坛环节，刘聪、刘新军、俞秀玲、马寄均、褚纳新、计文渊、王孙荣等30多位学者作了发言，对安徽王学、阳明学与美学、南大吉与王阳明、阳明四句教等问题展开研究。

会议期间，与会人员还实地考察了余姚王阳明故居、阳明讲学地中天阁等阳明学遗迹。

（四十九）"韩国第16回江华阳明学国际学术大会"在韩国仁川江华郡召开

2019年12月16日至17日，由韩国阳明学会与仁川光域市江华郡联合主办的以"从东亚视域看霞谷学的定位：国内与国外霞谷学研究的现况与展望"为主题的"韩国第16回江华阳明学国际学术大会"在韩国阳明学派发祥地——仁川光域市江华郡举办。

韩国阳明学会副会长、诚信女子大学金容载教授主持大会开幕式。在大会开幕式环节，韩国阳明学会会长金世贞教授、江华郡郡守刘天浩、江华郡议会议长申得相等先后致词，欢迎来自中国、日本及韩国各高校科研机构的50余位阳明学研究者相聚在江华郡就阳明学与霞谷学的相关议题进行学术研讨。

在大会主题演讲环节，韩国岭南大学崔在穆教授就"韩国思想史与'无间'的传统"、中国台湾"中央"大学杨祖汉教授就"霞谷思想的现代诠释"、中国延边大学李红军教授就"中国的霞谷学研究的现状与展望"，做大会学术发言。

大会发言结束，与会的专家学者围绕霞谷学、阳明学的理论特质展开了研讨。

围绕霞谷学与江华学派，日本国岛根县立大学井上厚史教授的发言题目是"郑霞谷对心的诠释"；韩国公州大学金演宰教授的发言题目是"郑齐斗的主静未发说与中和的生命美学";韩国诚信女子大学金容载教授的发言题目是"如何研究霞谷郑齐斗的经学";诚信女子大学金熙永教授的发言题目是"17世纪朝鲜学界对阳明学的批判之形态";韩国诚信女子大学朴炫教授的发言题目是"霞谷学的学帕特质";韩国釜山大学郑光辉博士的发言题目是"《霞谷集》的最早编纂者郑文升初探";韩国忠北大学金珉在教授的发言题目是"如何将霞谷学落实于教育现场";韩国全北大学陈晟秀教授的发言题目是"蒼园郑寅普的子女教育";韩国忠南大学金世贞教授的发言题目是"韩国的阳明学研究之现况与问题"。

围绕王阳明与阳明学,韩国江原大学朴吉洙教授的发言题目是"从知行合一的观点看王阳明的心本体论";韩国霞谷学研究院李庆龙教授的发言题目是"王阳明的修养工夫:从静坐到良知之转变与其意义";韩国江原大学田炳述教授的发言题目是"他们何以拜王阳明为师?"中国中山大学陈立胜教授的发言题目是"从'天下'到'世界':阳明学视界的近代转换及其反思";中国台湾中正大学赖柯助助理教授的发言题目是"从Korsgaard的实践哲学论王阳明的知行合一";浙江省社科院哲学所张宏敏副研究员的学术发言题目是"'回首江西亦故园':王阳明与江西关系考论";韩国东国大学元惠英教授的发言题目是"山川草木的领悟";韩国忠南大学梁鲜玲教授的发言题目是"对知性与直觉的考察"。

在会议期间,浙江省社科院哲学所张宏敏副研究员还以浙江国际阳明学研究中心秘书长的身份同韩国阳明学原会长郑仁在教授、崔在穆教授,韩国阳明学会现任会长金世贞教授、韩国阳明学会现任副会长金容载教授进行学术交流,主要就阳明学在中国的最新研究动态,以浙江省社科院沈善洪、王凤贤、吴光研究员等为代表的阳明学者的阳明学研究成就进行了分享;还主张把韩国江华阳明学派视为广义的"阳明后学",并在中韩儒学发展史的大脉络中予以合理的学术定位;中国的明朝中后期,有袁了凡、王士琦等阳明学传人因援朝抗倭事而至朝鲜半岛,故而在中韩阳明学交涉史上,阳明学的事功精神(实心实学的一个面向)应该予以适当的关注。

(五十)"新时代·新书院:第四届中国阳明心学高峰论坛研讨会暨新闻发布会"在中国传媒大学举行[①]

2019年12月25日,中国传媒大学在中国传媒大学图书馆举办通识教育中

---

① 信息摘编自《第四届中国阳明心学高峰论坛研讨会暨新闻发布会隆重召开》,环球网,2019年12月27日。

心、阳明书院、修辞学堂揭牌仪式。中国传媒大学校长廖祥忠、中国传媒大学党委书记陈文申、全国政协常委兼副秘书长何丕洁、北京大学教授李中华、中央文史研究馆特约研究员唐双宁、清华大学资深教授万俊人、北京大学哲学系教授干春松、陕西师范大学哲学系教授丁为祥、中国阳明心学高峰论坛组委会秘书长高斌等近百位专家学者以及《光明日报》《中国教育报》《中国社会科学报》等十余家新闻媒体参加本次揭牌仪式。

中国阳明心学高峰论坛组委会主席许嘉璐发来贺信,祝贺中国传媒大学阳明书院揭牌成立。贺信指出,中国传媒大学成立阳明书院,意义就在于由阳明之学入手,延及传统文化的整体,研修之,弘扬之,传播之,发展之。在信息技术迅猛进步的当下,互联网、融媒体、大数据、人工智能、虚拟场景等既给文化传播提供了前人难以想象的便利高效,也向我们提出了极其严峻的挑战。而利用、创造一波一波的新技术,也正是中国传媒大学的突出优势。阳明书院落地于此,的确是一件大喜事。

随后,廖祥忠校长为中国传媒大学阳明学院院长周月亮等颁发聘书。陈文申书记、周月亮院长、高斌秘书长为中国传媒大学阳明书院揭牌。廖祥忠校长为何丕洁、李中华、王守常、丁为祥、干春松、申坤、高斌等18位专家学者授予阳明书院顾问聘书。

揭牌仪式后,"新时代·新书院:第四届中国阳明心学高峰论坛研讨会暨新闻发布会"同期召开。廖祥忠校长在研讨会上表示,中国传媒大学成立阳明书院,既是学校学科建设的需要,又是国家和民族的需要。中国传媒大学正在进行学科建设,集中力量建设艺术学理论。艺术传播的发展可以和阳明心学发展相结合。阳明书院要充分发挥中国传媒大学的优势把阳明心学发扬光大。周月亮教授表示,思想的力量是无穷的,艺术要传播思想,没有思想,艺术是立不住的,艺术以思想为根基来传播;哲学是一种艺术创作,而心学是创造思想的学问,享受哲学的学问,是维护人心的学问。干春松教授谈到,现在传播的形式越来越自媒体化,传播的内容非常重要,三智书院有极为丰富的资源,中国传媒大学阳明书院与三智书院合作很有必要。丁为祥教授表示,阳明精神是活的,阳明精神就在我们的日常生活之中,阳明先生说"千圣皆过影,良知是吾师",只要反馈到自己,随时知道良知,那阳明就在我们自己的人生当中鲜活起来了。

高斌秘书长对本次会议进行总结,指出,第四届中国阳明心学高峰论坛筹备工作于今天(2019年12月25日)正式开始。论坛计划以"中国智慧与人类生命共同体"为主题,于 2020 年分别在全国各地举办不同的论坛,欢迎各位专家学者参加。在与会嘉宾的热烈讨论中,"新时代·新书院:第四届中国阳明心学高峰论坛研讨会暨新闻发布会"圆满结束。

(五十一)"'知行合一·王阳明在赣州'阳明文化对外交流活动"在日本东京举办[①]

2019 年 12 月 23 日,由江西省赣州市人民政府主办的"知行合一·王阳明在赣州阳明文化对外交流活动"在日本东京多元文化会馆举办。

交流会上,赣州市委宣传部部长彭业明说,阳明思想是中华优秀传统文化的精华之一,历经五百多年传承发展,成为世界文化交流的桥梁,特别是在促进中日文化交流、人民相互理解、凝聚共识、融合共生方面发挥了重要作用。赣州,素有江南宋城、客家摇篮等美誉,是中国历史文化名城、"一带一路"重要节点城市、全国文明城市、全国森林城市,是王阳明"立德、立功、立言"的重要实践地,也是王阳明"知行合一"思想的主要形成地和成熟地。在王阳明五十七年的生命历程中,有五年时间与赣州息息相关,这里成为阳明先生的第二故乡,深深烙印着阳明文化符号。如今,赣州市依然保存有阳明先生主持修建的太平桥、结庐讲学处通天岩、聚徒讲学地濂溪书院、阳明先生落星处、阳明先生亲笔手迹"平茶寮碑""玉石岩碑"以及刊印于明朝正德年间的《传习录》等诸多宝贵历史文化遗存 120 多处,成为世界传承与弘扬阳明思想最重要的载体,每年都吸引众多国内外游客和文化学者前来参观研究。

专程与会的日本前驻华大使阿南惟茂在致辞中说,非常欢迎赣州市代表团来日本交流阳明文化,共话阳明心学。阳明文化在日本有非常重要的影响力。阳明学从中国传到日本后,与日本国民性格相结合,形成日本阳明学。赣州有丰富的阳明文化遗迹遗存,这是王阳明文化研究的宝贵资源,希望两地能够以此次活动为契机,加强文化交流与合作,促进双方的友好往来。

主办方还在活动中举行了《知行合一:王阳明在赣州》图书发布、《知行合一:王阳明在赣州》电视纪录短片展播及图片展,让更多日本民众了解赣州的文化发展和丰富的旅游资源。

近年来,江西赣州十分重视阳明文化的传承弘扬,更加推崇阳明心学文化内

[①] 信息来源于《"知行合一·王阳明在赣州"阳明文化对外交流活动在日本举行》,中国经济网,2019 年 12 月 23 日。

涵发掘，光大"知行合一"的时代价值，大力开展阳明文化遗址遗迹保护修复，完善阳明文化传承发展规划，组织开展学术研究研讨，系统挖掘其时代精神、时代内涵，新建有阳明书院、阳明博物馆、良知楼、阳明公园、阳明湖、阳明山和阳明中学等，努力打造中国阳明心学研究高地，让阳明文化薪火相传。

（五十二）"'知行合一·王阳明在赣州'阳明文化对外交流活动"在韩国首尔举办[①]

2019年12月27日，江西省赣州市在韩国首尔举办"'知行合一：王阳明在赣州'阳明文化对外交流活动"。

赣州市委宣传部部长彭业明在致辞中说，阳明思想是中华优秀传统文化的精华之一，历经五百多年传承发展，成为世界文化交流的桥梁，促进各国人民相互理解、凝聚共识、融合共生。

中国驻首尔旅游办事处主任戴世双表示，中韩两国比邻而居，地缘相近、人缘相亲、文缘相通。赣州与韩国在研究与传承阳明文化方面，既有相似之处，又各具特色。希望两地能够以此次活动为契机，不断加强文化和旅游领域的交流与合作，进一步增进双方友好，促进民心相通。此次活动是一次介绍阳明思想和推介赣州旅游的良好机会，希望两地能够以此次活动为契机，加强文化、旅游方面的合作与交流。

主办方还在活动中举行了《知行合一：王阳明在赣州》图书发布、《知行合一：王阳明在赣州》纪录短片展播，让更多韩国民众了解赣州的阳明文化和丰富的旅游资源。

（五十三）"'阳明五百年'青年学者论坛"在江西南昌举办[②]

2019年12月28日，由江西省王阳明研究会主办，江西文化会展中心承办的"'阳明五百年'青年学者论坛"在江西饭店江西文化会展中心召开。本次论坛由江西省王阳明研究会会长赖功欧主持，南昌大学人文学院哲学系教授杨柱才、江西省王阳明研究会副秘书长杨达担任点评嘉宾。

论坛上半场，井冈山大学历史系主任李伏明作为第一个分享的嘉宾，以吉安地区的阳明学传播现象为切入点，深入阳明学传播的地方社会与文化基础。江西

[①] 信息来源于《阳明文化对外交流活动在韩国首尔举行》，人民政协网，2019年12月28日。
[②] 信息来源于《"阳明五百年"青年学者论坛在赣召开》，人民周刊网，2019年12月30日。

财经大学彭树欣教授列举了大量安福地区阳明学的传世经典。江西省委党校徐春林教授阐释了阳明心学对于当代社会所具有的重要价值，并对王阳明"四句教"做了新的诠释。江西省书院研究会副会长毛静展示的数幅与王阳明相关的墓志铭拓本，成为全场的焦点，将整场论坛的氛围推向新的高潮。北京师范大学哲学学院许家星教授针对王阳明《中庸》首章的诠释做了细致的解读。

论坛下半场由宁波大学邹建锋副教授作为第一位分享学者，分享主题为《阳明先生文录》稀见孤本文献调研与辨别研究。江西师范大学邓庆平教授的论文，在"朱子学"前加上"阳明视域"这一视角，打开了"朱子学"的新世界。江西行政学院廖太燕对于中国现代作家对王阳明的赓承与传播上有独到的见解，并列举鲁迅、周作人、郭沫若、叶圣陶、孙毓修的作品与王阳明之间的联系。赣南师范大学李晓方教授分享了论阳明心学文化的理论创新与开发利用。

在论坛的最后阶段，主持人赖功欧做简短总结，阵容强大的青年学者深入研究学习阳明心学，并紧密结合当代课题，加以创造性转化与创新性发展；青年学者，各占山头，各有干货，能从各自研究领域的细节入手进行研究，超越一般的大而化之的研究。

（五十四）"兰溪市章懋研究会成立暨王阳明与章懋学术研讨会"在浙江兰溪召开[①]

2019年12月28日，"兰溪市章懋研究会成立暨王阳明与章懋学术研讨会"在浙江省兰溪市女埠街道渡渎村举行。

宁波市王阳明文化研究促进会会长陈利权对兰溪市章懋研究会的成立表示诚挚的祝贺，并指出章懋是金华最重要的道学领袖之一，以他为首的婺学中兴，对明末经世致用思潮的盛行，有着深远的影响。章懋学说中最有价值的"躬行实践"和"经世致用"，都是婺学传统中最富于实践精神的精髓。500多年前，阳明先生曾到兰溪来拜会过当时已经名满天下的耆老章懋，一起切磋学问、交流心得。希望兰溪市章懋研究会和宁波市王阳明文化研究促进会以后多多交流，多开展文化走亲，一起续写当年的佳话。

在成立大会上，中国书法家协会会员章子峰被推选为兰溪市章懋研究会首任会长。

[①] 信息来源于《兰溪章懋研究会成立暨王阳明与章懋学术研讨会召开》，浙江新闻，2019年12月29日。

章子峰会长表示，兰溪市章懋研究会将组织整合各方面力量和资源，挖掘、整理、保护章懋文化遗产和文献资料，推动对章懋文化研究的宣传、推广、交流，加强与宁波市王阳明文化研究促进会等知名研究团体的交流与合作，积极开展活动，广交朋友，使更多的人走进渡渎村来了解章懋、研究章懋、喜爱章懋，让理学文化在新时代文化复兴中绽放新的光彩。

据悉，章懋（1436—1521），世称枫山先生，浙江省兰溪市女埠街道渡渎村人，明代著名学者、教育家、文学家。著有《枫山语录》《枫山集》等，所纂《兰溪县志》为兰溪最早史志。他提出的学子要有"道学、功业、文章"三大担当，一直感动并激励着八婺知识分子为国为民殚精竭虑，并将其作为人生追求的最高境界和永不磨灭的功德伟业。据史载，正德二年（1507），处于人生低谷的王阳明曾特意来兰溪拜会章懋，并写诗《题兰溪圣寿教寺壁》，成就了文坛的一段佳话。王阳明与章懋的得意门生唐龙、方太古等相交甚笃。黄宗羲《明儒学案》在"文懿章枫山先生懋"一节中充分肯定章枫山的学术地位："金华自何、王、金、许以后，先生承风而接之。"章懋的心性论，承袭北宋程颢、程颐兄弟和南宋朱熹的"程朱道学"，其知名的"大心"和"小心"说，谈的是"格物穷理"和"涵养持敬"两项理学的基本工夫。清初著名史学家万斯同在《儒林宗派》中记载，章懋及其后学已形成一个"章氏学派"。

二、2019 年阳明学研究主要论著索引

著作类

（一）阳明学文献

翟奎凤、向辉主编：《阳明文献汇刊二编》（全 60 册），北京燕山出版社 2019 年版。

黄振萍编：《王阳明文献集成》（全 141 册），广陵书社 2019 年版。

翟奎凤主编：《阳明学文献大系》（全 208 册），巴蜀书社 2019 年版。

刘宗碧点校：《阳明先生集要三编》，西南交通大学出版社 2019 年版。

郝永：《王阳明谪龙场文编年评注与研究》，厦门大学出版社 2019 年版。

刘奇、赵伟、刘振宇编：《王阳明文选读本》，世界知识出版社 2019 年版。

李小龙主编：《知行合一：王阳明经典诗文集萃》，贵州人民出版社 2019 年版。

李小龙编著：《王阳明经典名句》，贵州人民出版社 2019 年版。

连玉明、陈红彦主编：《王阳明文献普查目录》，学苑出版社 2019 年版。

连玉明、陈红彦主编：《王阳明著述篇目索引》，学苑出版社 2019 年版。

连玉明、陈红彦主编：《王阳明著述提要》，学苑出版社 2019 年版。

连玉明、陈红彦主编：《王阳明著述序跋辑录》，学苑出版社 2019 年版。

连玉明主编：《王阳明研究文献索引全编》，科学出版社 2019 年版。

（明）李贽编，李超、郭道平整理：《阳明先生道学钞》，首都师范大学出版社 2019 年版。

（明）钱德洪著，朱炯点校整理：《钱德洪集》，宁波出版社 2019 年版。

（明）徐渭著：《徐文长文集》，凤凰出版社 2019 年版。

（明）陶望龄著，李会富编校整理：《陶望龄全集》，上海古籍出版社 2019 年版。

（二）阳明学著作（包括论文集）

靖晓莉主编：《心学思想世界的新开展："黔浙文化合作论坛"阳明学研究论文集》，贵州人民出版社 2019 年版。

刘义光：《王阳明：知行合一·尽心知性》，中国法制出版社 2019 年版。

诸焕灿主编：《知行合一说阳明》，吉林文史出版社 2019 年版。

王路：《一代大儒王阳明》，西安出版社 2019 年版。

张兰亭：《王阳明全传》，华文出版社 2019 年版。

陈伟：《王阳明心学与现代体育》，机械工业出版社 2019 年版。

牛冠恒：《圣学·心学·实学的统一：王阳明〈论语〉学研究》，中国社会科学出版社 2019 年版。

周月亮、程林：《王阳明的心学功夫》，机械工业出版社 2019 年版。

贵阳孔学堂文化传播中心编：《阳明学研究年鉴（2016）》，孔学堂书局 2019 年版。

贵阳孔学堂文化传播中心编：《阳明学研究年鉴（2017）》，孔学堂书局 2019 年版。

张品端主编：《会通朱王：朱熹与王阳明比较研究》，厦门大学出版社 2019 年版。

陈立胜：《入圣之机：王阳明致良知工夫论研究》，生活·读书·新知三联书店 2019 年版。

李海超：《阳明心学与儒家现代性观念的开展》，中国社会科学出版社 2019 年版。

杨志武：《儒兵合一王阳明》，广东教育出版社 2019 年版。

毛静：《寻找王阳明》，江西高校出版社 2019 年版。

李永鑫编著：《王阳明在浙江》，浙江古籍出版社 2019 年版。

蔡亮、陈雪军：《宁波阳明文化》，宁波出版社 2019 年版。

汪柏江编著：《王阳明绍兴事迹考·名胜编》，浙江古籍出版社 2019 年版。

江西省安福县政协文史委编：《美好安福：王学名邑》，江西人民出版社 2019 年版。

青原山阳明文化研究中心编：《王阳明与吉安：江右王门学术研讨会论文集》，江西人民出版社 2019 年版。

赵平略、陆永胜主编：《王学研究》（第十辑），社会科学文献出版社 2019 年版。

郭齐勇主编、欧阳祯人执行主编：《阳明学研究》（第四辑），人民出版社 2019 年版。

陈椰、林锋编译：《王阳明家训译注》，上海古籍出版社 2019 年版。

王春永：《精读王阳明》，浙江人民出版社 2019 年版。

余文武：《王阳明教育思想评述》，山西人民出版社 2019 年版。

向辉：《王阳明的教化哲学研究：以"敬"为中心》，花木兰文化事业有限公司 2019 年版。

马晓虹：《阳明心学与明中后期文学批评》，中国社会科学出版社 2019 年版。

蔡世昌：《罗近溪哲学思想研究》，人民出版社 2019 年版。

曹诣珍：《明代越中心学与文学》，中国社会科学出版社 2019 年版。

朱晓鹏：《儒道融合视域中的阳明心学建构》，商务印书馆 2019 年版。

蔡亮主编：《用声音叙事：我是阳明青年》，浙江大学出版社 2019 年版。

章太炎、太虚大师、汤用彤等著：《阳明心学得失论：阳明热的冷思考》，崇文书局（原湖北辞书出版社）2019 年版。

方志远：《王阳明：心学的力量》，商务印书馆 2019 年版。

陈支平主编：《第十八届明史国际学术研讨会暨首届阳明文化国际论坛论文集》，江西高校出版社 2019 年版。

陈来主编：《阳明学文献与思想》，中国社会科学出版社 2019 年版。

张实龙：《阳明心学传播者钱德洪研究》，上海交通大学出版社 2019 年版。

汪俊昌主编：《中国越学》，中国社会科学出版社 2019 年版。

天一阁论坛组委会编：《阳明思想与世界文明建设：天一阁论坛演讲集》，中国社会科学出版社 2019 年版。

修文县委党校课题组主持编写：《阳明文化的当代价值》，人民出版社 2019 年版。

张小明：《黔中王学研究：以孙应鳌、李渭为中心》，中华书局 2019 年版。

［日］高濑武次郎著，张亮译、邓红校注：《日本之阳明学》，山东人民出版社 2019 年版。

［日］井上哲次郎著，邓红、张一星译：《日本阳明学派之哲学》，山东人民出版社 2019 年版。

［日］安田二郎著，符方霞译：《中国近世思想研究》，山东人民出版社 2019 年版。

［日］岛田虔次著，蒋国保译：《朱子学与阳明学》，山东人民出版社 2019 年版。

［日］山井涌著，陈威瑨译：《明清思想史研究》，山东人民出版社 2019 年版。

［日］楠本正继著，连凡译：《宋明时代儒学思想之研究》，山东人民出版社 2019 年版。

［日本］冈田武彦著，焦堃译：《明代哲学的本质》，山东人民出版社2019年版。

［日本］荒木见悟著，陈晓杰译：《明代思想研究：明代的儒佛交流》，山东人民出版社2019年版。

论文类

（一）王阳明研究

牛冠恒：《王阳明：德功不掩其文名》，《文史知识》2019年第1期。

崔田田：《阳明早期为学理路探析》，《黑河学刊》2019年第2期。

王龙：《王阳明为学思想研究》，上海师范大学硕士学位论文，2019年5月。

陈芝、周建华：《凯旋之后的王阳明》，《光明日报》2019年11月11日。

何大雪：《王阳明广西之行展现的良知思想及实践探究》，广西大学硕士学位论文，2019年5月。

莫德惠：《谤起功高：王阳明故后获罪原因考述》，《船山学刊》2019年第2期。

程海霞：《王阳明龙场悟道的"来龙"与"去脉"略诠》，《扬州大学学报（人文社会科学版）》2019年第3期。

程海霞：《"大知觉性"及其实现：徐梵澄论王阳明龙场彻悟之基本原理》，《世界宗教文化》2019年第5期。

赵文会：《思想与制度：论龙场悟道与嘉靖开科对明代贵州教育发展的两次历史性影响》，《铜仁学院学报》2019年第5期。

杨军：《阳明学功夫论》，《关东学刊》2019年第1期。

张俊业：《黄佐与王阳明相会考辨：兼论黄佐对阳明"心学"之态度》，《文教资料》2019年第1期。

张纹华：《钟芳与明代理学家的交谊》，《岭南文史》2019年第1期。

李强：《道谊日相求：王阳明友朋观探析》，《文化学刊》2019年第1期。

倪培民：《良药也需遵医嘱：阳明学普及所需注意的倾向》，2019年第1期。

许全兴：《王阳明心学真能救世吗？》，《马克思主义文化研究》辑刊，2019年卷。

罗高强：《神秘主义视域下的阳明学研究》，《贵阳学院学报（社会科学版）》2019年第4期。

陆永胜：《阳明学诠释理论建构的问题与思考》，《贵阳学院学报（社会科学版）》2019 年第 4 期。

何善蒙：《阳明心学的研究应多采用社会科学的视角和方法》，《贵阳学院学报（社会科学版）》2019 年第 4 期。

朱承：《阳明学研究的政治之维》，《贵阳学院学报（社会科学版）》2019 年第 4 期。

黄玉顺：《阳明心学与儒学现代化问题》，《中国文化论衡》辑刊，2019 年卷。

张学智：《王阳明心学的精神与智慧》，《哲学动态》2019 年第 11 期。

董平：《浅谈阳明心学的几个关键问题》，《绍兴日报》2019 年 5 月 18 日。

李承贵：《王阳明学术精神与当今阳明学研究》，《学术界》2019 年第 4 期。

刘大榕：《王阳明"心性实学"及教育实践研究》，云南师范大学硕士学位论文，2019 年 5 月。

汪学群：《本体与工夫之辩：兼论王阳明思想的内在逻辑》，《贵阳学院学报（社会科学版）》2019 年第 1 期。

单纯：《论会通于"心"的知识与伦理：作为东亚精神文明重镇的阳明学》，《岭南师范学院学报》2019 年第 1 期。

缪书豪：《阳明心学"境""行""果"之探析》，《大众文艺》2019 年第 3 期。

李占科：《心、意、物：王阳明认识论的展开》，《中国社会科学报》2019 年 11 月 5 日。

郭梨华：《论阳明思想中"德行之知"的开展》，《国学学刊》2019 年第 1 期。

何宗美、靳超：《阳明心学一维演绎思维及其建构历程》，《吉林师范大学学报（人文社会科学版）》2019 年第 1 期。

龙碧慧：《"心外无物"理论对思政教育工作的启发》，《佳木斯职业学院学报》2019 年第 10 期。

吴光：《知行合一重在行：王阳明"知行合一"论的重点与当代启示》，《王学研究》辑刊，2019 年卷。

董平：《论"知行合一"的四重向度》，《社会科学战线》2019 年第 2 期。

方志远：《"知行合一"的阳明解读》，《江西师范大学学报（哲学社会科学版）》2019 年第 2 期。

［日］中根公雄：《王阳明之"知行合一"论》，《贵州文史丛刊》2019 年第 1 期。

施敏发：《论王阳明"知行合一"说的启示意义》，《开封教育学院学报》2019

年第 2 期。

周海春、韩晓龙：《论王阳明"知行合一"的立言宗旨》，《湖北大学学报（哲学社会科学版）》2019 年第 3 期。

郭美华：《道德觉悟与道德行动的源初相融之在：王阳明知行合一论之道德——生存论意蕴》，《贵阳学院学报（社会科学版）》2019 年第 6 期。

陈光：《浅析王阳明"知行合一"思想》，《法制与社会》2019 年第 17 期。

胡才华：《王阳明"知行合一"与"致良知"学说的关系探讨》，《文化创新比较研究》2019 年第 5 期。

龚建平：《"知行合一"与"原心定罪"思想逻辑的现代反思》，《孔学堂》2019 年第 4 期。

丁为祥：《宋明理学的三种知行观：对理学思想谱系的一种逆向把握》，《学术月刊》2019 年第 3 期。

郭美星：《阳明心学中的"知行合一"》，《宁波日报》2019 年 12 月 12 日。

王广杰：《由"心即理"探入王阳明心学的客观性问题》，《新疆社会科学》2019 年第 1 期。

张实龙：《漫谈王阳明的"天理"》，《宁波通讯》2019 年第 17 期。

董平：《论良知"八德"》，《社会科学辑刊》2019 年第 2 期。

吴震、刘昊：《论阳明学的良知实体化》，《学术月刊》2019 年第 10 期。

李海超、陈继红：《论阳明学的良知自然观》，《伦理学研究》2019 年第 4 期。

赵文宇：《"生生"视域中的王阳明良知思想》，《中国社会科学报》2019 年 2 月 19 日。

蔡光悦：《指向心体的生命自觉：王阳明"良知"说的教育哲学阐释》，湖南师范大学硕士学位论文，2019 年 5 月。

王明：《王阳明良知说的"见在"观念研究》，武汉大学硕士学位论文，2019 年 5 月。

提秀华：《王阳明良知论研究》，河北大学硕士学位论文，2019 年 5 月。

张凤琴：《王阳明之"良知"在道德践履中何以可能》，《滇西科技师范学院学报》2019 年第 2 期。

邱忠善：《阳明良知概念的否定性特征及其理论后果》，《上饶师范学院学报》2019 年第 5 期。

陈清春：《王阳明"良能"概念的理论意义》，《中国哲学史》2019 年第 3 期。

陈晓杰：《王阳明良知说的道德动力问题》，《现代哲学》2019年第6期。

孙海燕：《阳明心学的深度犁耕：〈入圣之机：王阳明致良知工夫论研究〉述评》，《哲学分析》2019年第5期。

段重阳：《"诚意"与"正心"：致良知工夫的两种路径》，《中国哲学史》2019年第6期。

马寄：《笃信、践履："致良知"内在支点刍析》，《贵阳学院学报（社会科学版）》2019年第1期。

黄明同：《阳明"致良知"论与社会文明》，《贵阳学院学报（社会科学版）》2019年第4期。

耿静波：《王阳明"致良知"之"致"及生命体验问题研究》，《青海师范大学学报（哲学社会科学版）》2019年第4期。

焦德明：《王阳明〈示弟立志说〉及其立志思想》，《平顶山学院学报》2019年第1期。

王笑格：《王阳明"立志观"于青年的价值》，《汉字文化》2019年第14期。

刘子聿：《从〈君子亭记〉看王阳明的君子观》，《文教资料》2019年第20期。

贾庆军、陈振杰：《王阳明"大人"思想及四个陷阱》，《宁波大学学报（人文科学版）》2019年第3期。

朱晓鹏：《圣人如何可学而成？——以王阳明思想为中心的考察》，《杭州师范大学学报（社会科学版）》2019年第3期。

李旭：《道中庸而极高明：论王阳明良知学圣人观的双重维度》，《浙江学刊》2019年第1期。

徐小跃：《王阳明传习的都是圣人之道》，《新世纪图书馆》2019年第2期。

张墨书：《王阳明的至圣之道》，《中国社会科学报》2019年12月31日。

陈来：《王阳明的万物一体思想》，《中共宁波市委党校学报》2019年第2期。

李明书：《王阳明"一体之仁"思想研究》，东北师范大学硕士学位论文，2019年5月。

曾燚：《"万物一体"视域下王阳明"意"论研究》，山东大学硕士学位论文，2019年5月。

龚开喻：《"一体"与"主从"：王阳明对体用关系的理解与运用》，《赣南师范大学学报》2019年第4期。

黄明同：《阳明"一体"论的理论意义及其社会价值》，《江南大学学报（人文社会科学版）》2019 年第 4 期。

华建新：《"万物一体"学说是阳明心学体系的重要组成部分》，《教育文化论坛》2019 年第 4 期。

鲁海军：《王阳明的圣学观与理想社会的建构：以〈拔本塞源论〉为中心》，《浙江万里学院学报》2019 年第 2 期。

袁用武：《学以成圣：论王阳明〈拔本塞源论〉的主旨及目的》，《兰州教育学院学报》2019 年第 9 期。

汪学群：《阳明学"四句教"解读与评论之思想史考察》，《船山学刊》2019 年第 5 期。

王晓昕：《"无善无恶"即是"至善"：王阳明"心之本体"的诠释连贯性与核心意蕴》，《中共宁波市委党校学报》2019 年第 2 期。

方旭东：《蕺山"前四句"的文本问题：基于耿宁工作的进一步讨论》，《清华大学学报（哲学社会科学版）》2019 年第 1 期。

马俊：《"无善无恶心之体"义解：王阳明"四句教"首句宗旨新探》，《中国哲学史》2019 年第 4 期。

傅锡洪：《王阳明"四句教"解义及辩证》，《哲学研究》2019 年第 7 期。

龚晓康：《"恶"之缘起、明觉与去除：以王阳明"四句教"为中心的考察》，《哲学研究》2019 年第 7 期。

邓国元、秦佳慧：《"廓然大公"与"无所偏倚"：王阳明"四句教"之"无善无恶"原义探微》，《贵州大学学报（社会科学版）》2019 年第 4 期。

王磊：《王阳明"立诚"说的内在逻辑蕴涵》，《中国哲学史》2019 年第 1 期。

杨亮军、王艳：《明代"举业"与"圣学"之间的紧张关系及其弥合：以王阳明"立诚"思想为中心》，《天府新论》2019 年第 2 期。

向辉：《敬道心筌：王阳明教化哲学的"学—教"洞见》，《教育史研究》2019 年第 3 期。

何彦彤：《王阳明"忠恕一贯"思想探赜》，《武汉理工大学学报（社会科学版）》2019 年第 1 期。

王志刚：《王阳明"念"的哲学研究》，山西大学硕士学位论文，2019 年 5 月。

周阳平：《王阳明"乐"之哲学研究》，贵州大学硕士学位论文，2019 年 5 月。

景云：《从知行至境界：王阳明〈大学〉观演进探析》，《王学研究》辑刊，2019 年卷。

黄一洲：《王阳明"诚意""致知"的思想内涵：以解释〈大学〉为例》，《学理论》2019年第5期。

宁怡琳：《"良知即是易"：试论王阳明的易学思想》，《中国哲学史》2019年第2期。

王胜军：《论王阳明的良知史观》，《王学研究》辑刊，2019年卷。

赵玲漫：《王阳明政治哲学研究》，云南大学硕士学位论文，2019年5月。

彭国翔：《阳明学的政治取向、困境和分析》，《深圳社会科学》2019年第3期。

王雪华：《王阳明吏政思想论》，《人文论丛》辑刊，2019年卷。

邹春生：《王阳明在南赣巡抚任上对"致良知"学说的践行：以南赣安民举措为中心》，《赣南师范大学学报》2019年第1期。

崔树芝：《从书院到乡约：王阳明乡治思想研究》，《黑龙江社会科学》2019年第5期。

刘志松：《从王阳明乡治实践看基层治理中的国家与社会》，《政治思想史》2019年第2期。

杨亮军、冯澍滢：《论阳明心学的实践品格及其对乡约文化的影响》，《政治思想史》2019年第2期。

余治平：《"彰善""纠过"与儒家的"以礼化俗"：王阳明〈南赣乡约〉的美政美俗旨归与乡村治理设计》，《伦理学术》辑刊，2019年卷。

赵岩、陈华森：《〈南赣乡约〉与传统中国基层治理体系的重建》，《王学研究》辑刊，2019年卷。

葛跃辉：《南赣乡约与抚谕绥柔：王阳明乡村基层治理与统战思想论》，《湖北经济学院学报（人文社会科学版）》2019年第12期。

严志伟：《德法兼施，教化为本：王阳明社会治理思想及南赣实践》，《赣南师范大学学报》2019年第4期。

黄新鳌、陈路芳：《王阳明心学在西南边疆的治理实践及影响》，《玉林师范学院学报》2019年第4期。

王中原：《王阳明"用夏变夷"的族群管理思想与策略研究》，《赣南师范大学学报》2019年第4期。

常明阳：《王阳明国家治理思想研究》，黑龙江大学硕士学位论文，2019年5月。

邹建锋：《王阳明治国理政思想》，《宁波通讯》2019年第23期。

王明云：《浅析王阳明的工商税收思想》，《王学研究》辑刊，2019年卷。

李铭：《王阳明〈传习录〉的自然法思想寻隐》，《教育文化论坛》2019年第1期。

王伟：《王阳明心学廉政思想阐释及其当代价值》，《四川理工学院学报（社会科学版）》2019年第5期。

王翠莹：《廉洁自律视域下谈阳明心学》，《文化创新比较研究》2019年第9期。

钱明：《王阳明的兵学术及武备策》，《浙江学刊》2019年第1期。

钱明：《王阳明兵学著作考述》，《江西师范大学学报（哲学社会科学版）》2019年第2期。

薛正昌：《王阳明的军事智慧与"心学"背景》，《宁夏师范学院学报》2019年第8期。

邵友伟：《略论王阳明书院办学的实践与理念》，《贵阳学院学报（社会科学版）》2019年第1期。

王雪纯、宫盛花：《王守仁儿童自然教育思想及其对幼儿家庭教养方式的启示》，《陕西学前师范学院学报》2019年第4期。

王程程：《王阳明"致良知"论：教育学视域下王阳明"致良知"思想的研究》，《文化创新比较研究》2019年第8期。

谢文庆：《复归本然之善：王阳明教育思想论析》，《宁波大学学报（教育科学版）》2019年第5期。

王学斌：《王阳明教育思想及当代价值》，《河北师范大学学报（教育科学版）》2019年第5期。

石霞：《王阳明儿童教育思想管窥：以〈训蒙大意〉〈教约〉为中心》，《国际儒学论丛》辑刊，2019年卷。

王显海：《读王阳明〈训蒙大意示教读刘伯颂等〉有感》，《考试周刊》2019年第86期。

林孝斌：《主敬与尚诚：比较视域下朱熹与王阳明的童蒙教育观》，《贵阳学院学报（社会科学版）》2019年第6期。

吴光：《王阳明倾力培养的优良家风》，《北京日报》2019年10月21日。

王金柱：《王阳明心学的教育启示》，《中学政治教学参考》2019年第5期。

王蕾：《论王守仁"致良知"的教化思想及其现代价值》，《职大学报》2019年第1期。

王磊、车辙：《王阳明的道德教化思想及其当代启示》，《当代中国价值观研究》2019年第1期。

王格：《王学中的三种庶民教化形式》，《中国研究》辑刊，2019年卷。

王雅克、陈华森：《王阳明〈告谕〉中的社会教化思想研究》，《保定学院学报》2019年第5期。

孙敏明：《论王阳明美育思想和现代教育》，《学理论》2019年第1期。

尹小燕：《王阳明教育思想应用于语文课堂教学的实践探索》，《文化创新比较研究》2019年第20期。

李益、王军涛：《阳明心学与明代性灵说研究》，《牡丹江大学学报》2019年第6期。

文雯：《王阳明散文中的自我形象书写》，《大众文艺》2019年第16期。

曹诣珍：《王阳明〈纪梦〉诗考论》，《文艺研究》2019年第1期。

汪沛：《以月印心，良知可鉴：从王阳明咏月诗看其良知之学》，《保定学院学报》2019年第4期。

张雪：《略述王阳明的古琴理念：从王阳明的古琴诗赋谈起》，《名作欣赏》2019年第23期。

田甜：《闲云孤鹤不得成，寄情山水成圣贤：解读王阳明的〈泰山高次王内翰司献韵〉》，《名作欣赏》2019年第32期。

计文渊：《王阳明法书伪迹考论》，《贵州文史丛刊》2019年第2期。

孟莉：《王阳明书法艺术探赜》，《中国书法》2019年第10期。

冒婉莹：《王阳明良知说的心性美学》，《理论月刊》2019年第1期。

侯丹：《从直觉境、圆融境看王阳明诗歌的禅宗美学境界》，《闽江学院学报》2019年第4期。

徐晟：《阳明心学的美育精神》，南京师范大学硕士学位论文，2019年5月。

王佳、蔡方鹿：《从气之动静看王阳明的善恶观》，《集美大学学报（哲学社会科学版）》2019年第2期。

赵志浩：《"仁"与"孝"的矛盾与超越：王阳明"仁孝"观辨析》，《河北青年管理干部学院学报》2019年第1期。

廖茹莹：《浅析王阳明"致良知"中的孝道观》，《文学教育》2019年第9期。

王凯立：《王阳明心学中的"过""恶"之别与改过工夫》，《武陵学刊》2019年第6期。

吴媛媛：《王阳明理欲思想研究》，山东大学硕士学位论文，2019年5月。

黄昊：《阳明文化中蕴含的生态思想研究》，《贵州社会科学》2019年第2期。

刘晓民：《王阳明"良知说"对儒佛道三教思想的会通》，《南京晓庄学院学报》2019 年第 2 期。

寇征：《儒佛道视域下王阳明心学的思维特点及当代伦理价值》，《王学研究》辑刊，2019 年卷。

米文科、刘学智：《儒佛之辨与王阳明三教思想的变化》，《哲学研究》2019 年第 7 期。

大西晴隆：《王阳明与禅》，《西南民族大学学报（人文社科版）》2019 年第 1 期。

蔡晓阳：《浅析王阳明援佛入儒的影响》，《人文天下》2019 年第 6 期。

董群：《论作为禅式儒学的阳明心学》，《新世纪图书馆》2019 年第 2 期。

陈利权：《王阳明在精神层面上对禅学超越境界的融会》，《宁波通讯》2019 年第 19 期。

赵文宇：《王阳明对佛学的批判》，《光明日报》2019 年 7 月 8 日。

向阳：《略论阳明心学的禅宗色彩》，《牡丹江大学学报》2019 年第 11 期。

侯丹、范蝶：《王阳明诗歌中"桃花""空""闲"的禅宗内涵与美学境界》，《宜春学院学报》2019 年第 11 期。

姚文永：《浅析宗喀巴发菩提心与王阳明致良知的相似性》，《王学研究》辑刊，2019 年卷。

张贤明：《浅论王阳明与禅宗的关系：以〈传习录〉为中心》，《牡丹江大学学报》2019 年第 4 期。

李学伟：《论自性与良知：以〈坛经〉与〈传习录〉为核心》，湖南师范大学硕士学位论文，2019 年 5 月。

王利民：《宁都三魏视野中的王阳明》，《光明日报》2019 年 1 月 28 日。

冯静武：《刍议李光地视域中的阳明心学》，《中州学刊》2019 年第 11 期。

魏义霞：《阳明学的近代视界》，《光明日报》2019 年 8 月 17 日。

魏义霞：《论中国近代的阳明学研究》，《中共宁波市委党校学报》2019 年第 1 期。

曲曼鑫：《陶行知对王阳明"知行合一"的接纳与改造》，《南京晓庄学院学报》2019 年第 4 期。

彭华：《贺麟"新心学"认识论述略：以"自然的知行合一观"为中心》，《西华师范大学学报（哲学社会科学版）》2019 年第 1 期。

刘振维：《良知与道德心》，《王学研究》辑刊，2019年卷。

李玮皓：《论牟宗三与唐君毅对王阳明良知学诠释视域之异同》，《南昌大学学报（人文社会科学版）》2019年第5期。

李玮皓：《论唐君毅诠释视域下王阳明思想的治疗学向度》，《宜宾学院学报》2019年第11期。

张塬铃：《"良知坎陷"的起点与归宿》，《美与时代（下）》2019年第4期。

李雅萍：《"致良知"与"格物"关系的体用论新解：论熊十力〈大学〉释义对阳明心学的补阙》，《云南大学学报（社会科学版）》2019年第3期。

常灏宇：《王阳明与儒家的"三立"》，《新西部》2019年第3期。

舒炜、邓苗苗：《"神化"王阳明》，《廉政瞭望（上半月）》2019年第3期。

黄明同：《明代心学：白沙—甘泉—阳明：略论明代心学的发展进程》，《中国哲学史》2019年第1期。

李晓方：《明清南赣方志王阳明历史书写的时空形态及其变迁》，《江西师范大学学报（哲学社会科学版）》2019年第2期。

李德锋：《固守与超越：阳明心学道统构建与学案史籍编纂中的"门户"》，《廊坊师范学院学报（社会科学版）》2019年第2期。

刘立伟、王川：《王阳明"人民思想"及其现代价值研究》，《文化创新比较研究》2019年第4期。

杨国荣：《心学视域中的人类命运共同体》，《光明日报》2019年5月12日。

潘立勇：《阳明心学的当代意义：我们向阳明学什么》，《社会科学辑刊》2019年第2期。

钱明：《阳明心学对社会转型期的重要启示意义》，《绍兴日报》2019年7月21日。

张俊英、张伟军、范兆飞、韩玄哲：《阳明学的当代价值研究》，《安顺学院学报》2019年第4期。

张明春：《中国共产党人"心学"对传统文化修养学说的继承与发展》，中共四川省委党校硕士学位论文，2019年5月。

李朝伟：《"心学"的党性修养价值》，《人民论坛》2019年第9期。

王廷国：《阳明治心思想对共产党人精神建构启示》，《创造》2019年第4期。

韦忠将、衣春迪、李舫：《阳明文化融入贵阳市干部教育的调查与思考》，《贵阳市委党校学报》2019年第6期。

史余强、蒋福军:《论王阳明心学视域下高职院校党员干部党性修养的建构》,《和田师范专科学校学报》2019 年第 2 期。

王悦婷、刘玮玮:《王阳明哲学思想及其对现代医学的启示》,《医学与哲学》2019 年第 15 期。

徐春林:《论阳明学的心灵治疗学意义》,《贵阳学院学报(社会科学版)》2019 年第 3 期。

陈复:《智慧咨询的理念与实作:阳明心学对心理咨询的启发》,《贵阳学院学报(社会科学版)》2019 年第 3 期。

徐晓虹:《龙场悟道与格式塔顿悟学习论:阳明心学与心理学之辨析》,《贵阳学院学报(社会科学版)》2019 年第 3 期。

王国良:《王阳明心学豪杰人格与现代价值》,《王学研究》辑刊,2019 年卷。

晏双平:《王阳明心学中的心理健康调节思想初探》,《心理月刊》2019 年第 2 期。

黄诚、钟海连:《论阳明心学与当代社会心态建设的互动关系》,《贵州大学学报(社会科学版)》2019 年第 1 期。

马彪:《王阳明心学在中小学德育中的七个积极意义》,《内蒙古教育》2019 年第 1 期。

陈利权:《阳明思想感悟》,《宁波通讯》2019 年第 1 期。

王小婷:《阳明心学在现代社会之用》,《当代贵州》2019 年第 4 期。

魏光亮:《知行合一王阳明》,《散文百家》2019 年第 2 期。

吴传毅:《"知行合一"的启示》,《人民之友》2019 年第 9 期。

贾庆军:《王阳明初试"心学"牛刀》,《书屋》2019 年第 9 期。

吕本修、赵红梅:《王阳明知行合一观及其在干部人格塑造中的作用》,《理论学刊》2019 年第 5 期。

赵潜、叶进、李艳娇:《知行合一:新时代阳明心学对践行社会主义核心价值观的深层启示》,《南京航空航天大学学报(社会科学版)》2019 年第 2 期。

马艳萍、崔市国:《新时代高校思政课"知行合一"教学模式研究》,《湖北农机化》2019 年第 20 期。

惠宏岗:《"知行合一"思想对当代大学生摆脱知行困境的启示》,西华师范大学硕士学位论文,2019 年 5 月。

应丽卿:《王阳明"知行合一"学说的德育价值及当代启示》,《教育评论》2019 年第 4 期。

赵惠华：《基于"知行合一"思想的高校网络德育建设》，《济南职业学院学报》2019年第4期。

宋传祥：《"知行合一"视域下职业教育培养模式研究》，《国际公关》2019年第3期。

王磊、车辙：《王阳明的良知思想及其教化价值》，《才智》2019年第3期。

古丽：《王阳明"致良知"思想对武德教育的启示》，《体育科技文献通报》2019年第3期。

高伟：《论良知的现代教育价值》，《教育研究》2019年第5期。

刘妮妮：《从王阳明"致良知"论当代人格塑造》，《教育文化论坛》2019年第2期。

邵安华：《推进中华优秀传统文化创造性转化与创新性发展：以王阳明"致良知"道德修养论为例》，《河北北方学院学报（社会科学版）》2019年第1期。

赵文会：《论阳明心学对当代贵州教育发展的启示》，《中国地名》2019年第7期。

林远洲：《王阳明教化思想对新时代大学生德育实践启示》，《教育教学论坛》2019年第41期。

邹群霞、张传燧：《王阳明幼儿教育课程思想的内涵及其启示》，《幼儿教育》2019年第18期。

吴灿灿、孟文文：《王阳明"致良知"工夫的精神对高职学生德育工作的启示》，《改革与开放》2019年第13期。

徐红日：《阳明思想融入高校德育工作的平台建设研究》，《浙江万里学院学报》2019年第5期。

栾成斌：《思政教育视域下阳明心学思想的借鉴意义》，《王学研究》辑刊，2019年卷。

姚琴：《阳明心学在高校感恩教育中的实践研究》，《高教学刊》2019年第10期。

郭佩然：《浅谈〈王阳明家书〉对现世生活的启示》，《现代交际》2019年第18期。

杨成亮、刘芳：《"阳明心学"对现代企业经营的启示》，《经营与管理》2019年第2期。

陈静：《王阳明心学思想在国有企业文化管理中的作用研究》，《商讯》2019

年第 36 期。

钟海连、黄诚：《王阳明心学智慧与企业家心态建设》，《中国文化与管理》辑刊，2019 年卷。

耿川、沈锦发、陈为年：《当王阳明遇见德鲁克：现代企业博雅管理的本土化》，《社会科学家》2019 年第 8 期。

吴震：《宋明理学视域中的朱子学与阳明学》，《哲学研究》2019 年第 5 期。

吴瑶：《王阳明"格物致知"思想析论：兼论朱、王之别》，《西部学刊》2019 年第 16 期。

向世陵：《闻见与德性：朱子、阳明"知"论辨析》，《复旦学报（社会科学版）》2019 年第 1 期。

陈佩辉：《朱子与王阳明"诚意"思想之异同：以二者对〈大学〉"诚意"章的解释为中心》，《平顶山学院学报》2019 年第 1 期。

张小琴：《论王阳明对朱熹的三重解构：以海德格尔现象学为视角》，《唐都学刊》2019 年第 4 期。

聂威：《三种格物思想的再考察》，《九江学院学报（社会科学版）》2019 年第 1 期。

郑晨寅：《黄道周论朱王异同：以〈王文成公碑〉等三文为中心》，《贵阳学院学报（社会科学版）》2019 年第 6 期。

段重阳：《作为人格存在的良知：王阳明论未发已发——兼论与朱子中和说之区别》，《贵阳学院学报（社会科学版）》2019 年第 6 期。

毕游：《20 世纪以来关于朱、陆、王之异同的比较研究综论》，《中国史研究动态》2019 年第 4 期。

李卓：《精神哲学与陆王心学：以徐梵澄〈陆王学述〉为中心》，《世界宗教研究》2019 年第 5 期。

刘宗镐：《心学补遗：江门心学的理论特色及学术价值》，《东南大学学报（哲学社会科学版）》2019 年第 4 期。

何静：《王阳明与湛甘泉的学术论辩》，《东岳论丛》2019 年第 2 期。

王传龙：《王阳明"到底是空"之说辨析：兼论王阳明与湛若水、方献夫的学术分歧》，《甘肃理论学刊》2019 年第 4 期。

刘红卫：《湛若水儒学体系构架及其思想影响》，《南昌大学学报（人文社会科学版）》2019 年第 4 期。

冯琳：《王船山与王阳明知行观的比较研究》，《王学研究》辑刊，2019年卷。

吴龙灿：《从良知到良能：阳明和蕺山"四端"异解及其意义》，《王学研究》辑刊，2019年卷。

武文超：《刘蕺山对王阳明"无善无恶"思想的发展》，《中国哲学史》2019年第3期。

冯前林：《"致知"与"诚意"之间：刘蕺山论〈大学〉主旨及对王阳明的批判》，《哲学动态》2019年第6期。

姚新中、张燕：《两种情感主义的"心学"理论：斯洛特与王阳明比较研究》，《中国人民大学学报》2019年第6期。

贾庆军、张雪：《王阳明与柏拉图善恶观之比较》，《宁波大学学报（教育科学版）》2019年第2期。

顾辰宇：《康德与王阳明道德哲学实践内涵》，《内蒙古电大学刊》2019年第6期。

梁宵、谢鸿昆：《在实践中以杜威哲学应对阳明心学困境的可行性》，《北京印刷学院学报》2019年第1期。

许光伟：《王阳明政治经济学批判范畴研究：中西学术对话的方法论议题》，《南京理工大学学报（社会科学版）》2019年第3期。

张小琴：《王阳明"心体"的现象学解读》，《贵阳学院学报（社会科学版）》2019年第3期。

汪永祥、张炎兴、叶良：《以王阳明墓为例谈古代墓葬建筑的变迁》，《山西建筑》2019年第1期。

曹晔：《明代的理学讲会与地方礼教：以绍兴府为中心的考察》，《中国文化研究》2019年第4期。

张宏敏：《王阳明与浙江台州》，《教育文化论坛》2019年第6期。

任健：《王阳明对贵州的多维度影响》，《贵州广播电视大学学报》2019年第2期。

张明、管华香：《王阳明与贵州贵阳》，《教育文化论坛》2019年第6期。

钱明：《王阳明与江西赣县》，《教育文化论坛》2019年第6期。

董华、李平：《王阳明与通天岩》，《赣南师范大学学报》2019年第5期。

钟阳春：《王阳明心学在吉安》，《文物天地》2019年第3期。

林晓峰、张山梁：《传承阳明心学，弘扬漳州文化》，《闽台文化研究》2019

年第 3 期。

王黎芳、刘聪：《阳明学的地域化传播实践：以明代泾县水西讲学为中心》，《贵州大学学报（社会科学版）》2019 年第 1 期。

任文利：《〈阳明文录〉闻人诠姑苏刻本辨正》，《中国哲学史》2019 年第 4 期。

邹建锋：《〈阳明先生文录〉版本源流考》，《浙江社会科学》2019 年第 1 期。

刘艳：《会通朱熹与王阳明如何可能？——以王阳明〈朱子晚年定论〉为中心》，《南昌大学学报（人文社会科学版）》2019 年第 1 期。

钟翌晨：《王阳明〈居夷集〉研究》，贵州大学硕士学位论文，2019 年 5 月。

许家星：《王阳明〈大学古本旁释〉之重思》，《学术界》2019 年第 1 期。

秦蓁：《王阳明上疏劾内阁首辅费宏？——论辑佚未当对人物研究的影响》，《文汇报》2019 年 7 月 19 日。

杨晓维、秦蓁：《了庵桂悟使明与阳明学之初传日本：基于〈送日东正使了庵和尚归国序〉真迹实物与文本的研究》，《史林》2019 年第 5 期。

王亦白：《王阳明〈复罗整庵太宰书〉考》，《收藏》2019 年第 8 期。

段卜华：《王阳明诗记异文校释：以贵州石刻为中心》，《贵州工程应用技术学院学报》2019 年第 6 期。

张丹丹：《论冯梦龙〈靖乱录〉的底本依据与艺术创作》，《福建江夏学院学报》2019 年第 1 期。

夏小婷：《冯梦龙〈王阳明出身靖乱录〉研究》，云南大学硕士学位论文，2019 年 5 月。

二、阳明后学研究

单虹泽：《王阳明的"后三变"之终变：兼论王门后学分化的根本原因》，《赣南师范大学学报》2019 年第 4 期。

朱义禄：《论王阳明及其后学的"狂者胸次"》，《贵阳学院学报（社会科学版）》2019 年第 2 期。

王孟图：《从"阳明心学"到"王学左派"："浪漫"的召唤、转向和终结》，《福建论坛（人文社会科学版）》2019 年第 1 期。

侯钧才：《冯梦龙"情教观"对左派王学的修正：以"三言"为中心进行考察》，《泉州师范学院学报》2019 年第 1 期。

魏志远：《阳明后学对理欲关系的新阐释》，《天府新论》2019 年第 2 期。

刘增光：《"可欲之谓善"：阳明后学对欲之合理性的论证及其思想意义》，《孔学堂》2019 年第 4 期。

阮春晖：《阳明后学中的神妙境界》，《邵阳学院学报（社会科学版）》2019 年第 3 期。

朱承：《阳明后学的道德信念与伦理实践》，《伦理学术》辑刊，2019 年卷。

阮春晖：《良知学意域中阳明后学的君子视界》，《文化软实力》2019 年第 1 期。

周丰堇：《事几、心几与阳明学的"体用之几"》，《安徽大学学报（哲学社会科学版）》2019 年第 1 期。

张辉：《中晚明学界中本体与工夫关系之辨》，《特区实践与理论》2019 年第 4 期。

牛磊：《试论阳明学士人对杨慈湖"不起意"之说的评析：以王畿与黄绾、季本的争论为中心》，《中共宁波市委党校学报》2019 年第 2 期。

邹建锋、王迪：《湖州地区阳明后学弟子考》，《湖州师范学院学报》2019 年第 5 期。

周纪焕、周心逸：《王阳明在"南宗圣地"衢州的弟子群及其特征》，《孔学堂》2019 年第 2 期。

李伏明：《"学"与"术"之间：论浙中王门与江右王门的异同及其影响》，《赣南师范大学学报》2019 年第 1 期。

郭明：《王畿"先天正心之学"新探》，南开大学硕士学位论文，2019 年 5 月。

邓国元：《论王龙溪语境中的"四有说"：兼论钱绪山在王门"天泉证道"中的观点立场》，《浙江社会科学》2019 年第 10 期。

黄琳：《"心体"的揭蔽：王龙溪的哲学形态与道德悖论》，《学术研究》2019 年第 5 期。

陈晓杰：《王龙溪在阳明学中的定位问题：以"凝"字为线索》，《湖北大学学报（哲学社会科学版）》2019 年第 3 期。

崔冶：《正经溯源，远会圣心：论季本的〈诗经〉观》，《绍兴文理学院学报（人文社会科学）》2019 年第 1 期。

王子初：《明中叶心学〈左传〉研究中的二趋向：以季本、湛若水为例》，《白城师范学院学报》2019 年第 Z1 期。

陈寒鸣、夹纪坤：《阳明后学专案研究的上乘之作：评〈黄绾道学思想研究〉》，《衡水学院学报》2019 年第 2 期。

张宏敏：《黄绾与泰州学派之关联》，《朱子学研究》辑刊，2019年卷。

王依：《张元忭政治思想研究》，华中师范大学硕士学位论文，2019年5月。

申旭庆：《论"阳明心学"对徐渭的影响：以徐渭"师类"五人为考察对象》，《荣宝斋》2019年第12期。

兰明珠：《徐渭"真我"审美思想探究》，《西部皮革》2019年第4期。

张世吉：《从徐渭"观音图"看晚明文人画宗教主题的个性化表现》，《书画世界》2019年第11期。

高寿仙：《徐渭及其父兄与贵州龙里卫的关系》，《北京联合大学学报（人文社会科学版）》2019年第2期。

钱汝平：《徐渭家世补证：以新见〈山阴前梅周氏宗谱〉所收墓志为证》，《古籍整理研究学刊》2019年第4期。

彭昊阳：《徐渭的幕僚生涯研究》，《大众文艺》2019年第11期。

马天源：《明代文人徐渭琴事述考》，《艺术评论》2019年第8期。

舒士俊：《晚明两怪杰：徐渭和陈洪绶》，《国画家》2019年第3、4期。

张婷：《徐渭幕府期间的诗文创作》，《濮阳职业技术学院学报》2019年第6期。

吕靖波：《徐渭"经典作家"身份的建构与确立：以清代〈流寓志〉为中心》，《南京师范大学文学院学报》2019年第4期。

蔡丹：《从徐渭咏史诗看其对世俗传统的悖逆》，《安徽广播电视大学学报》2019年第1期。

刘尊举：《真我·破体·摆落姿态：徐渭散文的文体创格》，《文学遗产》2019年第1期。

张月娇：《徐渭诗歌用韵研究》，华中师范大学硕士学位论文，2019年5月。

李亦辉：《有意味的形式：论徐渭〈狂鼓史〉的结构特征及其思想意蕴》，《绍兴文理学院学报（人文社会科学）》2019年第5期。

刘玲：《〈四声猿〉：徐渭灵魂自救与精神自振的心声》，《齐鲁师范学院学报》2019年第5期。

于欢：《徐渭〈南词叙录〉版本比较与补正：以"壶隐居钞本"与"董康翻刻本"为例》，《戏剧之家》2019年第7期。

张璟：《徐渭"以书入画"书写性创造浅析》，《湖北美术学院学报》2019年第1期。

周薇：《徐渭的戏曲批评"鄙俚"论》，《艺术评鉴》2019年第3期。

阮礼荣、魏邵康：《徐渭笔墨艺术语言探究》，《戏剧之家》2019年第8期。

李坤：《徐渭"杂花图"的分析研究》，中央美术学院硕士学位论文，2019年5月。

黄琳：《"入而能出"与"往而不返"：基于徐渭与梵高的跨境域思想研究》，《海南大学学报（人文社会科学版）》2019年第2期。

赵伟伟：《徐渭大写意花鸟画艺术风格浅析》，《艺术评鉴》2019年第8期。

方硕文：《徐渭的文艺观研究》，苏州大学硕士学位论文，2019年5月。

李阳：《浅析徐渭的绘画艺术风格》，《美术教育研究》2019年第20期。

林志鹏：《阳明后学袁黄师承、交游及著述考略》，《贵阳学院学报（社会科学版）》2019年第2期。

林志鹏：《从〈了凡四训〉到〈训儿俗说〉：关于袁了凡及其家风家训的思想史考察》，《云南大学学报（社会科学版）》2019年第6期。

任俊华：《〈了凡四训〉的向善之心》，《学习时报》2019年1月18日。

张雪霞：《袁黄朝鲜行迹研究》，吉林大学硕士学位论文，2019年5月。

刁书仁：《袁黄万历援朝战争史事钩沉》，《社会科学辑刊》2019年第6期。

林莉飒、邹建锋：《阳明后学徐东溪神理良知论研究》，《教育文化论坛》2019年第4期。

李秀娟：《晚明庐陵西原惜阴会讲学活动之兴衰》，《地方文化研究》2019年第3期。

张昭炜：《方以智与阳明学》，《光明日报》2019年11月16日。

张卫红：《为政与良知：阳明学者邹守益的为政理念及其对江西地方官员的影响》，《中山大学学报（社会科学版）》2019年第1期。

谢一丹：《〈王阳明先生图谱〉视觉形象与编纂意图探赜》，《广东开放大学学报》2019年第1期。

成一农：《经典的塑造与历史的书写：以〈广舆图〉为例》，《苏州大学学报（哲学社会科学版）》2019年第4期。

彭树欣、彭雨晴：《江右王门修证派刘阳论》，《赣南师范大学学报》2019年第1期。

张山梁：《阳明学与镇海卫》，《贵州文史丛刊》2019年第2期。

魏志远、冯涛：《刘元卿的理欲观论析》，《上饶师范学院学报》2019年第1期。

李贺亮：《万廷言"先天易学"的心学建构》，《武陵学刊》2019年第1期。

张昭炜：《主静功夫的发展与丰富：从万廷言到刘宗周》，《贵阳学院学报（社会科学版）》2019年第2期。

李贺亮：《万廷言易学思想研究》，湖南师范大学硕士学位论文，2019年5月。

李新贵：《明万里海防图之章潢系探研》，《史学史研究》2019年第1期。

文碧方、卢添成：《章潢性气思想探微：从〈明儒学案〉的一处文本错误谈起》，《井冈山大学学报（社会科学版）》2019年第6期。

龚缨晏：《利玛窦在南昌期间制作的日晷》，《清华大学学报（哲学社会科学版）》2019年第2期。

王雅克：《阳明后学郭子章治黔思想初探》，《孔学堂》2019年第2期。

郑晨寅：《从"正学堂碑"看明末阳明学在漳州的传播》，《闽南师范大学学报（哲学社会科学版）》2019年第4期。

孙钦香：《"南中王门"的学派构成及其思想特征》，《贵阳学院学报（社会科学版）》2019年第5期。

王裔慈：《心物之间：从朱得之〈庄子通义〉一书见明代阳明学与庄学互涉之意义》，《汉学研究》2019年第3期。

刘梦楚：《薛应旂生卒年考》，《常州工学院学报（社科版）》2019年第6期。

朱光明：《〈新刊举业明儒论宗〉考论：以薛应旂的评点为考察中心》，《中国文学研究》2019年第2期。

曹诣珍：《唐顺之与越中文士交游考》，《绍兴文理学院学报（人文社会科学）》2019年第2期。

张艳丽：《明代会元唐顺之科举八股文〈一匡天下〉考述》，《考试研究》2019年第4期。

司马周、毛誉澄：《暂脱荷衣事鼓鼙，从军亦复有新诗：唐顺之的军事文学创作及动因分析》，《东吴学术》2019年第4期。

吴兆丰：《变动的文本：明人徐阶撰王畿传的文本差异》，《华中国学》辑刊，2019年卷。

佟雨恒：《查铎思想研究》，山东大学硕士学位论文，2019年5月。

杨学慧：《正学之道：楚中王门蒋信心学思想及其影响研究》，贵州大学硕士学位论文，2019年5月。

韩慧琴、王林：《蒋信师事湛甘泉始末》，《五邑大学学报（社会科学版）》

2019 年第 4 期。

牛磊：《明儒蒋道林的"知几"工夫论》，《周易研究》2019 年第 6 期。

陈勇：《阳明心学首发湖南沅陵疏证》，《怀化学院学报》2019 年第 12 期。

陈寒鸣：《阳明后学在北京讲学活动述论》，《贵阳学院学报（社会科学版）》2019 年第 6 期。

翟爱玲：《论明代洛阳王学的发展进程及其阶段性特征》，《洛阳理工学院学报（社会科学版）》2019 年第 6 期。

白同旭：《穆孔晖思想述论》，聊城大学硕士学位论文，2019 年 5 月。

王龙：《穆孔晖人君养心论》，《淄博师专论丛》2019 年第 3 期。

向世陵：《杨东明心学的"广仁"说与同善呼唤》，《王学研究》辑刊，2019 年卷。

赵玉亚：《寻访先贤南大吉》，《渭南日报》2019 年 11 月 29 日。

刘莹、米文科：《明代关学的形成与发展》，《甘肃社会科学》2019 年第 1 期。

周兴：《明代广东儒学史研究》，西南大学博士学位论文，2019 年 5 月。

吴国柱：《王阳明与莆人的情谊》，《莆田侨乡时报》2019 年 8 月 15 日、19 日、20 日、22 日、26 日。

闫福新：《从"方献夫入阁"看明代中后期官场变化》，《内蒙古大学学报（哲学社会科学版）》2019 年第 3 期。

何柳惠：《明代闽中名臣马思聪生平、创作及影响》，《闽江学院学报》2019 年第 1 期。

刘芷玮：《安定书院与泰州学派：尊崇胡瑗的泰州儒学传统及其与心学的离合》，《中国文化》2019 年第 2 期。

唐东辉：《"孝弟慈"：论泰州学派平民讲学的"实落处"》，《贵阳学院学报（社会科学版）》2019 年第 2 期。

李承贵：《王艮对王阳明心学的独特贡献：兼及若干相关问题》，《贵阳学院学报（社会科学版）》2019 年第 6 期。

朱义禄：《论王艮身本论及其对罗汝芳的影响》，《教育文化论坛》2019 年第 4 期。

姜子豪：《王艮"淮南格物"身为尊思想探析》，《重庆电子工程职业学院学报》2019 年第 3 期。

高正乐:《王心斋晚年工夫论新探》,《孔子研究》2019年第4期。

杨浩:《"印证吾心"与"本义自足":王艮对四书的理解》,《儒家典籍与思想研究》,2019年卷。

张雨、武道房:《人人皆圣:王艮对儒家"圣人说"的新解》,《安徽农业大学学报(社会科学版)》2019年第4期。

高金凤:《构建"学为中心"的乐学教学体系:基于王艮教育思想》,《教育研究与评论(小学教育教学)》2019年第8期。

衷鑫恣:《宋以来道学人士的心疾问题》,《文史哲》2019年第2期。

童伟:《何心隐叙事观念与明代叙事美学的滥觞》,《江苏社会科学》2019年第4期。

陈诗师:《何心隐理欲观论析》,《哈尔滨学院学报》2019年第10期。

齐悦:《何心隐:明代"共产主义"讲学家的传奇人生》,《文史天地》2019年第5期。

温世亮:《中庸视域中的罗汝芳诗歌创作及其诗史意义》,《荆楚理工学院学报》2019年第1期。

刘增光:《"原日身体"与身的形上化:罗汝芳身心之学的现象学诠释》,《学术月刊》2019年第5期。

唐明贵:《试论罗汝芳对〈论语〉的易学解读》,《周易研究》2019年第4期。

朱义禄:《论王艮身本论及其对罗汝芳的影响》,《教育文化论坛》2019年第4期。

郭淑新、秦瑞波:《罗汝芳生命观发微》,《理论与现代化》2019年第6期。

郝光明:《罗近溪与禅》,《法音》2019年第5期。

梁美玲:《罗近溪"赤子之心"思想发微》,《河北北方学院学报(社会科学版)》2019年第6期。

李慧琪:《唐君毅对罗近溪思想的诠释》,《宜宾学院学报》2019年第8期。

刘增光:《万物一体义的生态内涵:以泰州学派杨起元为视角》,《惠州学院学报》2019年第2期。

阮春晖:《周海门良知观辨析》,《伦理学研究》2019年第6期。

鲁海军:《阳明后学周海门及其学派》,《宁波通讯》2019年第13期。

吴兆丰:《〈圣学宗传〉初本、改刻及其相关问题》,《中国典籍与文化》2019年第3期。

龚开喻：《构建心学道统：陶望龄与周汝登之交往》，《南阳理工学院学报》2019 年第 1 期。

刘泽亮、田希：《陶奭龄著述考论》，《孔子研究》2019 年第 5 期。

［日本］佐藤鍊太郎：《李贽与紫柏达观狱中死亡原因钩沉》，《船山学刊》2019 年第 5 期。

田翔辉：《李贽"真心"思想及其伦理价值研究》，上海师范大学硕士学位论文，2019 年 5 月。

颜莉莉：《吉田松阴对李贽"童心说"的接受》，《泉州师范学院学报》2019 年第 5 期。

张洁：《论李贽"童心"思想中的魏晋因素》，《兰州教育学院学报》2019 年第 11 期。

黄伟芯：《个体意识与创作自觉：论李贽"童心说"与本居宣长"物哀说"》，《阴山学刊》2019 年第 5 期。

郭紫娣：《顺应"童心"：寻绎学生创作的幸福路径——兼及李贽"童心说"之于作文的价值》，《小学生作文辅导》2019 年第 4 期。

张伟：《"童心说"在小学语文习作中的应用略谈》，《语文教学与研究》2019 年第 10 期。

吴文南：《李贽思想在美国的译介与传播》，《泉州师范学院学报》2019 年第 3 期。

王宝峰：《李贽尊孔与反孔问题的诠释学意义》，《同济大学学报（社会科学版）》2019 年第 5 期。

唐明贵：《李贽〈论语评〉的诠释特色》，《贵阳学院学报（社会科学版）》2019 年第 1 期。

田文兵、赖宁娜：《李贽文艺思想的东亚传播及启示》，《东南传播》2019 年第 3 期。

陈鑫：《范式角度探析李贽时文观》，《六盘水师范学院学报》2019 年第 4 期。

余钊飞：《李贽与明末启蒙法律思潮的孕育》，《公民与法（综合版）》2019 年第 3 期。

刘宁瑶：《李贽三教归儒思想探析：兼读〈茶夹铭〉》，《福建茶叶》2019 年第 3 期。

张山梁：《李贽和他的〈阳明先生道学钞〉》，《福建史志》2019 年第 4 期。

邬国平：《再论李贽〈答耿司寇〉的文献问题》，《上海大学学报（社会科学版）》2019 年第 1 期。

王珊珊：《〈续藏书〉印刷版本研究》，北京印刷学院硕士学位论文，2019 年 5 月。

徐烨：《〈水浒传〉李贽评点研究》，华中科技大学硕士学位论文，2019 年 5 月。

刘强：《焦竑的〈世说〉研究及续仿新变》，《天中学刊》2019 年第 6 期。

代玉民：《论焦竑的身体与哲学：兼谈晚明哲学中的"认知"与"体验"》，《江苏大学学报（社会科学版）》2019 年第 2 期。

邹蓉：《〈献徵录〉引明别集考》，江西师范大学硕士学位论文，2019 年 5 月。

贺伟：《明万历焦竑刻本〈陶靖节先生集八卷〉考释》，《海南大学学报（人文社会科学版）》2019 年第 1 期。

郭翠丽：《阳明后学潘士藻交友考》，《上饶师范学院学报》2019 年第 5 期。

王启元：《寻找徐光启的"城北外桃园"》，《上海地方志》2019 年第 2 期。

李善洪：《徐光启之"监护朝鲜"论探析》，《北华大学学报（社会科学版）》2019 年第 5 期。

闻人军：《徐光启〈考工记解〉成书年代和跋批作者考》，《咸阳师范学院学报》2019 年第 6 期。

周育德：《汤显祖与晚明社会》，《文史知识》2019 年第 11 期。

高旭：《情不知所起，一往而深：汤显祖"至情"美学所引发的舞蹈思考》，《教育教学论坛》2019 年第 2 期。

钱礼翔：《"长安"夜雪识英杰：袁宏道与汤显祖交往考论》，《中国石油大学学报（社会科学版）》2019 年第 6 期。

杨榕：《从〈牡丹亭〉看汤显祖的诗文观念嬗变》，《广西大学学报（哲学社会科学版）》2019 年第 5 期。

袁茹：《论汤显祖戏曲文体选择之后的诗学宗尚》，《东华理工大学学报（社会科学版）》2019 年第 4 期。

杜敏：《公安三袁小品文的审美意蕴研究》，西安电子科技大学硕士学位论文，2019 年 5 月。

周家洪：《公安派文学的分期》，《长江大学学报（社会科学版）》2019 年第 4 期。

韩焕忠：《袁宗道以佛学解读〈论语〉》，《中国社会科学报》2019 年 4 月 30 日。

刘硕伟：《论袁宏道"狂"的思想根源及历史影响》，《太原学院学报（社会科学版）》2019 年第 1 期。

赵海涛：《公安二袁"释庄"方法、特色及其他》，《九江学院学报（社会科学版）》2019年第2期。

刘硕伟：《袁宏道的现代回响：以鲁迅和周作人为中心的考察》，《绍兴文理学院学报（人文社会科学）》2019年第6期。

李玥惢：《从明季到近代中国："好异者"与五四时代的学人——〈明李卓吾别传〉与〈李温陵传〉之比较》，《汉字文化》2019年第18期。

张立文：《王门分派与黔中王门学派之要义梳理》，《北京行政学院学报》2019年第2期。

邹芳望：《黔学的形成及其转折》，《社科纵横》2019年第2期。

张新民：《黔中王门大儒李渭学行述要：〈李渭集〉序》，《贵州文史丛刊》2019年第2期。

王晓昕：《黔中王学大师孙应鳌及其"〈四书〉学"五题》，《贵州民族大学学报（哲学社会科学版）》2019年第1期。

张明：《黔中王门孙应鳌"仁本"心学思想探析：以〈四书近语〉为中心的研究》，《贵阳学院学报（社会科学版）》2019年第5期。

赵广升：《内阁文库藏孙应鳌〈教秦总录〉孤本考辨》，《贵州文史丛刊》2019年第4期。

赵广升：《孙应鳌〈国子监祭酒司业题名记〉与万历学政改革》，《历史档案》2019年第2期。

周宝平：《赵贞吉经世思想研究》，湖南师范大学硕士学位论文，2019年5月。

三、海外阳明学研究

杨晓维、秦蓁：《了庵桂悟使明与阳明学之初传日本：基于〈送日东正使了庵和尚归国序〉真迹实物与文本的研究》，《史林》2019年第5期。

地山：《东亚文化圈里的"阳明热"》，《廉政瞭望（上半月）》2019年第3期。

颜莉莉：《吉田松阴对李贽"童心说"的接受》，《泉州师范学院学报》2019年第5期。

王彦：《佐藤一斋〈论语栏外书〉思想研究》，华东师范大学硕士学位论文，2019年5月。

［韩国］金容载：《韩国阳明学研究的本质问题》，《王学研究》辑刊，2019年卷。

［韩国］金润璟：《近代时期霞谷学派的真假论》，《王学研究》辑刊，2019年卷。

［韩国］崔在穆：《东亚阳明学者的"梦"和"觉悟"问题》，《船山学刊》2019年第1期。

方旭东：《孝心与孝行：从心灵哲学看李退溪的王阳明批判》，《道德与文明》2019年第4期。

李娜：《陆王心学的韩国本土化进程及特征研究》，延边大学硕士学位论文，2019年5月。

朴红姬：《郑寅普阳明学思想研究》，延边大学硕士学位论文，2019年5月。

冯一帆：《明清朝鲜文人对浙江学术的认识》，浙江大学硕士学位论文，2019年5月。

蔡振丰：《由丁茶山的儒学诠释论东亚伦理学的发展》，《外国问题研究》2019年第3期。

［美国］司马黛兰著，倪超译、袁瑾校：《王阳明研究在西方》，《杭州师范大学学报（社会科学版）》2019年第4期。

刘孔喜、许明武：《亨克及王阳明心学著作在英语世界的首译》，《国际汉学》2019年第3期。

蔡亮：《恒吉行迹及其王阳明思想研究考略》，日本《阳明学》第29号，2019年。

吴文南：《阳明学在美国的译介与传播》，《重庆三峡学院学报》2019年第2期。

刘响慧：《典籍英译中的语用充实：以陈荣捷〈传习录〉（上）英译本为例》，《江南大学学报（人文社会科学版）》2019年第2期。

辛红娟：《阳明心学在西方世界的传播》，《光明日报》2019年5月11日。

费周瑛、辛红娟：《〈传习录〉在西方世界的传播与研究》，《浙江社会科学》2019年第5期。

［越南］范越胜：《比较王阳明政治思想与越南黎贵惇政治思想的相同》，《王学研究》辑刊，2019年卷。

［越南］黎黄南：《王阳明与阮廌的思想在越南与中国文化交叉过程中的相同点》，《王学研究》辑刊，2019年卷。

后 记

《2019阳明学研究报告》由宁波市王阳明文化研究促进会主编，系对2019年中国阳明学界关于阳明学研究论著、学术活动的全面梳理与系统总结。

编写框架与体例是：（1）总结梳理当代中国"阳明学热"的十大标志，对当代阳明学研究现状进行概述，作为"导言"；（2）主体部分，设上、中、下三篇，介绍2019年度"王阳明与阳明心学研究""阳明后学研究""海外阳明学研究"的最新学术成果；（3）"附录"两种，"2019年阳明学主题会议综述""2019年阳明学研究主要论著索引"。

本报告在编写过程中，通过"中国知网"检录了与"王阳明""阳明学"有关的大量论文，编辑了学界同人关于阳明学研究的理论与观点，为保护作者的知识产权，本报告在正文及"2019年阳明学研究主要论著索引"中均一一标识说明。同时，"2019年阳明学主题会议综述"的摘编，更是参考了不少新闻媒体、学术网站的新闻报道，为保护新闻撰稿人、学术动态编写者的知识产权，本报告以"页下注"的形式一一标注出了相关会议动态的来源与出处。在此，谨对阳明学界同人以及新闻工作者的辛苦努力，表示诚挚的感谢！您的辛苦付出，才是这部报告完成的保证。论文作者与新闻记者朋友，如需本报告出版物，请您与本书编著者张宏敏联系，他的电子邮箱是zhanghongmin2008@126.com。

本报告的出版得到宁波市聚商国学研究院资助；本报告在编写过程中，得到了浙江省儒学学会会长、浙江省社会科学院哲学所研究员吴光先生、宁波市王阳明文化研究促进会会长陈利权先生的学术指导；本报告在编辑出版过程中，得到华夏出版社副总编辑潘平先生的支持及责任编辑赵楠女士的细心校阅。在此，谨对各位热心人士的悉心帮助，表示衷心的感谢！

余姚市委宣传部、余姚市文保所、姚江书画院提供了阳明故里标志、阳明故居广场照片、阳明先生画像，在此一并致谢！

由于编著者本人的学力、精力有限，报告编写上存在的疏漏由编著者本人负责。

编著者
于2020年9月10日